WALTER JENS   HANS KÜNG

ANWÄLTE DER HUMANITÄT

WALTER JENS   HANS KÜNG

Anwälte der Humanität

Thomas Mann
Hermann Hesse
Heinrich Böll

verlegt bei Kindler

Copyright 1989 by Kindler Verlag GmbH, München
Das Werk einschließlich aller seiner Teile ist urheberrechtlich geschützt.
Jede Verwertung außerhalb der engen Grenzen des Urheberrechtsgesetzes
ist ohne Zustimmung des Verlages unzulässig und strafbar. Das gilt
insbesondere für Vervielfältigungen, Übersetzungen, Mikroverfilmungen
und die Einspeicherung und Verarbeitung in elektronischen Systemen.
Umschlaggestaltung: Graupner & Partner, München
Satzarbeiten: IBV Satz- und Datentechnik GmbH, Berlin
Druck und Bindung: Franz Spiegel Buch GmbH
Printed in Germany
ISBN 3-463-40120-7

2 3 5 4

Inhaltsverzeichnis

Vorwort 7

WALTER JENS

Sinngebung des Vergänglichen:
Thomas Mann 11

Rebellion gegen den Sonntagsgott:
Hermann Hesse 39

... den Alltag zu heiligen:
Heinrich Böll 61

HANS KÜNG

Gefeiert – und auch gerechtfertigt?
Thomas Mann und die Frage der Religion 81

Nahezu ein Christ? Hermann Hesse und
die Herausforderung der Weltreligionen 159

Ein heimatloser Katholik? Heinrich Böll und
die Sehnsucht nach Humanität 241

Vorwort

»Die gegenseitig wohltätigste Einwirkung des Menschen auf den andern jedem Individuum zu verschaffen und zu erleichtern«, heißt es in Herders »Briefen zur Beförderung der Humanität«, »nur dies kann der Zweck aller menschlichen Vereinigung sein. Was ihn stört, hindert oder aufhebt, ist unmenschlich. Der Mensch soll seine Existenz genießen und das Beste davon anderen mitteilen; dazu soll ihm die Gesellschaft, zu der er sich vereinigt hat, helfen.«

Der Schriftsteller als Beförderer von Sozialität und Mit-Menschlichkeit unter den Völkern; der Poet als freier Mitteilungs-Künstler, der das Gebot umfassender Humanität auslegt; der Dichter als Interpret einer Gesellschaftsordnung, die ihn unterstützt und alles Trennende unter Menschen und Völkern für unvernünftig erklärt: Der These Herders waren jene Schriftsteller verpflichtet, um die es in diesem Buch geht – alle drei Gegner brutaler, inhumaner und dem Geist der Aufklärung feindlicher Gesellschaftsordnungen; alle drei entschlossen, in finsterer Zeit ein Programm der deutschen Klassik zu verteidigen, das in Buchenwald ausgelöscht werden sollte.

Thomas Mann, Hermann Hesse und Heinrich Böll: Das sind – ein früher Emigrant, ein Exilierter und ein junger Schriftsteller, der sich zu ihrer Sache bekannte – drei Autoren, die, ungeachtet allen Zögerns, aller geheimen Problematik und Widersprüchlichkeit, hier pathetisch-couragiert und dort behutsam, jene Position Herders zu verteidigen suchten, die, in einem Augenblick, als der Nationalsozialismus sich für den Herrn und Retter der Welt erklärte, den Charakter einer humanen und unverzichtbaren Gegen-Parole aus Deutschland gewann: »Jede Nation« – ein Zitat aus Herders »Sieben Gesinnungen der Großen Friedensfrau«, »muß es allgemach als unangenehm empfinden, wenn eine andere Nation beschimpft und beleidigt wird; es muß allmählich ein gemeines Gefühl erwachen, daß jede sich an die Stelle jeder anderen fühlt. Hassen wird man den frechen Übertreter fremder Rechte [...], den kecken Beleidiger fremder Sitten und Meinungen, den prahlenden Aufdringer seiner eigenen Vorzüge an Völker, die diese nicht begehren.«

Das sind Sätze, die über ihre Zeit hinausweisen und den Usurpatoren des 20. Jahrhunderts zum Gericht wurden – Sätze, auf die sich, jeder in eigener unverwechselbarer Weise, Thomas Mann, Hermann Hesse und Heinrich Böll beziehen... Schriftsteller, deren Werk wir, unter dem Signum Humanität und Religiosität, in Vorlesungen behandelt haben und deren Veröffentlichung von Anfang an geplant war. Aus diesem Grunde haben wir eine Darbietungsform gewählt, in der Schriftliches und Mündliches einander ergänzen: Abhandlung und Essay, Traktat und Rede, ausführliche Darlegung und raffende »Summe«, belegreiche Ausführungen und Abbreviatur. Die Studie und das synthetische Konzentrat sollen sich, so unsere Absicht, gegenseitig erhellen. Jenseits von Umständlichkeit und allzu flottem Parlando wurde durch den bewußt angestrebten Doppel-Stil eine Verbindung von Unterweisung und Unterhaltung, kenntnisreicher Absicherung und pointierter Formel gesucht.

Utinam prospero eventu – hoffentlich unter günstigen Zeichen.

Tübingen, im Juli 1989   Walter Jens   Hans Küng

WALTER JENS

Sinngebung des Vergänglichen:
Thomas Mann

»Was ist das. – Was – ist das...« Läppischer, sollte man meinen, geht es beim besten Willen nicht. Fragt da ein Kind? Ein unwirscher Erwachsener: *Zum Donnerwetter, was ist das?* Wie immer: das wiederholte »Was ist das« wird auch durch aparte Zeichensetzung, zwei Gedankenstriche, drei Punkte, aber kein Fragezeichen (geschweige denn deren zwei) nicht auf die Ebene der hohen Prosa oder gar der Literatur gehoben, so zumindest hat es den Anschein – aber eben auch nur den *Anschein!* In Wahrheit markieren die zweimal drei Worte den Eingang eines der berühmtesten Romane des zwanzigsten Jahrhunderts: den festlich-nüchternen Introitus der »Buddenbrooks«.

Wo scheinbar, in einer Art von *Basic*-Deutsch, gestammelt wird, sehen sich in Wahrheit alle Register gezogen. Kaum ist die Frage ausgesprochen, da begegnet man ihr auch schon durch ein abenteuerliches halb plattdeutsch, halb französisch intoniertes Parlando: »Je, den Düwel ook, c'est la question, ma très chère demoiselle!« Die Eingangsphrase, soviel wird sichtbar, und zwar sehr rasch, schon auf der ersten Seite des Romans – die Eingangsphrase verdient es, stilistisch aufgemöbelt zu werden: handelt es sich bei dem »Was ist das« doch keineswegs um eine Kinderfrage, sondern um – ein Luther-Zitat. Antonie Buddenbrook, »achtjährig und zartgebaut«, memoriert ein bißchen stockend den Lutherschen Katechismus: »Was ist das? Ich glaube, daß mich Gott geschaffen hat samt allen Kreaturen.«

Ein Musterbeispiel Thomas Mannscher Präsentation theologischer Tatbestände: Dem Hochpathetischen wird durch sprachliche Widerborstigkeit das Air des Feierlichen genommen; Umgangssprache konterkariert religiöse Pedanterie. Wenn der Autor der »Buddenbrooks« auf Kirchliches zu sprechen kommt, läßt er sich, Libertin und ein wenig lascher Kulturprotestant, der er in seiner Jugendzeit war, gern ein bißchen gehen, karikiert die frommen Bräuche unfrommer Geschäftsherrn, stellt der handfesten Tüchtigkeit in Handel und Wandel die Ideologie des *dominus providebit* gegenüber und verdeutlicht dem Leser, mit welch unerschütterlichem Gewissen sich's einer, der's zu Erfolg und bürgerlicher Bonität gebracht hat, nach dem Tischgebet leisten kann, Gott und Firma und gute Gesellschaft als eine lübische Trinität wohlleben zu lassen.

Christlicher Glaube als Ausweis bourgeoiser Respektabilität? Leider nicht. Wie wenig Ideologie und Gehabe, vorgeschobene Frömmigkeit und Lebensart miteinander zu tun haben, macht Thomas Mann am Beispiel jenes Bankrotteurs und Filous Bendix Grünlich sichtbar (Tonys erstem Ehemann, wie man weiß), dessen christliche Redensarten die dahinter verborgene Mentalität in kurioser, dem Leser sehr rasch einsichtiger Weise eher enthüllen als verbergen.

»Wir haben Verwandte in Hamburg«, bemerkte Tony, um etwas zu sagen... »Oh, ich bin vollkommen orientiert«, beeilte sich Herr Grünlich zu erwidern. »Ich habe die Ehre, ein wenig bei den Herrschaften bekannt zu sein. Es sind ausgezeichnete Menschen... Menschen von Herz und Geist – hä-ä-hm. In der Tat, wenn in allen Familien ein Geist herrschte wie in dieser, so stünde es besser um die Welt. Hier findet man Gottesglaube, Mildherzigkeit, innere Frömmigkeit, kurz, die wahre Christlichkeit, die mein Ideal ist.«

Kein wahres Wort, bei alledem! Vielmehr: fromme Rede, die mit dem einzigen Ziel eingesetzt wird, den Partner zu übertölpeln. Religiöse Sprache als Strategie eines Filous, wie er im Buch steht, und gleichwohl von den lübischen Honoratioren für bare Münze angenommen. Der Kulturprotestantismus, zeigt Thomas Mann, hat es verlernt, zwischen Herzensfrömmigkeit und jener religiösen Schnoddrigkeit zu unterscheiden, die nicht einmal in Grünlichscher Plumpheit durchschaut wird: »Aber um Vergebung... ich vergaß den Namen Ihres zweiten Sohnes, Frau Konsulin.« »Christian.« »Ein schöner Name! Ich liebe, wenn ich das aussprechen darf« – Herr Grünlich wandte sich wieder an den Haus-

herrn, »die Namen, welche schon an und für sich erkennen lassen, daß ihr Träger ein Christ ist. In Ihrer Familie ist, wie ich weiß,
der Name Johann erblich... wer dächte dabei nicht an den Lieb-
lingsjünger des Herrn. Ich zum Beispiel, wenn ich mir die Bemerkung erlauben darf«, fuhr er mit Beredsamkeit fort, »heiße wie
die meisten meiner Vorfahren Bendix, – ein Name, der ja nur als
eine mundartliche Zusammenziehung von Benedikt zu betrachten ist«: So das Geplapper eines Heuchlers, der einhundertund-
vierzig Seiten später die einst in christlicher Rede Umworbene
eine »dumme Gans nennen wird«, die er *nur* (kursiv gedruckt)
des Geldes wegen geheiratet habe – der Mitgift, die leider nicht
ausgereicht habe, den Bankrott der Firma Grünlich zu verhindern... und kaum daß diese nicht gerade christliche, aber dafür
wahre Erklärung heraus war (»Ich bin deiner überdrüssig...
überdrüssig... überdrüssig!«), »schritt Johann Buddenbrook,
der Firmenchef mit dem Namen des Lieblingsjüngers, der seine
Tochter aus Hamburg ins heimatliche Lübeck zurückholen
wollte, auf den Bankrotteur zu, berührte sanft seine Schulter und
sprach leise und mahnend: ›Fassen Sie sich. Beten Sie.‹«
In der Tat, die »Buddenbrooks« strotzen von offenen, geheimen
und anspielungsartig-verschlüsselten Redensarten und ins Bür-
gerlich-Derbe, Kaufmännisch-Realistische eingeflochtenen Formeln, die sichtbar machen, daß das Religiöse, wirksam als Ideologie in einer Welt der Handelsgeschäfte, Firmen-Kalküle und Mit-
gift-Berechnungen, als kulturbestimmendes Element fest in die
bürgerliche Gesellschaft einbezogen ist: keine Rede vom Ver-
weis auf ein »Anderes«, Transzendentes und Absolutes, an dem
sich die Praktiken des Geschäftemachens zu messen hätten!
»Ein vollkommen erzogener Mann«, sagte die Konsulin. »Ein
christlicher und achtbarer Mensch«, sagte der Konsul – was soviel heißt wie: Ein Christ führt Bücher, die in Ordnung sind...
doch ebendies ist nicht der Fall, so daß der Redliche, ein Mann
wie Johann Buddenbrook der Jüngere, erhebliche seelische Tur-
bulenzen durchmachen muß, sobald er erfährt, daß sein frommer
Benedikt in Wirklichkeit ein Schwindler und Buch-Fälscher ist.
Einer, der planmäßig und wohlüberlegt Exalterationen einsetzt,

um seinen schwiegerväterlichen Geldgeber in die Enge zu treiben: Sein Weib, Johann Buddenbrooks Tochter, dazu die Enkelin Erika (»unser beider unschuldiges Kind«) – im Elend? In der Gosse? Nein, das könne er nicht ertragen, umbringen werde er sich, »mit dieser eigenen Hand«, so daß der Himmel sich hüten werde, den am Ende schuldigen Schwiegervater freizusprechen von jeder Schuld.

Und das Resultat solcher Rede? »Johann Buddenbrook lehnte bleich und mit pochendem Herzen in seinem Armsessel... und wieder durchschauerte ihn die schwärmerische Ehrfurcht seiner Generation vor menschlichen Gefühlen, die stets mit seinem nüchternen und praktischen Geschäftssinn in Hader gelegen hatten. Dieser Anfall aber währte nicht länger als eine Sekunde. Hundertzwanzigtausend Mark... wiederholte er innerlich, und dann sagte er ruhig und fest: ›Antonie ist meine Tochter. Ich werde zu verhindern wissen, daß sie unschuldig leidet.‹«

Gefühle, religiöse Aufblicke, das Händefalten und das *dominus providebit* – gut und schön; aber wenn's ans Geschäft geht, dann wird gerechnet – und die Gefühle mögen bleiben, wohin sie gehören: in die Tiefe des Herzens.

Und dabei ist der Konsul (anders als Grünlich), wenn er sich's leisten kann, durchaus ein Freund frommer Exalteration – am Sekretär des Frühstückszimmers zum Beispiel (also nicht im Kontor), beschäftigt, ins Familienbuch die Geburt einer Tochter einzutragen (welche »in der hl. Taufe den Namen Clara empfangen soll«). Da freilich kann es ihn schon überkommen, und zwar mit solcher Gewalt, daß er Zeile für Zeile zu Gott spricht: »Ich habe meiner jüngsten Tochter eine Police von 150 Kuranttalern ausgeschrieben. Führe du sie, ach Herr, auf deinen Wegen und schenke ihr ein reines Herz, auf daß sie einstmals eingehe in die Wohnungen des ewigen Friedens. Denn wir wissen wohl, wie schwer es sei, von ganzer Seele zu glauben, daß der ganze liebe süße Jesus mein sei.«

Und so geht es weiter und so fort, über das Amen und alle Neigung hinaus, »zur Gattin zu gehen oder sich ins Kontor zu begeben«: »Wie aber! Wurde er so bald müde, sich mit seinem Schöpfer und

14

Erhalter zu bereden?... Nein, nein, als Züchtigung gerade für sein unfrommes Gemüte zitierte er noch längere Abschnitte aus den heiligen Schriften... und endlich, nach einem letzten Bibelspruch und einem letzten, dreimaligen Amen, streute er Goldsand auf die Schrift und lehnte sich aufatmend zurück.«

Ein Schlingel, dieser fünfundzwanzigjährige junge Mann, der seine »Buddenbrooks« schreibt: Die fromme Rede des Kaufmanns mit dem Gebet für die Lieben (darunter auch Bruder Gotthold, dem der Schreibende kurz zuvor die Erbschaft streitig gemacht hatte) sieht sich eingerahmt durch die Erwähnung der Police zu Beginn und die aufatmende Erleichterung zum Schluß der Episode, womit angedeutet werden soll, daß der fromme Aufschwung zwar für subjektive Wahrhaftigkeit zeugt, aber gleichwohl fest integriert sei in das *prius* von Geschäft und täglichem Dienst. Wenn die Glocke ruft, findet auch die himmlischste, vom Freigeist Johann Buddenbrook senior als Larifari spöttisch preisgegebene Meditation ihr natürliches Ende, und der ganze liebe Jesus wird wieder für eine Weile ad acta gelegt.

So rapide der Prozeß zunehmender Spiritualisierung sich in den »Buddenbrooks« ausnimmt: Von »Christianisierung« ist dabei gewiß nicht zu reden – im Gegenteil, die Attacken gegen geistliches Schmarotzertum und schwärmerische Paul-Gerhardt-Stimmung (nach reichlichem Essen) nimmt eher zu im Verlaufe des Werks.

Die positive Religion mit ihren Dogmen und Riten, dem Geistlich-Administrativen und Pontifikalen, im Sinne einer Verschwisterung von Macht und Kirche, Politik und Geistlichkeit, war Thomas Mann bis ins hohe Alter hinein durchaus suspekt: Orthodoxie und Amtsgewalt schreckten ihn ab, einem Mann wie Erzbischof Spellman, um nur ihn zu nennen, begegnete er mit barem Entsetzen, und so emphatisch er – wir werden davon hören – die humanistische Religion oder den religiösen Humanismus verteidigte, »dem die Ehrfurcht vor dem Rätsel und der Würde« zugrunde liege, so sehr fürchtete er andererseits, daß eine solche, wenn man wolle, »primitive« Religiosität jederzeit wieder ins Dogmatische umschlagen könne: »Sobald das Religiöse«, heißt es in einem Brief an Kuno Fiedler, »sich als positive, gegen andere Bekenntnisse bestimmt, ja militant abgegrenzte Religion etabliert, stellt sich alles wieder ein: Theologie, Mythologie, Orthodoxie, ein Dogmensystem, das an das Heil gebunden ist, sogar kirchliche Machtpolitik (denn Religion und Politik sind nicht zu trennen), und wir sind wieder am gleichen Fleck.«

Und warum dann die vielen Pastoren und die kirchlichen, breit ausgemalten Festivitäten, die »Jerusalemabende« im Haus der Konsulin? Als Gelegenheit, das Sympathisieren mit geistlicher Neigung und frommer Weltanschauung zu knappen, aber signifikanten Bestandteilen von Porträts zu verwenden – als Chance, in der Weise Fontanes, Thomas Manns Lehrmeister auf diesem Gebiet, die Dissonanzen einer Epoche am Beispiel der Geistlichen zu verdeutlichen: Man denke an den kritischen Vergleich zwischen dem weltfrommen Lorenzen und jenem Superintendenten Koseleger in Fontanes »Stechlin«, dessen Traum einem langen Korridor gilt, »an dessen Ende eine Tür steht mit der Namensetikette: Generalsuperintendent Koseleger«.

Nicht das Große und Allgemeine, Religion und Metaphysik, interessierte den jungen Thomas Mann, sondern – eben auf den Spuren Fontanes – die Manier, mit deren Hilfe Geistliche, was weltlich ist, artikulieren: ihr Habitus und ihre spezifische Technik, sich auf die sie umgebende Welt einzulassen. In einer leider noch ungeschriebenen Arbeit über den Pfarrer in der deutschen Literatur würde Thomas Mann ein Ehrenplatz zukommen. Staunenswert, wie er es fertigbringt, den Familienverfall der Buddenbrooks nicht nur durch eine Beschreibung der Hauptpersonen, sondern auch durch eine Charakteristik der ihnen zugeordneten geistlichen Herren zu illustrieren.

Thomas Mann, die »Buddenbrooks« und die Pastoren: Da steht am Anfang, Paladin des plattdeutsch-französisch sprechenden Johann senior, mit seinem Spitzenjabot und der Freigeist-Gesinnung... da steht am Anfang Pastor Wunderlich, der seinem Bruder im Geist bis ins Wortwörtliche hinein gleicht: gepudertes Haar hüben und drüben, hier ein »rundes wohlmeinendes«, dort ein »behaglich lustiges Gesicht«. Und gleich auch, beim Firmenchef und beim Pastor, die humane, akkurate und fontaneske Art, sich zu geben und, vor allem, zu reden: »Pastor Wunderlich... sprach, den Kopf ein wenig zur Seite geneigt, ein feines und spaßhaftes Lächeln auf seinem weißen Gesicht und die freie Hand in zierlichen kleinen Gesten bewegend, in dem freien und behaglichen Plauderton, den er auch auf der Kanzel innezuhalten liebte... ›Und wohlan, so lassen Sie sich denn belieben, meine wackeren Freunde, ein Glas dieses artigen Tropfens mit mir zu leeren auf die Wohlfahrt unserer vielgeehrten Wirte in ihrem neuen, so prächtigen Heim.‹«

Kein Zweifel, das ist Geist vom Geist des »Stechlin«; wie Wunderlich hätte auch Dubslav reden können, wäre er nicht Major a. D., sondern Pfarrer gewesen: Dubslav, der seinem Lorenzen in gleicher Weise ähnelt wie der alte Johann seinem Wunderlich, der so vortrefflich »in angenehmen Wendungen« zu toasten versteht.

Wie anders da Nachfolger Kölling, der Gefährte jenes jüngeren Johann, der das Geistlich-Geistige, ohne es darüber freilich aus dem geschäftlichen Blick zu verlieren, ins Subjektiv-Individuelle erhebt: ganz so wie Kölling, sein polternder Antipode, den es nicht kümmert, sich auf der Kanzel gehenzulassen – Kölling, ein »robuster Mann mit dickem Kopf und derber Redensweise«, der in St. Marien gegen die Wollüstigen, Fresser und Säufer zu Feld zieht: »Dies war sein Ausdruck, obgleich manche Leute, die sich der Diskretion des jüngst verstorbenen alten Wunderlich erinnerten, die Köpfe schüttelten.«

In Köllings Figur verbinden sich geistlicher und weltlicher Machtbereich zu untrennbarer Einheit. Wenn der Konsul, im Säkularen, seine Tochter Antonie in die Arme des christlich drauflosschwadronierenden Bankrotteurs treibt, so tut Kölling, unter den Himmeln in St. Marien, das Seine dazu, indem er eines Sonntags, »mit starken Worten«, wie der juvenile Autor betont, über den Text redete, in dem es hieß, daß das Weib, Vater und Mutter verlassend, dem Mann nachfolgen müsse... »wobei er plötzlich ausfallend wurde... Ein jugendliches, ein noch kindliches Weib, verkündete er, das noch... keine eigene Einsicht besitze und dennoch den liebevollen Ratschlüssen der Eltern sich widersetze, das sei strafbar, das wolle der Herr ausspeien aus seinem Munde... und bei dieser Wendung, welche zu denen gehörte, für die Pastor Kölling schwärmte und die er mit Begeisterung vorbrachte, traf Tony... ein durchdringender Blick aus seinen Augen, der von einer furchtbaren Armbewegung begleitet war.«

Theaterspiel und weltlich-dreistes Drama in St. Marien, unmittelbar neben dem Buddenbrook-Haus (Kirche und Firma waren nur ein paar Steinwürfe weit voneinander entfernt): Kölling wettert von der Kanzel herab, der Konsul erhebt seinen Arm (»So! Nicht zu heftig...«), und Tony sitzt »rot und gebückt an ihrem Platz«: beschämt vor aller Welt – und das alles wegen eines Filous, der sie »Gans« nennen wird.

Kein Wunder, daß Thomas Mann am Schluß des Kölling und seiner luthersch-derben Rhetorik geltenden Abschnitts, zu Toni gewendet, erklärt: »Und am nächsten Sonntage weigerte sie sich aufs bestimmteste, die Kirche zu besuchen.«

Wunderlich, Kölling und schließlich Pringsheim: So heißt die Trias der Buddenbrook-Begleiter im Roman. Die geistliche Reihe, die mit dem liebenswerten Wunderlich begann, endet mit Thomas', des Schopenhauer-Lesers *Alter ego*, dem Schauspieler Pringsheim, der die Kunst gefälligen Zelebrierens bis zur Vollendung beherrscht, und das nicht nur im Duktus der Rede, sondern auch in der zwischen »fanatischem Ernst und heller Verklärung« wechselnden Mimik – den Habitus eines Paters Seraphicus nicht zu vergessen, der im geistlichen Ornat »die kühle Schlagsahne von seiner heißen Schokolade« nippt, um gleich darauf mit »verklärtem Gesicht« (*Verklärung* als ironischer *Terminus technicus* für den zwischen Salon und Altarraum hin und her pendelnden virtuosen *pastor marianus*)... um gleich darauf wie ein urbaner Herr zu parlieren: *comme il faut* im lübischen Ambiente – »In jeder seiner Bewegungen liegt ausgedrückt: Seht, ich kann auch den Priester ablegen und ein ganz harmlos fröhliches Weltkind sein! Er ist ein gewandter und anschmiegsamer Mann.«

Bewundernswert, mit welcher Meisterschaft, noch im Schatten

Fontanes, doch schon bereit, aus ihm herauszutreten ins Grund-
sätzlich-Allgemeine, Thomas Mann seine Lieblings-Objekte, die
geistlichen Herrn mit Halskrausen oder schwarzem Rock, porträtiert: eine Corona, die im Haus der Konsulin B. mit so entschiedener Passion verweilte, weil sie »gottgefälliger Gespräche, einiger
nahrhafter Mahlzeiten und klingender Unterstützung zu heiligen
Zwecken« gewiß sein durfte, wohlversehen mit den opulenten
Gerichten des Hauses, gelegentlich genasführt (so, wenn Tony,
die den verhaßten Schwarzröcken eins auszuwischen liebte, jene
Specksuppe anrichten ließ, die außer den Lübeckern niemand
anrühren mochte), oft auch mißverstanden: von der Köchin
Stina zum Beispiel, die auf die Frage eines schwäbischen Geistlichen, Pastor Mathias aus Cannstatt: »Liebscht den Herrn«, nicht
so recht wußte, ob nun der Alte oder der Junge gemeint sei im
Haus Buddenbrook.

Pastor Mathias – und dann Tränen-Trieschke natürlich: Tränen-
Trieschke aus Berlin, der diesen Beinamen führt, weil er allsonntäglich einmal »inmitten seiner Predigt zu weinen begann« und
der sich im Roman nicht entblödet, nach zehntägigem Wettessen
ausgerechnet Tony einen Brief überreichen zu lassen, von dem es
im Roman, unüberbietbar formuliert, heißt, er sei »aus Bibelex-
trakten und einer sonderbar anschmiegsamen Zärtlichkeit wirksam gemischt«.

Thomas Mann und die protestantische Kirche: Das ergäbe, amü-
sant und lehrreich zu lesen, ein Florilegium besonderer Art, angefüllt mit geistlichen Herrn, von denen Pastor Trieschke, mit
den Pferdekinnbacken und den vielen Kindern in Berlin, gewiß
der komischste, Oberlehrer Ballerstedt aber, der den jungen
Hanno in Religion unterweist, der schillerndste wäre: Ballerstedt, der Prediger hatte werden wollen, dann jedoch »durch
seine Neigung zum Stottern wie durch seinen Hang zu weltli-
chem Wohlleben bestimmt worden war, sich lieber der Pädago-
gik zuzuwenden«... Ballerstedt, der es sich angelegen sein läßt,
dem Sohn des verunglückten Kaufmanns Kaßbaum »trotz seiner
zerrütteten Familienverhältnisse« eine vorzügliche Note zu geben, »weil er mit Genauigkeit feststellen konnte, daß Hiob an

Vieh siebentausend Schafe, dreitausend Kamele, fünfhundert Joch Rinder, fünfhundert Esel und sehr viel Gesindes besessen habe«.

Hohn und Spott, wohin man blickt in den »Buddenbrooks«, Hohn über die grotesken Verwalter einer radikal verweltlichten, in Schuld, Komplizentum und arrogante Kumpanei verstrickten Kirche; Spott über pietistisch geprägte Vesperstunden bei der Konsulin nach dem Hinscheiden ihres Gemahls (»Todesfälle«, bemerkt Thomas Mann, »pflegen eine dem Himmlischen zugewandte Stimmung hervorzubringen«); ironische Preisgabe der sogenannten »Jerusalem-Abende«, die jenen Morgenandachten folgten, bei denen die Hausgemeinde den durch Thomas Mann in die Geschichte der Kirchenlied-Parodien eingegangenen Choral anstimmte: »Ich bin ein rechtes Rabenaas, ein wahrer Sündenkrüppel, der seine Sünden in sich fraß als wie der Rost den Zwippel.«

Und dazu die epische Präsentation der großen, von Soupers und Gebeten getragenen Feste: die Taufe und die Weihnachtsabende, bei denen die Chorknaben »Jauchze laut, Jerusalem« singen. Eine Karikatur, das Ganze? Gewiß nicht. Eher eine – freilich süffisant, mit Lust am satirischen *debunking* und hoher sprachlicher Entlarvungs-Kunst vorgetragene – Wirklichkeitsbeschreibung, eine lübische Description, die dann um so glaubhafter wirkt, wenn man sie mit Erzählungen vergleicht, wie sie im Hause Eschenburg, also im Umkreis einer den Fehlings und den Manns verwandten Lübecker Patrizierfamilie, noch lebendig sind ... Erzählungen, die den Unterweisungen eines Amtskollegen Ballerstedts, des Religionslehrers X. am Katharineum, gelten, der sich zu der These verstieg, Jesus habe am Sabbat die Ähren nicht etwa aus Hunger oder aus Lust zu provozieren, sondern »nur mal so« gerupft, und der den Gipfel seiner religiösen Unterweisung erreichte, als er, den Hiobs Viehstücke zählenden Ballerstedt noch überbietend, eines Tages die Frage stellte, ob Jesus wohl rechts oder links um den See Genezareth gepilgert sein möge. »Möllendorpf!« »Rechtsherum, Herr Oberlehrer!« »Die Antwort ist falsch. Nottebohm!« »Linksherum also.« »Genauso falsch! Die richtige Antwort muß lauten: ›Wir wissen es nicht und müssen uns bescheiden.‹«

Lübeck um 1900: gespiegelt in der Erinnerung hanseatischer Patrizierenkel und auf den poetischen Begriff gebracht in der ebenso ideologiekritisch-präzisen wie sarkastisch-erheiternden Schilderung der »Buddenbrooks«. Fontane, der Hochmeister einer von Thomas Mann zeitlebens erstrebten Einheit von Psychologie und Kritik, winkt, von fern her, herüber und applaudiert.

Und nun ein Salto mortale: abrupter Neubeginn. Wir sind immer noch in Lübeck, nur daß die Stadt jetzt, mit nürnbergisch-naumburgischen Elementen durchsetzt, »Kaisersaschern« heißt; Theologen und geistliche Lehrer sind ebenfalls von der Partie: nun freilich Hallenser Hochschullehrer, über deren Leben und Treiben ein katholischer Humanist, Altphilologe und *homme de lettres*, in ausgeklügelter, kunstvoll-periodenreicher Sprache, berichtet. Sechsundvierzig Jahre nach den Buddenbrooks erscheint, anno 1947, der Roman »Doktor Faustus. Das Leben des deutschen Tonsetzers Adrian Leverkühn erzählt von einem Freunde«.

Theologumena, in den »Buddenbrooks« amüsantes Drumrum, rücken ins Zentrum. Der Held ist kein lübischer Schopenhauerianer, sondern ein entlaufener Theologiestudent, der sich dem Teufel verschreibt. Musik, einst Untergangsbegleitung im Finale, gewinnt, von A bis Z, die Würde eines General-Themas. Welch eine Wandlung! An die Stelle amüsanten, zu ausufernder Zitierung reizenden Erzählens ist ein Bericht-Stil getreten, der auch in heiter-humanistischer Verkleidung nichts von Ingrimm, »letztem Ernst« und gnadenloser Benennung verliert. Das komische Medium Serenus Zeitblom macht die Ballade von Höllenfahrt und Verdammnis erträglich, aber es nimmt ihr nicht das Gewicht – im Gegenteil, je frommer, ja einfältiger der Humanist aus Freising erzählt, desto schneidender wirkt, *e contrario*, die apokalyptische Vision des Romans.

Ein Mann, ein Schriftsteller, macht Ernst und zieht Bilanz; ein allzuoft unverbindlicher Virtuosität und artistischer Beliebigkeit angeklagter Poet hält Gerichtstag über sein Volk, das mit der

Hölle paktiere, über einen Künstler, Adrian Leverkühn, der sich ins Dämonische und Inhumane, in kaltes Spekulieren und in mathematische Musik-Künste verloren habe, aus denen er keinen Ausweg mehr wisse: es sei denn durch künstliche Räusche, Re-Barbarisierungen und von der Hölle entliehene Machinationen, die eine neue Einfachheit, eine neue Schlichtheit und eine neue Volkstümlichkeit vorgaukelten.

Gerichtstag also über Deutschland, Gerichtstag über eine Kunst, die humaner Vernunft Valet gesagt habe... und Gerichtstag über sich selbst: Gerichtstag über einen Künstler, der, wie widerwillig immer, in seinem Traktat »Bruder Hitler« den *begabten Burschen* und souveränen Verführer immerhin als einen Mann aus der eigenen Zunft anerkannt hatte: einen verkommenen zwar, doch immerhin einen Künstler, mit dem – auf welcher Ebene auch – zumindest metaphorisch eine Zeitlang praktiziert zu haben, Thomas Mann in seinem »Geheimwerk« zwingt, sich jenem Nietzsche redivivus nahezufühlen, der, wiewohl längst ins Europäisch-Übernationale, Avantgardistisch-Universale aufgestiegen, gleichwohl an der Höllenfahrt seines Volkes partizipiert... und zwar freiwillig, um durch sein stellvertretendes Martyrium die Gnade nach dem Sündenfall möglich zu machen und, mitten in der Hoffnungslosigkeit: in Todes-Einsamkeit und Verzweiflung, auf das messianische Licht im Finstern, die Hoffnung in der Hoffnungslosigkeit und die Erlösung inmitten von Trümmern und Ruinen zu verweisen.

Das Tal der Tränen, so der Sinn von Leverkühns Martyrium, will durchschritten, die Bitternis ausgekostet sein bis zum letzten galligen Tropfen, ehe – vielleicht! – die radikale Negativität in neue Heilsgewißheit umschlagen kann: in die Erfahrung von Gnade, die, jenseits aller vorschnellen Tröstung, nur in der verzweifelten Klage eines Menschen, der sich selbst zum Sühneopfer macht, und in der sympathetischen Darstellung dieses Leidens durch den Autor erfahren werden kann: »Die letzte Verzweiflung, die in Hoffnung transzendiert«, heißt es in einem Brief an Agnes Meyer vom 17. Dezember 1946, »das möge sein (d. h. des Romans ›Doktor Faustus‹) Endklang sein.«

So viele Zitat-Geber, Lektüre-Einweiser, geheime Räte und philosophisch-theologisch gebildete Souffleure immer der »Doktor Faustus« hat, Adorno voran, dann Kierkegaard und Walter Benjamin: Protagonisten auf dem Feld der negativen Dialektik allesamt – es bleibt, trotz aller übernommenen Formeln vom religiösen Paradox bis zur Hoffnung jenseits der Hoffnung, Thomas Manns ureigenstes Buch, *sein* Testament, nach dessen Abschluß er alle Werke, vom »Erwählten« bis zur »Betrogenen«, nur noch als Epiludien, Nachlässe bei Lebzeiten und routiniert geschriebene Parerga ansehen konnte (manche blitzartig gelungene Passage nicht berücksichtigt)... der »Faustus« bleibt *sein* Werk, dessen Protagonist nicht der Teufel in der Maske des intelligenten Zeitungsschreibers Adorno, dieser eher konturenlose Nachfolger von Dostojewskis Herrn im grauen Flanell, sondern er selbst, Thomas Mann, ist: der Denk-Künstler und melancholische Inszenierer vorgegebener, kunstreich und raffiniert transponierter Mythen; der Kalkulator, der sich zeitlebens die Fähigkeit versagt, *alles* zu können, und sich statt dessen ans Äußerste hält, das auf präfiguriertem Feld den Variationen artistisch abverlangt werden kann.

»Es ist ein Lebenshauch«, hat Thomas Mann über den »Faustus« geschrieben: wieder und wieder, mit geringen Abweichungen im für gültig befundenen Text, »und während ich daran schrieb« (so an Martin Beheim-Schwarzbach, Pacific Palisades, 1. 4. 1945), »empfand ich es als rücksichtsloses Geheimwerk, ja, kann noch heute bei dem Gedanken erschrecken, daß es zum öffentlichen Gegenstand geworden ist.«

Mit einem Ingrimm ohne Beispiel hat der Autor des »Faustus«, ein siebzigjähriger Mann, sich in der Gestalt des von nationaler Euphorie während des ersten Weltkriegs ergriffenen Zeitblom *und* im Schatten des von Sterilität bedrohten, sich nach großer nietzschescher Inspiration sehnenden und dabei zu problematischsten Einlassungen bereiten Leverkühn selbst preisgegeben – und er wußte darum und reagierte deshalb doppelt gereizt und höhnisch, wenn man ihm sein Eigentliches, den religiösen Ernst und die humanistische Emphase, die er mit diesem *seinem* Buch verband, abstreiten wollte: wenn ein Hans Egon Holthusen im »Faustus« – ausgerechnet da! – die Transzendenz vermißte und wenn Deutschlands sogenannte innere Emigration die von Schuld, Sühne und Gnade kündende Schluß-Vision des »Doktor Faustus« für Makulatur erklärte – Literaten-Gerede, artikuliert in sicherem Port, Polemik eines Emigranten, der vom wahren Leiden des Vaterlandes, das *seins* längst nicht mehr sei, keine Vorstellung habe: »Ich habe Deutschland«, so Thomas Mann im März 1950, »recht einfältig religiöse Ehre erwiesen, indem ich ihm eine Höllenfahrt andichtete und den Gedanken der Gnade, eine mir unentbehrliche Idee, aus meinem Herzen in seines verlegte. Sein Weizen blüht unter der Gunst einer Weltkonstellation, die sonst freilich alles niederhält. Es ist nie zur Hölle gefahren und auf Schuld und Gnade pfeift es.«

Zurücknahme der 9. Sinfonie! Apokalypse! Hoffnung jenseits der Hoffnungslosigkeit als religiöses Paradox! Keine Vertröstung! Keine Versöhnung! Keine Verklärung! Und dennoch das große Luthersche (von Thomas nicht gekannte, aber insgeheim erahnte) Zeichen der gläubigen Verzweiflung: die Chiffre der *desperatio fiducialis* in finsterer Nacht! All das, im raschen Vergessen von Majdanek, Buchenwald, Bergen-Belsen und Auschwitz, im Pfeifen auf die Hölle von gestern, die selbstgeschaffene, von Thomas Mann mit einem Gestapo-Keller identifizierte... all das von alten und neuen Gegnern zu Literatur und schöner, realitätsferner Dichtung erklärt.

»Meine Sünde ist größer, denn daß sie mir könnte verziehen werden, und ich habe sie auf Höchst getrieben dadurch daß mein Kopf spekulierte, der zerknirschte Unglaube an die Möglichkeit der Gnade und Verzeihung möchte das Allerreizendste sein für die ewige Güte, wo ich doch einsehe, daß solch freche Berechnung das Erbarmen vollends unmöglich mache.«: Sätze des dem Wahnsinn anheimgegebenen Adrian Leverkühn, formuliert in der Stunde des endgültigen Seelenzerfalls, wollten sich, unmittelbar nach dem Erscheinen des Romans, nicht ins Bild des brillierenden, mit alexandrinischen Anspielungen arbeitenden Virtuosen fügen, dessen Devise angeblich eher das »Hier stehe ich, ich kann auch anders« sei als die schauerlich-exakte, wenngleich quellen- und montagekundige Beschreibung einer nur *sub specie religionis* erfaßbaren Katastrophe, einer nationalen Apokalypse, wie sie in der Geschichte beispiellos war.

Dabei hätte eine genauere Analyse des Problems, wie es der in Hermann Hesses »Glasperlenspiel« ehrfürchtig als Thomas von der Trave apostrophierte Schriftsteller mit der Religion habe, zur Einsicht führen lassen, daß der Weg von der fontanesken Karikatur einer protestantisch-bourgeoisen Lebensweise zur exemplarischen Darstellung biblischer Vorzeit (»tief ist der Brunnen der Vergangenheit«) und schließlich zum düster-schauerlichen Buch des Untergangs schon früh, in den zwanziger Jahren, vorgebahnt war: zu einer Zeit, als Thomas Mann die schroffen Antithesen jener konservativen Lebensphase, die in den »Betrachtungen eines Unpolitischen« gipfelte, langsam zu überwinden begann.

Der Gegensatz, genauer: die Gegensatz-*Serie* von Metaphysik und Sozialität, Moral und Politik, dem Reich des Individuellen und dem Herrschaftsbezirk der Plebs, den Regionen des Ewig-Menschlichen drüben und des Zeitbedingt-Politischen hüben fiel ebenso in sich zusammen wie die mit nimmermüdem Elan, aber auch mit matter Eintönigkeit wiederholte Antithese von westlicher Demokratie und östlicher Mystik, der französisierenden Bourgeois-Rhetorik und der slawischen Inbrunst, der gallischen Dirne auf der einen und dem liebreizend-schlichten russischen Mädchen auf der anderen Seite. Ein langsam wachsender Sinn für Dialektik und wirklichkeitsnahe Synthesen machte dem Spuk-Reich ein Ende, in dem die Todes-Metaphorik Dostojewskis gegen den platten Lebenskult der Romanen ausgespielt wurde, die Heiligung des Daseins gegen die trunkene Sehnsucht nach dem Vergehen in Dämmer und Nacht, und in dem die Herren Settembrini und Naphta (nicht nur im »Zauberberg«) ihre endlosen Dispute über Geist und Natur, Verstand und Rausch, Apoll und Dionysos führten, ehe der Gralssucher Castorp, unterwiesen weniger durch das Dioskuren-Paar als durch jenen Mynheer Peeperkorn, der durch seine pure Existenz die manichäistischen Konstruktionen der Gegensatzpaare ad absurdum

führte ... ehe der Gralssucher Castorp, ein Neophyt, wie Thomas
Mann ihn nennt: das schlichte Kind einer neuen Zeit, sich bündig
zu jenem Leben bekennt, in dessen Bannkreis sich die romantischen Antithesen wie von selbst verflüchtigen.

Ölbaum und Feigenbaum, männliches und weibliches Prinzip,
Taghelle und Nacht, so das Fazit, das Thomas Mann 1930 in seiner Rede für Paneuropa (»Die Bäume im Garten«) zieht, gehören zusammen und sind verbunden im Zeichen jener Religiosität,
deren sittigende Kraft der Schriftsteller T. M. um so entschiedener benannte, je republikanischer er argumentierte. Das seit der
Mitte der zwanziger Jahre immer konsequenter formulierte Plädoyer für einen religiösen Humanismus gewann seine Schärfe in
der Auseinandersetzung mit jenen Konservativen, die aus den
»Betrachtungen eines Unpolitischen« so etwas wie ein zeitloses
Evangelium machten: *Nein*, lautet demgegenüber die These des
Republikaners, *nein!* Religion ist *keine* Widersacherin der Politik: Im Gegenteil, sie spiritualisiert und vervollkommnet sie, indem sie das Dämonische, hier Herrisch-Fesselnde, dort in exzes-
siver Freiheit Ausartende durch die Christen-Norm der Gleichheit relativiert und damit die Basis für die soziale Demokratie
schafft: die Republik der Freien und Gleichen, die jenen Faschisten als Todfeind erscheint, denen es, so Thomas Mann, darum zu
tun sei, mit der Demokratie auch deren geistige Basis, die Religion (zumal die christliche), zu beseitigen.

Unter diesen Aspekten wurde die Auseinandersetzung mit dem
Faschismus in Deutschland mehr und mehr zu einem Bekenntnis
zur *praxis pietatis* christlicher Provenienz und zu einem Appell,
das Terrorregime im Vaterland, mit seinem kruden Atheismus,
durch eine Widerrede in Zaum zu halten, die sich auf den berühmten Satz Goethes, Eckermann gegenüber geäußert, zu beziehen habe: »Über die Höhe und sittliche Kultur des Christentums, wie es in den Evangelien schimmert und leuchtet, wird der
menschliche Geist nicht hinauskommen.«

Versöhnung von westlicher Demokratie und östlichem Sozialismus, im Zeichen der frontensprengenden Nächstenliebe, hieß
die Devise Thomas Manns in den dreißiger Jahren: Aktive Sym-

pathie für die große Verbinderin Religion sei in einer Stunde verlangt, wo unter dem Hakenkreuz das katholisch-universalistische Deutschland so gut wie die protestantische Geistigkeit gefordert seien, ihr ein wenig lässig gewordenes Bekenntnis zur Gemeinschaft unter dem Kreuz zu erneuern und zu aktivieren.

So betrachtet ist es nicht zuletzt »Bruder Hitler« gewesen, der den Autor der in der Emigration geschriebenen Romane veranlaßte, nicht nur im Politischen, sondern, dem Antichrist Paroli bietend, auch und gerade im Religiösen Partei zu ergreifen, mit Hilfe des sozialen Humanismus ein »Equilibrium« zwischen Moral und Politik zu vertreten und den Widersacher solcher Politik im Namen der zu verteidigenden menschlichen Gesittung an den Schandpfahl zu stellen – so, wie es am konsequentesten und gnadenlosesten auf der letzten Seite der Novelle »Das Gesetz« geschieht, auf denen der Verneiner jüdisch-christlicher Gesittung jener Hölle überliefert wird, die kein Gnadenschimmer erreicht.

»Und will meinen Fuß aufheben«, läßt Moses den Vatergott zum Volk Israel sagen, nachdem das ABC des Dekalogs in Stein und Blut geschrieben worden ist, »und ihn in den Kot treten – in den Erdengrund will ich den Lästerer treten hundertundzwölf Klafter tief, und Mensch und Tier sollen einen Bogen machen um die Stätte, wo ich ihn hineintrat, und die Vögel des Himmels hoch im Flug ausweichen, daß sie nicht darüberfliegen. Und wer seinen Namen nennt, der soll nach allen vier Gegenden speien.«

Sobald er auf den Verneiner zu sprechen kommt, der längst aufgehört hat, Bruder und liederlicher Mit-Gesell in den Künsten zu sein, wird Thomas Manns Stimme schrill – nur für einen Augenblick freilich; denn so pathetisch der Autor der Radio-Ansprachen »Deutsche Hörer!« Deutschlands Verderber anprangerte und, andererseits, so ergreifend-streng der Meister des »Faustus« die Epiphanie des göttlichen Kindes, Echos Erscheinen, beschrieb, so erbarmungswürdig die richtende Rede Mutter Schweigestills, der Tränen-Klage der Frauen unter dem Kreuz entsprechend, sich in der Sekunde von Adrians geistigem Dahinscheiden ausnimmt: Lange hält es den Schriftsteller nie beim Lamento.

Gerade das Hochpathetische und Religiöse, so das Fazit von Thomas Manns Kafka-Aufsatz, könne nicht gegenstandsgetreu, also deklamatorisch, sondern nur mit Hilfe der Satire, einer Art verhaltenen religiösen Humors dargestellt werden: allein *e contrario* gewinne das Lichtreich der Gnade Profil – durch Negationen, die das Anderssein des Transzendenten sachgemäßer verdeutlichten als ein Crescendo, das auf die Dauer unangemessen erschiene – und langweilig dazu.

Kein Wunder, so betrachtet, daß Thomas Mann zumal das Dämonisch-Finstere gern durch Spaß und Heiterkeit verfremdete (um es auf diese Weise erst in seinem Todesschrecken sichtbar zu machen); daß er den »Erwählten«, der – wie bezeichnend für den späten Thomas Mann – ursprünglich »Der Begnadete« heißen sollte, mit allerlei Jokus und zwerchfellerschütterndem Allotria auf seinem Weg begleitete... und viel Spaß dabei hatte, die Trinitätslehre durch die Dreiheit Kind, Gatte und Papst ein wenig ins Ungewisse zu ziehen.

Wer Dogmenstrenge sucht, kommt bei Thomas Mann gewiß nicht auf seine Rechnung; wer hingegen das Verlorene der frommen Überlieferung zumindest im elegischen Spiel der bald kekken, bald bekümmerten Parodie bewahrt sehen möchte und sich darüber freut, mit welcher Kunst Thomas Mann biblischen Witz ins Hochzivilisatorische überträgt (in »josephinischen« kecken Snobismus), der wird die christlichen Ideen von Sünde und Gnade im Spätwerk nicht gerade, wie Thomas Mann behauptet, mit »reinem Ernst«, aber immerhin doch mit einem Witz, in dem sich Lächeln und Liebe vereinen, repräsentiert sehen – und dies auch dann noch, wenn er in einem Brief an Alfred und Kitty Neumann liest (geschrieben am 20. Oktober 1949): »Ungeachtet der und jener Altersverdrießlichkeit... schreibe ich mit einigem Vergnügen an meinem Romänchen weiter. Gregorius ist noch lange nicht Papst, sondern erst im Begriffe, bei seiner Mutter zu schlafen. Entsetzlich!«

Ein Gran von Witz und Ironie ist, nicht zuletzt um der Scham im Angesicht des Frömmsten und Außerordentlichen willen, auch – und gerade! – dort der von Ergriffenheit zeugenden Beschreibung beigemischt, wo es um Privatestes geht, die Audienz bei Pius XII. zum Beispiel, die durchs Beugen der Knie und das Küssen des Ringes charakterisiert ist... ein bißchen *zu* viel des Guten vielleicht, ein Ausmaß von Devotion, das dem Schreibenden am Ende doch nicht ziemt. Grund genug auf jeden Fall für Thomas Mann, die im Tagebuch mit purer Ergriffenheit erzählte Szene ein bißchen ins Ranggleiche umzugestalten. »Seit dem ›Joseph‹, dem ›Faustus‹, dem ›Erwählten‹ hat mancher, sogar beamtete Theologe katholischer wie protestantischer Konfession mir großes Interesse bekundet, und als die Krönung dieser Erfahrungen lasse ich mir gern das Gespräch unter vier Augen mit Pius XII. vom letzten Frühjahr erscheinen. Er wollte meine Hand gar nicht loslassen.«

Spricht da noch der Poet? Oder mischt sich Felix ein, Krull, die Phantasiefigur, und macht aus der Audienz beim Papst ein Gespräch im Hause Mann, an dessen Ende der scheidende Pius die Hand des bleibenden Thomas schier nicht aus den Fingern geben will? Wie immer: Frommes wird bei Thomas Mann stilistisch – um der Pointierung, nicht der Widerlegung willen – mit dem Mittel des Kontrasts realisiert, einerlei, ob Joseph, dieser juvenile Snob, dem »närrischen Ungehorsam« gegen Gott ein Ende bereitet, ob ein künftiger Papst, widerwillig freilich, weltliches Allotria treibt oder ein amtierender Heiliger Vater sich weigert, einen deutschen Schriftsteller ungebührlich, also rasch und ritualgetreu, zu entlassen.

Und dabei – das ist entscheidend – war der Mann, der im Alter Güte und Gnade (*nicht:* Glaube!) zu Schlüssel-Worten seines Weltverständnisses machte, als er die Apokalypse des Leverkühn-Deutschlands oder das »in Gott vergnügte« kleine Buch, den »Erwählten«, schrieb, keineswegs nur das Glückskind, als das er sich in Spuren der Seligen und Helden von Goethes oder Tolstois Rang gehend, so gern präsentierte – ein à la Joseph aus der Tiefe und von oben her gesegnetes Wesen, mit den Mächten des Irrationalen so gut vertraut wie mit den Gaben hellen Witzes und Verstands... und *wenn* er es war, so hat er, in täglich-strengem Dienst, sich darum bemüht, der Gnade, Bevorzugung und

Auszeichnung unter seinesgleichen würdig zu werden und die exzeptionelle Beglückung durch ein saures Mühen, oft genug am Rand der Verzweiflung, zu rechtfertigen: geprägt von puritanisch-protestantischer Tradition und verpflichtet, seine »substantielle Vornehmheit« im asketischen Werk-Dienst abzuarbeiten.

Schreiben! Tätig sein! Verläßlich Zeugnis ablegen! Mit Hilfe des sittigend wirkenden Worts ein Menschenbildner zu werden! In erasmianischer Versenkung, der Welt abgewandt und geborgen, ungestört sein Tagwerk zu tun: Die Imperative, mit deren Hilfe das Glückskind *operibus et gratia*, durch Arbeit und Gnade, abzuzahlen sucht, was ihm, im Doppel-Segen, gewährt worden war... die Imperative sind bekannt. Unter welchen Qualen aber – und oft vergeblich! – sie praktiziert werden mußten, das erhellen erst die Tagebücher, vor allem die späten, noch unveröffentlichten.

Wieviel verzweifeltes Mühen, das Werk, in immer neuen Anläufen, gegenüber den Versuchungen der Welt, mit den Reizen der Homoerotik im Zentrum, zu bewahren: das Werk, von dessen nie erreichter, aber unermüdlich zu erstrebender Vollkommenheit für Thomas Mann Entsühnung und Gnade, Segen und Tilgung der mit den Verstrickungen in die Welt verbundenen Schuld abhängig war. Das Werk! Das Werk, das, schon im Akt des Schreibens, Gott am nächsten bringt, wie's in den Tagebüchern heißt, »indem es den frommen Aufblick nach Segen, Hilfe, Gnade, eine religiöse Grundstimmung erzeugt«.

Wie verständlich also, daß Thomas Mann die ihn bis ins hohe Alter heimsuchenden Überfälle der »Jägerin Leidenschaft« zwar mit virilem Stolz und nachbebendem Entzücken registrier, sie aber zugleich danach bewertet, ob (oder ob nicht) sie dem Werk förderlich seien: ob erotisches Aufgewühltsein und Verfallenheit an das Schöne, die Liebe zu allem Jungmännlichen, die sich, verbunden mit dem Torschluß-Gefühl, am Ende ins kaum noch zu Bewältigende wüchse... ob soviel leidende Begierde und sexuelle Begeisterung sich vor dem Gedanken behaupten könnten, daß Rechtfertigung allein durch das Werk, Verfall ans Sterbliche nur durch die Unsterblichkeit gelungener Dichtung aufzuwiegen sei.

»Was von dieser Liebe unsterblich (ist)«, heißt es, die – lang-lang zurückliegende – Verbindung mit Klaus Heuser betreffend, am 29. August 1954 im Tagebuch, (das) »sind die ersten Sätze des Amphitryonaufsatzes.«

Nein, da genügt es nicht, daß ein Geliebter in *Versen* weiterlebt und, wie es heißt, »von den Lippen Geküßtes« Literatur wird: Da kommt es auf die vollendete, weit über den Anlaß hinausweisende Transposition des Lebens in Kunst an, die Kunst, die gleichwohl, um lebendig zu werden, des Anlasses bedarf, der schönen Begeisterung, die den alten Mann, in der Begegnung mit einem Pagen, in dem einen noch einmal die ganze geliebte Gattung umarmen läßt: »Tiefes erotisches Interesse« – eine Tagebuchnotiz vom 6. August 1950, »Aufstehen von der Arbeit, um zu schauen... Der Schmerz um den (Pagen) auf dem Dolder hat sich in diesen Tagen... zu einer allgemeinen Trauer um mein Leben und seine Liebe vertieft und verstärkt«, diesen allem zum Grunde liegenden, »wahnhaft und doch leidenschaftlich behaupteten Enthusiasmus für den *unvergleichlichen, von nichts übertroffenen Reiz* männlicher Jugend«.

Liebe und Leidenschaft, Entzücken und Rausch, von denen die Mitwelt nur ahnt, die aber der Nachwelt bekannt gemacht werden sollen durch die postume Publikation des Journals. Wieder und wieder hat der späte Thomas Mann die Dialektik von Begeisterung und Verzicht formuliert, von Verfallenheit ans Schöne, über die bekennend zu schreiben, wie es am 4. Dezember 1949 heißt, ihn zerstören würde, von bewahrter Liebesfähigkeit, der er sich, nicht anders als die »mächtig aushaltenden Naturen« Goethe und Tolstoi, rühmen dürfe, und von nie endenden Schuldgefühlen, die ihn nicht wegen des Verbotenen seiner Neigungen, sondern wegen der mit ihnen verbundenen Abhaltungen vom einzig Wichtigen, dem heiligenden und sühnenden Werk, überkamen.

Doppel-Antlitz der Liebe: ersehnt, um sich der »Welt« in ihrer reizend-bunten Vielfalt zu versichern und damit Material für die

Arbeit zu finden, *und* zugleich abgewiesen, weil sie den Schreibenden hindere, sich ganz in sein Werk zu versenken. Auf der einen Seite: Wieviel leichter hätte Thomas Mann seinen Krull, der wie Faust in die Welt geführt werden wolle, schreiben können, wenn er sich dieser Welt, mehr als ihm gut dünkte, zugewandt hätte; wieviel müheloser wäre – der alte Mann notiert dies oft – das durch keine literarische Vorlage Geförderte, der »Krull« also und die »Betrogene«, artistische Realität geworden, hätte sein Autor mehr Welterfahrung besessen, ein Künstler, der sich, auf den Höhen und mehr noch in den Tiefen des Lebens, umgetan hatte: einer, der weniger studierte und von fern her zusah, wie andere munter drauflosexistierten.

Auf der anderen Seite aber: Wieviel Schuld hatte da einer selbst schon durch das wenige auf sich geladen, erlebt in der platonischsinnlichen Doppel-Leidenschaft, die ihn bis zu jener »Ermächtigung des Alters zur Liebe« in Bann hielt, die er mit seinem späten und geheimen *Alter ego*, dem melancholischen Homoerotiker Michelangelo, teilte – Michelangelo, dem er, verzückt von den Sonetten des Bruders *in amore et spiritu*, einen seiner ergreifendsten Essays gewidmet hat... Michelangelo, in dessen Schatten Thomas Mann, wie die Notizen vom August 1950 beweisen, dem eigenen Schicksal, mit allen qualvoll-beglückenden Ergänzungen und Widerstrebungen von Liebe und Arbeit, dem Leben und dem Werk, nachsann: »Weh und schwer«, beginnt die große Konfession vom 25. August, »Erinnerungen glimmen an erschaute und geliebte Jugend. O Dio! O Dio! O Dio! Wundes Herz. In vostro fiato son le mie parole. Das will mir nicht aus dem Sinn. Augen, Hermesbeine, la forza un bel viso. – Dies ist die letzte Station der langen Herfahrt, das Ziel noch weit, und es ist unsicher. Dunkelheit der Zukunft. Möge sie mir so viel Ruhe gewähren, daß ich mich in der Arbeit zerstreuen und sammeln kann, die noch am meisten ans Leben bindet.«

Ergreifend zu lesen: Wie da – zum wievielten Mal – das Werk dem Leben, der Gnadenschatz der Leistung der verwirrenden und beängstigenden Summe leidbestimmter Gesichte vorangestellt wird – und dennoch der Gedanke, selbst dies wenige könnte schon zu viel gewesen sein und sei nur durch radikales Verändern, eine Variation à la Proust, will heißen durch Umformung des Männlichen ins Weibliche, zu rechtfertigen, in großer Kälte und befremdender Distanz zum Erfahrenen. (Ausgerechnet der von heterosexuellen Abenteuern strotzende »Krull« wird im Tagebuch der »homosexuelle Roman« genannt.)

»Zuviel gelitten« – noch einmal die Notiz vom 25. August 1950 –, »zuviel gegafft und mich entzückt. Mich zuviel von der Welt am Narrenseil führen lassen. Wäre alles besser *nicht* gewesen? Es war.«

Mich zuviel entzückt: In diesem Diktum wird sie noch einmal sichtbar, ein letztes Mal, die Maxime des Leistungsethikers und Erzprotestanten, der durch sein Werk die großen Ekstasen und kleinen Wonnen, die ihm die Leidenschaft zur schönen Jugend eintrugen, wiedergutmachen und am Lebensende ein Fazit ziehen möchte: ein »so war es und so ist es genug«, eine *Summe* vom Range des zweiten Faust oder der Wanderjahre.

Aber da gab's nur den »Krull«, der in den Tagen der Schwermut, des leidvollen Rückblicks und der Verdüsterung abgeschmackt und unwürdig erschien (»Memoiren sind kein Faust, an den man die letzten Kräfte seines Alters...«, Eintragung vom 4. April 1952); ein Werkchen, dem sein Autor die Achtung versagte und das abzubrechen ihn achtbarer dünkte als die qualvolle Fortsetzung *in infinitum.*

Warum, so die Klage des Fünfundsiebzigjährigen, dieser verzweifelte Versuch, die »unwürdigen und undurchführbaren Krull-Scherze« fortzusetzen? Warum konnte ich nicht, wie Richard Wagner, als Siebzigjähriger sterben, nach Vollendung der religiösen Quintessenz meines »Faustus«? Warum mußte ich mich aufrecht halten, um mühsam zu repräsentieren: ständig von der Furcht bedroht, binnen kurzem überhaupt nicht mehr schreiben zu können; immerfort von – allzu rasch verfliegenden – Hoffnungen auf neue Produktivität genarrt: angewiesen auf das Echo von draußen (»ich glaube kaum« – 15. Juni 1953 –, »daß seit Goethes alten Tagen an einen Dichter so geschrieben worden ist«), reizbar, wenn die Welt sich versagte oder kalt reagierte

(»mein Grauen vor Feindseligkeiten ist sehr zu bedauern«), gequält von Ängsten, verbraucht und ausgelaugt zu sein – und dabei immer auf der Suche nach dem neuen großen Stoff, dessen
Bewältigung Schuld und Versagen aufheben könnte: eine Novelle über Erasmus, ein Luther-Drama, eine Reihe von historischen Miniaturen aus dem 16. Jahrhundert, über Hutten zum
Beispiel. (»Mit diesem wären wir allerdings wieder bei der Syphi-
lis. ›Daß er's nicht lassen kann!‹«)
Vergebliches Mühen: Arbeit, die geprägt war von der Shake-
speare-Sentenz »and my ending is despair«, von traurig herge-
sagten Gedichten, Geister-Gesprächen mit Verstorbenen, »geh
schlafen, mein Herz, es ist Zeit. Kühl weht die Ewigkeit«, von
Mutlosigkeit und Scham angesichts kläglicher Vormittags-Lei-
stungen – und dabei entstanden doch noch die »Betrogene«, der
Schiller- und der Tschechow-Essay!
Und trotzdem dominierten Zerstreutheit und Nervosität. Trotzdem Verzweiflung und Todeswünsche: Kein großes Werk
konnte ohne Schmerz angeschaut, gehört und studiert werden,
ohne daß der Gedanke sich vordrängte, »daß auch ich einmal...«. Immer weiter verlor sich das verzweifelte Ziel des Voll-
bringens ins Imaginäre hinein: »Das Tagebuch ekelte mich, wie
mich alles ekelte«, heißt es am 4. Juli 1954, »überlaufen, überschüttet, überfordert, gab ich mich der Verzweiflung hin.«
Thomas Mann – ein zwiefach gesegnetes Glückskind: gewiß. Ein
auf Kompensation des Glücks bedachter Puritaner: auch das. Ein
großes, aber auch ein schwaches Ich, das auf Nachahmung, ja
huldigendes Sich-Vergewissern bei den Großen und Starken angelegt war – bei Pius XII. und Roosevelt, der für Thomas Mann,
wie symptomatisch, Hermes und Cäsar zugleich war, bei den
großen alten Männern, die er noch immer bewunderte, als ihn die
junge Mannschaft entzückte. (»Was ist Jugendliebe gegen die
geistige Macht des Alters?«)
Thomas Mann, ein geheimer Komplize der Macht, der katholischen so gut wie der kommunistischen (zweier Institutionen, gegen die nie ein Wort zu sagen er sich nach der Audienz im Vatikan vornahm): Die Tagebücher demonstrieren die Angewiesen-

heit aufs Autoritäre, den Sinn für Pomp und pontifikale Repräsentation geistlicher und weltlicher Art, und bringen die Leidenschaft des Schwachen ans Licht, der durch Schau und zirzensisches Spiel, selbstgewisse Demonstration und von Souveränität zeugendem Spektakel entzückt wird.

Ein schwacher und ein liebenswerter Mann. Rührend zumal dann, wenn sich die Außenwelt zustimmend seines Eigentlichen annahm, des Sinns für die Vergänglichkeit menschlichen Lebens – des Episodischen, das, Anfang und Ende habend, Sympathie verdiene, während das Unbeseelte, Zeitlos-Ewige solcher Sympathie nicht würdig sei: Gedanken, die im Selbstbekenntnis »Lob der Vergänglichkeit« oder den Kuckuck-Meditationen im »Krull« ausgeführt werden – Gedanken eines auf Werk-Heiligung verpflichteten Mannes, der darum weiß, daß er die kleine Spanne Zeit, die ihm gegeben sei, zu nützen und zu heiligen habe, um derart, wie es im »Lob der Vergänglichkeit« heißt, zu seinen höchsten Möglichkeiten fortzuschreiten und mit ihrer Hilfe dem Vergänglichen das Unvergängliche abzuringen.

Thomas Manns religiöse Humanität, ptolemäisch auf den Menschen, dem der Kosmos zugeordnet sei, bezogen, ist sanft, leise, unfanatisch und behutsam: von der Menschlichkeit Fontanes geprägt und, wieder und wieder, jenem entscheidenden »kleinen Übertritt« ins Geistige geltend, das – Tagebuch, 4. Oktober 1951 – seinem »Schreiben, Lieben und Leiden«: seiner Humanität also, zugrunde läge.

Nicht der Gottmensch, sondern der fragile, von Ehrfurcht vor dem Geheimnis seiner Existenz geprägte *homo humanus* steht im Zentrum des Werks – ein zur Transzendierung alles Naturhaften befähigtes Wesen, das in jener der Vergeistigung der Welt dienenden Religion, dem dogmenfernen Christentum, eine legitime Ausdrucksform fände – eine Form, die ihm ermögliche, den Gegensatz von instrumenteller Rationalität und dämonischem Gefühlsrausch im Zeichen einer Vernunft zu überwinden, die, auf höherer Stufe sozialer Geselligkeit, nicht nur den Dialog untereinander, sondern auch jenes Zwiegespräch mit einem Gott befördere, der, nach Thomas Manns Vorstellung, des Menschen bedürfe, seiner »Gottessorge«, um existieren zu können. Wenn der Mensch die Genesis widerriefe und den Versuch mißlingen ließe, der mit ihm angestellt worden sei, dann, so Thomas Mann, sei die Schöpfung widerlegt, und der Mensch, auf den Gott angewiesen sei wie der Mensch auf ihn, täte gut daran, sich so zu benehmen, wie es einem Wesen gebühre, dessen Selbstvernichtung unerträglich sei, da sie die Revokation der gesamten Schöpfung bedeute.

Christlich, im strikten Sinne, sind diese ptolemäischen Meditationen, in deren Zentrum das Aufeinanderangewiesensein von Mensch und Gott steht, auch dann nicht, wenn sie sich, wie Thomas Mann, als Kenner der Mystik, betont, auf den »Cherubinischen Wandersmann« beziehen können: »Ich weiß, daß ohne mich Gott nicht ein Nu kann leben.« Eher »innig-häretisch« als von pontifikaler Stringenz sind die religiös-humanen Erwägungen gleichwohl, in einem Augenblick, da der Mensch, zum ersten Mal in seiner Geschichte, die Gelegenheit hat, die Schöpfung zu eliminieren, bedeutsamer denn je: relevant als Überlegungen eines konfessionslosen Bekenners, der am 31. Dezember 1953, im Brief an den Tübinger Sozialethiker Ernst Steinbach, nach Zusendung der Studie »Gottes armer Mensch. Die religiöse Frage im dichterischen Werk Thomas Manns«, die – lobend, ja enthusiastisch gefeierten – Gedanken des Artikel-Schreibers zu seinen eigenen machte. Grundlegende Einsichten auf dem Grenzrain von Humanität und Religion – so, gerührt und entzückt, weil im Tiefsten verstanden, der Empfänger – seien nur möglich, »wo ästhetische Bildung, moralische Feinheit und eine Religiosität, die, fern von Frömmelei, das Religiöse auch da herausfühlt, wo es sich verbirgt... sich zu reinster Menschlichkeit zusammenfänden«.

Einer Menschlichkeit, fügen wir hinzu, die des Segens, der Gnade und, dies zuletzt, des Friedens bedarf, um sich entfalten zu können. Des Friedens, ohne den es, so Thomas Mann, eine Erziehung zu weltbürgerlicher Humanität nicht geben könne: eine Versittlichung unter jener Einsteinschen Devise »Eine Welt oder keine«, in der Gedanken Goethes (aber auch des Kommunistischen Manifests) über Weltliteratur, Weltbürgerlichkeit, Weltkultur, Welthandel und Weltverbundenheit nachklingen... eine Versittlichung, in deren Zeichen die soziale Welt, die nicht ohne kommunistische Züge, ohne gemeinsames »Besitz- und Genußrecht an allen Gütern der Erde« vorstellbar sei, so gut das Ihrige erhalte wie der Bezirk des Religiösen und Utopischen, in den wahres Menschsein eingehen müsse.

Da wird eine umspannende Vergeistigung und »Gerechtmachung« des Zeitalters vorausgedacht – eine irdisch-spirituelle Humanisierung, die, auf den »überbürgerlichen Zug der Epoche ins Weltweite« gestützt, nichts so sehr brauche wie Frieden – und darum (Thomas Mann, mitten im Zweiten Weltkrieg, über »Joseph und seine Brüder« sprechend)... darum möge die Hoffnung nicht ganz eitel sein, daß »unsere Kinder in einer Welt glücklicher Ausgeglichenheit zwischen Geist und Wirklichkeit leben, daß wir ›den Frieden gewinnen‹ werden. Das Wort ›Friede‹ hat immer religiösen Klang, und was es meint, ist ein Geschenk der Gottesklugheit«.

Geschrieben 1942 – und sechsundvierzig Jahre später immer noch eine Vision, die nicht realisiert worden *ist*, aber verwirklicht werden *muß:* mit Hilfe der »Gottesklugheit« und »Gottessorge«. Der Sorge für »Gott um des Menschen willen«: dies ganz gewiß und zweifellos. Der Sorge Gottes aber – *genitivus subjectivus*, nicht *objectivus!* – für den Menschen. Daran, hätte Thomas Mann, mit seinem ebenso schlichten wie vertrackten, weil ironiegetränkten »peut-être« geantwortet... daran möge glauben, wer da glauben kann.

Den friedlichen Weltkindern genügen die letzten Worte des »Doktor Faustus«, vor der Nachschrift, das Bekenntnis der Mutter Schweigestills, der Trauernden nahe beim Kreuz: »Viel hat er von der ewigen Gnaden g'redt, der arme Mann, und ich weiß net, ob die langt. Aber a recht's menschlich's Verständnis, glaubt's es mir, des langt für all's!«

Rebellion gegen den Sonntagsgott:
Hermann Hesse

Nein, gute Schüler sind sie gewiß nicht gewesen, Hermann Hesse
und Thomas Mann; eher Faulpelze, Exzentriker und Hallodris,
die es mit Ach und Müh zwar nicht zum Abitur, aber immerhin
doch bis zum Einjährigen-Freiwilligen-Examen brachten: Ab-
gang in Sekunda, vom Aufatmen erleichterter Lehrer begleitet.
Während Hesse sich zwischen Presse und Pennal, einem Kloster
und einem Gymnasium bewegte (Zwangsaufenthalte in einer
Anstalt für Geisteskranke und Epileptiker nicht eingerechnet),
um am Ende eines ebenso wirren wie ruhmlosen schulischen
Curriculums zuerst als Praktikant in einer auf den Bau von Turm-
uhren spezialisierten Firma und hernach als Buchhandelslehrling
tätig zu werden (Hauptbeschäftigung: Entstauben, Verpacken
und Austragen), konnte sich der später zum Volontär der Süd-
deutschen Feuerversicherungsbank sowie zum Büro-Poeten
avancierte Thomas Mann von seiner Schule, dem berühmten Lübecker Katharineum, noch weniger trennen als Hesse von Maul-
bronn und Bad Cannstatt. Volle *neun* Jahre brauchte der Arme,
um die verlangten *sechs* zu absolvieren; dreimal hatte er, in Un-
tertertia nicht anders als in Untersekunda, zu repetieren. Eine
»stockende und unerfreuliche Laufbahn« sei es gewesen, ließ
Thomas Mann wissen, mühselig und komisch zugleich: »Ich
habe« – so ein Selbstbekenntnis vom Jahre 1907 an das »Literarische Echo« – »eine dunkle und schimpfliche Vergangenheit, so
daß es mir außerordentlich peinlich ist, ... davon zu sprechen. Er-
stens bin ich ein verkommener Gymnasiast. Nicht daß ich durchs
Abiturientenexamen gefallen wäre: es wäre Aufschneiderei,
wollte ich das behaupten. Sondern ich bin überhaupt nicht bis
Prima gelangt; ich war schon in Sekunda so alt wie der Wester-
wald. Faul, verstockt und voll liederlichen Hohns über das
Ganze, verhaßt bei den Lehrern der altehrwürdigen Anstalt, aus-

gezeichneten Männern, die mir – mit vollem Recht, in voller Übereinstimmung mit aller Erfahrung, aller Wahrscheinlichkeit – den sicheren Untergang prophezeiten ... so saß ich die Jahre ab, bis man mir den Berechtigungsschein zum einjährigen Militärdienst ausstellte.«

Hüben der lübische Patriziersohn, der das schulische Drangsal, verwöhnt, wie er war, eher von der komischen Seite ansah, und drüben das Missionarskind aus dem Schwäbischen – ein zur Aufsässigkeit Geprügelter, zu suizidgleichen Exzessen Getriebener, der seinen Vater mit »Sie« anredet und ihm dabei bedeutet, er könne nur mit ihm harmonisieren, wenn er Pietist und kein Mensch wäre: »Sehr geehrter Herr! Da Sie sich so opferwillig zeigen, darf ich Sie vielleicht um 7 M oder gleich um einen Revolver bitten. Nachdem Sie mich zur Verzweiflung gebracht, sind Sie doch wohl bereit ... sich meiner rasch zu entledigen ... Wenn ich demnächst ein Verbrechen begehe, sind nächst mir Sie schuld, Herr Hesse, der Sie mir die Freude am Leben nahmen ... Schreiben Sie nimmer ›Lieber H.‹ etc.; es ist eine gemeine Lüge. (gez.) H. Hesse, Gefangener im Zuchthaus zu Stetten.«

Der aufsässige und der verbummelte Schüler, Hermann Hesse und Thomas Mann: Hier, alleweil mit dem Revolver hantierend, der in der Welt jenes Pietisten Bengel herangewachsene Scholar, der den Weltuntergang, die Prophezeiungen der Apokalypse studierend, auf das Jahr 1836 festgelegt hatte, und dort der großbürgerliche Kulturprotestant, der am Sonntag, in St. Marien unter den Notabeln der Stadt, *nolens volens* seine Glaubenspflicht tat, während der Antipode in Calw tagtäglich sein Soll an Erbauungs- und Bibelstunden, Gebeten, Morgen- und Abendandachten erfüllte.

Ist, frage ich, ein größerer Gegensatz denkbar als jene Kluft, die zwischen dem jungen, weltläufig erzogenen Kaufmannssohn zu Lübeck und dem württembergischen Pietisten bestand, der zu Hause erst nachfragen mußte, ob er – man höre! – Klopstocks »Messias«, ein *weltliches* Buch also, studieren dürfe?

Die Speicher an der Trave und die idyllischen Fachwerkhäuser der Gerbersau; Zins und Zinseszins hier, Gnadenschatz dort. Die

Hanse und die Basler Mission; Travemünde und Korntal; die Versammlung der ehrbaren Kaufherrn und die Calwer Bibelanstalt; Ostseehandel und Mission. Der eine geht ins Theater und delektiert sich, hingerissen und entzückt, an Richard Wagner, und der andere, nicht liberal, sondern gnadenlos und mit frommer Verzweiflung erzogen, übersetzt – immerhin – den Wallenstein ins Latein. Während Thomas Manns Eltern den Filius ins »Tivoli« begleiten, ein kleines Theater, wünschte sich Hesses Mutter, gut lutherisch, eher einen toten als einen mißratenen Sohn und zeigte sich entsetzt über ihr »großsprechendes und wenig leistendes Bürschchen«.

Welch eine Diskrepanz, nochmals: large lübische Liberalität auf dem Feld der *humaniora* und lässige religiöse Neutralität, kontrastiert mit dem Aufschrei des Schülers Hesse: »Ihr seid Christen, und ich – nur ein Mensch!«

Und trotzdem: Wie verwandt, wiederum, sind die beiden, Hesse und Thomas Mann, ungeachtet aller Oppositionen, gewesen. Beide waren *outcasts* in ihrem Milieu; beide haben den Außenseiter zur Zentralfigur ihrer Werke gemacht; beide waren ihrer Umwelt entfremdet: Der Poet und Bohemien Thomas Mann so gut wie jener Hermann Hesse, der, in spektakulärem Milieu, in Kneipen und Tanzsälen das Kirchenchristentum anprangerte und, mit der Zigarre im Mund, gegen eine Erziehung rebellierte, die, wie es im »Steppenwolf« heißt, ihn »zerbrochen« habe.

Der Poet, dem es gleichwohl um die »Wonnen der Gewöhnlichkeit« zu tun war, und der Zechbruder im Bengelschen Ambiente, der sich trotzdem – er hat's wieder und wieder beschrieben – nach Reinheit und nach bürgerlichem Gutsein sehnte: Brüder im Geist sind sie gewesen. Beide im Bann einiger weniger großer Figuren, Martin Luthers zum Beispiel, den Hesse, gut Thomas-Mannisch, als »Prachtkerl, aber Unglück« etikettierte; beide auf der Suche nach Gegenfiguren im Umkreis einer zerfallenden bürgerlichen Gesellschaft: nach Gottsuchern und Sonderlingen, Gezeichneten und Vagabunden des Geistes.

Hermann Hesses und Thomas Manns Helden, Joseph und der Steppenwolf, Leverkühn und Knecht, sind auf weite Ausfahrten, kühne Expeditionen und waghalsige Abenteuer hin angelegt; aber genauso auf die Sehnsucht nach Heimkehr ins Heimisch-Vertraute, ins Naumburgische, wohin der vom Wahnsinn geschlagene Adrian Leverkühn zurückkommt, nach Neubesinnung in der kleinen lieben Welt, der zugleich verhaßten und, wenn man's draußen recht bunt trieb, gleichwohl ersehnten: »Mir, der ich in der Fremde lebe«, schreibt Hesse Weihnachten 1915, »ist bei jedem Heimkommen der erste schwäbische Bahnschaffner ein wahrer Paradiesvogel.«

Gewiß, die Hessesche Welt nimmt sich auf den ersten Blick spiritueller als die lübische aus: Ist von Heimkehr die Rede, dann geht es in dem zwischen Brahmaputra und der Nagold angesiedelten Werk immer um den Garten Eden, das verlorene, aber nie aufgegebene Paradies. Aber ist Thomas Manns Kaisersaschern-Lübeck mit den Dämonen und Veitstänzern, Hexenmadams und triefäugigen Gesichte-Schauern weniger geisterfüllt, weniger doppelsinnig als die Welt der Schwabenväter? Eine Welt, wie sie Hesse in seinem – von ihm unterschätzten und nicht zu Ende geführten – vierten Lebenslauf des Josef Knecht beschrieb, in dessen Zentrum jener Mikrokosmos steht, wo Bengel mit Oetinger und Oetinger mit Zinzendorf Geistergespräche führen, wo Leverkühns *Alter ego*, der Theolog und Musikant Knecht, ins Ungewisse und Offene aufbricht, wo alle Welt wie im »Doktor Faustus« über Schrift und Geist debattiert und wo – im Unterschied zu Thomas Manns »Buddenbrooks« – eine grandiose Pfarrerfigur auftritt, ein »Spezial«, der in der Kirche hoch über dem Volk thront, im Kämmerlein aber – in einer der ergreifendsten »theologischen« Szenen, die Hesse je geschrieben hat – weinend, stammelnd und händeringend zu seinem Gott betet: Josef Knecht, »der etwa siebenjährige Knabe, hatte einen großen, erwachsenen Mann, einen alten Mann bekümmert und hilfsbedürftig durch die Kammer laufen, hatte ihn niederknien, beten und weinen, ringen, sich demütigen und flehen sehen... und wie groß, wie königlich und gewaltig« mußte Gott sein, »daß ein solcher Mann solchergestalt sich vor ihm hinwarf und zu ihm flehte!«

Die lübischen Kaufherrn und Speicherwärter, die Suitiers und Bankrotteure Thomas Manns finden ihre Entsprechung in den wahren und heuchlerischen Frommen, den »wohldressierten Lateinern« und den Zungenrednern, den Separatisten der Sonderkirche und den orthodoxen Pastoren... all jenen Stundenbrüdern und Frohgemuten im Herrn, von denen geleitet der Stiftler Josef Knecht, ins Weglose aufbrechend, Abschied nehmend durch Tübingen geht: »Allein und traurig lief er ein letztes Mal zum Schloß hinauf, die Neckarhalde hinab und über den Hirschauer Steg... durchs Ammertal und die Lange Gasse hinauf, hoch und groß vor dem dunkel gewordenen Himmel sah er die Stiftskirche ragen, und indem er ihr entgegenlief, hörte er innen die Orgel erklingen... in den Häusern unten schimmerten sanft erleuchtete Fenster, da lag Tübingen, da lagen ein paar Jahre seines jungen Lebens... voll Fleiß und voll ungewisser Erwartung. Was brachte er mit aus dieser Stadt?... Eine Kiste voll Bücher, die Hälfte davon waren Notenhefte, und ein Zeugnis seiner Professoren, und ein banges, angstvolles Herz ohne Sicherheit.«

Wie reizvoll wäre es, die beiden musizierenden Theologen, den demütigen und den hoffärtigen, den Bewunderer Bachs und den Erben Beethovens, der die 9. Sinfonie zurücknehmen möchte, den Tübinger und den Hallenser, den von eigener Macht Träumenden und den Sanften, Adrian und jenen Josef miteinander zu vergleichen, der sich nach »einem erfüllten Leben, einer Harmonie, einem Dienst am Vollkommenen sehnt«. Beide, Thomas Mann und Hesse, haben die Größe und Verzauberungskraft der Musik, ihre Logik und ihre Irrationalität beschrieben, eine Exzentrik, die zumal die Deutschen darüber vergessen ließ, was Wirklichkeit und Pflicht von Tag und Stunde sei: »Der Deutsche«, heißt es, den »Faustus« präludierend, im »Steppenwolf«, hat stets »gegen die Vernunft frondiert und mit der Musik geliebäugelt. Und in der Musik, in... Stimmungen, welche nie zur Verwirklichung gedrängt wurden, hat der deutsche Geist sich ausgeschwelgt und die Mehrzahl seiner tatsächlichen Aufgaben versäumt.«

Tatsächliche Aufgaben versäumt: Kein Zweifel, daß das insgeheim ein Selbstbekenntnis Hermann Hesses ist, die Konfession eines Schriftstellers, der sich, anders als der seit den zwanziger Jahren auf die Identität von Politik und Geisteswelt pochende Thomas Mann, zeitlebens gegen die »Politisierung des Geistes gewehrt« hat... so sehr, daß der Autor des »Faustus« dem Autor des »Glasperlenspiels« in einem Pfingstbrief des Jahres 1945 ein Collegium politicum hielt: »Es ist kein Wunder, daß ein ›schwebendes‹ Werk wie das Ihre sich gegen die ›Politisierung des Geistes‹ stellt. Nun gut, man muß sich über die Meinung verständigen... Ist ›Geist‹ das Prinzip, die Macht, die das *Gute* will, die sorgende Achtsamkeit auf Veränderungen im Bild der Wahrheit, ›Gottessorge‹ mit einem Wort, die auf die Annäherung an das zeitlich Rechte... dringt, dann ist er politisch, ob er den Titel nun hübsch findet oder nicht. Ich glaube, nichts Lebendiges kommt heute ums Politische herum... Für mein Teil möchte ich (dazu) sogar etwas beigetragen haben – wenn es das ist, was Sie ›Politisierung des Geistes‹ nennen.«

Und siehe, in der Schweiz wurden die »Betrachtungen eines Politischen« akzeptiert – wurde die These hingenommen, daß man mit Politikferne nur der Politik der bösen Sache nütze, und lediglich die Botmäßigkeit angeprangert, mit der sich Intellektuelle, wie im August 1914 geschehen, den Außen-Befehlen von Staat und Macht fügten.

Höflich sind sie einander begegnet, der deutsche Schweizer und der deutsche Amerikaner, höflich ein Leben lang. Nicht zufällig lobte Hesse, vor allem im »Glasperlenspiel«, das Chinesisch-Urbane, Weltläufig-Komplimentierfähige des großen Meisters Thomas von der Trave, eines Helden »der klassischen Form und der Ironie« – und die »Exzellenz« in Pacific Palisades, der »vollkommene Magister und Kavalier mit seiner Würde und fürstlichen Grazie«, ließ es sich gerne gefallen, signierte an Hesse gerichtete Briefe mit »Ihr Thomas von der Trave«: wohl wissend, daß auch der andere wußte, wieviel den einen mit dem anderen verbände – angefangen mit der Musik und endend mit den großen Themen beider Spätwerke, der Gnade, der heiteren Melancholie und, dies vor allem, dem Opfer, das Josef Knecht auf sich nimmt –

Knecht, der sein Leben in gleicher Weise für die Zukunft Kastaliens hingibt, wie es Leverkühn stellvertretend für seine vom Teufel gepackte Heimat vollzieht.

Ein *homo religiosus* freilich ist Thomas Mann, ungeachtet seines Spätwerks, nur in allgemeinem Sinn gewesen, als Humanist, dem es um »Gottessorge« und »Gottesklugheit« zu tun war, während Hesse auch *sensu stricto* den Titel eines »erzreligiösen« Poeten verdient. Erzreligiös, jawohl, aber undogmatisch, antiklerikal und weltoffen wollte der Autor des »Demian« und des »Siddharta« sich verstanden sehen, als ein Autor, dem sein Christentum nicht mehr – aber auch nicht weniger – als die andern Religionen galt: *jede* sei »ein Schlüssel zum Herzen der Welt«; in *jeder* könne man als Weiser leben, in *jeder* den »dümmsten Götzendienst« treiben. Nichts, so Hesse, werde ihn in dem Glauben beirren, daß Gott auf vielfache Weise verehrt werden wolle; verehrt von Menschen, deren Pflicht es sei, höflich aufeinander zuzugehen, urban und vernünftig (in der Weise Thomas' von der Trave also), unfanatisch und achtsam auf den Mitmenschen und die Natur – immer um den Dreischritt wissend, der die Frommen und die Vernünftigen, als die Ur-Typen der Humanität, von kindlicher Unschuld über die Verstrickung in eine Welt, in der das vollkommene Gute nie realisiert werden könne, am Ende zur Erlösung führe. Zur Erlösung, zur Gnade, zum Tao... einer Befreiung, die den Bedachtsamen leichter zuteil werde als jenen Verstandesmenschen, die, auf der zweiten Stufe, in besessener »Tugend«-Verfolgung, die Vernunft versachlichten, die Technik perfektionierten, die Erde ausbeuteten, die Natur vergewaltigten und alles, was Spiel und Improvisation sei, abtöteten: blind-aktivistisch und den humanen, von Thomas Mann in gleicher Weise wie von Hesse betonten Gedanken der *Endlichkeit* und ihrer Würde ignorierend.

Da pervertiere sich Unsterblichkeits-Glaube in Fortschritts-Manie, und der Zahlen-Mensch verfiele der Gefahr, sich inhuman zu verhalten, in gleicher Weise wie auf der anderen Seite das Stimmungs-Wesen, das, über der Nabelschau, die Welt mit ihren Pflichten und Nöten vergäße. Nicht durch Verstandes- und Gefühls-Absolutismus, sondern durch behutsames Sich-aufeinander-Einlassen der Antagonisten: durch die Vereinigung von *cœur* und *raison*, im Sinne Pascals, werde die Existenz der Welt und das sinngeprägte Leben bewahrt, im Akt der Versöhnung: »Darum ist uns irrenden Brüdern«, so das Ende des 1930 geschriebenen Gedichts »Besinnung«, »Liebe möglich in aller Entzweiung, und nicht Richten und Haß, sondern geduldige Liebe, liebendes Dulden führt uns dem heiligen Ziele näher.«

Synthese, Hegelsche Aufhebung der Extreme im Umkreis einer höheren Mitte, heißt Hesses Lösung: Transzendierung der Gegensätze »Mann« und »Frau«, »Sinnlichkeit« und »Sittlichkeit«, »Ich« und »Gemeinde«, »vita activa« und »vita passiva«. Das »Glasperlenspiel« verdeutlicht, wie der Fortbestand der Humanität gefährdet ist, wenn *ein* Prinzip danach strebt, sich absolut zu setzen; wenn Mathematik und durchstrukturalisierte Musik (Adrian Leverkühn und die sterile Perfektion seiner Zwölftonmusik lassen grüßen), das Zeichen und die Formel, selig und selbstgenügsam in sich, die »Welt« aus dem Blickfeld rücken; wenn Abstraktion kein materielles Substrat mehr hat und das Spiel, längst aller Metaphorik entkleidet, nur noch auf sich selber verweist.

Seltsame Umkehr! Während im »Doktor Faustus« die – anfangs beklagte – serielle Formkunst am Ende als Gegengewicht zu Rausch und Terror der Faschisten erscheint, wird im »Glasperlenspiel« die – zu Beginn als Antithese des »feuilletonistischen Zeitalters« gepriesene – Geistigkeit der Ludatoren gegen Schluß des Romans mehr und mehr in ihrer Sinnleere erkennbar. Kastaliens Zucht ist eine Schein-Disziplin, sein Alexandrinismus ein Luxus, den sich ein kleiner Zirkel auf Kosten derjenigen leistet, die »draußen«, in der Welt, für ihn aufkommen müssen.

Unter solchen Zeichen sieht Josef Knecht, eingewiesen von Pater Jakobus (dem Spiegelbild Jacob Burckhardts), seine Aufgabe darin, Innen und Außen miteinander zu versöhnen, die Diskrepanz zwischen den Herren (den »Designoris«) und den »Knechten« zu beseitigen und das perfekte Spiel durch ein Gran von Unberechenbarkeit und Spontaneität, von Gegenläufigkeit, ja Rebellion zu konterkarieren – einer Widersetzlichkeit, die, auf lange Sicht bedrohlich, im Zeichen des ständig routinierten Gelingens dennoch heilbringend sein könne.

Nur durch die Wiedergewinnung der »Welt«, nur durch intensives Hin und Her zwischen Innen und Außen, macht Hesse am Beispiel des Glasperlenspiels sichtbar, behielten die großen Gegenfiguren des Weisen und des Heiligen (des Pater Jakobus also und des Alt-Musikmeisters) ihre Bedeutung in einem Spiel, das, statt von vornherein Antworten zu wissen, von Frage zu Frage weiterschritte. (»Unter deinen steigenden Füßen«, heißt es in einer Parabel von Kafka, »wachsen die Treppen aufwärts.«)

Darum, um der Rettung Kastaliens *und* der Welt, der Bezirke der Seele und des Bereichs der Natur willen, verläßt der Herr des Glasperlenspiels, *magister ludi* Josef Knecht, seine kastalische Heimat, stellt, von außen, die sich alle Kontakte zur Politik versagende Gemeinschaft in Frage, erkennt im rauschhaft-dionysischen Tanz seines Zöglings Tito Designori die Gefahr einer Welt, die durch kein apollinisches Gegengewicht relativiert wird, und opfert sich am Ende auf: Kastalien wird weiterleben, und die Welt wird es auch tun. Liebe ist möglich in aller Entzweiung, Versöhnung im Umkreis jener – höchst realen – *unio mystica*, nach der Hesse, in immer neuen Anläufen, wieder und wieder suchte und an deren (mehr als ansatzweisen) poetischen Konstitution er gleichwohl scheiterte.

So deutlich auch das Ziel bezeichnet war: Es blieb bei der *ausgesagten* und *postulierten* Verbindung der Gegensätze; eine Dialektik im *Kunstwerk* hingegen, wie sie am Ende des »Faustus« aufleuchtet, blieb Hesse versagt. Sooft er über die Notwendigkeit meditierte, die Opposition von Welt und Gedanken, der Politik und dem Spiritismus im Zeichen jenes *chinesischen* Einbezugs des Sozialen ins Gedankliche zu überwinden, der, durch Laotse geprägt, viel realitätsbezogener sei als die *indische* Mystik: Es blieb, zumindest im »Glasperlenspiel«, schon deshalb beim Postulat, weil über das Welthaft-Konkrete zwar, in »kostümierter Essayistik« (wie Musil sagte), nachgedacht wurde, die Heimat und der Mutterboden des Gedanklichen sich aber im Allgemeinen und Vagen verloren. Ein Jammer, daß Hesse seine ursprünglich 1926 auf der Rückseite eines Briefs an die »Neue Rundschau« formulierte Konzeption nicht durchgeführt, Kastalien nicht den Rang eines überzeugenden Gegenreichs des faschistischen Deutschlands gegeben hat: nicht plump-realistisch natürlich, aber so deutlich, daß die zeitbestimmenden politischen Figurationen dem »allegorischen Schriftsinn« im »Glasperlenspiel« Kontur gegeben hätten, Anschaulichkeit und Signifikanz: »Das große Gespräch über Geist und Politik«, so der Entwurf von 1931, »zwischen Knecht und dem Führer der Diktatur, der ihn dafür gewinnen will, das Glasperlenspiel in den Dienst des neuen Staates zu stellen, andernfalls muß seine Partei gegen die Glasperlenspieler ebenso rigoros vorgehen wie gegen alles ihr reaktionär Scheinende, die Bünde auflösen, das Spiel verbieten und zerstören, seine paar Führer und Wissende töten.«

Die Versuchung Jesu in der Wüste: projiziert, 1931, mit Hilfe hellsichtiger Antizipation in die Machtzeit der Nationalsozialisten; der Zweikampf zwischen Knecht und dem Teufel (»der Versucher spricht recht klug und beinahe geistig, Knecht gibt höflich und bescheiden Auskunft und macht keinerlei Versuch, sich zu retten«), die Weigerung des Reinen, sein Volk dem Reich des Bösen zu unterstellen: Ein dostojewskischer Traktat, zeitbezogen und verweisend zugleich, religiös *und* politisch strukturiert, hätte sich aus diesem Entwurf machen lassen – bis hin zu jenem von Hesse geplanten »letzten Spiel«, einem Endkampf auf Leben und Tod in der Weise apokalyptischer Auseinandersetzung zwischen den »unreinen, streberischen Mächten« und dem »reinen Geist«.

Da hätte sich eine ethische Konstruktion ästhetisch überzeugend darstellen lassen; da wäre es nicht bei jener abstrakten Konfrontation von Kastalien und Welt geblieben, die sich schon deshalb so befremdlich ausnimmt, weil im ganzen Roman, hüben sowenig wie drüben, nicht eine einzige Frau auftritt. Die Gedankenmänner bleiben unter sich, musizierend im Himmel des reinen Geists, und die Frauen, nur als Kollektiv benannt, haben die Pflicht, ihnen dabei, vorbereitend und konzentrationsfördernd,

zu Diensten zu sein: »Es ist in der Provinz Sitte, daß die Bürgertöchter nicht allzu früh heiraten, und in den Jahren vor der Ehe scheint ihnen der Student und Gelehrte als Geliebter ganz besonders begehrenswert; er fragt nicht nach Herkunft und Vermögen, ist gewohnt, geistige Fähigkeiten den vitalen mindestens gleichzustellen, hat meistens Phantasie und Humor und muß, da er kein Geld hat, mehr als ein anderer mit dem Einsatz seiner selbst bezahlen. Die Studentenliebste in Kastalien kennt die Frage nicht: wird er mich heiraten? Nein, er wird sie nicht heiraten.«
Überwindung des Gegensatzes von Mann und Frau: gut und schön; doch wie, wenn, wie im »Glasperlenspiel«, die Frauen überhaupt nicht präsent sind und Hesse, darauf angesprochen, nur höchst mürrisch zu erwidern wußte, der Erzähler sei nun einmal ein alter Mann und die Frauen »ein Stück Leben«, das dem Alternden, »auch wenn er sie früher reichlich gekannt hat« (!), wieder ferngerückt ist.
Man sieht, das von Hesse mit unermüdlichem Elan vertretene Ideal der Einheit und Harmonie, in deren Regionen sich – keineswegs grau, sondern bunt und berückend – die Antinomien der Welt aufheben sollten ... man sieht, diese ästhetisch geprägte *coincidentia oppositorum* hat mit Realitätsbewältigung wenig zu tun – und bleibt gleichwohl für den Essayisten Hesse konstitutiv, wie der Gedanke von der *einen* Religion über allen Religionen beweist, die Vision einer *summa metaphysica*, von der, bewegend zu sehen, ein Schriftsteller nicht ablassen mochte, der zeitlebens betonte, er könne ohne Hingabe an Gott und ohne die Erfahrung der Transzendenz keinen Tag leben: ein Schriftsteller, der alle autoritären Theologien verwarf – sie und ihren Absolutheitsanspruch, ihre Furcht vor allem Fremden, ihre Dogmatik, ihren Gott, der es den Menschen ermöglicht habe, »den Fortschritt vom Einandertotschlagen mit Steinbeilen bis zum Töten mit Atomwaffen auszubilden«.
Nein, lautete Hermann Hesses Glaubensbekenntnis, eine vorgegebene, in Hybris und Terror, in »Kreuzzüge, Ketzerverbrennungen und Judenpogrome« pervertierte Religion sei seine Sache gewiß nicht. Nicht der Sonntagsgott, nicht der Protestantis-

mus, der sich darauf kapriziert habe, langweilig, mittelmäßig und kulturvernichtend, wie er sei, den freien Geist zu vertreiben, nicht das Kanonen-Christentum und nicht die luthersche Theologie, die »an der Universität von lauter Freiheit, Persönlichkeit, Dynamik etc. etc. redet, und nachher in der Praxis aus dem Pfarrer und der Kirche ein liebedienerisches Werkzeug für den Staat, den Kapitalismus (und) den Krieg... gemacht hat«. Dann schon lieber der Katholizismus, der sei jedenfalls konsequent, spräche mit einer Stimme, ließe sich ohne Wenn und Aber auf die Welt hienieden ein, gebe ihr, wonach sie begehre, verhalte sich, schnörkellos und gradeaus, in der Weise von Dostojewskis Großinquisitor und ließe die Künste – sofern sie ihr nicht widersprächen – unbehelligter walten, als es sich der Kulturprotestantismus getraue. Wenn nur das *sacrificium intellectus* nicht wäre, das der Katholizismus verlange – die Preisgabe der göttlichen Vernunft, die Hesse nicht fortzuwerfen gedachte.

Vom Konkordat freilich, dem *eigentlichen* politischen Sündenfall des Vatikans, ist bei Hesse nur am Rande die Rede – auch von der Bekennenden Kirche übrigens, der er vorwarf, daß sie nur als »unoffizielles Gebilde« fungiere, »dem Konstitution und Dogma noch vollkommen« fehlten – ein Gebilde, »das also zuallerletzt in Glaubensfragen autoritativ auftreten« dürfe.

Fehlen der *Konstitution:* Das nenne ich mir einen sauberen Pietismus! Verlangen nach Dogma und nach Amtsautorität! Pochen auf offizielle Repräsentation! Die Verneigung gen Rom ist kein Zufall! Glauben an die Macht des Faktischen, Verzicht auf die Sinnfrage, wenn die Macht sich verläßlich legitimiert! Ein Gegen-Pietismus in Potenz. O ja, er ist sehr wohl nachweisbar in Hesses Werk – im »Glasperlenspiel« zum Beispiel, wo sich der Quietismus angesichts historischen Aberwitzes gelegentlich in barer Inhumanität niederschlägt: Sinnvolles Opfer? Rechtfertigung von Scheiterhaufen und Massenmorden? Danach zu fragen, erklärt dezisionistisch, ums Jahr 2400, der Erzähler des Glasperlenspiels, sei zu fragen nicht erlaubt. »Die Geschichte ist geschehen – ob sie gut war, ob sie besser unterblieben wäre, ob wir ihren ›Sinn‹ anerkennen mögen, dies ist ohne Bedeutung.«

Ohne Bedeutung? Wirklich? Wird, wer so argumentiert, nicht *nolens volens* zum Komplizen der Macht, paktiert mit dem Versucher, verzichtet, dank des »Was ist, das hat durch seine pure Existenz die Kraft des Unwiderlegbaren«, auf den Kampf gegen das Böse, zieht sich vor der Realität in die reinen Bezirke des mit der Wirklichkeit nicht kommunizierenden Spirituellen zurück, behauptet, im Sinne von Hermann Hesses Gedicht »Bhagavad Gita« (geschrieben im September 1914): »Krieg und Frieden, beide gelten gleich, denn kein Tod berührt des Geistes Reich«, und wird derart am Ende, achselzuckend, ein Spießgeselle jenes Schreckens, den man zwar beklagt, aber doch in seinem rüden Dasein bewundert? »Es werden stets und immer die Napoleone regieren und die Christusse umgebracht werden«, trägt Hesse, Juli 1933, in sein Tagebuch ein, »aber wenn das ›dritte‹ Reich auf tausendjährige europäische und christliche Gewohnheiten, Formen, Bändigungen verzichtet und unter dünner Ideologie nahezu hemmungslos der Macht huldigt, so hat das, ebenso wie das Regime bei den Sowjets, eben doch etwas Neues, etwas, was mit brüchig gewordenen Begriffen gebrochen hat und darum stark ist.«

Seltsam, höchst seltsam: Da geht ein Mann seinen eigenen Weg, preist, gut pietistisch, die Neugeburt des Subjekts bei der Erfahrung einer *religio supra religiones* – und beschwört, in seiner Isolation, zugleich die Macht des Vatikans, ja den Terror des Ungeists, womit er sich als Kind jener von ihm so oft beschworenen Epoche der Propheten und Geisterbeschwörer, der Sektierer und Wallfahrer erweist, die allesamt dem großen Rausch huldigen, der Festivität einer neuen Gemeinschaft vom Range der Morgenlandfahrer zum Beispiel, die Hesse zwischen Bopfingen und Famagusta höhere Weihen gewinnen läßt, in pathetischer Benennung und mit viel unfreiwilliger Komik.

Immer wieder geht es um ekstatische Kulte, an der Grenze von Politik und Irrealität, um magisches Theater und die Evokation der von Oswald Spengler beschriebenen Endzeit und ihrer Riten. Da wird der Ratio Valet gesagt, da grüßen einander, im Traumreich der Kontemporaneität, Bengel und Mozart, Stifters Witiko und Paul Klee; da greift man zur Droge, verliert sich in exzessivem Tanz und trunkener Magie und ersinnt, betört von Bachschen Toccaten und vom Kokain, eine phantastische Unität, die, geprägt durch Pansophie, Jazz, Psychoanalyse und Meditation, den Zweinaturenmenschen, das Geist-und-Wolfs-Ungeheuer, eine neue höhere Identität finden läßt. (Nachzulesen im »Steppenwolf«, wo im Rausch der Allbegegnung, Allvereinigung Saxophonist Pablo als Mozart und die schöne Hermine als Hermann, der Tänzer, agiert. Nichts ist unmöglich, alles erlaubt: »Johannes der Täufer grüßt Hermann den Säufer.«)

Und doch. Und doch ist das – visionär beschriebene – Durchleben und Durchleiden einer tollen, aus den Fugen geratenen Zeit dem Hesseschen Grundmodell der drei Lebens-Stadien Unschuld, Verstrickung und Erlösung gemäßer als das Sichabfinden mit der inhumanen Faktizität. Für einen Enkel der Schwabenväter, so abweisend er sich auch aller positiven Religiosität gegenüber verhält, darf die Welt nicht ohne entschiedene Stellung der Sinnfrage hingenommen werden, sondern will auf der *via purgativa* und *illuminativa*, dem Weg der Reinigung und Erleuchtung, ausgemessen sein: Keine *unio mystica* ohne die vorausgehende Konfrontation mit der Realität; der Gralssucher, für Hermann Hesse so gut wie für Thomas Mann Archetyp des Weltkinds auf dem Weg zu Heil und Erkenntnis, hat die Unschuld *zurückzugewinnen*, statt sie, unberührt von der Welt, zu *behaupten*. Nicht die *theoria* des Glaubens, sondern die *praxis pietatis* entscheidet für Hesse über den Rang einer Religion. (Deshalb die Bedeutung des *Täters* Buddha, dessen Leben wichtiger sei als seine Rede.)

Die Geschichte ist geschehen – und das genügt? Eben nicht! Wer sie hinnimmt, ohne sie nach ihrem Sinn zu befragen, muß ein Roboter sein; ein Mensch, so Hesse contra Hesse, ist er nicht: Ein Mensch ist nur einer, der, wie in »Unterm Rad« oder im »Demian«, nach dem Durchschreiten der äußersten Finsternis, nach dem Verfallensein an Sünde und Schuld zur Welt des Lichts auf höherer Stufe, nüchtern und wissend, geläutert und befreit, heimkehrt: »Jedenfalls«, so Max Demian, »ist das Bild eines Säufers oder Wüstlings vermutlich lebendiger als das des tadellosen Bürgers. Und dann – ich habe das einmal gelesen – ist das Leben des Wüstlings eine der besten Vorbereitungen für den Mystiker. Es sind ja immer solche Leute wie der heilige Augustin, die zu Sehern wurden. Der war vorher auch ein Lebemann.«

Hermann Hesse, ein Poet in seinem Widerspruch: feierlich und salopp, nicht selten ein bißchen vag und allgemein (auch sentimental gelegentlich): kein Wunder, daß man den Mann mit den vielen Stilen und heterogenen Thesen für die unterschiedlichsten Ideologien zu reklamieren suchte. Hesse: ein Anwalt des spätbürgerlichen Humanismus – ein ehrenwerter, aber der sozialen Wirklichkeit, mit ihren Klassenantagonismen, ferner Mann. Hesse, der Jünger Schopenhauers: Weltverzicht und Eingehen ins Nirwana verweisen auf die buddhistisch geprägten Positionen des Meisters. Hesse, im Banne Nietzsches, die »Wiederkehr Zarathustras« beschwörend. Hesse, der rebellische Christ, der nach eigener Aussage in seinem Gedicht »Besinnung« seine Herkunft neu reflektiert habe, »welche christlich sei«. Hesse, der in der Erzählung »Klein und Wagner«, einen Kriminellen beschreibend, dem es versagt sei zu lieben (wiederum die Nähe zu Leverkühn), am Schluß der Geschichte das Hohelied christlicher *caritas* angestimmt habe. Hesse, der Pietist, der nicht aufhört zu glauben, daß die Veränderung des Kosmos mit der Erbauung des inneren Menschen beginne und *Welt*verwandlung nur durch *Ich*-Verwandlung zu bewirken sei. Hesse oben, Hesse unten, Hesse hier und Hesse dort: ein Poet auf jeden Fall, der bei aller synkretistischen Verworrenheit seines Weltbilds (Buddha im Gespräch mit Dostojewski; Laotse mit Goethe parlierend) und allem Mystizismus, der auf Yogaübungen so gut wie auf psychoanalytischen Meditationen beruhte... ein Poet auf jeden Fall, der von Kindheit an überzeugt war, daß die Zeit des traditionellen Christentums endgültig vorbei sei: »Ich glaube, wenn der Geist des verstorbenen ›Christus‹, des Juden Jesus, sehen könnte, was er angerichtet, er würde weinen.«

Nein, nicht der Bibel-Christ, sondern allein der Weise, Unfanatische und Offene, der seine »Lampen« hüte, damit sie, auf dem

Weg langsamen *Erwachens* (Hesses Schlüsselwort), einer Erweckung der Seele, immer heller zu leuchten begännen... allein der Weise werde ins Zentrum des Weltgeheimnisses kommen – wobei es, bei diesem Weg nach Innen, darauf ankäme, logisches und intuitives Denken miteinander zu verbinden, im entschiedenen Rückgriff auf eigene europäische Traditionen, den Geist des Mönchstums zum Beispiel und unter Verzicht auf – angelesene: also unverbindliche – Übernahme jener östlichen Lehren, die nach Hesse *gelebt* und nicht nur *studiert* werden wollten.

Einheit, wiederum, als Grundgedanke aller Überlegungen, Synthese zwischen Spiel und Abstraktion, freiem Sich-Umtun und konsequentem Be-Denken. Offenheit statt des geschlossenen Systems: »Ein Kaiser trifft mit dem Urpatriarchen Bodhidharma zusammen« – Brief Josef Knechts an Carlo Ferramonte – und fragt ihn »mit der Wichtigtuerei des Laien und Weltmanns...: ›Welches ist der höchste Sinn der heiligen Wahrheit?‹ Der Patriarch antwortet: ›Offene Weite – nichts von heilig.‹ Die nüchterne Größe dieser Antwort... wehte mich an wie ein Hauch aus dem Weltraum, ich empfand ein Entzücken und zugleich Erschrecken wie in jenen seltenen Augenblicken der unmittelbaren Erkenntnis oder Erfahrung, die ich ›Erwachen‹ nenne.«

Ich empfand ein Entzücken: Gedanken der Mystiker folgend, wird Hesse nicht müde, auf den Gott in uns (»nicht in den Büchern«) zu verweisen. *In uns:* das heißt in jenem Raum des Ichs, den auszuloten der Autor des »Steppenwolfs« und des »Glasperlenspiels« für die erste Verpflichtung des Gottsuchers hielt: belehrt durch Meister Eckhart und überzeugt vom Axiom C. G. Jungs, daß sich kollektive Erfahrungen im »Innenraum« des Subjekts re-präsentierten – dort, wo das Seelenfünklein den *Deus absconditus,* den verborgenen Gott, aufleuchten ließe. »Wer den Weg nach innen fand«, heißt es in einem gegen Ende des ersten Weltkriegs geschriebenen Gedicht, »Wer in glühndem Sichversenken / Je der Weisheit Kern geahnt, / Daß sein Sinn sich Gott und Welt / Nur als Bild und Gleichnis wähle: / Ihm wird jedes Tun und Denken / Zwiegespräch mit seiner eignen Seele, / Welche Welt und Gott enthält.«

Und wiederum die Gefahr, bei soviel Mystizismus über den Pflichten der Seele die Verpflichtungen des Menschen gegenüber der Außenwelt zu vergessen! Wiederum die Problematik, den Bezirk des Politischen sich selbst zu überlassen. Wiederum die Sackgasse, in die ein »christlich-indisch erzogener Einzelgänger« hineinläuft, und zwar sehenden Auges, wenn er erklärt: »Ich habe mich nie für Politik interessiert... Mein Dienst und göttlicher Beruf ist der der Menschlichkeit. Aber Menschlichkeit und Politik schließen sich im Grunde immer aus... Politik fordert Partei, Menschlichkeit verbietet Partei.«

Wie anders da Thomas Mann, der, konfrontiert mit der – um es behutsam zu formulieren – abenteuerlichen These, daß Humanität das Parteiergreifen im Hier und Heute verbiete, die Neutralisten Kumpane der Diktatur nannte und die Anwälte einer politikfernen Menschlichkeit bezichtigte, sie machten mit den Henkern gemeinsame Sache.

Wie präzise hat Hesse den Äon, in dem er lebte, diagnostiziert: »die sich auflösende Welt, die für viele zur Hölle, für beinah alle unbehaglich geworden ist und deren Bedrohungen ständig zunehmen«! Wie scharfsinnig war seine Analyse der Republik von Weimar, die ihm nicht zuviel, sondern zuwenig Republikanertum enthielt. Auf der anderen Seite aber: Wieviel Blindheit bei soviel Erkenntnis; wieviel Chauvinismus *in politicis* von seiten eines Mannes, der sich nach allgemeiner Versittlichung sehnt und dabei – er, der dank seines auf Versöhnung abzielenden Glaubens ein entschiedener Verteidiger des Friedens war ... und dabei ausgerechnet den Krieg, »der immer sein wird«, im Sinne Max Schelers als »Gewitter und Zuchtrute« apostrophierte, als großen Befreier, der das »faule« Zeitalter beende und reinigend, durchglühend und herzerweckend einen neuen Äon einleite: »Das gefällt mir... an diesem phantastischen Krieg«, heißt es, 1914, am zweiten Weihnachtstag, »daß er gar keinen ›Sinn‹ zu haben scheint..., sondern daß er die Erschütterung ist, von der ein Wechsel der Atmosphäre begleitet wird.«

Verzicht auf Sinngebung, zeigt sich hier abermals, ist in der Tat gleichbedeutend mit Apologie einer durch ihr reines Sein beeindruckenden Wirklichkeit, deren Schauerstücken der Humanist unter den Himmeln am Ende noch akklamiert: »Die letzte große masurische Schlacht«, heißt es im Februar 1915, »hat wieder gutgetan. Herrgott, wenn man mit den Russen vollends fertig würde.«

Nun, Hesse sah sich belehrt: nur ein paar Monate noch – dann wurde revoziert, gegen die »gotteslästerlichen Predigten der Studierstubenonkel«, die den Krieg verherrlichten, der Stab gebrochen; nur ein paar Jahre, und der nüchterne Diagnostiker löste den Hymnologen des Kriegstodes ab: »Bei Hunderten von deutschen Verwundeten sah ich einen... stillen und überlegenen Blick, einen Blick, der den Tod kennt... Das ist der Standpunkt, den der Bürgersmann sonst nie kennenlernt. Ein guter Standpunkt.«

Wie gesagt: Der Widerruf folgte – doch er betraf nur die Verherrlichung von Tod und Krieg, aber – bis zum Lebensende – nicht die Weigerung, sich mit irgendeiner Partei, einer politischen Gruppe, einer Résistance im Zeitalter des europäischen Faschismus zu identifizieren. Die Angst, man könne, von außen gelenkt, vor fremde Karren gespannt werden, deren Lenker den Poeten seinem eigentlichen Amt entfremdeten – diese Angst blieb.

»Es gibt keinen andern Gott, als der in euch ist«: Mit solchem Appell an die deutsche Jugend konnten die reaktionären Kräfte in Deutschland gut leben, er tat ihnen nicht weh. Was angetreten war, um, in der Diktion der studentischen Widerstandsgruppe »Die weiße Rose«, »das Zeitalter Belials« einzuläuten, mochte über dem Gott im Herzen der Untertanen getrost zur Tagesordnung übergehen... und eben darum hat Thomas Mann gewußt, als er, in seinen Appellen an die deutschen Hörer, ungeachtet aller Meditationen über Faust und die Bibel, entschieden und konkret, den Antichrist beim Namen nennend, Partei ergriff, während Hesse, dieser widersprüchlich-liebenswerte, in der Frage Weltbezug und Welttranszendierung unentschlossene Guru aus Schwaben, bekümmert zusah, was sich da tat, jenseits der Grenze, nach 1933. Keines General-Verbots von seiten der Nationalsozialisten gewürdigt, blieb er den Landsleuten von gestern nah und wurde, anders als Thomas Mann, nach 1945 in der alten Heimat, einige Unbelehrbare ausgenommen, willkommen geheißen. Man brauche ihn und seinen wohlgemeinten Rat, mit dem man leben konnte, über die Zeiten hinweg. Und eben das macht Hesses Größe und auch seine Grenze aus.

»Wer kühn den Weg nach innen geht, gelangt bald zu der Gottheit Reich«. Das ist *ein* Plädoyer für Humanität, ein Plädoyer im Geist der Schwabenväter, ein Appell, bestimmt von östlicher Weisheit: Buddha und, mehr noch, Laotse zugewandt. Das *andere*, von der Aufklärung und dem demokratischen Geist des Westens bestimmte Plädoyer, das soziale und überindividuelle, hat Thomas Mann formuliert: »Verlangt es nicht uns alle«, so der Brief an Hermann Hesse vom 8. April 1945, »aus dem Leben zu scheiden mit der Erfahrung, daß zwar auf dem Stern, dessen flüchtige Bekanntschaft wir machten, allerlei literarisch nicht Einwandfreies« (will heißen: durch die Wirklichkeit Getrübtes) »möglich ist, daß aber Eines, ... das äußerst Schändliche und Verteufelte, das durch und durch Dreckhafte, *denn doch nicht* darauf möglich war, sondern mit vereinten Kräften hinweggefegt wurde.«

Seelenschau oder weltbürgerliches Engagement: Gibt es, fragt der Leser am Ende einer kritischen Gegenüberstellung der Plädoyers von Hermann Hesse und Thomas Mann, wirklich kein Drittes, kein *Und* statt des *Oder?* Die Beschäftigung mit einem offenen und gebrochenen Doppelwerk und das Nachdenken über zwiefaches Sich-Opfern in finsterer Zeit – Josef Knecht und Adrian Leverkühn – sollte, auf unterschwellige Korrespondenz, Übereinstimmung und wechselseitiges Aufeinander-Bezugnehmen verweisend, mit einem *tertium datur* enden, einem gut Hegelschen »ein drittes ist möglich und notwendig – sinnvoll dazu«: die säkuläre Frömmigkeit, der religiöse Sozialismus, gespeist, im Sinne Ernst Blochs, vom Wärmestrom des Enthusiasmus.

»Leben Sie recht wohl, lieber Herr Hesse!« – das letzte Wort, im Freundschaftsstreit der beiden Poeten, gebührt Thomas Mann, seinem Schreiben kurz vor Ende des Kriegs: »Halten Sie sich gut, wie ich versuchen will, es zu tun, damit wir uns wiedersehen! Ihr Thomas von der Trave.«

Thomas von der Trave und Josef Knecht: Unter diesen Chiffren
haben sie miteinander verkehrt, auf der Höhe des Ruhms, die
beiden mißratenen Schüler aus Lübeck und Nagold, die's zu No-
belpreisträgern brachten (Thomas Mann hatte Hesse jahrelang in
Vorschlag gebracht) – zwei, was die Geltung angeht, Gleichran-
gige, aber auch zwei Autoren, die nicht in der Problematik, wohl
aber im Stil ihrer Bücher durch ein Jahrhundert voneinander getrennt sind.

Hermann Hesse, dessen Spätwerk Thomas Mann in der »Entstehung des Doktor Faustus« mit den Adjektiven »fromm« und
»antiquarisch« bezeichnete, blieb ein Poet des 19. Jahrhunderts,
der, mit Ausnahme des »Steppenwolfs« nie in den Bereich der
Moderne gelangte. Als Lyriker und Romancier eher Klassizist als
Experimentator, gelegentlich mit einem Hang zum Landläufig-
Trivialen, das er, angestrengt, aber nicht immer glücklich »poeti-
sierte«, mit Pathos und befremdlich wirkender epigonaler Bemühung, sieht sich Hesse gleichwohl angemessen durch jene Attribute charakterisiert, die Thomas Mann zur Bezeichnung des
»Glasperlenspiels« wählte: »weich«, »schwärmerisch«, »ver-
sponnen«, »romantisch« und »verspielt« – Attribute, die sich, in
ihrer distanzierten Freundlichkeit, gewiß nicht auf das Werk eines Avantgardisten beziehen, aber doch Respekt verraten.

Respekt ja, ein Gran von Bewunderung für einen unangefochte-
nen, von keinen Zweifeln und Skrupeln, keinen gnadenlosen
Parodie-Zwängen und ironischen Verpflichtungen heimgesuch-
ten Meister von gestern, der es in der Bürgerwelt zum Heiligen
gebracht hatte, zu einem anachronistischen und, insgeheim,
gleichwohl zukunftsoffenen Wesen, zum bewunderten Meister
fahrender Poeten. (Einer seiner leidenschaftlichsten Adepten
hieß: Peter Weiss.) Und eben diese kritische Bewunderung hat
Hermann Hesse, dieser vielgesichtige Schriftsteller mit der alt-
vorderlichen Schreibweise, sehr wohl verdient... und mehr als
das vielleicht: Nicht ohne Grund war Thomas Mann, am »Faustus« schreibend, betroffen über die Verwandtschaft mit dem eigenen Werk.

Im Tagebuch wird notiert: »Erinnert zu werden, daß man nicht allein auf der Welt, (ist) unangenehm.« Ich denke, dramatischer als durch diesen Vermerk hätte Thomas Mann dem Opus eines Kollegen nicht huldigen können. Wer mit Goethe zu sagen liebte: »Lebt man denn, wenn andere leben?«, mußte seinem Antipoden schon sehr tief verbunden sein, um ihm derart ehrlich: mit so unverhohlenem Befremden begegnen zu können. Unverhohlenes Befremden aus der Sicht eines Thomas von der Trave: Josef Knecht konnte stolz sein auf diese Hommage, die, bei aller Reserve, die der Heutige gegen den Gestrigen hegte, von Ranggleichheit zeugte – und so sagen wir denn, ein bißchen nonchalant, doch mit Respekt vor einem Fahrensmann und Poeten, dessen Haupttugend eine höchst besondere Art von weltläufigkundiger Bescheidenheit war... so sagen wir denn mit Thomas Mann: *Leben Sie recht wohl, lieber Herr Hesse.*

...den Alltag zu heiligen:
Heinrich Böll

»Ich habe sehr viel gespielt... immer... Ich glaube, das Element
des Spiels ist in meinem Leben sehr wichtig gewesen. Des Spiels
und seines Risikos. Und natürlich auch des Traums«: formuliert,
im Drei-Tage-Gespräch mit Christian Linder, am 11. März 1975.
Eine Bemerkung Heinrich Bölls, die nicht nur dem Pokern im
Krieg (»da gab es ja Geld genug«) und dem zeittötenden Karten-
spiel der Soldaten gilt (»auch um Geld«), sondern sich zugleich
auf Spiel-Laune, Lust und Leidenschaft beim Schreiben bezieht –
und das zu Recht.
Der bis zum Überdruß als »wackerer Realist«, »nüchterner
Wirklichkeitsschilderer« und »redlicher Detailzeichner« abge-
tane Heinrich Böll ist in Wahrheit, das beweist die Lektüre seiner
opera omnia aus der gebotenen Distanz, ein Improvisierer, Rol-
lenspieler und Artist, der Spaß am Experimentieren und der Ein-
studierung von Kunststücken in verschiedenen Medien hat: Das
im Roman Vorgeführte wird im Hörspiel variiert (und umgekehrt), die essayistische Notiz kehrt als Gedichtformel wieder,
die dramatische Szene gewinnt, auf der Bühne vorformuliert, im
Kontext der Prosa neues Gewicht.
Der vermeintliche *Finder* vorgegebener Realitätspartikel ist in
Wahrheit ein *Erfinder* phantastischer Kunstwelten, in deren
Bannkreis sich das links- oder rechtsrheinische Köln so imaginär
ausnimmt wie das Dublin des »Ulysses« oder das Berlin des Döb-
linschen »Alexanderplatzes«. Da wird, dank der Wünschelrute
des geborenen und besessenen Spielers, der römische Legionär
in die Trümmerwelt der unheiligen Colonia von 1945 versetzt;
da hält Dante, gefolgt vom Figurenschwarm der *commedia*, seinen Einzug in zerstörten Kirchen und schäbigen Warteräumen;
da spielt Thomas von Aquin mit, der hoch gepriesene, und Augustin, der wenig geschätzte, wenn orthodoxe und aufsässige Ka-

tholiken in der Bonner Provinz ihre Dispute ausfechten; da dienen ein Schlagballspiel, sehr real, und ein von den Brüdern van Eyck gemaltes Gotteslamm, sehr irreal, als Konstituentien eines Böllschen Romans: »Billard um halb zehn«.

Ich denke, es ist an der Zeit, Abschied vom Beschreiber der Kleinen-Leute-Welt zu nehmen und statt dessen endlich den Spieler und den Bruder Leichtsinn Heinrich Böll ins Blickfeld zu rücken, den Meister phantasievollen Erfindens mitsamt seinen riskanten Okkupationen von artifiziellen Raum-Zeit-Gefilden, in denen der Borromäus-Verein in gleicher Weise zu Hause ist wie Johannes XXIII., der im heimatlichen Bergamo die Harlekine tanzen läßt.

Mögen die Fassaden der Böllschen Prosa- und Szenen-Etüden realistisch, vertraut und von jedermann auffindbar sein, das Spiel *dahinter*, im Innern der Kirchen und Kneipen, der Mietskasernen, Bürgerwohnungen, Bordelle und Amtszimmer, ist bunt, phantastisch und exzessiv, eher im Möglichkeitsbereich als in den Räumen der Wirklichkeit angesiedelt.

Ein Mann erzählt Geschichten, die nicht fixiert und abgerundet, sondern widerspruchsreich, »offen« und vieldeutig sind; heute so und ein paar Jahre später so, will heißen: ganz anders zu lesen. Wie viele Überraschungen bietet die Lektüre der scheinbar genau bekannten Texte gerade im Fall Heinrich Bölls; wie eklatant wechseln Sympathien und Antipathien, im Hinblick aufs Figurenarsenal; wie oft muß das »who is who« umformuliert werden: Schnier, der Clown, gestern noch eine Lieblingsfigur des Lesers, dazu offensichtlich ein Ebenbild seines Autors, steht, bei wiederholter Lektüre, als ein Mann da, der eher Mitleid verdient als Sympathie. (»Ich kann mich mit diesem Herrn nicht identifizieren«, hat Böll, 1975, in einem Interview gesagt.)

Je historischer und zeitentfernter das Gesamtwerk wird, desto deutlicher treten seine Gegenläufigkeiten, Ambivalenzen, Brüche und zwiefältigen Ansichten hervor. Der Inhalt dieses deutschen Geschichtsbuchs verliert an Gewicht, während die artistische Struktur der Vordergrund-Hintergrund-, Wirklichkeits-Möglichkeits-Etüden eine Dominanz gewinnt, die des Abstands bedarf, um sichtbar zu werden.

Das – allzu lange vernachlässigte – »Wie« der Novellen und Romane verlangt danach, kundig behandelt zu werden – auf Kosten des allzuoft nacherzählten »Was« meinethalben: Böll hat's verdient, endlich als Spieler, Formkünstler und Erfinder von stilistischen Volten und Experimenten auf dem Gebiet des Prosarhythmus gewürdigt zu werden.

»Die Leute«, heißt es 1962 in einem Interview mit Alois Rummel, »die sich jeweils von Literatur gekränkt fühlen, die Doktrinäre, die Funktionäre… ihnen scheint noch nie der Gedanke gekommen zu sein, daß ein Autor, was heil sein könnte, …in der Form sucht, aber wie sollte einer darüber reden, wo ausschließlich sogenannte Inhaltsanalysen betrieben werden.« Schluß also, im Sinne des Autors, mit dem Zählen von Realitätspartikeln (Wer und was wem Pate gestanden hat: Dieses Entschlüsselungs-Spiel ist spätestens seit Thomas Manns Studie »Bilse und ich« für immer erledigt – oder sollte es doch sein!), Schluß mit dem tristen »Das ist Frings, natürlich, wer denn sonst? Und das Adenauer – genau nach dem Leben!« und statt dessen Würdigung eines Schriftstellers, der über Sprachfindung und Übersetzungskunst meditierte und, wie die »Frankfurter Vorlesungen« zeigen, sein Handwerk kritisch zu reflektieren liebte: einer, der für Offenheit, Demokratie und anarchoide Freiheit nicht nur *in politicis*, sondern, mit gleicher Passion, auch *in poeticis* plädierte.

Kein Wunder, so betrachtet, daß Heinrich Böll seinen Figuren diesen zweideutigen Charakteren, eher zweifelnd und fragend als entschieden gegenüberstand: »Ich glaube nicht«, noch einmal ein Zitat aus dem großen Gespräch mit Christian Linder, »daß jemand seine Ehre und seine Integrität durch einen Mord wiederherstellen kann. Die Katharina muß das machen… Darauf bestehe ich, als Autor und Verantwortlicher…, aber wenn man weiterdenkt, und das müssen wir, dann kann man natürlich nicht durch einen Mord, und wäre es Mord am schlimmsten Schwein, seine Integrität wiederherstellen… In dem Augenblick, wo Katharina den Journalisten erschießt…, da ist das sozusagen weggewaschen. Aber das geht ja weiter, das hat ja Folgen. Ich sehe sie anschließend im Kittchen und sehr, sehr viel reflektieren.«

Aber das geht ja weiter, das hat ja Folgen: Deutlicher als mit diesen beiden Sätzen könnte Heinrich Böll den imperativischen Charakter, der seinen offenen Figuren zukommt, nicht beschreiben. Hier werden Geschichten geschrieben – *das geht ja weiter!* –, die den Leser zwingen, die »Malvorlagen« in den Romanen auszutuschen und, je nach Interesse, zu verdeutlichen. Der Autor selber aber hält sich, was die Definition seiner Figuren angeht, konsequent zurück. Mögen Tonio Kröger und Gustav von Aschenbach Spiegelbilder ihres Herrn und Meisters sein – Böll kennt dergleichen Identifikations-Tendenzen nicht: Zwar spricht er häufig dazwischen, mischt sich ein, spielt eine Weile lang mit – aber nur, um unmittelbar darauf entschiedene Distanzierung zu praktizieren.

Und dieses Wechselspiel von Partizipation und Abstandnahme (»so, Leser, jetzt bist Du an der Reihe«) macht den Reiz der Böllschen Studien aus, dient hier der Erhellung von »Zwischenräumen, Ironien, fiktiven Bezirken, Resten, Göttlichkeiten und Mystifikationen« und hat dort die Funktion, das grell Beleuchtete im Schummerlicht verdämmern zu lassen. Mystik und Rationalität, das Belassen und das Erklären ergänzen einander in einer Manier, die sich von vornherein dem »so und nicht anders« versagt: »Ich habe keine Definitionen, verstehen Sie?« heißt es im Dialog mit Karin Struck – wobei, sehr charakteristisch für Heinrich Böll, der apodiktische Vordersatz durch die werbende Nachbemerkung (»Verstehen Sie?«: eine Lieblingsformel) konterkariert wird. Kaum abgewiesen, schon wieder umworben! Kaum formuliert, schon wieder, zugunsten eines Konsenses, ins Colloquiale, Partnerbezogene verwandelt.

Wenn dem Autor des »Clowns« und der »Katharina Blum« etwas verhaßt ist, dann sind es Dogmen, Verfügungen und Gebote von oben, die unten, in der Gemeinde (aber auch im Herzen des Schreibenden), gefälligst akzeptiert werden müßten. *Einspruch, Euer Ehren* heißt die Devise des Schreibers, Einspruch im Namen der kleinen Leute, die ihren gotterwünschten Anspruch auf herrschaftslose Fröhlichkeit hätten, auf Selbstbestimmung und eine Humanität, wie sie Bölls Leit-Figur, der Menschgewordene, Station für Station, vorgelebt hat.

Heinrich Böll – ein schlichter Erzähler? Nichts falscher als solche Etikettierung. Ein alter Meister: Das trifft's schon genauer. Ein Handwerker, der es sich, da er die Technik beherrscht, aus gutem Grunde leisten kann, mit den Formen zu spielen – und den Figuren auch.

Von wegen *schlicht:* eher *dilettantisch* und *aufs Geratewohl schreibend!* Ein Nobelpreisträger, der, so sagte man, dem Groß-meister aller deutschen Artisten, Thomas Mann, denn doch allzu-sehr an Bildung nachstünde! An stilistischer Perfektion – nun gut, an Prosa-Raffinement – ohnehin. Aber an Bildung? Da stocke ich schon und erhebe meinerseits Einspruch, wenn be-hauptet wird, Heinrich Böll hätte dem Zauberberg-Disput der Herren Naphta und Settembrini allenfalls wie der biedere Hans Castorp (oder gar der schlichte Herr Ferge mit seinem Pleura-choc) folgen können. Einspruch, zum dritten Mal: Heinrich Böll – passionierter Altphilologe, am Rande vermerkt – war ein hoch-gebildeter Autor, belesen und kenntnisreich. Es machte ihm Spaß, seine Geschichten zu verschachteln, Reißbrett-Spiele zu inszenieren, Erzähl-Stränge kunstvoll zueinanderzuführen, Sinnzusammenhänge durch Parallelismen und Antithesen, wachsende oder abnehmende Glieder sichtbar zu machen und, was erzählt werden wollte, durch das Gegeneinander von Bin-nen- und Außen-Sicht zu erhellen.

Serenus Zeitbloms Nachfolger sind mit von der Partie, wenn der »Verf.« im »Gruppenbild mit Dame« die Fäden zieht oder der Erzähler der »Katharina Blum« ein dialektisches Spiel vorführt, in dem Selbst- und Fremd-Aussagen, Haupt- und Nebenquellen einander ergänzen: Wie anders sieht die Heldin aus, wenn sie selbst spricht, wie anders, wenn, wiederum aus ständig wechseln-der Sicht, von ihr gesprochen wird. Nicht die Tatbestände, son-dern deren Interpretation, nicht das krude Faktum, sondern des-sen Brechung im Bewußtsein der Akteure ist wichtig für Böll: deshalb der Wechsel der Töne, die Abfolge von schlichter Benen-nung und hochpathetischem Bekenntnis, von nahezu lehrhafter Unterweisung und lyrischer Konfession, von Alltags-Stil und biblischer Rede. (»Er war es, der da kommen soll«, sagt Katharina Blum von dem geliebten Deserteur, dem sie zur Seite steht und den sie versteckt.)

Ich fürchte, viele Kritiker haben sich täuschen lassen durch Bölls unfeierlich-bescheidene Umgangs-Manier und sind deshalb, beeinflußt sicherlich auch durch manche allzu flüchtig niedergeschriebene Passage, zumal im Spätwerk, zu der Ansicht gekommen, der Moralist aus Köln, der gute Mensch (mitleidsvoll geäußert, mit entsprechender Handbewegung dazu) sei eins zuallerletzt: ein *poeta doctus*... doch auch diese Meinung (es gilt endlich einmal gegen den Strom zu schwimmen: unbekümmert um den – zu erwartenden – Vorwurf, hier werde eine Wunschfigur, entworfen nach eigenen Maßen, erdichtet) ... auch diese Meinung ist falsch.

Wer aufmerkt, findet bei Böll rasch die Spuren zumal katholisch-freisinniger Klassiker in Roman und Essay, begegnet Bloy und dem Mysterium der Armut, findet den »eleganten« Chesterton und den düsteren Mauriac – Autoren vor allem, die, ergreifend zu sehen, auch die Mitglieder der Weißen Rose um die gleiche Zeit faszinierten: Heinrich Böll, Hans Scholl und Willi Graf über dieselben Bücher gebeugt, von Charles Péguy bis Reinhold Schneider – alle bestrebt, durch inständige Lektüre der frommen *Kirchen*rebellen Handreichungen in der Auseinandersetzung mit der als Widergeist erfahrenen *weltlichen* Macht zu finden.

Und dann erst Dostojewski: eine Art von Heiligenfigur, wegweisend durch sein Insistieren auf der Humanität der Passion in gottferner Zeit! »Nur einer«, schreibt Hans Scholl am 16. August 1942 aus Rußland, »öffnet die Augen und sieht die Welt der Menschen, er sieht, daß alle Kreatur Erbarmen und Erlösung sucht. Dieser aber ist der größte Dichter Rußlands. Hier (in der Sowjetunion) begreife ich Dostojewski.« Das sind Sätze, die auch von Heinrich Böll – der ein Jahr jünger war als Hans Scholl – stammen könnten. Hier wie dort die gleichen Schlüsselworte, *Erbarmen* als wichtigstes; hier wie dort der Versuch, dem Dichter der Beleidigten und Erniedrigten, der Mühseligen und Beladenen den Charakter und die Würde einer jesuanischen Gegenfigur zu den Machthabern und Amtswaltern des Nationalsozialismus (aber auch den ihnen keinen Widerstand leistenden Kirchen-Funktionären) zu geben.

Dostojewski und seine Zentralfigur, Myschkin, der Idiot, eine tieftraurige Reinkarnation Jesu Christi, als Anwälte jener Seelen-Kultur und hohen Spiritualität, deren Präsenz sich noch im elendsten Trunkenbold manifestiert: in Kaschemmen und Bordellen eher als in den Palästen und Sakristeien der Reinen und Feinen. Spiritualität als humanes Gegenzeichen der Macht: Heinrich Böll ist nicht müde geworden, die Internationale einer geisterfüllten Menschlichkeit gegen die Zeichen jener rüden Herrschaft zu stellen, die auf nichts als auf sich selber verweist. Der Ingrimm, mit dem er eine Figur wie Adenauer attackiert, gilt, so betrachtet, zuallererst dem Geistverächter und zynischen Machiavellisten, dem Antipoden jesuanischer – und Dostojewkischer – Demut: »Es handelt sich bei Adenauer um eine immer wieder ausgedrückte Antispiritualität, eine sehr bourgeoise Attitüde gegenüber dem, was man Geist, Intellektualität, Radikalität und Extremismus nennt. Eine Haltung..., die sich ausgebreitet hat wie eine Krankheit und die sehr zum Materialismus beigetragen hat.«

So behutsam Heinrich Böll im Reich der Kleinen abwägt, nuanciert und Rettungsmöglichkeiten noch für den Verkommensten aufzeigend, so scharf und kompromißlos trennt er, in der Welt der Großen, den Materialismus der Macht, als das Symbol des Widergeistes, der aufsteht gegen die Liebesgemeinschaft des Lamms, von der Spiritualität jener wenigen Aufrechten, die, mit den Armen im Bund, noch im gottlosesten Verbrecher eher den Bruder Jesu sehen als in jenen geheimen Spießgesellen des Antichrist, die Böll in der ihm eigenen Manier, sanft, aber unerbittlich, zur Rechenschaft zieht: am liebsten in der Maske des Clowns, der, wie Hans Schnier, mit unbewegtem Gesicht, angespannt und gelassen, konzentriert und heiter zugleich, große (aber unerkannte) Wahrheiten in scheinbar beiläufiger Rede auf den Begriff bringt, indem er das Allgemeine durch überraschende Konkretionen blitzschnell verdeutlicht. Statt vom Inferno des Krieges zu sprechen, der tausendfach beschriebenen

Apokalypse, stellt er deren Sinnlosigkeit dar, das Zeitvertun und
die milliardenfache absurde Bewegung: den Aberwitz des Vor-
und Zurückmarschierens und des vom Keller in die Wohnung
und von der Wohnung in den Keller Rennens.
Krieg, das heißt für Böll gottferne Verschwendung der knappen
dem Menschen gegebenen Zeit. Krieg heißt: Teilnahme an den
Olympiaden der Jahre 1940 und 1944, den schauerlichen Turn-
festen im Krieg. Während Autoren geringeren Ranges sich mit
simpler Verdoppelung des Vertrauten begnügen, übt Böll die
hohe Kunst der Verfremdung: Wie hoch ist der Stundenverdienst
Friedrich Flicks? Warum gibt es auf westlichen Photographien
keine Sowjetmenschen, die lachen? Weshalb wird der Soldat auf
den Ehrenfriedhöfen *unbekannt* und nicht *unkenntlich* genannt?
(»Unbekannt klingt natürlich besser als ›durch Feindeinwirkung
unkenntlich geworden‹.«) Und weiter (der Clown, ein christlich
gesinnter Harlekin, läßt nicht locker): Warum erkennt die katholische Kirche in der Frage des § 218 ein Widerstandsrecht an,
leugnet es hingegen im Fall der Friedensbewegung? Und schließlich der Vergleich von Wirklichkeit und Möglichkeit: Was würde
im Zentralkomitee der deutschen Katholiken geschehen, angenommen, der blitzgescheite Windthorst kehrte an der Spitze der
kaiserlichen Zentrums-Fraktion in den Niederungen des Bonner
Bundestags ein? Und wie hätte die Welt sich verändert, wenn
Franziskus, in der Rolle des Dostojewskischen Großinquisitors:
im Bund mit den hungrigen, Macht und Wunder anbetenden
Menschen, darangegangen wäre, in Rom das Regiment zu übernehmen – als einer, der mit den Armen das Brot bricht, aber, anders als der Großinquisitor, seine Macht auf die Taube gründet
und nicht auf den Wolf?
Da wird gefragt und gezweifelt, werden, treffsicher und pointen-
reich, Probleme angepackt; da redet einer taubenfüßig im Essay
und politisch-sarkastisch, durch den Mund seiner Personen, in
Roman und Novelle; direkter gelegentlich in der Poesie als in
programmatischer Rede – unverwechselbar jedoch in jedem Fall.
Sosehr man sich hüten muß, in Schnier oder Katharina, in Leni
oder Margret Stellvertreter(innen) des Autors zu sehen: nur ein

Narr wird, andererseits, bestreiten, daß es eine spezifisch Böllsche Klientel gibt, eine Gemeinde, die aus Taxi- und Eisenbahn-
fahrern besteht (nur Katharina hat ein Auto; aber auch sie fährt
lieber planlos als zielstrebig), eine Schar der Wartesaal-, Hinter-
hof- und Kioskbesucher, von denen ein Großteil, auch Jahre
nach dem Krieg noch, eine provisorische: also eines Christenmenschen gemäße Existenz führend, seine Sache auf beinah
nichts gestellt hat, auf schäbige Hotels und bescheidene Abstei-
gen, in deren Räumen gleichwohl, dostojewskiartig, gewaltige
Debatten geführt werden, keine Small talks, sondern Propheten-
Dispute unter den Himmeln, Gespräche, in deren Verlauf Erne-
sto Cardenal zur Gitarre greifen und Lew Kopelew deutsche Ar-
beiterlieder anstimmen könnte.
Heinrich Bölls Figuren sind immerfort unterwegs, nehmen Abschied, fahren ins Ungewisse, schauen – ein zentraler Topos – aus
den Scheiben der Züge den Menschen in den Häusern zu, beim
alltäglichen Geschäft, dem Bettenmachen und Kochen, und ver-
setzen sich, während sie hinausblicken, in die Gedanken der Figuren hinein (Was mögen sie empfinden, hoffen, planen in dieser
Sekunde?), so wie auch der Autor sich in die Überlegungen der
Fahrenden, Reisenden, Wartenden versetzt und dabei nicht nur,
mit dem unermüdlichen »Ich stelle mir vor«, die Menschen, sondern auch die Dinge, Steine und Balken, zum Reden bewegt:
Was haben sie gedacht, die Heiligen aus Holz und Gips, als diese
Kirche zerbrach, die Figuren herabstürzten und die Leiber der
Frommen unter ihren steinernen Kreuzen begruben? Was war
mit den Thora-Rollen, damals, als die Synagogen verbrannten?
Und was dachten, als die Heilige Schrift in Flammen stand, die
Juden? Was wird Katharina denken, Jahre später, nach ihrer Ent-
lassung?
Ja, das ist bewegend zu sehen: Der gleiche hausväterliche Blick,
ins Heitere gewendet durch einen Schuß Leichtsinn... der gleiche Blick, der die Figuren Dostojewskis niemals verliert, sondern
sie als Werkstudentinnen, Lektoren und Übersetzer im zwanzigsten Jahrhundert ausmacht – der gleiche Blick hält auch,
weit über die ihnen von der Poesie zugestandene Zeit, den

Clown oder die Mörderin fest. So wie ein alter Mann, der seinen im Dunkel lebenden geliebten Kindern die Laterne hält und ihnen mit gutem Rat zur Seite steht: »Natürlich weiß sie, daß sie eine Mörderin ist, und das ist der Grund, warum sie keine Kinder haben will. Sie möchte nicht, daß den Kindern einmal nachgesagt und nachgerufen wird, daß ihre Mutter eine Mörderin sei. Ich würde ihr raten, einen anderen Namen anzunehmen, sich das Haar, wenn sie blond ist, schwarz, und wenn sie schwarzhaarig ist, blond zu färben. Je älter sie wird, desto schwerer wird sie's mit sich selbst haben; sie ist eine äußerst *gewissenhafte* Frau, auch wenn sie einen Mord begangen hat. Das gibt es, und ich hoffe, daß Ludwig ihr ein guter Gefährte ist.«

Hier manifestiert sich, Zeichen des Eingedenkens und der Sympathie, jene sanfte Zuwendung, die Böll den ihm Anvertrauten gegenüber an den Tag legt, den eigenen Figuren so gut wie den Personen der Meister, den Myschkins und Karamasows. *Sanft*, sagte ich: in »Der Zug war pünktlich«, den »Spurlosen« oder dem »Gruppenbild mit Dame« wird nicht geschrien, geflucht oder gezetert. Die Menschen aus den Malbüchern des Heinrich Böll flüstern, wenn sie sterben, und sie wispern, wenn sie verfluchen.

Seine Kinder und die Frauen, die Erbarmen mit den Männern haben, weil sie so hilflos sind, seine preisgegebenen Soldaten und die Heimgekehrten, die so gern beten möchten, es aber nicht können, haben eine leise Stimme; die Unverletzlichen handeln oft wortlos, sind der Stummheit näher als der munteren Beredsamkeit; die Sünderinnen geben sich gestenfroh, aber wortkarg, dem Clown genügt sein Mienenspiel; nur die Schuldigen und die ewig Gestrigen radotieren und stellen ihre bombastischen Inszenierungen zur Schau, das Hochamt mit Ritterkreuzträgern oder die pompöse Festivität mit prahlerischem Small talk und – nur allzu beredtem – kalten Buffet.

Je dramatischer die Geste, bei Böll, je pathetischer die einschüchternde Schau, desto größer die Möglichkeit, daß die großen Regisseure, mitsamt ihrer Vollmundigkeit, an den Leisen und Sanften zuschanden werden, den Kindern und den jesuanischen

Frauen als dem genuinen Gefolge des Herrn, der kein »Herr« war – jenen Gefährtinnen der Maria Magdalena, denen er, der wie kaum ein zweiter Schriftsteller unserer Zeit die Bibel gegen den Strich zu lesen verstand, seine Reverenz erweist: »Männerhände«, heißt es in den »Ansichten eines Clowns«, »sind Händedruckhände, Prügelhände, natürlich Schießhände und Unterschrifthände. Drücken, prügeln, schießen, Verrechnungsschecks ausschreiben – das ist alles, was Männerhände können... Frauenhände sind schon gar keine Hände mehr: ob sie Butter aufs Brot oder Haare aus der Stirn streichen. Kein Theologe ist je auf die Idee gekommen, über die Frauenhände im Evangelium zu predigen: Veronika, Magdalena, Maria und Martha – lauter Frauenhände, die Christus Zärtlichkeiten erwiesen. Christus hatte privat fast nur mit Frauen Umgang gehabt. Natürlich brauchte er Männer... so wie man bei einem Umzug einfach Möbelpacker braucht, für die grobe Arbeit, und Petrus und Johannes waren ja so liebenswürdig, daß sie schon fast keine Männer mehr waren, während Paulus so männlich war, wie es sich für einen Römer geziemte.«

Das ist, *in nuce*, Heinrich Bölls literarische Theologie: Je behutsamer, sanftmütiger, geduldiger, erbarmensfähiger ein Mensch sich verhält, lautet die These, desto näher steht er dem jesuanischen Zentrum, dem Geist der Bergpredigt, dem Hohelied neutestamentlicher Liebe. Darum das Bekenntnis zu den Anti-Helden, den geduldigen Frauen und nachdenklichen Männern, den heiter-traurigen Rebellen vom Schlage jenes Hans Schnier, der, nach Winckelmanns Art, aber katholisch, seine Choräle, Hymnen und Sequenzen ins Badezimmer schmettert – nein, nicht *schmettert*, natürlich: Ein Böllscher Held singt auch Liturgisches mit halber Kraft. (»Mit mäßig lauter Stimme« heißt es im Text.)

Heinrich Bölls jesuanische Figuren – in ihren Kreis gehört der Kafka lesende Kriegsgefangene aus der Sowjetunion so gut wie Margret, die fromme Sünderin, oder die drei Zeugen im Hörspiel »Klopfzeichen«: ein gewisser Julius, der die Erstkommunion erbittet, ein Priester, der sie gewährt, und ein Mann, der in einer Gefängniszelle die Klopfzeichen von der einen Seite, *ich ver-*

lange nach dem Sakrament, an die andere Seite weitergibt, um dann, in der Rolle des Taufpaten, die Nachricht des Priesters, *deine Sünden sind dir vergeben*, an den Täufling zu vermitteln: an Julius, der nach der Taufe im Gefängnisduschraum hingerichtet wird, weil er gewagt hatte, einen halben Löffel Mehl zu entwenden, um dann, mit einem erhitzten Bügeleisen, die pfennigkleinen, bräunlich schimmernden Hostien zu backen: winzige Oblaten, die zu essen waren, während der Priester den in seine Zelle geschmuggelten Wein trank, aus einer Flasche, auf der das Wort »Hustensaft« stand.

Die jesuanische Gemeinde der Böll-Figuren besteht aus einigen Klerikern, Drei-minus-Geistlichen (keinen behäbigen Havanna-Rauchern) und sehr vielen Laien, deren Frömmigkeit sich im Tode bewährt: während der Taufe im Waschraum, beim Gang zum Block, wo die Gefangenen ihr *memento quia pulvis es* gegen die Zellentür trommeln, oder in der Stunde der Wahrheit, wo der Priester selbst Verbrechern, die ihn gefangenhielten, seine Treue hält, so wie es der kleine Kaplan im Hörspiel »Die Spurlosen« tut, der den weltlichen und geistlichen Oberen auf die Vorhaltung, es sei Pflicht jedes Staatsbürgers, bei der Aufklärung eines Verbrechens mitzuhelfen, gelassen und guten Gewissens erwidert: »Auch Christus war ein Verbrecher... Ich schweige.«

Je genauer der Leser, das »who is who« Heinrich Bölls, einen erdachten, etwas stockfleckigen Pappband, studierend, die Schar der unfrommen Frommen betrachtet, desto bezeichnender nehmen sich die Aktionen seiner Gemeinde aus. Da gilt es, in der Zeit des Nationalsozialismus, rasch in einen Hausflur zu flüchten, weil die Kinder des Dunkels die Straße leerfegen; da kommt es darauf an, einen Kriegsgefangenen zu verstecken; da wird die Eucharistie in Katakomben gefeiert; statt selbstgewissen Handelns dominiert die humane Reaktion, das Ertragen von Herausforderungen, die leise, Anfechtungen und Ängsten abgetrotzte Antwort jener kleinen Gemeinde, die Böll aus der ihm eigenen Perspektive, dem Ineins von Nähe und großer Distanz, beobachtet — der Sichtweise eines Schriftstellers, der viel Wirklichkeit braucht, um, in einem zweiten Anlauf, seine Wirklichkeitsmenschen in Möglichkeitsfiguren zu verwandeln, in den jungen Mann zum Beispiel, von dem es heißt, er arbeite in der Bronzezeit, wohne im neunzehnten Jahrhundert und bete in einer Kirche, die aussähe, als schwimme sie in der Zukunft.

Kunstfiguren, wohin immer man blickt: lebende Tote, Gestalten eines unheiligen, also frommen Malbuchs. Menschen, die in Assisi und Irland zu Hause sind (aber nicht im Vatikan), Frauen und Männer, denen eins gemeinsam ist: daß sie nicht vergessen können, sondern sich erinnern, was gestern, im Zeichen der großen und kleinen Morde, geschah; daß sie die Details bezeichnen, an denen sich, was *gewesen*, aber nie *vergangen* ist, festmachen läßt: »Große Sachen zu bereuen ist ja kinderleicht«, heißt es in den »Ansichten eines Clowns«, »politische Irrtümer, Ehebruch, Mord – aber wer verzeiht einem, wer versteht die Details? ... Ich habe zu viel Augenblicke im Kopf, zu viel Details, Winzigkeiten.«

In der Schar der Gerechten werden Brotkrümel und Zigaretten verteilt, aber keine großen, womöglich noch vorformulierten und von oben abverlangten Konfessionen abgelegt; das Unscheinbare, ein Serviettenring, ein Häufchen Mehl, ein Klopfzeichen an der Wand, ein Autoschlüssel, ein Klavier haben, mittelbar: als Auslösungs-Elemente von Assoziationen, die aufs Gestern verweisen, jene »politische« Bedeutung, die jenen sanktionierten Symbolen fehlt, über die sich leicht zur sogenannten Tagesordnung schreiten läßt.

Symbole, Fahnen, Aufmärsche, Paraden und Prozessionen sind keine Zeremonien für detailbesessene Erinnerungskünstler, sondern für Großmeister, die das allgemeine nationale Vergessen, das zum Himmel schreiende *absolvimus vos*, einläuten möchten. »Sich zu erinnern«, schreibt Böll in seiner Besprechung der Adenauerschen Memoiren, »ist eine Kunst, Schreiben eine andere; treffen beide Künste in einem Autor zusammen, so begibt sich einer auf die ›Suche nach der verlorenen Zeit‹, erhebt sich zu nächtlicher Stunde... wirft sich in eine Droschke, weckt Herzoginnen auf, um sich zu vergewissern, wer welches Kleid an jenem Nachmittag vor fünfundzwanzig Jahren gegen vier Uhr getragen habe. Von solcher Art ist Konrad Adenauer nicht, ihn plagen nicht die Dämonen der Genauigkeit. Er hat nach 1945 keine Zeit verloren, also sucht er sie nicht; es war seine Stunde, er hat die Zeit gewonnen, sie zu seiner gemacht, er hat unsere Zeit in seine Hand genommen. Seit 1945 war er immer vor, mit, an, in, über und auf der Zeit; sie war ihm günstig, er hat die Epoche geprägt, und so leben wir alle nicht in unserer Zeit.«

In *seiner* Zeit, das heißt in einer Epoche, in der jener zweitmächtigste Mann des Staates tätig war, der einst den Paragraphen des Nürnberger Rassegesetzes »Außerehelicher Verkehr zwischen Juden und Staatsangehörigen deutschen... Blutes ist verboten« durch die Sentenz kommentiert hatte: »Auch der Geschlechtsverkehr zwischen Juden und einer deutschblütigen Dirne ist untersagt.«

In *seiner*, Konrad Adenauers, Zeit, das heißt in einer Epoche, in der die großen Täter von gestern rasch, nur oberflächlich maskiert, wieder die Bühne betraten. In *unserer* Zeit, das hätte geheißen: in einer Epoche, die von Wolfgang Borcherts Unteroffizier Beckmann, dem Soldaten, der nicht vergessen kann, bestimmt worden wäre. *Unsere* Zeit, das wäre, nach Heinrich Böll, eine Ära gewesen, in der, statt allgemeiner Absolution, millionenfache Gewissenserforschung betrieben würde – eine Epoche, in der die ermordeten sowjetischen Kriegsgefangenen nicht weniger als die Opfer des zwanzigsten Juli gegolten hätten; eine Ära, weiterhin, in der, statt des zwölften Pius, die Friedens-Märtyrer der Kirche, der heilige Martin von Tours und der nicht minder heilige Mauritius, zur Versöhnung – und nicht zu neuen Kämpfen – eingeladen hätten; eine Ära, in der Erasmus von Rotterdam, ein christlicher Pazifist also, und nicht die Apologeten der Devise »Gewehre rechts, Gewehre links, das Christkind in der Mitten« das Sagen gehabt hätte; eine Ära, schließlich, in der man – »man«, das sind Christen und Atheisten, Juden und Sinti und Roma – statt Rituale zu *praktizieren:* so als hätte es Stalingrad und Auschwitz niemals gegeben, über Rituale *nachgedacht* hätte. »Dieses sinnlose Aufmarschieren von Wachbataillonen«, so Heinrich Bölls Essay »Was ist angemessen?«, »mit Gewehrgriff und Meldung, Musik – wäre es nicht besser, billiger und angemessener, dem jeweils ankommenden Staatsmann ein paar Zinnsoldaten zu schenken, naturgetreu in der Uniform des Landes, und dazu eine Spieldose, die Kommandos und Nationalhymnen, notfalls auch Begrüßungsansprachen wiedergibt? Warum sollten nicht Automaten Funktionen erfüllen, die Menschen ohnehin nur *automatisch* erfüllen?«

Da wird, wie so oft im Werk Heinrich Bölls, Wahrheit aus der Perspektive von unten, der Sicht der Kommandierten, enthüllt, und eine pointierte Verfremdung konfrontiert hingenommene Absurdität mit der nicht akzeptierten Vernunft. Der Vernunft der kleinen Leute, die sich in Bölls imaginärer Kirche versammeln, wo man die Sakramente austeilt, aber keine Sittengebote vorexerziert, und wo Du und Ich, statt Religion zu verwalten, jene sieben Werke der Barmherzigkeit tun, die da heißen: die Hungernden sättigen, die Durstigen tränken, die Kranken trösten, die Toten beerdigen, die Nackten bekleiden, die Gefangenen besuchen, die Fremden beherbergen.

Da schwenkt der heilige Franziskus, Bölls Lieblingsfigur neben dem »Idioten«, die Fahne, die eher rot schimmert als schwarz; da werden Bescheidenheit, Armut und Geduld, auch Zögerlichkeit, als Revolutions-Tugenden der Christen gepriesen (Rosa Luxemburg winkt von fern her herüber), da sehen sich die jesuanischen Provokationen, Bergpredigt-Gebote, nicht unter den Himmeln zerredet, sondern auf der Erde, in der besitzlosen Kirche der Gutgläubigen, in zählbare Münze verwandelt.

Und dagegen dann – Administration contra Mystik – die real existierende katholische Kirche, die sich der Macht gefügig zeige, sofern die, kreuzzugsbereit, dem Sozialismus mit Entschiedenheit abschwöre – die Kirche des Dostojewskischen Großinquisitors, der Böll das Hemingway-Zitat entgegenhält: »Im nächsten Krieg werden wir die Toten in Cellophan verpackt begraben. Die Hostie wird mit der eisernen Ration mitgeliefert, und jeder Soldat wird ausgestattet mit einem kleinen, aber naturgetreuen Kardinal Spellman, der sich von selbst aufbläst.«

Sobald Böll auf die verwaltende Kirche zu sprechen kommt, die unmystische, in deren Bannkreis mit dem Bezug zum Menschgewordenen auch der Bezug zum Menschen selbst geopfert sei, gewinnt – das einzige Mal – seine Stimme an Schärfe, und die leise Sprache formuliert Antithesen, die an Erasmus' ingrimmige Gegenüberstellung von jesuanischer Friedfertigkeit und bellizistischer Besessenheit der Papstkirche erinnern: hüben, bei Böll, die Galanterie des Nazareners im Umgang mit Frauen und drüben die paternale Drohgebärde einer Kirche, die in der Enzyklika »Humanae vitae« die Frau mit der Sexualität auch um ihre Würde gebracht habe. Hüben – in der Dimension der erasmianischen Friedensklage weitergedacht – die Courtoisie des Zimmermanns, im Gespräch mit der Ehebrecherin, und drüben die Frauenverachtung einer eher den Akten als dem lebendigen Geist vertrauenden Kirche. Hüben – der entscheidende Gegensatz! – eine Theologie, die den Menschen nicht mehr erreiche, und drüben die Poesie, deren Aufgabe es sei, die von der Kirche verratene Pflicht zu erfüllen, in *ihrer* Schwäche dem Menschen in *seinen* Schwächen zu dienen und in ihrer Widersprüchlichkeit, ihrer Erinnerung an Elend und Schuld *und* in ihrer zeichensetzenden Hoffnung glaubwürdig und verläßlich, also hilfreich, zu sein.

Poesie als Sachwalterin einer Kirche, die, in spektakulären Gedenkgottesdiensten, befohlenen Staatsakten, den Gekreuzigten vertrieben habe: Ihn, der nun – anders als im Böllschen Frühwerk – nicht mehr durch *fünf oder sechs Kirchengänger* und einen *überarbeiteten Priester* in einer *stillen, schnellen Messe* heimzuholen sei. Der getreuen Poesie und der ungetreuen Kirche galten Bölls letzte Gedanken, bittere Meditationen, niedergeschrieben schon im Zeichen des Todes: »Er war nicht da«, heißt es in »Frauen vor Flußlandschaft«, »sie haben ihn vertrieben und auch in der Wandlung ist er nicht gekommen, nicht weil sie alle so sündig sind, korrupt bis ins Mark – das ist nicht neu. Nein, weil sie sich gar nicht sündig fühlen: sie lassen sich bestechen, sie jubeln die Raketen herbei, sie beten den Tod an – alles nicht neu. Das Neue ist: sie fühlen keine Schuld und schon gar keine Sünde. Und die, die ihm die Füße salben würden, begehen Selbstmord. Sie (aber) haben das kostbare Öl, mit dem man ihm die Füße salben könnte, auf den Markt geworfen, an die Börse gebracht – trockene Bischöfe, vertrocknete Kardinäle – sie haben ihn vertrieben.«

Bölls letzte Überlegungen sind Meditationen in der Nachfolge Dostojewskis, Gedanken eines Christen in finsterer Zeit, der ein Leben lang versucht hatte – vergeblich am Ende? –, Jesus von Nazaret als Bruder im Alltag zu beschwören: als geheimen Mahlgenossen, der, abwesend anwesend, das Brot bräche, wenn die kleinen Leute, unfeierlich und fröhlich, ihre vom Geist des *Schalom* bestimmten Mahlzeiten feierten. Er, der dabei sei, wenn sie äßen und teilten, miteinander stritten, einander verziehen und sich liebten.

Ästhetik des Humanen (ein Begriff der Frankfurter Vorlesungen) heißt die Devise, Reinkarnation von Theologie im Preislied auf jesuanische Mahlgemeinschaft, jesuanische Liebe, jesuanische Freude (unter Einbeziehung der Geschlechtlichkeit): Sakramentalisierung des Alltags. Wenn Heinrich Böll seine plebejisch-demokratischen Sabbat-Festivitäten beschreibt, bei denen die Kinder der Welt es sich wohl sein lassen, dann verblassen die ritualisierten Feiern der Kirche, während die Zartheit – und Komik! – neutestamentlicher Szenerien plötzlich an Plastizität gewinnt, mit ihrem Einanderumarmen und Handauflegen, dem Küssen und dem Festefeiern, dem kleiderlosen Baden im See – Petrus als clowneske Figur –, mit Gesprächen, in denen geflüstert und nicht gebrüllt wird, sondern wo, in ebenso sanfter wie kühner Vermenschlichung von Umgangsformen, eine Theologie der Zärtlichkeit verwirklicht wird. Eine Theologie, die Heinrich Böll, der sehr wohl wußte, wie schwer es sei, die beiden Gewissen, das des Christen und das des Poeten, in einem dialektisch fruchtbaren (also nicht antithetischen!) Spannungsverhältnis zu halten... eine Theologie, die Böll nicht zuletzt in jenen sehr verhaltenen Hohenliedern der Liebe – und, mehr noch, der Ehe – literarisch umzusetzen versuchte, indem er – und das ist ihm gelungen – das »Heilige« unters Volk brachte, auf den Markt, um, wie es in dem mit Johannes Poethen geführten Gespräch über Weihnachten heißt, den Menschen klarzumachen, »wie heilig ihr Alltag«

sei, möglicherweise sogar die Schuhe, die sie anzögen, und die Strümpfe, die sie wüschen, und das Brot, das sie äßen, bis zum Erotischen und sogar Sexuellen.

Christliche Literatur? Ganz gewiß nicht. Aber Literatur eines Christen, der die Metaphysik des Alltags verdeutlicht, dem Spirituellen, den Ausdrucksweisen menschlicher Begegnungen vor allem, der Dinglichkeit des Materiellen und dem Materiellen, dem Fisch, dem Schweinefleisch oder der Skulptur eines Engels spirituelle Verweisungskraft gibt – solcherart Literatur eines Christen: o ja, die sieht sich in der Tat durch Heinrich Böll präsentiert – wobei es durchaus geschehen kann, daß seine Liebespaare und Familien, da das Sexuelle niemals ausgespart bleibt, überzeugender: weil jesuanischer geraten als jene *sancta familia* der Bibel, die Böll, dank ihrer atypischen Abstraktheit, zur Verzweiflung treibt: »Maria ist eine Jungfrau, Joseph ist, finde ich, ein sehr sympathischer, beständiger Mensch, und Jesus ist das göttliche Kind. Es ist also weder juristisch noch biologisch eine Familie, die uns als Vorbild dienen sollte.«

Ich denke, in der gleichen Art, wie Heinrich Böll die Bibel »gegen den Strich« liest und ihr derart, der Spiritualität des Alltäglichen nachsinnend, neue Distanz, kaum bemerkte Züge abgewinnt, sollten wir beginnen, das Werk eines Poeten und Christenmenschen neu zu durchdenken, dessen Verdienst es ist, der Literatur noch einmal die Kraft des Eingedenkens und den Glanz einer Metaphysik *in aestheticis* gegeben zu haben, deren Präsenz sich im Bescheidensten bewährt. Dem Bescheidensten, das identisch mit jenem Menschlichen ist, dessen Evokation, in einer Zeit wie der unsrigen, vielleicht nur noch der leisen Stimme gelingt. Der Stimme, die flüstert, wo andere brüllen.

Der Stimme Heinrich Bölls... der Stimme eines Menschen und Grenzüberschreiters, der unterm Kreuz sein kleines rotes Fähnchen schwingt: ein Zeichen des Friedens, der Versöhnung und Hoffnung.

HANS KÜNG

Gefeiert – und auch gerechtfertigt?
Thomas Mann und die Frage der Religion

Schauplatz: Rom, der Vatikan. Wir schreiben den 29. April
1953. 78 Jahre ist er alt, als er von Papst Pius XII. in einer Audienz empfangen wird: Thomas Mann im Vatikan! Ein hochge-
ehrter deutscher Schriftsteller aus dem protestantischen Lübeck
im Zentrum des Katholizismus! Wie wird er reagieren? Wird er
den Katholizismus in Gestalt des Papstes scharfsichtig entlarven?
Wird er, der im Dritten Reich Verfemte, die damalige Politik dieses Stellvertreters Christi heftig kritisieren, wie dies gut sieben
Jahre später der Schriftsteller und Dramatiker Rolf Hochhuth
tun wird? Oder wird er, der Nobelpreisträger, mit innerer Reserve, höflich, aber kritisch den Empfang über sich ergehen lassen? Nichts von alledem!
Kurz darauf notiert Thomas Mann über die Audienz in sein Tagebuch (und ich bin dankbar, daß Inge Jens, die kundige Herausge-
berin der späten Tagebücher, mir diesen unveröffentlichten Text
vom 1. 5. 1953 zur Verfügung gestellt hat): »Die weiße Gestalt
des Papstes vor mich tretend. Bewegte Kniebeugung und Dank
für die Gnade. Hielt lange meine Hand. Über den Anlaß meines
römischen Besuches und meinen Eindruck von der Stadt, wo
man in Jahrhunderten wandelt. Über Deutschland, offenbar
seine glücklichste Zeit, und die auf die Dauer zu erwartende Wie-
dervereinigung. Die Wartburg, sein Wort darüber und die Einheit der religiösen Welt. Kniete nicht vor einem Menschen und
Politiker, sondern vor einem weißen geistlichen milden Idol, das
2 abendländische Jahrtausende vergegenwärtigt. Zur Verabschiedung Überreichung der kleinen Gedenk-Medaille. ›Ich weiß
nicht, ob ich Ihnen vielleicht zur Erinnerung...‹. Darreichung der
Hand. ›Ist das der Ring des Fischers? Darf ich ihn küssen?‹ Ich tat
es.« Nur wenige Tage später schreibt Thomas Mann an Professor
Bandinelli: »Der Ungläubige und Erbe protestantischer Kultur

beugte ohne die leiseste innere Hemmung das Knie vor Pius XII. und küßte den Ring des Fischers« (Briefe = Br. III,294 f.).

Thomas Mann hatte auch für seinen »Hochstapler Felix Krull« eine Audienz im Vatikan vorgesehen, der dort mit »großem Genuß« das Knie beugen und »Votre Sainteté« sagen sollte. Muß man nicht auch in Thomas Manns eigenem historischem Bericht die feinsinnige Ironie mithören, um ihn richtig zu verstehen? Enthält er nicht in nuce, verdichtet in einer einzigen Szene, das ganze Verhältnis dieses Schriftstellers zu Kirche, Christentum und Religion überhaupt? Welche Doppelgesichtigkeit in diesen wenigen Sätzen: Gewiß, er nennt sich, gemessen an Pius XII., einen »Ungläubigen« – und doch hat er nicht »die leiseste innere Hemmung«, das Knie vor dem katholischen Papst zu beugen. Gewiß, er ist ein Erbe protestantischer Kultur – und doch macht es ihm nichts, den Ring des römischen Pontifex zu küssen. Gewiß, mit der katholischen Kirche verbindet ihn nichts – und doch bezeugt er seinen Respekt vor einem »weißen Idol«, das ihm zwei Jahrtausende abendländischer Geschichte vergegenwärtigt.

Eine merkwürdige Szene in der Tat. Hat hier einer wie Thomas Mann in Sachen Religion zwar die Kultur, die korrekte Form und die abendländische Geschichte ästimiert, die persönliche Überzeugung aber versteckt? Thomas Mann also – ein hochintellektueller, hochkultivierter deutscher Schriftsteller, der auch in der Kirche gleichsam spielerisch die Form zu wahren versteht, ohne sich innerlich an sie zu binden? Der das Christentum als ein Phänomen der Kultur anerkennt, doch ohne sich zu ihm in persönlicher Überzeugung zu bekennen? Der die Religion als eine Erscheinung jahrtausendealter Geschichte gelten lassen kann, doch ohne sich selber bewußt in diese große Tradition zu stellen? Wir fragen: Ist dies das Verhältnis Thomas Manns zur Religion? Wie hat es sich überhaupt entwickelt? Zweifellos eine spannende Frage: Was läßt sich im Rückblick über sein Verhältnis zur Religion sagen: zur Religion im objektiven institutionell-doktrinellen Sinn wie zur Religiosität im Sinn der subjektiven Haltung? Alles kommt hier freilich auf Fragerichtung, Frageinteresse und Fragestellung an.

Fragerichtung, Frageinteresse, Fragestellung

Die von vornherein gegebene *Fragerichtung?* Überflüssig zu sagen, daß ich hier nicht als Literaturwissenschaftler frage. Nein, ich möchte im strengen Sinn als Theologe, besser als *theologischer Ökumeniker*, an diesen nicht nur im Sinn der Welt-Literatur, sondern auch der universalen Problematik *ökumenischen Schriftsteller* herangehen. Ich möchte einen Erzähler und Epiker verstehen lernen, der noch in seinen vierziger Jahren des »Zauberbergs« von sich sagte, er hätte, wenn er nicht Schriftsteller geworden wäre, doch »ganz gut Geistlicher werden können«, weil dafür »nicht so sehr irgendwelche Gläubigkeit« notwendig sei, sondern vor allem »eine bestimmte Grundstimmung, ein Sich-daheim-fühlen in der ethischen Atmosphäre von ›Kreuz, Tod und Gruft‹« (Br. I,134); der dann aber als Schriftsteller seinen späteren Helden, den Tonsetzer Adrian Leverkühn, nur anfangs Theologie studieren läßt, um dabei Gottesgelehrtheit und Gottesgelehrte ironisierend zu schildern und gar den Teufel selbst in der Gestalt des Dr. Schleppfuß versteckt im Theologengewand auftreten zu lassen. Ob er vielleicht deshalb in den Schriften der großen Theologen unseres Jahrhunderts, von Paul Tillich abgesehen, verhältnismäßig wenig Beachtung und etwa in Karl Barths monumentaler Kirchlicher Dogmatik nicht eine einzige Erwähnung gefunden hat? Ökumenisch-theologisch also ist meine Fragerichtung.

Was aber ist mein persönliches *Frageinteresse?* Sosehr ich in jeder Hinsicht vom Sachverstand der biographisch, literarisch, historisch, psychologisch Sachverständigen gelernt habe: Mich interessiert Thomas Mann nicht einfach als weitere Station auf dem Weg durch die literarisch-theologische Moderne, den ich zusammen mit Walter Jens in einem früheren Buch von deren Anfang im 17. Jahrhundert, einsetzend mit Pascal und Gryphius, bis hin zu ihrem Ende mit Franz Kafka um den Ersten Weltkrieg gegangen bin. Gewiß: Es ist von hoher Bedeutung, daß mit Thomas Mann der deutsche bürgerliche Roman seinen unbestreitbaren Höhepunkt erreicht, ja, daß mit ihm die deutsche Prosa die seit der Romantik verlorene Weltgeltung wiedererlangt hat. Thomas Mann, der Klassiker ohne Nachfolger, erschienen in vierzig Ländern. Aber vielleicht ist es von nicht geringerer Bedeutung, Thomas Mann als *Zeugen unseres Jahrhunderts* zu befragen: als unseren Zeitgenossen, der, wiewohl 1875 (acht Jahre vor Kafka) geboren, doch erst 1955 (dreißig Jahre nach Kafka) verstorben, den epochalen Umbruch von der bürgerlichen Moderne zu einer neuen Menschheitsepoche mitgemacht, durchlitten, ja schreibend bewältigt hat. Was also hat gerade er uns für unsere Gegenwart und Zukunft zu sagen, was hat er uns vielleicht auch nicht zu sagen? Zeitgenössisch-existentiell also ist mein Frageinteresse.

Doch spitzt sich dieses Frageinteresse auf eine ganz bestimmte *Fragestellung* zu: der Mensch und seine *Religiosität in der Zeitenwende!* In Frage steht hier – der evangelische Tübinger Theologe Ernst Steinbach hat darauf schon 1953 zu Recht insistiert – also mehr als die Sphäre der Natur, des Physisch-Psychischen (wie eine Krankheit abläuft, wie Heilung oder Tod eintritt); mehr auch als die Sphäre des Ethischen, des Gewissens und der Verantwortlichkeit (nach welchen Normen in einer bestimmten Konfliktsituation, moralisch oder unmoralisch, entschieden wird). In Frage steht die Sphäre des im strengen Sinn *Religiösen:* die Dimension der Transzendenz (auch wenn sie nur in der Immanenz gefunden werden kann), der letzten (und auch ersten) Wirklichkeit, die mit dem Namen Gott, Gottheit, Göttliches nur sehr unvollkommen und vieldeutig umschrieben werden kann. Wie stellt sich das Religiöse, Religiosität im Werk Thomas Manns dar?

Und zwar Religiosität in der *Zeitenwende:* eine Fragestellung, die Thomas Mann keineswegs von außen aufoktroyiert wird, sondern die sich bei ihm von seinem erlebten Leben her aufdrängt. Sollte uns nicht gerade dieser ironisch-distanzierte Beobachter und höchst kritische Deuter des Zeitgeschehens, dessen Lebensspanne zwei Epochen umfaßt, der »das Übergängliche der Geschichte« (XI,305) in seinem Werk, das sein Leben war, übersensibel analysiert und literarisch gestaltet hat, sollte uns nicht gerade dieser Poeta doctus für unsere vielfach unübersichtlich gewordene Zeit und ihr Religionsverständnis auch heute noch Entscheidendes zu sagen haben? Als Repräsentant deutscher Kultur mit dem Nobelpreis ausgezeichnet, doch schon vier Jahre später ein Exilant und Verfemter, gerade so aber zum Repräsentanten des anderen Deutschland und zum deutschen Weltbürger herangewachsen, war Thomas Mann ja von Anfang an mehr als nur reflektierender »Spiegel der Welt« in der Art der naturalistischen Sittenromane Emile Zolas oder der frühen Dramen Gerhart Hauptmanns. Er war ein die Motive und Themen der Gegenwart und Vergangenheit psychologisch und tiefenpsychologisch souverän verarbeitender Kompositeur, dessen kleine wie weiträumige Werke die Problematik unseres Jahrhunderts wohl subtiler als jegliches andere literarische Werk künstlerisch-kreativ darstellten und deuteten. Wie hat Deutschlands bedeutendster Romancier den epochalen Umbruch zwischen zwei Zeitaltern verarbeitet? Paradigmatisch-grundsätzlich also ist meine Fragestellung.

Freilich: Wer herauszufinden versucht, wie dieser Dichter in der Zeitenwende grundsätzlich zur Religiosität, zum Christentum insbesondere stand, muß sich auf Schwierigkeiten eigener Art gefaßt machen. Denn Thomas Mann, eine Art Allesleser, war ein *Realist* von ungewöhnlicher Wirklichkeitstreue und Beobachtungskunst. Aber er, kein selbstvergessener, sondern in seinen Erzählungen überlegen präsenter Erzähler, er – in seiner Familie schon früh »der Zauberer« genannt – war auch ein mit Finesse und Raffinesse gesegneter *Dialektiker*, der jedem Ding nochmals eine andere Frage abzugewinnen vermochte. Und vor allem war er, wie kaum ein zweiter, ein humorvoller *Ironiker*, der sich oft gerade dort verbarg, wo er sich offenbarte, und sich dort verriet, wo er sich verbarg. Man wird jedenfalls gut daran tun, Thomas Manns verwirrend schillerndes Werk von seiner schillernden Persönlichkeit, wie sie sich besonders in seinen Tagebüchern zeigt, zu unterscheiden und dabei zunächst die erste der beiden Epochen seiner Lebensspanne, von denen er selber spricht, gesondert zu betrachten, bevor wir uns – nach Beschreibung der Grundlagenkrise – vor allem auf die zweite einlassen.

Doch nochmals ein hermeneutisches Caveat: Gewiß wird man vorsichtig sein und Thomas Manns rastlose Selbstkommentierung, Selbststilisierung und Selbstverteidigung nicht in treuherzig begleitender Interpretation zum Nennwert nehmen; da hat Hans Mayer, Thomas Manns scharfsinniger Interpret und Kritiker, recht. Aber man wird sie andererseits auch nicht – gerade weil sie so viel Selbstprüfung, Selbstkritik, gar Selbstquälerei einschließt – penetrant zur Destruierung von dessen Glaubwürdigkeit verwenden dürfen. Thomas Mann – zusammen mit Ernest Hemingway für die deutschen Bundesbürger nach einer Umfrage des Allensbacher Instituts 1988 noch immer der bedeutendste Schriftsteller unseres Jahrhunderts und so ständiger Gegenstand kleinkarierten und ressentimentgeladenen Literatenneids – hat in seiner ichbezogenen Abgehobenheit seine Kollegen und Kritiker von Anfang bis heute besonders gereizt und ließ beim Interpreten kaum eine einfache »Subjekt-Objekt-Relation« aufkommen: Thomas Mann – in der deutschen Literatur eine »ungeliebte Großmacht« (Adolf Muschg, In: M. Reich-Ranicki, 1980, S. 63).

Aber – vielleicht gibt es zwischen der konstanten *Interpretatio in optimam partem* der Bewunderer-Gemeinde und der *Interpretatio maligna* der Verdachtshermeneutiker und Entlarvungspsychologen doch einen dritten Weg: den einer *Interpretatio benigna*, die, Objektivität und Sympathie verbindend, kritisch und verständnisvoll zugleich zu sein vermag, nicht blind gegenüber den Schwächen, stets respektvoll jedoch angesichts der künstlerischen Leistung wie der intellektuellen Verantwortung. In solcher Interpretatio benigna versuche ich zuerst im Bewußtsein der äußerst komplexen und differenzierten Problematik kurz und knapp in drei historisch-systematischen Gedankenschritten Thomas Manns paradigmatische Bedeutung zu umschreiben, bevor wir uns des näheren auf sein Verhältnis zu Religion und Christentum einlassen.

Repräsentant der bürgerlichen Spätmoderne

Daß Thomas Manns gesamtes literarisches Schaffen bei aller Einheit des Gesamtwerkes aus immer wieder wechselnden geschichtlichen Situationen kommt, ist oft beobachtet worden. Wir gehen deshalb gewiß nicht fehl, wenn wir als *erstes* feststellen: Der wohlhabende, wohlerzogene, wohlgebildete (wenn auch als ungewöhnlich faul und renitent von der Schule ohne Abitur weggegangene) Lübecker Kaufmannssohn war gerade in seinem Verhältnis zu Religion und Religiosität durch und durch *ein Repräsentant der bürgerlichen Spätmoderne*, die, ruhend auf Besitz und Bildung, allem Religiösen zunehmend reserviert, distanziert, oft ablehnend gegenüberstand.

Konkret: Man war, in Lübeck selbstverständlich, protestantisch. Doch Luthers Reformation liegt weit zurück, und das »Deus providebit« (»Gott wird sorgen«) über dem Portal des großelterlichen Patrizierhauses wäre über dem neuen großbürgerlichen Prunkbau der Eltern mit Beletage und Ballsaal jedermann etwas deplaziert und antiquiert vorgekommen. Man war stolz auf Familie, Haus und Geschäft. Autorität, Pflicht, Erfolg und Karriere, Selbstbeherrschung, Wohlanständigkeit, Ordnung, Disziplin und alle übrigen bürgerlichen Tugenden lassen sich ja schließlich auch ohne Religion – als »kategorischer Imperativ« – begründen. Im Grund glaubte man an keinen anderen Gott als an »die Firma«. Mit einem energischen »Amen« hatte denn auch der an Blutvergiftung allzu früh verstorbene Vater, Senator Thomas Johann Heinrich Mann, seinerzeit die Sterbegebete des an seinem Bett knienden Lübecker Hauptpastors unterbrochen. Thomas, damals als Sechzehnjähriger dabei, hatte so in seiner ganzen Jugend die überlieferte Religion nie – man merke sich diese Worte – als Erfahrung, Leben, unmittelbares Ereignis vermittelt bekommen. Schon den Großeltern war Christentum nur noch reine Konventionsreligion gewesen, was erst recht für seinen Schopenhauer-gläubigen Vater und seine zum Protestantismus konvertierte deutsch-brasilianische Mutter galt.

Und was war das damals für eine Zeit! Man mache sich noch einmal klar: Der junge Thomas war als »Sonntagskind« in der Hoch-Zeit des deutschen, französischen und englischen Nationalismus und Imperialismus zur Welt gekommen – unter »Reichsgründer« Bismarck und Queen Victoria. Als Kind hatte er noch Kaiser Wilhelm I. und als Jugendlicher noch Wilhelm II. sowie den »Schlachtendenker« Moltke mit eigenen Augen gesehen. Ja, der junge Thomas Mann, von Anfang an mehr ästhetisch als kommerziell orientiert, war selbst in der jetzt wirtschaftlich zurückfallenden Hansestadt Lübeck Zeuge eines beispiellosen europäischen Fortschrittrauschs von Wissenschaft, Technik und Industrie geworden.

Die *Religion* aber – die institutionalisierte zumal? Sie hatte sich, soweit sie sich nicht einfach anpaßte, diesen Weltantriebskräften (auch die in Deutschland sich nur mühselig durchsetzende Demokratie gehörte dazu) mit allen Mitteln entgegengestellt, allen voran die damals noch mittelalterlich-gegenreformatorisch orientierte römisch-katholische Kirche, die sich mit der Ausdifferenzierung von Wirtschaft, Wissenschaft, Recht, Politik und Kunst aus ihrem Herrschaftsbereich, »Säkularisierung« genannt, nicht abzufinden vermochte. Erst fünf Jahre vor Thomas Manns Geburt waren noch Primat und Unfehlbarkeit des Papstes in barocker Feierlichkeit definiert worden, ein Ereignis, das Jahrzehnte des repressiven römischen »Antimodernismus«, aber auch den Verlust des tausendjährigen Kirchenstaates einläutete.

Der kirchliche Widerstand gegen die Moderne war bekanntlich vergeblich. Die Religion insgesamt hatte zu bezahlen für ihre Obstruktion und wurde von den kritischen Geistern der modernen Kulturintelligenz zunehmend mit Indifferenz, Verdrängung und Verweigerung bestraft. Auch der politisch angepaßte diesseitig-verweltlichte Kulturprotestantismus war keine geistige Herausforderung mehr. Schon als Schüler hatte Thomas Mann ein, wie es heißt, antiklerikales Drama mit dem Titel »Die Priester« geschrieben. Und wie viele intelligente Schüler erlebte er den lutherischen Religionsunterricht als langweilig. Weniger sozial als ästhetisch-emotional motiviert, nimmt er sich den Ironiker und

Spötter *Heinrich Heine* zum literarischen Vorbild und bekennt sich als Achtzehnjähriger zum »philosophischen Standpunkt«, daß »die Wörter ›gut‹ und ›schlecht‹ als soziale Aushängeschilder ohne jede philosophische Bedeutung« sind (XI,711). Nein, verwunderlich war es nicht: *der junge Thomas Mann war nicht religiös;* nach der Lübecker Jugendzeit stellte er den Kirchenbesuch ein; seine Probleme lagen anderswo! Was waren seine Probleme?

Durch die Kulturkritik der sozialpsychologischen Charakterromane Paul Bourgets wurde Thomas Manns Interesse, bevor er sich eingehender mit seinen späteren großen Vorbildern Tolstoi und Nietzsche beschäftigte (so Klaus Schröter gegen Georg Lukács, den bedeutendsten frühen Interpreten Thomas Manns, S. 35–44), auf eine *Grundspannung* gelenkt, die ganz und gar seine eigene werden sollte: zwischen der in einer festgegründeten, achtbaren Lebensordnung verwurzelten Bürgerlichkeit einerseits und der Lebenshaltung des entwurzelten, skeptisch-ästhetisierenden Décadent, Genießers, Dilettanten, Spätlings zweiter oder dritter Generation andererseits. Aus dieser Spannung erwuchs das soziale, für ihn so typische *Dilemma Bürger/ Künstler.* Aber anders als im George-Kreis, wo dieselbe Grundspannung ausgelebt wurde, wurde die Existenz des Künstlers bei Thomas Mann nicht glorifiziert, sondern in ihrer Ambiguität problematisiert.

Keine Frage: Zunehmend entscheidenden Einfluß auf den jungen Thomas und seinen nur wenig älteren Bruder Heinrich hatte *Friedrich Nietzsche* ausgeübt: Nietzsche, der Europäer und Aufklärer, der Anti-Nationalist und Anti-Deutsche, der in seinen frühen moralphilosophischen Schriften voller Verachtung für ein Besitzbürgertum war, das im Geschäft fleißig und im Geiste faul sei. Aber das war bereits zu einem Zeitpunkt, als auch der Fleiß der Familie Mann nichts mehr nützte. Nach dem Tod des Vaters (1891) hatte die Familie (dem Testament zufolge) die Firma liquidieren, das Haus verkaufen und das Erbe aufteilen müssen. Thomas lebt jetzt mit seinem älteren Bruder Heinrich in München, Rom, Palästina und wieder in München ein ungebundenes Literatenleben, bis er sich schließlich, dreißigjährig, durch die Ehe mit Katja Pringsheim, der klugen, schönen, reichen Professorentochter jüdischer Herkunft »eine Verfassung« gab: 1905!

Zu Nietzsches Décadence-Psychologie waren schon vorher – Thomas Mann war ständig von Ichschwäche, Lebenszweifeln und Haltlosigkeit, von Einsamkeit und Todessehnsucht gequält – *Schopenhauers* atheistische Metaphysik und musisch getönter Pessimismus gekommen. Doch ob Schopenhauers metaphysische Lebensverneinung oder Nietzsches antimetaphysische Lebensbejahung: *Thomas Manns Grundhaltung* blieb zunächst ein *romantischer Ästhetizismus*, der ein Fluktuieren aller Werte, Irreligiosität und Atheismus am Rand des Nihilismus einschloß. Religion – bestenfalls Gegenstand der Ironie. Nur eine Art »Religion« war in diesen Kreisen wirklich akzeptiert: die Kunst, und die Künstlerreligion schlechthin war die Musik: Wagner, Wagner über alles, und bei Wagner wiederum der liebes- und todessüchtige »Tristan«.

Doch Thomas Mann – anders als George oder Rilke – relativierte schon früh auch diese Kunstreligion, die nicht zum Leben befähigte. Wurde doch nach der Jahrhundertwende immer offensichtlicher: Die Welt liberaler Bürgerlichkeit befand sich innerlich – trotz äußerer Sicherheit, Solidität und Moralität – bereits in voller Auflösung, politisch bekämpft von den Kommunisten und der (sich immer wieder anpassenden) Sozialdemokratie und jetzt auf breiter Front angezweifelt und angenagt von der Kritik der Intellektuellen und Künstler.

Patient und Diagnostiker der Auflösung

Ja, Thomas Mann war ganz und gar ein Repräsentant der spätbürgerlichen Moderne. Und weil er dies war, konnte er nun – und dies ist ein *zweites*, ein Einschnitt, der hier zu beachten ist – zum *Patienten und Diagnostiker ihrer Auflösung* werden. Jetzt fünfundvierzigjährig, erlebt Thomas Mann mit dem Ersten Weltkrieg und dessen Folgen die tödliche Krise des bürgerlich-liberalen

Zeitalters, dessen Wertvorstellungen und Lebensnormen in ganz
Europa freilich schon längst intellektuell unterminiert waren.
Gerade sein erstes großes Werk, der Vier-Generationen-Roman
»Die Buddenbrooks. Verfall einer Familie«, eine große Komposition à la Tolstoi in Leitmotivik, Kompositionstechnik, auto-
biographischem Verfahren und Detailbesessenheit, hatte ihm
dies erst nachträglich so ganz bewußtgemacht, ja, bis in die letzten Einzelheiten vor Augen geführt.

Tatsächlich, die »Buddenbrooks« mit ihrer einzigartigen Perso-
nenschilderung spiegelten mehr als nur die Auflösung eines Bür-
gerhauses, einer (geistig immer mehr verfeinerten und gerade so
immer untüchtigeren) Familie. Sie spiegelten – so Thomas Mann
selbst später über »seine Zeit« – »Auflösung und Endzeit«
grundsätzlich, kündeten eine »*weit größere kulturell-sozialge-
schichtliche Zäsur*« an: Warum? Weil hier, ästhetisch sublimiert,
die Seelen- und Gesellschaftsgeschichte des deutschen Bürger-
tums überhaupt erzählt worden sei, die in einer Katastrophe enden mußte! Vierzehn Jahre nach diesem Roman sei dies denn
auch offenkundig geworden, »als die Weltgeschichte selbst mit
ihrer groben, blutigen Hand das Ende, die Wende, die große Zäsur markierte« (»Meine Zeit«, XI,313). Gemeint war die Katastrophe des Ersten Weltkriegs und sie bedeutete, kurz resümiert:
Fall des tausendjährigen deutschen Kaisertums, Zusammenbruch des vierhundertjährigen reformatorisch-protestantischen
Staatskirchentums, Erschütterung der deutschen und der europäischen Weltmachtstellung, Eintritt Amerikas in die Weltpoli-
tik, zugleich die große Russische Revolution und in all dem eine
»vollständige Veränderung der moralischen Atmosphäre«
(XI,304). Nicht umsonst hatte Thomas Mann, der später in Kali-
fornien seine sämtlichen Tagebücher vor 1933 vernichtete, die
der »historischen Jahre« 1918–1921 als Zeitdokument aufbewahrt.

Alles in allem ein epochaler globaler *Paradigmenwechsel*, ein
Wandel der Gesamtkonstellation, der nur noch mit dem der Re-
formation und dem der beginnenden Moderne zu vergleichen ist!
Thomas Mann – in seinen »Betrachtungen eines Unpolitischen«

(1918) noch ganz *deutscher Nationalist* und *kulturkonservativer Spätromantiker* – hatte dies freilich längst nicht so scharfsinnig gesichtet wie andere: etwa sein Zeitgenosse Karl Barth, damals Pfarrer einer Schweizer Industriegemeinde, der sich mit anderen Theologen »zwischen den Zeiten« schon damals eindeutig für Völkerfrieden, Demokratie, demokratischen Sozialismus – gegen Krieg, Nationalismus und Imperialismus – ausgesprochen hatte. Und Thomas Mann? Noch am Ende des Krieges blieb er in einer unpolitisch-ästhetischen Deutschtümelei befangen. Der deutsche Einfall ins neutrale Belgien (»das Recht der aufsteigenden Macht«!) wurde öffentlich mit Friedrichs II. Einfall ins neutrale Sachsen gerechtfertigt und die tiefsinnig-unpolitische deutsche »Kultur« mit Vorliebe gegen die oberflächlich-demokratische westliche »Zivilisation« ausgespielt. Diese Einstellung mußte zu einem persönlich bedrückenden literarisch-weltanschaulichen Konflikt mit seinem »westlich« orientierten Bruder Heinrich führen.

Erst 1922 bekennt sich Thomas Mann in seiner berühmten Berliner Rede »Von deutscher Republik« (XI,809–852) zur Demokratie und beginnt gleichzeitig, sich entschieden von jener (realen) Welt Wilhelms II. zu distanzieren, die von seiner (erträumten) romantischen Welt, der Eichendorff, Schopenhauer und der »Meistersinger«, wahrhaftig himmelweit entfernt war. Eine Versöhnung auch mit dem Bruder wird jetzt möglich. Ja, bereits 1930 erkennt Thomas Mann klarer als viele andere, daß die *Gefahr von rechts* für die Republik »ärger und tückischer« sei als die von links. Der Faschismus war ihm zufolge eine gefährliche, vitalistisch-irrationale Reaktion auf die abgelaufene rationalistisch-mechanistische Moderne: zu verstehen als »Rückschlag gegen den Intellektualismus, den nachtvergessenen Tages- und Verstandeskult abgelaufener Jahrzehnte, gegen das zugleich mechanistische und ideologische Weltbild, gegen den zugleich generösen und seichten Fortschrittsglauben einer versinkenden oder versunkenen Epoche« (X,303).

Die Augen vollends geöffnet hatte Thomas Mann schließlich der in Deutschland sich mit aller Gewalt an die Macht drängende *Na-*

tionalsozialismus. Klarer als andere hatte er erkannt, daß der Hitlersche Faschismus eine *Verschwörung gegen die Humanität* war, ein Begriff, der ihm seit der Mitte der zwanziger Jahre offenkundig immer wichtiger wurde. Schon 1930 war Thomas Mann in Berlin durch Nazi-Randalierer am Reden gehindert worden. 1933 wurde er wegen seiner Wagner-Rede in München von der Nazi-Hetzpresse so scharf angegriffen, daß eine Rückkehr nach Deutschland nicht ratsam war. Freilich – das darf nicht verschwiegen werden: Gegenüber Hitlers Terrorregime verhielt Thomas Mann sich – wiederum im Gegensatz zu Karl Barth in Bonn – mit Rücksicht auf seinen jüdischen Frankfurter Verleger Fischer und seine deutschen Leser zunächst taktisch-zögerlich. Erst drei Jahre später ging er öffentlich in Kampfstellung. Heimat- und bald auch staatenlos – selbst der Bonner Ehrendoktortitel war ihm entzogen worden –, lebte er jetzt in der Schweiz. Geistig war er zu der Überzeugung gelangt: Schopenhauer und Nietzsche hatten ja wenigstens noch – der eine mehr in dunklem Pessimismus, der andere mehr in dionysischer Umdichtung – eine »Spielart des Humanismus« vertreten. Im Nationalsozialismus aber war jetzt offensichtlich die Vollendung jenes von Nietzsche schon so lange angekündigten völlig *enthumanisierten Nihilismus* auf den Plan getreten, ein Nihilismus, der freilich »in den Spitzen der Intelligenz, in den Schriften eines Ernst Jünger etwa, schon fix und fertig« war, längst bevor er sich durch den Zweiten Weltkrieg als »geistige Lebensform« vollenden sollte. »Die Revolution des Nihilismus«, so hatte laut Thomas Mann »ein in ihm Erfahrener« den Nationalsozialismus genannt. Und, fährt Mann fort: »...er war es, im Gemisch mit sinistren Gläubigkeiten an das Inhumane, das Vorvernünftige und Chthonische, an Erde, Volk, Blut, Vergangenheit und Tod« (»Meine Zeit« XI,315).

So war aus Thomas Mann, dem Repräsentanten, zwar nicht, wie er in einem berühmten Wort insinuierte, ein Märtyrer, so doch ein aus seiner Heimat Verbannter und Verfemter geworden. Aber wenn er nun den irrational-nihilistischen Nationalsozialismus zu Recht aus politischen wie moralischen Gründen bekämpfte und im übrigen auch für die fatalistisch-kulturpessimistische »Verkalkungs-Prophetie« eines Oswald Spengler (»Nietzsches kluger Affe«) keine Sympathie empfand, dann bleibt die Frage: Wie hielt er es – und die Fronten waren in den zwanziger und dreißiger Jahren überaus real – mit der Linken? Was war denn überhaupt, mitten in dieser abgrundtiefen Krise der Moderne, sein eigener Standpunkt, seine eigene Vision der Zukunft?

Visionär des Kommenden

Daß die europäische *Linke*, von der Sozialdemokratie bis zu den Marxisten, wußte, was die Zukunft zu bringen hatte, war offensichtlich. Für Thomas Mann jedoch war diese Zukunft nicht mit einer durch gewaltsame Revolution heraufzuführenden »klassenlosen Gesellschaft« identisch; in diesem strengen Sinn war er nie »Sozialist«. Das haben ihm schon damals orthodoxe und heterodoxe Kommunisten, Bert Brecht allen voran, nie verziehen, obwohl Thomas Mann mit ihnen in der Ablehnung eines rein negativen »Anti-Kommunismus« – selbst noch in Zeiten des Stalinismus und McCarthyismus – durchaus einig war. Doch er, der sich schon 1930 scharf gegen Rechts abgegrenzt hat, tut das gleichzeitig auch nach Links: »Geistige Wirklichkeit ist auch Wirklichkeit; sie ist vielleicht sogar primäre Wirklichkeit, und ich bin nicht Marxist genug, zu glauben, das Geistige sei immer nur der ›ideologische Überbau‹ für gesellschaftlich-wirtschaftliche Gegebenheiten und Realitäten. Geist ist nichts Abgezogenes, meiner Meinung nach« (X,299). Was hieß das konkret?
Thomas Manns Vorstellungen gingen eher in Richtung *Reform*, was die Revolutionäre ihm als »Reformismus« verübelten. Dabei entwickelte er, der übersensible Ästhet und doch auch Moralist, der weder professioneller Ethiker noch gar Politiker war und sein wollte, durchaus seine *eigene Utopie*. Aber er brauchte Zeit. Thomas Mann, der als Repräsentant der bürgerlichen Spätmoderne begonnen und sich im großen Zusammenbruch als deren Patient und Diagnostiker erwiesen hatte, qualifizierte sich jetzt zunehmend nicht nur als weithin sichtbare Gegenfigur zu Adolf

Hitler, sondern – und dies ist nun eine *dritte* Phase – als literarischer *Visionär eines neuen Zeitalters*. Welchen Zeitalters? Stellt man in Rechnung, daß Thomas Mann jetzt immer deutlicher in sein Denken und Schreiben das Soziale und Politische in die Darstellung des Menschlichen einbezog und im Ökonomischen wie im Geistigen schließlich den Übergang von der liberalen zur sozialen Demokratie forderte, so nennt man es am besten das Zeitalter des *»sozialen Humanismus«*. Ein »Klassenverklärer«, nein, das war dieser Schriftsteller nicht. Die Wende Thomas Manns vom romantisch-ästhetischen Sympathisieren mit dem Morbiden und Pathologischen, mit Krankheit und Tod zu einem lebensbejahenden, lebensgestaltenden Humanismus ist literarisch-wirklichkeitsgesättigt dokumentiert in jenem – in einem exklusiven Davoser Lungensanatorium spielenden – großen europäischen Erziehungs- und Bildungsroman »Der Zauberberg«, an dem er von 1912–1924 gearbeitet hatte. Hier legt der nun Fünfzigjährige seinen eigenen geistigen und politischen Standpunkt bezüglich des Menschen, bezüglich »Stand und Staat« (III,684) dar. Nochmals beschreibt er, ein Genie der Sprache, mit beinahe fotografischer Genauigkeit die Problematik der dem Luxus, dem Amusement und dem Tod verfallenen spätbürgerlichen Existenzformen (mit den verschiedenen Repräsentanten und Exponenten ein literarisches Gegenstück der »Buddenbrooks«). Unvergleichlich werden dabei, immer wieder neu und anders, das Wetter und die Jahreszeiten beschrieben, wird über das Wesen von Zeit und Zeitgefühl nachgedacht und über Gesundheit und Krankheit diskutiert, werden Verlebtheit oder Verliebtheit der Menschen präzise literarisch eingefangen. Aber: Thomas Mann hebt jetzt mit diesem Roman seine Zeit- und Sozialkritik, bei der man wiederum Repräsentanten der Arbeiterschaft vermißt, auf eine ganz andere ideell-geistige Ebene: »ein Dokument der europäischen Seelenverfassung und geistigen Problematik im ersten Drittel des zwanzigsten Jahrhunderts« (XI,602).

Es ist hier nicht der Platz auszuführen, welch vielschichtigen, mit weitläufigen medizinischen, naturwissenschaftlichen, historischen, psychologischen, theologischen Reflexionen durchwobenen (und Thomas Manns, des Autodidakten, Selbsterziehung nachvollziehenden) *Bildungsgang* die Haupt- und Identifikationsfigur des Romans im ganzen ideellen Beziehungsgeflecht typischer Personen und Positionen durchzumachen hat, um genug vom Menschen zu wissen. Hans Castorp, dieses »Sorgenkind des Lebens« (III,429), Typus des »modernen Menschen«, findet sich ja umworben von zwei Daseinsdeutungen, die wiederum in zwei Schlüsselfiguren symbolisch verdichtet werden: vom fortschrittsbegeisterten Aufklärungsrationalismus und Individualismus eines Settembrini, eines Literaten, Demokraten, Freimaurers italienischer Herkunft, und andererseits vom asketisch-apokalyptischen Todesfanatismus und Totalitarismus eines Naphta, eines deshalb mit dem Kommunismus sympathisierenden militanten Jesuiten jüdischer Herkunft (vom dionysischen Lebensgenießertum Mynheer Pepperkorns alias Gerhart Hauptmann und der verführerischen Madame Chauchat ganz zu schweigen). Im Verlauf des Romans verschafft sich Hans Castorp eine geradezu enzyklopädisch angelegte Unterweisung vom Atom und der Pflanze bis zu den Sternen und Galaxien, erhält er Unterricht in den Humaniora (die Kunst jetzt nur eine Disziplin unter anderen!), erfährt er mitten in einer dekadenten Gesellschaft eine Einführung in die »Geheimnisse des Lebens« und in die wahre freie, verantwortungsbewußte, um Krankheit und Tod wissende *Humanität des lebensfrommen Weltbürgers* (Goethe, von dem Thomas Mann so viel Selbstbestätigung und so viele Motive übernommen hat, wird für die Überwindung des Widerspruchs zwischen Kunst und Leben zeitlebens ein Vorbild sein). Hans Castorp lernt alles und von allen, aber er widersteht auch und hält sich offen.

Die Entscheidung fällt schließlich in der großen »Herausforderung« (III,665): eine Entscheidung sowohl gegen Settembrini zur Rechten, gegen dessen »Philisterei und bloße Ethik, irreligiös« sowie gegen dessen »windiges Einzeltum«. Aber auch gegen Naphta zur Linken, gegen des totalitären Klerikers »Religion, die nur ein guazzabuglio (Mischmasch) von Gott und Teufel, Gut und Böse« sei, gegen dessen Staat als einer »mystischen Gemeinschaft«. Positiv gesagt: Es ist eine Entscheidung Castorps für das

»Hochgebild« des »Homo Dei«, für das Idealbild des Menschen
Gottes (III,571.685). Was ist damit gemeint?

Im *zentralen* »*Schnee*«-*Kapitel* dieses vergeistigten Abenteuer-
romans – Graham Greene hat ihn bewundert wie den »Anblick
des Montblanc« (in: M. Reich-Ranicki, 1986, S. 26) – erfährt der
fiebernde Castorp bekanntlich beim Skiausflug auf den Zauberberg in Schneesturm, Todesnot und kurzer Ohnmacht eine
traumhafte Metamorphose des Geistes. Die Einsicht: Der
Mensch selber, dieses »Sorgenkind des Lebens«, ist ein Doppelwesen, und doch ist er zugleich Herr der Gegensätze von Natur
und Geist, Krankheit und Gesundheit, Tod und Leben. Konsequenz: Der Mensch kann gegen alle Schopenhauersche Lebensverneinung und romantische Todessehnsucht sich selbst überwinden! Nein, den Menschen beherrscht nicht ein Nietzsche-
anisch-vitalistischer »Wille zur Macht« jenseits von Gut und
Böse. Der Mensch ist vielmehr zum sittlichen Entschluß fähig:
zum Gutsein, zur Menschenliebe, zum Lebensdienst. »*Der
Mensch soll um der Güte und Liebe willen dem Tod keine Herrschaft einräumen über seine Gedanken«:* das ist die geistige
Quintessenz des Romans (III,686). Denn: »Die Liebe steht dem
Tode entgegen, nur sie, nicht die Vernunft, ist stärker als er. Nur
sie, nicht die Vernunft, gibt gütige Gedanken« (III,686). Eine ironische und doch moralische Bejahung des Lebens, der Humanität
manifestiert sich so im ganzen Roman.

Und doch bleibt die Verwirklichung dieser Humanität – sie deutet sich in Castorps Sorge um die Schwerkranken und Moribun-
den nur an – ungewiß: Erst der »historische Donnerschlag« des
Ersten Weltkrieges, »der die Grundfesten der Erde erschütterte«
und auch »den Zauberberg sprengt« (III,985); ein »weltverän-
dernder Schlag – er endete eine Epoche, die bürgerlich-ästheti-
sche« CXI,657), bringt den Helden in die Realität des Lebens zurück, die jetzt die Realität des Krieges ist. Seine Bewährung im
realen Leben also steht noch aus. So also geht es in diesem »Er-
zählwerk seines Mannesalters«, sagt Thomas Mann im Rückblick
nach einem Vierteljahrhundert, um ein »humanistisches Denk-
werk«, das schon vierzehn Jahre vor dem Zweiten Weltkrieg

»die ganze abendländische politisch-moralische Dialektik, die noch heute, ihrer menschlichen Synthese harrend, kämpferisch fortwährt«, umfaßt (XI,315f.).

Anders gesagt: In Castorps Bekenntnis zum Leben spricht nicht nur eine Romanfigur, sondern der Romancier selbst, der als »ein Dichter der Krankheit« (Leszek Kolakowski, in: M. Reich-Ranicki, 1980, S. 47) bestenfalls halb verstanden ist. Und wer Thomas Manns bis dahin gelebtes Leben kennt, weiß, daß die Essenz dieses Todesromans gegen den Tod nicht spielerischer Fiktion entsprang, sondern dem Leben abgetrotzt werden mußte. Ja, wer weiß, was Thomas seinem Bruder Heinrich auf dem Höhepunkt des Streits geschrieben hatte (»Ich habe dies Leben nicht gemocht. Ich verabscheue es. Man muß zu Ende leben so gut es geht« Br. I,156), wer die frühen Depressionen dieses Mannes kennt, seine »Selbstabschaffungspläne«, seine verzweifelte Lebens- und Selbstverneinung, der weiß, was es für diesen Autor (sein Lieblingsheiliger ist Sebastian, der, von Pfeilen durchbohrt, trotzdem lächelt) bedeutete, dem Tod um der Liebe und Güte willen keine Herrschaft mehr eingeräumt zu haben über seine Gedanken.

Im Fragment über »das Religiöse« (1931) bekannte der Autor selber: dieser »Ergebnissatz« seines letzten Romans habe für ihn »eine wirkliche Überwindung« mit allerlei Folgen für sein Denken und Handeln bedeutet! Thomas Mann spricht hier vom »Gegensatz des Religiösen und des Ethischen« und von seiner Hoffnung, daß dieser Gegensatz »nicht endgültig sein« möge (XI,423f.)! Wir stutzen: Eine Versöhnung mit dem Religiösen bei Thomas Mann, mit dem Religiösen, das auch am Ende des »Zauberbergs« selbst, wo sich das »sündige Sorgenkind« Hans Castorp »entzaubert, erlöst, befreit« sieht, als »göttliche Güte und Gerechtigkeit« bereits angedeutet worden war? (III,988) Wir fragen: Was mag es für eine neue Rolle spielen, das Religiöse – plötzlich nach dieser Wende?

Das Religiöse

Dies voraus: Thomas Mann, ohnehin nicht der Typ des religiösen Bekenners, scheute zeit seines Lebens jede Art von Glaubensbekenntnissen; nicht selten sprach er offen von seiner »religiösen Schamhaftigkeit«. Was also das »Religiöse« bei einem Autor bedeutet, der auch jetzt noch seine »tiefste Skepsis« in bezug auf »sogenannten Glauben« wie »sogenannten Unglauben« bekennt, ist nicht ganz einfach zu sagen. Einen dogmatisch-lehrhaften Glauben – um einen solchen handelt es sich offensichtlich – lehnt er ab, aber auch einen dogmatischen Unglauben. Bleibt also nur ein romantisches freies Schweben, ein ästhetisches Spiel? Nein, analysiert man jenes Fragment über »das Religiöse« (XI,423–425), ergänzt durch seine Rede vor Arbeitern in Wien im folgenden Jahr (XI,890–909), so wird ein Doppeltes deutlich.

Das Negative zuerst: In welchem Sinn ist Thomas Mann *nicht religiös?* Als aufgeklärtes Kind des deutschen Idealismus lehnt Thomas Mann ein anthropomorph-personales Gottesbild ebenso ab wie ein unfreies Menschenbild. Nicht, daß er das Absolute selbst verwirft, aber er habe nie »das Bedürfnis gehabt«, »das Absolute zu personifizieren« (XI,896 f.). Wohl deshalb verwendet er auch das Wort »Gott« kaum, sondern spricht vom »Absoluten«, von der »Idee«, vom »Geist«, vom »großen Geheimnis«, das den Menschen umgibt. Was er verwirft als eine dem Menschen unangemessene Haltung, ist: »Prostration, Anbetung, grenzenlose Unterwerfung« (XI,424).

Und das Positive? In welchem Sinn *ist* Thomas Mann *religiös?* Bei aller Betonung der Ratio gegen den herrschenden Irrationalismus eines Nietzsche, Klages oder Spengler lehnt Thomas Mann auch einen Rationalismus oder gar Materialismus ab. Die »religio«, die er »sein eigen« nennt, ist die Überzeugung, »daß es nie eine Stufe gegeben« hat, »auf der der Mensch noch nicht Geist, sondern nur Natur war« (XI,425). Positiv ausgedrückt: »Wir sind vom ewigen Rätsel so dicht umdrängt, daß man ein Tier sein müßte, um es sich nur einen Tag lang aus dem Sinn zu schlagen.« Ja, Thomas Mann bekennt: »Keinen Tag, seitdem ich wach bin, habe ich nicht an den Tod und an das Rätsel gedacht« (XI,424).

Die Anliegen von Idealismus und Materialismus verbindend, kommt Thomas Mann zum Ergebnis: der Mensch sei ein »geistig-fleischliches Doppelwesen« und habe aus dieser Antinomie heraus nie angefangen und nie aufgehört (und dies sei seine Schwäche und Mitgift zugleich), »das Absolute, die Idee zu visieren« (XI,425). Wenn aber so »die Stellung des Menschen im Kosmos, sein Anfang, seine Herkunft, sein Ziel, das große Geheimnis ist«, dann wird begreiflich, daß Thomas Mann sagen kann, »das religiöse Problem« sei für ihn »das humane Problem«, »die Frage des Menschen nach sich selbst« (XI,424). Und Thomas Mann fügt den bemerkenswerten Satz hinzu: Insofern nun dieses *Rätsel des Menschen* im Mittelpunkt seines Romans »Der Zauberberg« stehe, sei er »nicht weit entfernt, ihn ein religiöses Buch zu nennen« (XI,425). Oder wie er es im Rückblick formuliert: »Der Held jenes Zeitromans war... in Wirklichkeit... der homo dei, der Mensch selbst mit seiner religiösen Frage nach sich selbst, nach seinem Woher und Wohin, seinem Wesen und Ziel, nach seiner Stellung im All, dem Geheimnis seiner Existenz, der ewigen Rätsel-Aufgabe der Humanität« (XI,657f.).

So also sieht Thomas Manns *Standortbestimmung* nach seiner Wende *in Sachen Religion* aus. Und soll diese Neuorientierung nun wirklich eine »hochmütige Distanzierung gegenüber dem Christentum« sein oder – wegen der Gleichsetzung des Humanen mit dem Religiösen – gar sein »Ersatz«? So der evangelische Theologe Kurt Aland in seinem »kritischen Dokumentarbericht« (1973) über »Thomas Mann und das Christentum« (S. 193f.). Kaum! War denn dieser Schriftsteller – blickt man noch einmal auf seine Lebensgeschichte – dem Christentum je näher als mit diesen Sätzen? Oder sollte man wie Herbert Lehnert (1965) bloß von »vagen Äußerungen über Gottesglauben und Religiosität« reden, die im Falle Thomas Manns »eher ein Zeichen für die Scheu vor allen Festlegungen« sei (S. 189)? Doch was Thomas Mann schon 1921 in seinem Lübecker Vortrag über Goethe und Tolstoi aussprach, dürfte auch für ihn selber gelten: bei näherer Betrachtung des »angeblich dezidierten Heidentum Goethes«

stellte sich heraus, daß Goethe »in seinem Bewußtsein Humanist und Weltbürger« gewesen sei, daß dieser »in hohem Grade geistiger Christ« war (IX,120).

Ein seltsames Wort: Geistiger Christ! »*Geist*« (wir hörten es schon: »die geistige Wirklichkeit« – »nichts Abgezogenes«, nicht »ideologischer Überbau«): Geist erscheint überhaupt als eine Art *Schlüsselbegriff im Werk Thomas Manns.* Er wird von ihm jetzt verstanden (was Herbert Lehnert übersehen, aber Willi R. Berger 1971 nachgewiesen hat) im Sinn der aufklärerisch-idealistischen Philosophie nicht etwa Hegels (von dem Thomas Mann nichts verstand), sondern seines Altersgenossen *Max Scheler,* der, so Thomas Mann wörtlich, im Alter von vierundfünfzig Jahren 1928 »zu früh aus dem Leben gerafft« worden sei und dessen Werke »besonders kennzeichnend (seien) für dies neue, humane Interesse, das mir die geistige Hauptrichtung unserer Zeit auszumachen scheint« (Br. I,311). Der Titel von Schelers letztem Werk »Die Stellung des Menschen im Kosmos« (1928) wird denn auch von Thomas Mann des öfteren (wenn auch verschleiert) zitiert. Aber mit Scheler glaubte er, »daß Geist und Leben ›aufeinander hingeordnet‹ sind, und daß es ein Grundirrtum ist, sie in ursprünglicher Feindschaft oder in einem Kampfzustande zu denken«. (XII,659). Mit Scheler war er der Überzeugung, daß der Geist nicht nur als intra-humanes Prinzip verstanden werden darf, sondern ein Seinsprinzip ist, das im »höchsten Sein«, im »Weltengrund«, im »Grund der Dinge« seinen Ursprung hat.

All dies war nicht die Erfindung Schelers. Schon der spanisch-jüdische Philosoph Baruch de Spinoza, der in seinem Denken Kabbala und Tauler, pantheisierende Mystik und moderne Rationalität, Giordano Bruno und René Descartes zu vereinen wußte, hatte, wie Scheler es für diese ganze Tradition formulierte, »die partielle Identität des menschlichen und des göttlichen Geistes zu einer seiner Grundlehren gemacht« (Ges. Werke, Bd. 9, 1976, S. 122).

Lessing, Goethe, der späte Fichte, Schelling und Hegel waren ihm darin gefolgt. Und auf dieser Linie stellt nun auch Max Scheler in seiner, von Thomas Mann als »bewundernswert« gerühmten Schrift »Die Stellung des Menschen im Kosmos« heraus: »Für uns liegt das *Grundverhältnis des Menschen zum Weltgrund* darin, daß dieser Grund sich im Menschen – der als solcher sowohl als Geist- wie als Lebewesen nur je ein Teilzentrum des Geistes und Dranges des ›Durch-sich-Seienden‹ ist – ich sage: sich im Menschen selbst unmittelbar *erfaßt und verwirklicht*« (Bd. IX,70). Und Scheler folgert daraus: »Gott zu einem Gegenstande, einem Dinge machen, ist für diese Art Metaphysik Götzendienerei. Teilhabe am Göttlichen gibt es hier nur in jenem Leben, Weben, Wollen, Denken, Lieben ›in ihm‹ und kraft seiner und gleichsam *aus ihm heraus* – cognoscere in lumine Dei, velle in Deo, nannte es Augustinus –, das keine Spur mehr von jener gegenständlichen Einstellung in sich schließt, wie wir sie bei aller Welt-, Selbst- und Fremdbeobachtung zu haben pflegen« (Bd. 9, S. 83). Von daher versteht sich nun, warum Thomas Mann mit fast gleichen Worten wie Scheler den Menschen nicht mehr nur als »›Knecht‹ und gehorsamen Diener«, auch nicht nur als »›Kind‹ eines in sich fertigen und vollkommenen Gottes« verstehen will, sondern als Gottes »*Mit*bildner, *Mit*stifter und *Mit*vollzieher einer im Weltprozeß und mit ihm selbst *werdenden* ideellen Wertefolge« (Bd. 9, S. 83 f.). Eigentlich eine klare Parallelität.

Merkwürdigerweise aber hat auch der Thomas-Mann-Interpret Klaus Borchers (1980), der Thomas Mann zu Recht gegen Herbert Lehnerts Vorwurf der Vagheit und gegen Manfred Dierks (1972) Vorwurf der Widersprüchlichkeit in Schutz nimmt, genau wie diese den Einfluß Schelers übersehen und statt dessen Thomas Manns »religiöse Geheimreserven« (M. Doerne) auf dem Hintergrund der Schopenhauer-Nietzsche-Tradition nur recht allgemein als einen »tiefen Unterstrom von Gnosis und Mystik identifizieren« können (S. 378). Es ist jedoch keine Frage, daß es Schelersche Gedanken sind (nicht unbedingt Schelers eigenwilliges bipolares System von Geist und Drang), die bei Thomas Mann im Hintergrund stehen, wenn er in seinem kommenden Roman auf das *wechselseitige Wirken von Gott und Mensch* (und das zentrale Leitmotiv der »rollenden Sphäre« mit wechselndem Oben/Himmlischem und Unten/Irdischem) so starkes Gewicht legt, und wenn er weniger von Gottes »Offenbarung« als von des

Menschen »Gottessorge« oder »Gottesarbeit« und dem von den Erzvätern Israels »entdeckten« und »hervorgedachten« »Einen und Höchsten« spricht. Nicht um, wie Literaturwissenschaftler und Theologen es immer wieder mißverstanden haben, der Feuerbachschen atheistischen Projektionstheorie zu frönen, wohl aber, um – im Sinne einer Schelerschen mystisch-pantheisierenden Vision – von einer *Wechselbeziehung zwischen Gott und Mensch* Zeugnis zu geben, einer Wechselbeziehung, in welcher der Mensch aufgrund freier Entscheidung »die höhere Würde eines Mitstreiters, ja Mitwirkers Gottes« trage, »der die Fahne der Gottheit, die Fahne der erst *mit* dem Weltprozeß sich verwirklichenden ›Deitas‹, allen Dingen voranzutragen hat im Wettersturm der Welt« (Bd. 9, S. 84). Oder wie es nun bei Thomas Mann selber, und zwar in seinem nächsten Roman, von Abraham heißen sollte: »Gottes gewaltige Eigenschaften waren zwar etwas sachlich Gegebenes außer Abraham, zugleich aber waren sie auch in ihm und von ihm; die Macht seiner eigenen Seele war in gewissen Augenblicken kaum von ihnen zu unterscheiden, verschränkte sich und verschmolz erkennend in eines mit ihnen, und das war der Ursprung des Bundes, den der Herr dann mit Abraham schloß und der nur die ausdrückliche Bestätigung einer inneren Tatsache war; es war aber auch der Ursprung des eigentümlichen Gepräges von Abrahams Gottesfurcht« (IV,428).

So ist es denn alles andere als ein beliebiges Aperçu, wenn Thomas Mann am Ende gerade seines Fragments über »das Religiöse« folgende *überraschende Buchankündigung* folgen läßt: Seit dem »Zauberberg« habe »das Religions- und Mythengeschichtliche – eine Welt von rührendster Intimität und Geschlossenheit, in der von Anfang an alles da ist – sich ganz und gar« seines »humanen Interesses bemächtigt«. Es bilde den Gegenstand des Romans, an dem er jetzt schreibe, teilt er seinen Lesern mit, »eines Buches, noch krauser und eigensinniger vielleicht als das vorige«, so daß es sehr ungewiß sei, ob es ein Publikum haben werde. Er wisse nur, daß es ihn »unendlich unterhält und beschäftigt« (XI,425). Was unterhält und beschäftigt ihn, den Weltläufigen, denn so unendlich? Man staunt: die Bibel. Die Bibel?

Was will der Romancier mit der Bibel?

Thomas Mann konnte nicht ahnen, daß dieser, von einer Bemerkung Goethes in »Dichtung und Wahrheit« sowie der Betrachtung von Graphiken angeregte, ursprünglich als Novelle geplante und schon 1926 begonnene Roman ihn – mit Unterbrechungen (der Goethe-Roman »Lotte in Weimar« 1939 vor allem drängte sich dazwischen) – sechzehn Jahre beschäftigen und sich zu einer monumentalen Tetralogie von über 2000 Seiten oder 70 000 Zeilen auswachsen würde: Der Roman »Joseph und seine Brüder«. Die ersten beiden Bände über die Geschichten Jakobs und den jungen Joseph waren noch in Deutschland erschienen, der dritte über Joseph in Ägypten mußte bereits in der Schweiz gedruckt und der vierte über Joseph, den Ernährer, konnte vollends erst in Amerika geschrieben werden. Durch bienenfleißige Lektüre mythologischer, religionsgeschichtlicher, religionspsychologischer und psychoanalytischer Literatur (über 100 Quellen hat Herbert Lehnert allein für die zwanziger und dreißiger Jahre eruieren können), durch persönliche Reisen nach Ägypten und Palästina, durch Recherchen einer Fülle von Dokumentationsmaterial (über 300 Bildvorlagen im Zürcher Thomas-Mann-Archiv) schulte sich der theologische Autodidakt Thomas Mann für seinen »biblisch-mythologischen« Roman selber: »Ich hätte früher nicht gedacht«, meint der nun bald Sechzigjährige, »daß das Religionsgeschichtliche und selbst Theologische ein solches Interesse für mich gewinnen könnte. Diese Neigung scheint ein Produkt der Jahre zu sein, und ich überlasse mich ihr mit der Bereitwilligkeit, die allem gebührt, was das Leben organisch mit sich bringt« (an B. Fuzik am 15. 4. 1932, Br. I,316).

Was aber wollte Thomas Mann mit diesem seinem weiträumigsten Erzählunternehmen vom *biblischen Joseph*, dem Lieblingssohn des Patriarchen Jakob, der – von seinen Brüdern aus Eifersucht in einem Brunnen ausgesetzt – nach Ägypten verkauft wird und dort – nach wechselhaftem Schicksal als Sklave, Hausverwalter, Günstling, Sträfling und Traumdeuter – zum »Premierminister« des Pharaos aufsteigt, um sich schließlich in der Hungersnot den Ägyptern, und am Ende auch seinen Brüdern und seinem Vater in einer großen Erkennungsszene, als Retter und Wohltäter zu erkennen zu geben? Wollte Thomas Mann – wie in manchen früheren jüdischen, muslimischen und christlichen Nacherzählungen, wie in Dramen des jesuitischen oder höfischen Barock oder auch wie in Hugo von Hofmannsthals und Richard Straußens Tanzlegende vom biblischen Joseph – aus einer primitiv-volkstümlichen biblischen Geschichte »Literatur« machen?

Gerhard von Rad, einer der bedeutendsten Alttestamentler unseres Jahrhunderts, hat mit Recht ins Feld geführt, daß die *biblische Josephsgeschichte*, die den größten Teil der Erzväter-Überlieferungen ausmacht (Kapitel 27–50 des Buches Genesis), *»von Anfang an ›Literatur‹«* war: schon im hebräischen Urtext eine einheitlich verarbeitete, höchst kunstvolle Novelle, deren historischer Kern zwar ungewiß ist, der man aber nach von Rad »den Rang und den Anspruch eines großen, ja einzigartigen Kunstwerkes« zubilligen muß, ja, die sich »gerade hinsichtlich ihrer literarischen Geschliffenheit und geistigen Kultiviertheit« auch nachträglich nicht vor Thomas Manns Riesenwerk zu verstecken braucht (S. 550 f.). Nicht also mit der Umwandlung eines »rohen« Stoffes in ein überragendes Kunstwerk haben wir es zu tun, sondern mit zwei eigenständigen Kunstwerken mit ihrer je eigenen Botschaft.

Aber dann erst recht: Was wollte Thomas Mann mit seiner eigenen Josephs-Erzählung? Eines ist sicher, und macht die Antwort zugleich leicht und schwer: er wollte vieles auf einmal, und wollte vermutlich – je länger er daran arbeitete – desto mehr. Die Stichworte, die er selber zumeist in Briefen zur Charakterisierung seines Werkes gebrauchte, machen dies deutlich: »Joseph und seine Brüder« – ein Lese- und Geschichtsbuch vom Menschen, ein Menschheitssymbol, ein komisches Menschheitsmärchen, ein Sprachwerk, ein epischer Scherz, ein Mammut-Spaß... Wirklich ein Mammut-Spaß? Auch dies, in der Tat.

Vom Bürgerlich-Individuellen zum Mythisch-Typischen

Abwechslungsreich-unterhaltsam schildert der in rhythmischer Sprache dahinfließende Roman eine stets wechselnde Szenerie der Zeitalter und Kulturen, der Situationen und Personen und paßt sich stilistisch mit Leichtigkeit der Sprache etwa des Buches Genesis, der Propheten oder der Psalmen, aber auch des babylonischen Gilgamesch-Epos, der ägyptischen Schriftdokumente, gar der homerischen Epen an. Und doch erscheint er – zusammengehalten vom souverän agierenden Stilwillen des Autors, der ständig in seiner Erzählung gegenwärtig ist – als ein in Gesamtduktus, Motivstruktur und Sprachmelodie einheitliches *Sprachkunstwerk.* So, auf höchstem Niveau, will der Schriftsteller Thomas Mann, selber immer wieder neu fasziniert von seinem »hübschen und schönen« Titelhelden, zuallererst *unterhalten und erheitern.*

Aber – sich amüsieren mit der Bibel, dem Wort Gottes, der Heiligen Schrift? Nicht nur pietistische Pastoren und orthodoxe Rabbis runzeln da die Stirn. Amüsieren, erheitern, unterhalten, wie dies etwa der Finne Mika Waltari – von modernen Formproblemen freilich unberührt, doch bestinformiert und bestunterhaltend – mit seinem »Sinuhe«, dem Ägypter, getrieben hat? Und so auch Thomas Mann? Wie schon mit seinem modernen Hochstapler Felix Krull, so jetzt auch hochstapelnd mit einem Joseph der Bibel?

Nun haben Christen es wohl allzusehr verlernt, das Lachen mit Gott zu üben, Humor auch in der Bibel selbst wahrzunehmen. Unsere Glaubensgenossen im Mittelalter, die humoristisch-deftige Einlagen in biblische Mysterienspiele durchaus nicht scheuten, waren da weniger zimperlich. Frage: Standen sie (und damit vielleicht auch Thomas Mann) der Bibel nicht näher als jene seicht-süßen oder sauer-aufstoßenden biblischen Paraphrasen, Legendenbildungen und Traktätchen, die »Mutter Kirche« nicht getadelt, vielmehr bisweilen sogar mit dem »Imprimatur« abgesegnet hat? Warum also sollte Thomas Mann nicht eine Geschichte benützen, die schon in der Bibel erstaunlich säkular war, um sie – mit Freude an der Fabulierkunst – »in allen Einzelheiten auszuführen«? Kein Geringerer als Goethe hatte ja schon in »Dichtung und Wahrheit« (I,4) Lust dazu signalisiert. Und was Adolf Muschg von Thomas Manns Werken überhaupt sagt, gilt ganz besonders von dessen Josephs-Tetralogie: »eins der intelligentesten Lesevergnügen in deutscher Sprache« (in: M. Reich-Ranicki, 1986, S. 117).

Aber dieses Vergnügen wäre gerade nicht »intelligent«; wollte Thomas Mann über die Unterhaltung und Erheiterung hinaus nicht auch (2) *bilden und bereichern.* Solides Wissen über Länder, ihre Flora, Fauna und besonders die Menschen: mit Behagen macht er sich historisch kundig; Wissen über die verschiedensten Sphären, Sektoren und Materialien: genüßlich breitet er sie aus. Er weiß Bescheid über Tausende von Dingen. Von der Schminkkunst der Damen weiß er nicht minder gescheit zu erzählen wie über die Anbaumethoden der Landwirte, über die Landvermessung am Nil und die Zahlenmystik im Zweistromland. Nicht zu reden erst recht von der Menge des mythologisch-sagenhaften Stoffs: aus Palästina ebenso wie aus Sumer, Babylon und Assur, aus Phönizien, Ägypten und Griechenland, aus der Antike nicht nur, sondern auch aus dem Mittelalter. Und dies alles geschickt präsentiert mit textkritischen und essayistischen Zwischenüberlegungen, religionsgeschichtlichen, mythenvergleichenden, ethnologischen Einschüben, alles durchgängig strukturiert von den ständig wiederkehrenden, wenngleich modulierten und variierten Leitmotiven (zum Beispiel Brunnen – Grube – Gruft – Grab). Doch halt, wir fragen auch hier: Nur Applaus für den Zauberer und sein wahrhaft *enzyklopädisch-literarisches Gespinst?*

Ein wenig Entzauberung kann dieses Werk vertragen, und was entzaubert mehr als ein Blick in die Werkstatt? Und da gilt – aus heutiger Wissensperspektive: Die *Hauptgewährsleute* dieses Autodidakten und unermüdlichen Sammlers waren, gerade für die religiöse Urgeschichte der Menschheit, weitgehend *wissenschaftliche Outsider oder Vertreter überholter Theorien,* des Panbabylonismus etwa, insbesondere der des Alfred Jeremias (»Das Alte Testament im Lichte des Alten Orient« 1916, mit zahllosen Texten und 306 Abbildungen!). Panbabylonismus? So nennt man jene Forschungsrichtung der Assyrologie, die im Bibel-Babel-Streit zu Beginn unseres Jahrhunderts die religiösen Vorstellungen aller Völker, insbesondere die der Bibel, aus den astralen Weltbildern der sumerisch-babylonischen Religion ableiten wollte. Aus einer einzigen Weltreligion also, deren schöpferische Ursprünge im uralten Zweistromland liegen... Hatte sich Thomas Mann da nicht auf allzu wilde Gedanken- und Sprachtänze, allzu verwegene mythologische wie religionshistorische Konstruktionen, ja Spekulationen eingelassen?

Es läßt sich heute in der Tat kaum leugnen: Bei allem Einfluß schon der Sumerer auf den ganzen Vorderen Orient – der Panbabylonismus, der in übersteigerter Entdeckerfreude mit nur einer einzigen gegebenen alten Hochkultur rechnete und den semitischen Beitrag zur Kultur Mesopotamiens nach dem Jahr 2000 v. Chr. unterschätzte, ist passé! Und eine »Rückführung aller religiösen Ideen, Sagen, Systeme auf ihren gemeinsamen Stammbaum«, wie ihn der von Thomas Mann stark benützte, doch heute längst vergessene Julius Braun in seiner »Naturgeschichte der Sage« (1864/65) in Ägypten (!) verwurzelt sehen wollte, ist ebenfalls unmöglich. Unmöglich ist überhaupt die sichere historische Rekonstruktion der Ur-Geschichte der Menschheit und ihrer Religion.

Aber Thomas Manns Tetralogie ist kein religionshistorisches Lehrbuch. Dem Dichter gebührt *dichterische Freiheit* – und von ihr hat Thomas Mann denn auch überreich Gebrauch gemacht. So legte er zum Beispiel Josephs Auftreten bewußt auf das Ende der »dekadenten« 18. Dynastie, um so das Schicksal Josephs mit dem Echnatons (Amenhoteps IV.) verknüpfen zu können, obwohl die Forschung schon damals Josephs Auftreten in Ägypten sehr viel früher als diesen »monotheistischen« Pharao ansetzte. Die Absicht war klar: Thomas Mann wollte, daß sein Joseph, mit dem doppelten »Segen von oben *und* von unten«, des Geistes und der Natur ausgestattet, die verschwärmt-universale Liebesreligion dieses Pharao gegen die reaktionäre Tempelpartei in gesellschaftliche Wirklichkeit, eine gerechte soziale Ordnung und humane Kultur umsetzen sollte. Nicht Historie also, Literatur will Thomas Mann (selbst wo er den Mythos historisiert) bieten:

in fiktiver Wissenschaftlichkeit und lustiger Exaktheit doch in
»erster Linie ein Sprachwerk« (XI,680)! Und für die Beurteilung
des Wertes eines literarischen Kunstwerkes sind nicht die Quellen an sich wichtig, sondern ihre Verwertung: was man künstlerisch daraus macht; das gilt vom biblischen Joseph genauso wie
vom Ring des Nibelungen. Und gerade das ist nun kennzeichnend für den »Joseph«: die ingeniöse Verbindung eines Scheins
von zünftiger Wissenschaftlichkeit mit einem humoristisch-iro-
nischen Grundton, in dem diese ganze lange Geschichte – verspielt, maniert und mit viel sprachlichem Witz – erzählt wird.
Allein Pathos und religiöse Inbrunst wollte Thomas Mann ver-
mieden haben! Also doch – alles nur ein großes geistreiches
Vergnügen des Meisters der Ironie und Parodie, alles schließlich nicht mehr als ein bildungsbeflissener »Mammut-Spaß«
(XI,645)?
Nein, einen intellektuell nur reizenden, gar exotisch-sensationel-
len Abenteuer-, Verführungs-, Karriere-, Gesellschaftsroman
hatte Thomas Mann nun gerade nicht schreiben wollen. Er wollte
über Unterhaltung und Bildung hinaus mit allen ihm zur Verfügung stehenden modernen literarischen Mitteln (3) *psychologisieren und re-mythologisieren*. Schon die – bei Thomas Mann
wie in allen großen Werken besonders wichtigen – Eingangssätze
machen dies deutlich. Raunend und programmatisch zugleich beginnt der mythologisch-religionsphilosophische Prolog von der
menschlichen Urzeit: »Tief ist der Brunnen der Vergangenheit.
Soll man ihn nicht unergründlich nennen?« (VI,9) Diese »Brun-
nentiefe der Zeiten«, »wo der Mythus zuhause ist und die Urnor-
men, Urformen des Lebens gründet«, will Thomas Mann auslo-
ten (IX,493). Denn: Was ist das Leben anderes als unbewußte
Wiederholung, gar willentliche Nachahmung uralter mythischer
Modelle, Motive und Verhaltensmuster?
Diese den ganzen Roman strukturierende Einsicht verdankte
Thomas Mann – neben Friedrich Nietzsche, Erwin Rhode, Jo-
hann Jakob Bachofen und C. G. Jung – vor allem *Sigmund Freud*.
Und sein Ziel war es denn auch, Freuds Mythos-Psychologie auf
die gesamte biblische Patriarchengeschichte anzuwenden und

breit-episch erzählend eine Psychologie des mythischen Bewußtseins zu entwickeln, in welchem Personen und Episoden aus Vergangenheit, Gegenwart und Zukunft in eins fallen. Jungs Ideen des »kollektiven Unbewußten«, der »Archetypen«, der Zusammenschau von Ost und West kommen hier zum Tragen. Und so steigt denn Thomas Mann in seiner sich wissenschaftlich gebenden humoristischen »anthropologischen Ouvertüre« (XI,659) in die Vor- und Urgeschichte der Väter und Mütter bis zu den Anfängen der Welt hinunter, schon da dieselben archetypischen Erfahrungen, Formen und Figuren entdeckend. Doch hält er sich dann durch den ganzen Roman hindurch, nach den Geschichten Jakobs, an Josephs Gegenwart und läßt in dessen Lebensgang, mit zahllosen symbolträchtigen Andeutungen und wörtlichen Anspielungen, schon jetzt einen erst in der Zukunft Kommenden aufscheinen! So werden in der »alttestamentlichen« Josephsgeschichte typologisch bis in alle Details hinein – wenngleich ohne Namensnennung – Geburt, Tod, Höllenfahrt und Auferstehung des Messias Jesus vorausgenommen, da ja schon Joseph, das »Lamm Gottes«, drei Tage in der »Grube« war, bevor er »erhöht« wurde.

Das aber heißt nun auch umgekehrt: *Thomas Mann setzt die moderne Entmythologisierung voraus.* Er erzählt diese ganze dramatische Geschichte nicht etwa aus der Perspektive des damaligen, naiv im Mythos lebenden Menschen. Er erzählt sie (augenzwinkernd etwa Josephs »Jungfrauengeburt«) ganz und gar aus der Perspektive des heutigen, aufgeklärten, ent-mythologisierten, an Goethe, Lessing, Nietzsche, Schopenhauer, Bachofen, Freud, Jung, Kerényi religionskritisch wie tiefenpsychologisch geschulten Zeitgenossen. Meisterhaft wird so das Archaische mit dem Modernen verbunden; die psychologisch-moderne Beschreibung der verschiedenen Gestalten (Putiphars Weib etwa) ist schlechthin bewundernswert. Was aber erreicht der Autor? Er erreicht gerade so eine Aktualisierung, Wiederbelebung, ja, wie Thomas Mann öfter sagt, »Fleischwerdung des Mythos« (IX,625). Kurz, er erreicht eine durchaus moderne *Re-mythologisierung*, und zwar durch Poetisierung, Literarisierung, Ästhetisierung. Thomas

Mann selber: Der »gelebte Mythos« sei »die epische Idee« eines Romans (IX,493). Der gelebte! Der Mythos als Ur-Norm und Ur-Form des Lebens soll also für den heutigen Menschen – besonders mittels des Fühlens, Denkens und Handelns des sich selber bewußt mythisch stilisierenden Joseph – ästhetisch ins Schöne verklärt, psychologisch verständlich so wie existentiell und politisch relevant gemacht werden.

Aber – war es nicht genau das, was Faschisten und Nationalsozialisten mit dem (freilich römischen oder germanischen) Mythos zur gleichen Zeit beabsichtigten: Remythologisierung? Ja und nein. Thomas Mann jedenfalls war der Überzeugung, daß die Nationalsozialisten den *Mythos* nichts als *mißbrauchten.* Ihr Zweckmythos diene als »Mitttel obskurantischer Gegenrevolution« (XI,658)! Er, Thomas Mann, dagegen wollte den Mythos *richtig gebrauchen:* indem er mit seinem Roman Front machte gegen die faschistische Usurpation des Mythos, und hier vor allem gegen Alfred Bäumlers präfaschistische Interpretation des Mutterrechtlers Bachofen sowie dann gegen das wichtigste ebenso antisemitische wie antikirchliche Machwerk der Nazis, Alfred Rosenbergs Buch »Der Mythos des 20. Jahrhunderts« (1930), das Wahrheit und Recht dem Nutzen der »germanischen Rasse« unterordnete und einen neuen, rassegemäßen Glauben forderte. Der richtig gebrauchte Mythos sollte so in dieser Zeit tiefster geschichtlicher Erschütterungen zur psychologischen Waffe werden im Kampf gegen solche faschistische Indienstnahme! Dem ungarischen Mythenforscher Karl Kerényi schreibt Thomas Mann am 18. Februar 1941: »Tatsächlich ist Psychologie (bei mir) das Mittel, den Mythos den faschistischen Dunkelmännern aus den Händen zu nehmen und ihn ins Humane ›umzufunktionieren‹« (XI,651). Keine obskurantistische Mythengläubigkeit also bei Thomas Mann, sondern Herrschaft des Bewußtseins über das Unbewußte; Primat der Aufklärung; Zivilisiertheit als Leitidee.

Selbstkritischer reflektierender Autor, der er war, machte sich Thomas Mann sehr wohl bewußt: hier war keineswegs eine bruchlose Entwicklung in seinem Werk vonstatten gegangen.

Vom deutsch-hanseatischen Familien- und Kaufmannsroman (»Die Buddenbrooks«) war er über den europäischen Erziehungs- und Bildungsroman (»Der Zauberberg«) jetzt zum universal-religiösen Menschheitsroman »Joseph und seine Brüder« vorgestoßen: der »Schritt vom Bürgerlich-Individuellen zum Mythisch-Typischen« (IX,493) war vollzogen! Was bedeutete er? Eine vierte Antwort können wir nun geben. Thomas Mann wollte mit dem gewaltigen mythischen Menschheitsmaterial gewiß nicht nur humoristisch spielen und hintergründig informieren, er wollte den Mythos auch nicht bloß vage psychologisieren und ambivalent re-mythologisieren, nein, er wollte ihn eindeutig und entschieden (4) *humanisieren und universalisieren.* »Umfunktionierung« – war Thomas Mann oder Ernst Bloch der Erfinder dieses Wortes? – des Mythos ins Humane und »zwar bis in den letzten Winkel der Sprache hinein« (XI,658)!

Damit ist klar: Die Wende in Leben und Werk Thomas Manns, die sich im »Zauberberg« zugunsten von Lebensbejahung, Lebenstüchtigkeit, Lebensfrömmigkeit angebahnt hatte, sollte in diesem neuen Roman konsequent literarisch umgesetzt werden. Die persönliche Wende vom Menschlich-Individuellen zum Menschlich-Sozialen, die Zeitenwende zugleich von der individualistisch-liberalen Moderne zur human-sozial orientierten – sagen wir – »Postmoderne«. Stimmt dies, so ist dieser Roman doch mehr als eine beliebige Fleischwerdung des Mythos. Er ist – so Thomas Mann in seinem Washingtoner Vortrag über den Josephsroman 1942 – geradezu eine »verschämte Menschheitsdichtung« (XI,658), so wie der »Faust« eben ein »Menschheitssymbol« (XI,665.667) ist. Ja, und insofern im Gespräch Joseph–Pharao »Allzu selig« sogar eine Einheit der abrahamisch-prophetischen Gottesvorstellung und der mystischen Gottesspekulation vom »Liebend-All-Einigenden« anvisiert wird, ist diese Dichtung – so würde ich hinzufügen – auch ein verschämtes *ökumenisches Unternehmen.* Denn kann man übersehen, daß die universale Einheit und der tragende Grund menschlichen Lebens hier von den mythisch-religiösen Anfängen der Menschheit her sichtbar gemacht und zur Begründung eines neuen Humanismus benützt werden sollen? Daß aus Joseph, dem zunächst nur um sich selbst und seine individuelle Entfaltung Kreisenden ein Mensch echt humaner Gesinnung und politisch-sozialen Engagements werden soll? Daß aus Joseph also gerade nicht ein fanatisierter Rassist und faschistischer Massenmensch, sondern – dem letzten Teil über »Joseph, den Ernährer« stand Präsident Roosevelt, der geborene und bewußte Gegenspieler Hitlers mit seinem »New Deal« Pate – ein *sozialer Demokrat, humaner Weltbürger, universal gesinnter Kosmopolit* werden soll? Und dies, man bedenke, in der Hoch-Zeit deutschen Rassismus und Antisemitismus: Joseph, ein Jude und Immigrant, der zweite Mann im Staat! Bei allem konservativ-pragmatischen »Sozialismus« so etwas wie »an imaginary and idealised picture of a modern political leader« (R. Cunningham, S. 308).

Eine Übersetzung des Mythos ins Humane und Universale: ein humanistischer Mythos! Joseph als Hoffnungsfigur einer möglichen praktischen Realisierung dieser – schon in der Frühromantik mit der Vision eines Novalis von einer »besseren Welt« anvisierten – großen Menschheitsutopie! Darum ging es: Und weil es *darum* ging, dürfte die literarisch-zeitgeschichtliche Analyse von Helmut Jendreiek (1977) stimmen, daß Thomas Mann mit seiner psychologischen Mythenverarbeitung zu einer die ganze Menschheit *umfassenden humanen Versöhnung* habe beitragen wollen: »In einer Ära zunehmender nationalistischer Hybris und ideologisch verordneter Feindseligkeit zwischen Völkern, Rassen und Glaubensgemeinschaften sollten die Joseph-Romane als ein Unternehmen der Opposition des Geistes gegen die politische Macht die Zusammengehörigkeit der Menschen über alle historisch bedingten Unterschiedlichkeiten hinweg verkünden und gegen den Ungeist der Verachtung und des Hasses vom Geist der Versöhnung und des Friedens zeugen« (S. 350).

In der Tat, würde ich verdeutlichen: Gegen den Ungeist der Verachtung und des Hasses auch zwischen den *Religionen* der Geist der Versöhnung und des Friedens! Wer sollte nach all den grausamen Erfahrungen unseres Jahrhunderts ein solches ökumenisches Versöhnungsprogramm nicht bejahen wollen! Aber – diese Frage stellt sich auch an Thomas Mann – wie es realisieren?

Die gemeinsame Aufgabe: Thomas Mann und
die Theologie heute

Man wird verstehen, daß ich als Theologe aufs äußerste herausgefordert bin durch einen solchen mythologisch-psychologisch-theologischen Roman. Auf das Genießen des Spielerischen und auf die Bereicherung durch Bildung kann, darf ich mich nicht beschränken. Ich muß Stellung nehmen zu der vom Autor vorgetragenen Programmatik, die mehr sein will als Spiel und Bildung, auch mehr als Mythologie und Psychologie, die eine ethisch-religiöse Grundentscheidung fordert. Und da werden kritische Rückfragen des Theologen nicht an die literarische Form, wohl aber an die geistige Konzeption des Autors nicht zu umgehen sein.

Um der »rabies theologorum« zu wehren und falsche Diskussionen zu vermeiden: Man kann als Theologe Thomas Mann *nicht* widersprechen, wenn er

1. die Mythen – hier präzise verstanden als »Göttergeschichten« der Vorzeit, wo von Göttern wie von Menschen und von Menschen wie von Göttern geredet wird – ernst nimmt: Diese haben schon immer Tiefenstrukturen von Mensch und Welt verkörpert, Handlungsmodelle präsentiert, Lebensorientierung und Heilsmacht vermittelt, das Göttliche nahegebracht; wenn er

2. die Mythen, die einen Fundus aus Bildlichkeit, Leiblichkeit und Symbolhaftigkeit enthalten, also weder vernunftgläubig kritisch eliminieren noch sie abergläubisch-wortwörtlich für eine unmythische, wissenschaftlich denkende Zeit konservieren will; wenn er vielmehr

3. mit den Mythen differenziert umgehen will, was für ihn heißt: sie psychologisch-tiefenpsychologisch interpretieren und sie so im Grunde aufgeklärt *un*-mythologisch und zugleich tief-psychologisch verstehen. Eugen Drewermann hat recht: Weder eine seelenlose Theologie noch eine glaubenslose Tiefenpsychologie kann heute wirklich weiterhelfen.

Denn Thomas Mann, in der Spätmoderne groß geworden, weiß selbstverständlich: Diese *Moderne* steht unwiderruflich im Zeichen wissenschaftlichen Denkens, das den Lauf von Natur und Geschichte als ein nach Eigengesetzlichkeiten funktionierendes, kontinuierliches Ganzes ansieht und nicht mit über-natürlichen Eingriffen göttlicher Mächte, Gott und Teufel, rechnet. Aber ist die rationale Ebene die einzige? Thomas Mann, und insofern hat er die rationalistische Moderne hinter sich gelassen, weiß auch: In der – innovativ-progessiv und nicht restaurativ-reaktionär zu verstehenden – *Postmoderne* ist uns die Notwendigkeit bildhaft erzählender Vermittlung wieder neu bewußt geworden, wenn man die immer komplexer, unüberschaubar und unanschaulicher werdende Welt überhaupt noch verstehen und veranschaulichen will. Nein, nicht nur von literarischen Formen, sondern von Erlebnissen und Erfahrungen lebt der Mensch. Nicht nur von Argumentationen, sondern auch von Geschichten, nicht nur von Handlungen, sondern auch von Gefühlen, nicht nur von mathematischen Formeln, sondern auch von konkreten Symbolen, nicht nur vom Bewußtsein, sondern auch vom Unbewußten, nicht nur von Begriffen, sondern auch von Bildern, oft uralten Bildern lebt der Mensch: verbindenden, gemeinschaftsstiftenden Geschichten, Sagen, Märchen, Bildern und Symbolen, die von uns Kindern der Aufklärung heutzutage freilich nicht mehr naiv mythologisch verstanden werden dürfen. Nein, wir leiden nicht unter einem Zuviel an Rationalität – angesichts von so viel Irrationalität. Doch eine neue – postmoderne – Synthese von Begriff und Bild, Ratio und Mythos, Rationalität und Religiosität ist gefordert!

So heißt denn *Ent-mythologisierung* – auch für Thomas Manns theologischen Zeitgenossen Rudolf Bultmann – *nicht Ent-bilderung, Ent-poetisierung* der Sprache! Die Poesie, die Sage, die Legende, der Mythos haben ihre eigene Vernunft, und wie es verschiedene Ebenen, Schichten und Weisen der Wirklichkeit gibt, so auch verschiedene Ebenen, Schichten und Weisen der Wahrheit. Und sosehr eine historisch-kritische Erforschung der überlieferten heiligen Schriften notwendig ist (nicht die historische Kritik ist der Feind der Wahrheit, sondern die unhistorische und so unkritische Dogmatik!), sosehr doch auch die neue psychologische, philosophische, theologische Erschließung ihrer Tiefendimension. Dies heißt nun aber auch: Die verhüllend-enthüllenden Mythen der alten Völker können selbst heute nicht einfach als Aberglauben oder Unglaube abgetan werden! Auch der Mythos, so verworren, widersprüchlich und verstiegen er uns »Westlern« bisweilen vorkommt, enthält schon ein Stück Logos und kann – Thomas Manns anderer großer theologischer Zeitgenosse Karl Barth hatte zumindest in seiner Spätzeit »andere Lichter« neben dem »Einen Licht« anerkannt – für mythologisch denkende Menschen (in Indien, Tibet, Afrika und anderswo) *Zugang zur letzten Wirklichkeit*, zum Geheimnis des Göttlichen, der Götter, Gottes eröffnen.

Dietmar Mieth hat deshalb in seiner theologisch-ethischen Interpretation der Josephs-Romane recht mit der Feststellung, daß Thomas Mann »kein Mysterium antasten, sondern es erscheinen lassen wollte«: »Die ›Theologie‹ der Josephs-Romane ist ein Geflecht von Relationen, in dessen Mitte der Mensch steht. Insofern kann man zwar von anthropologischer *Reduktion* sprechen, aber diese bleibt auf die theologische *Relation* hin offen« (S. 216). Der offene Humanismus der Josephs-Romane sei zwar »nicht ohne Vorbehalt christlich integrierbar«, aber er bleibe »dialogfähig«, er entdecke »auch neue Möglichkeiten theologischer Sinnerschließung« (S. 217).

Aber – soll das alles heißen, daß wir Postmodernen heute hinter die Aufklärung zurück zu den Mythen zurückkehren, gar, wie in der deutschen Klassik, Romantik und im Nationalsozialismus, eine »Rückkehr der Götter« inszenieren sollten? Gewiß: Thomas Mann hat »jene ›Rückkehr des europäischen Geistes zu den höchsten, den mythischen Realitäten‹«, zumindest in einem Brief an Karl Kerényi 1934 bejaht (XI,631). Und doch hat er sich zugleich von den irrationalen, unmenschlichen Remythologisierungsversuchen der Nationalsozialisten distanziert. Wir hörten: keine Kompensation des Logos durch den Mythos. Der Mythos sollte ja historisiert, psychologisiert und humanisiert werden, und gerade dann wird der Theologe lebhaft zustimmen.

Erste Rückfrage: Können die Mythen helfen?

Doch was hieß dies konkret? Gegen ein reflektierendes Neulesen und literarisches Neugestalten alter Mythen ist selbstverständlich nicht das geringste einzuwenden; eine Literarisierung oder Poetisierung von Mythen haben Eliot, Joyce und Pound ebenso wie Camus, Gide und Sartre, Broch, Frisch und Elisabeth Langgässer auf ihre je eigene Weise durchgeführt. Aber – und das ist die entscheidende Frage an Thomas Mann: hat der Autor nicht mehr beabsichtigt? Eine künstliche oder künstlerische Auffrischung, Aufwertung, Verlebendigung mythologischer Stoffe? Lief das Ganze nicht doch auf so etwas wie einen humanistischen Religionsersatz hinaus? Man wird es nicht leugnen können: Thomas Mann schwebte im »Joseph«-Roman durchaus ein »humanistischer Mythos« (12. 10. 1934 an René Schickele; zit. bei H. Wysling, S. 7) vor, dem eine verbindende Kraft für den einzelnen wie für die Gesellschaft zukommen sollte. Und es erinnert geradezu an katholisches Eucharistieverständnis, wenn Wysling das Erzählen Thomas Manns als »evocatio und revocatio des Urgeschehens« bestimmt: »Es ist repraesentatio: Wieder-vergegenwärtigung des Mythos (S. 18 f.) Remythologisierung: Ist dies die Lösung für die großen Nöte unserer Zeit? Vertröstung des Menschen durch den Mythos? Warum gerade der Mythos eine solche Faszination – für Intellektuelle vor allem – hat, der weit über das Literarisch-Spielerische hinausgeht, hat mit dem Blick auf Thomas Mann Wysling besser als andere verständlich gemacht: »Der Mythos ermöglicht dem Haltlosen die Anlehnung an vorgeprägte Formen. In ihm versichert sich der Künstler der décadence des Bedeutenden, des Sakral-Gültigen, der Größe. Der Mythos verdeckt dabei das Komplizierte seiner Situation nicht, denn er ist vieldeutig und vielbedeutend; er entspricht in seiner Polyvalenz der Bewußtseinslage des modernen Menschen und kann sogar Symbol für das Einerseits-Andererseits, für die ganze Zwie- und Vielspältigkeit werden, in der dieses Bewußtsein die Welt erfährt« (S. 14).
Anders gesagt: So humoristisch das Spiel mit den verschiedenen mythologischen Mustern, so ernst doch zugleich Rückbesinnung

auf das Bleibend-Typische dieser Muster! Umgang mit Mythen als Religionsersatz! Und genau hier muß die Frage des Theologen einsetzen: Kann solche Remythologisierung à la Thomas Mann Religion im Umbruch der Zeit wirklich ersetzen? Flucht in den Mythos: Kann sie ein wirklich hilfreicher Beitrag sein zur »Aufhebung« der Moderne im nachmodernen Paradigma? Soll man beim Zwie- und Vielspältigen des Lebens stehenbleiben, ständig ironisch im Zustand des Einerseits-Andererseits verharren und so das Schweben als »Basis« des Lebens verendgültigen?

Man wird von daher das Anliegen meiner *ersten kritischen Rückfrage* verstehen: Gewiß schleppen wir allesamt unsere Herkunftsbedingungen mit uns. Aber kann Thomas Manns Rückwärtsutopie einer Einheit der Menschheit von ihrer mythischen »Urgeschichte« her (im Sinne immer wieder neu erlebten »Urgeschehens«) wirklich den Weg in die Zukunft weisen? Warum soll das Mythische, das »im Leben der Menschheit« zugegebenermaßen »eine frühe und primitive Form« darstellt, »im Leben des einzelnen« gerade umgekehrt »eine späte und reife« sein (XI,656)? Können uns jene alten Mythen, die ihre mythische und kultische Lebendigkeit verloren haben, überhaupt noch helfen? Soll denn eine Konzentration auf die verdrängten Gefühle und eine Wiedererrichtung von Mythen der Befreiung des Menschen zu mehr Menschlichkeit verhelfen können? Würde dies, konsequent durchgeführt, nicht einen Rückzug aus der bewußt vom Menschen zu gestaltenden Gegenwart und Zukunft bedeuten?

Es ist gewiß kein historischer Zufall, daß die mythischen Religionen Mesopotamiens und Ägyptens versunken sind, daß nur die geschichtlich orientierten Religionen semitischen Ursprungs, genauer Judentum, Christentum und Islam, am Leben blieben. Diese drei »prophetischen« Religionen haben mit dem Polytheismus auch die Polymythie »aufgehoben«. Und sie sind allesamt primär nicht nach rückwärts, sondern nach vorne, auf eine neue Zukunft hin orientiert und üben so trotz allen Versagens und aller Krisen bis heute eine gewaltige Fernwirkung aus: im Namen des Einen Gottes gegen alle Herren der Welt der prophetische Protest gegen Ungerechtigkeit, Versklavung und Ausbeutung, für Befreiung, Gerechtigkeit, Solidarität, Humanität.

Wahrhaftig, um den großen *Traum Thomas Manns* von einer versöhnten, friedlichen, gerechten, demokratischen Menschheit zu realisieren: Da bedarf es eines Rückgriffs auf die fragliche *mythische Herkunft* der Religionen für die Gegenwart kaum. Nicht so sehr Nachtträume, in denen das Ich im Dunkel der Vorgeschichte versinkt, helfen uns heute, sondern Tagträume (Ernst Bloch), die nach vorne weisen und auf Weltveränderung aus sind. Die Vision einer *neuen religiösen Zukunft* dürfte da sehr viel wirkkräftiger sein. War aber eine solche nicht bereits im Anbruch, mehr als Thomas Mann damals ahnen konnte? Nein, nicht die Wiederherstellung einer illusorischen uralten Einheit hilft heute voran, sondern die Durchführung einer realen neuen Einigung, auch im inter-religiösen Bereich: mühsam erarbeitet durch wachsende gegenseitige Information, Herausforderung, Bereicherung und Transformation der verschiedenen Religionen, die zwar nicht zu einer Einheitsreligion, wohl aber zu einem Religionsfrieden führen kann: zu einem globalen ökumenischen Bewußtsein! Was Thomas Mann mythologisch-träumend kaum geahnt hat: der Friede zwischen den Religionen – die Voraussetzung eines Friedens unter den Nationen! Fazit: In gemeinsamer Sorge aller gilt es, die bedrohte Humanität jenes Homo zu retten, der, noch mitten in seiner so unendlich mühseligen Menschwerdung, längst nicht ein Homo *sapiens* ist!

Zweite Rückfrage:
Der Mythos und die Gestalt des geschichtlichen Jesus

Damit aber dürfte es sich auch schon geklärt haben: Zumindest im Kontext der prophetischen, der jüdisch-christlichen-islamischen Tradition ist es weder dienlich noch förderlich, wenn man alles Einzigartige ins Typische, alles Neuartige ins Immer-Wiederkehrende, alles Exklusive ins Allgemein-Menschliche, alles Zeitliche ins Zeitlose, kurz, alles Geschichtliche ins Mythische aufhebt und auflöst. Warum? Weil gerade dies das biblische Denken ja nun schon vor bald dreitausend Jahren in einem erstaunlichen Ausmaß hinter sich gelassen hat! Das Volk Israel gab sich mit den Mythen nicht zufrieden.

Gewiß, Thomas Mann hatte sich richtig informiert und kommt schon im »Vorspiel« zum »Josephs«-Roman spielerisch-ernsthaft darauf zu sprechen: Auch in den biblischen Texten findet sich Mythisches.

Querverbindungen zur mesopotamischen wie zur ägyptischen Mythologie sind unübersehbar: Mythen von Weltschöpfung und Weltende, von einem Paradies und einem Urfall, einem Urmeer, Drachenkampf, Götterkampf, vom kommenden Ende... Und von Anfang der Menschheitsgeschichte an gibt es Liebe und Haß, Bruderzwist und Vaterleid, Sturz und Erhebung, Fluch und Segen. Aber Thomas Mann, vom Panbabylonismus geblendet, hat kaum zu würdigen gewußt (und von größerem Nutzen als Alfred Jeremias wäre ihm hier der klassische Genesis-Kommentar Hermann Gunkels gewesen): Für die hebräische *Bibel* typisch und unerläßlich ist eine *Verschiebung des ursprünglich-mythischen Musters:* Die Naturmächte werden nämlich entpersonalisiert und entzaubert. Im babylonischen Mythos etwa rufen die anderen Götter Marduk zum König aus und huldigen ihm. In der hebräischen Bibel umgekehrt: da bedeutet Jahwes Kommen einen Sieg über die Götter und die Mächte des Chaos. Und so wird eben der Stammesgott Jahwes immer mehr als der eine Gott aller Völker und Herr des Alls verstanden, und – diesen Sturz der Götter hat Thomas Mann nicht ernst genommen – die Götter werden zu »Nichtsen«.

Das aber heißt nun: Typisch schon für die hebräische Bibel der Juden und Christen ist geradezu die *Historisierung* des überzeitlichen Mythos. Die im Mythos sich spiegelnden Muster »ewig« gültiger Zustände und Geschehnisse werden in der Geschichte des Volkes Israels verankert: in der geschehenen Geschichte, vor allem im Auszug der Mosesschar aus Ägypten. Dieser Prozeß der Historisierung läßt sich als eine von den alttestamentlichen Traditionen und Autoren selbst vorgenommene Ent-mythologisierung verstehen – im Interesse größerer Einheit und zugleich Geschichtsmächtigkeit des Gottesverständnisses. Das »nunc stans«

ist exklusives Attribut des Ewigen, des Herrn über aller Zeit in aller Zeit. Nur er – kein Mythos, der ja doch auch seinen Anfang und oft sein frühes Ende hat – ist »von Ewigkeit zu Ewigkeit«.

Historisierung, nein, Geschichtlichkeit von allem Anfang an, dies gilt erst recht von den *Jesus-Geschichten:* Bei aller späteren legendären, sagenhaften, auch mythologischen Einkleidung (Jungfrauengeburt, Höllenfahrt, Himmelfahrt Jesu) erzählen sie doch von geschichtlich einmaligen Ereignissen, von einer *wirklich geschehenen* und deshalb im Prinzip von der historischen Wissenschaft nachprüfbaren, also *historischen Person und Geschichte.*

Dies mag für mythengläubige Menschen ohne Belang sein. Doch für Menschen, die in einem nachmythologischen, von Naturwissenschaft, Technologie und Historie auch weiterhin geprägten Zeitalter leben, ist dies von erstrangiger Bedeutung. Der geschichtliche Jesus von Nazaret ist eine recht nüchterne Gestalt, die sich nirgendwo mit mythischen Gestalten identifiziert, nirgendwo spielt er im Neuen Testament eine mythologische Rolle. Und wo er in mythischen Bildern gedeutet wird (Präexistenz, Schöpfungsmittlerschaft), ist das mythische Schema bereits interpretatorisch in Dienst genommen. Nein, Jesus ist keine mythische Gestalt, und er ist erst recht nicht wie etwa der indische Krischna eine Verschmelzung verschiedener mythischer und historischer Gestalten und ist im Christentum auch nie als eine Offenbarung Gottes unter vielen verstanden worden.

Hier drängt sich nun meine *zweite kritische Rückfrage* an Thomas Mann auf: Wird Thomas Mann diesem christlichen Grundfaktum gerecht? Kaum! Und nirgendwo zeigt sich die theologische Fragwürdigkeit seines großen Kunstwerks deutlicher als an seinem Christusverständnis. Noch im »Zauberberg« war der »Heiland des Christentums« (III,219), der »Tischlerssohn und Menschheitsrabbi« (III,403), nur ganz am Rand und mehr ironisch erwähnt worden. Thomas Manns Joseph aber wird nun, wie wir hörten, nicht nur mit dem babylonischen Tammuz, dem ägyptischen Osiris und dem griechischen Adonis, sondern auch dem neutestamentlichen Christus bewußt angeglichen. Er erscheint in der Prospektive auch als eine Transfiguration Christi, als eine Christusgestalt: Joseph – der Prophet, Gesalbte, Menschensohn, gute Hirte, Herr und Retter, der als Lamm Gottes durch Erniedrigung und Erhöhung geht.

Wie ist diese Christus-Typologie zu werten? Eine genaue Studie dieser weitverzweigten »Joseph-Christus-Typologie in Thomas Manns Josephsroman«, wie sie Tim Schramm (1968) erstmalig durchgeführt hat, ergibt als Resultat, »daß Th. Manns typologisches Vorgehen und die von Theologie und Kirche ausgebildete hermeneutische Methode im Entscheidenden nichts mehr verbindet« (S. 171). Der Dichter bemühe die Joseph-Christus-Typologie, die schon in der frühchristlichen Literatur bis heute zu finden sei, nur zu raffinierten Traditionsdurchblicken und zugleich zu parodistischer Verfremdung der Tradition: »Typologie ist hier nicht das Mittel zum Zweck eines tieferen Verständnisses des Alten Testaments, sondern zu einer vielschichtigen intellektuellen Reizsteigerung« (S. 169). Nur zur »vielschichtigen intellektuellen Reizsteigerung«?

Dies ist angesichts von Thomas Mann Humanisierungsprogrammatik weit untertrieben. Aber umgekehrt wird man als Theologe die Frage nicht unterdrücken können: Wird Thomas Manns mythologischer Universalismus und seine psychologisch verarbeitete heiter-ernste griechisch-orientalische Christomythologie einer – damals vom Faschismus, heute durch physische Selbstzerstörung – tödlich bedrohten Menschheit wirklich helfen auf dem Weg zu einer humanen und auch religiös befriedeten Menschheit? Bleibt psychologische Deutung des Mythos nicht notwendigerweise im Binnenbereich des Seelischen, ohne zur Erfahrung des Göttlichen, des lebendigen Gottes zu gelangen, dessen Nähe die Mythen in vorläufig-fragwürdiger Form ankündigen? Wird hier der Ernst der Selbstbindung der verschiedenen Religionen an einen letzten *Grund der Wahrheit* nicht leichtfertig überspielt? Kann man gerade von den großen *prophetischen* Religionen, von Judentum, Christentum und Islam, erwarten, daß sie eine eigene tausendjährige singuläre Glaubensüberzeugung zugunsten einer ironisch universalierten Mythenparallelisierung und Mythenmischung aufgeben, zugunsten einer alles relativierenden, allzu zufriedenen mythologischen Konstellation, die vom »mysterium tremendum« der alten mythischen Mächte kaum noch etwas verspüren läßt und der erst recht die strenge Herausforderung der *christlichen Botschaft* mit ihrem Todesernst und ihrer Lebenshoffnung abgeht? In der Tat: Von der Christologie konnte Thomas Mann – im Interesse der mythologischen Verwendbarkeit – nur das messianische Kind (vgl. C. G. Jung: das »weltrettende Wiegenkind«) und das sterbende Weizenkorn (das »Lamm«) gebrauchen. Hätte er sich nicht ganz anders der grausamen historischen Realität der Kreuzigung, ja des Gekreuzigten als des Offenbarers Gottes – Mitte und »Ärgernis« dieser Botschaft –, stellen müssen? Und wäre im Hinblick auf das Mannsche Humanisierungsprogramm eine Konfrontation mit der unvergleichlich humanen Lebensanweisung des Jesus der Bergpredigt und des Kreuzwegs, die bis zur Feindesliebe geht, nicht nützlicher gewesen?

Thomas Manns Mythen tolerieren sich alle gegenseitig, und es gilt bei ihm die universale Toleranz des Mythischen. Gewiß, die Abneigung des Exilanten und Weltbürgers Thomas Mann gegen Überlegenheitswahn und Weltherrschaft *einer* Rasse, *eines* Volkes, *einer* Religion ist mehr als verständlich. Aber gerade wer einen »religiösen«, »christlichen« Ab-solutismus (der die Verwandtschaft mit anderen Religionen verleugnet) und Imperialismus (der aus einer Hybris des Glaubens heraus Andersdenkende verurteilt oder gar vergewaltigt) mit Nachdruck ablehnt, kann doch vernünftig-überzeugt an der Besonderheit und Einzigartigkeit der eigenen Religion festhalten. Und dies gilt nun selbst für die nicht-prophetischen Religionen indisch-mystischen und chinesisch-weisheitlichen Ursprungs, die ja alle ihren Weg als die »höhere Weisheit« verstehen. Eine unzweideutige Glaubensübersetzung kann durchaus mit größtmöglicher Toleranz gegenüber anderen und dem Bemühen wachsender Gemeinsamkeit verbunden sein.

Dritte Rückfrage: Der Wahrheitsanspruch der Bibel

Gerhard von Rad hat recht: Die biblische Josephsgeschichte und der Mannsche Josephsroman – beide auf ihre Weise einzigartige Kunstwerke der Weltliteratur – stehen *in Konkurrenz*. Beide sind durchaus didaktisch gemeinte, stilsichere und aufgeklärte, beide sind psychologisch differenzierte und ethisch sensible, kurz, wahrhaft humane Darstellungen des Menschlichen, der Menschenformung und Menschenbildung: Joseph als Vorbild der Treue, Klugheit, Gelassenheit, Versöhnungsbereitschaft, Lebenszuversicht. Aber – die Unterschiede dürfen nicht verschwiegen, sondern müssen, wie dies von Rad tut, auf den Punkt gebracht werden:

Thomas Manns Roman ist merkwürdigerweise mysteriöser, tiefsinniger, verinnerlichter, »frommer« als die biblische Geschichte. Alles ist hier – im Zeichen ewiger Wiederkehr – die »heiter-ernste Wiederholung eines Urgeschehens« (XI, 648), wobei aber der Ur-Grund selbst verborgen bleibt. Hier leben und weben die Menschen in einem Geflecht typischer mythisch-religiöser Urformen und Urbilder, die sie von den noch immer gegenwärtigen Urzeiten her, bewußt oder unbewußt, gewollt oder ungewollt, ständig und immer wieder neu bestimmen. Aber die Frage darf am Ende des Romans erlaubt sein: Ist das wirklich, selbst wenn man sie psychologisch durchschaut, noch unsere Welt, unsere heutige Welt? Kann dieser Joseph, sofern er nicht nur human ist, sondern sich mythisch profiliert, stilisiert und hochstapelt, exemplarisch sein für den modernen, den nachmodernen Menschen? Sollen diese von Anfang bis Ende breit entfalteten mythischen Realitäten – das ist doch der Anspruch des Romans über Unterhaltung und Belehrung hinaus – wieder für uns in unserer Situation relevant werden, auch wenn wir sie heutzutage nicht mehr, wie früher üblich, kultisch feiern können? Sollen auch wir uns auf antike Muster zurückbeziehen, sollen wir gar bewußt mythische Figuren imitieren, um wahrhaft menschlich, human zu sein?

Ein Blick auf die *biblische Josephsgeschichte* selbst ist hier am

Platze. Ihr Anspruch ist ja, die staatliche Einheit der zwölf Stämme Israels zu begründen. Ein sehr weltlicher, säkularer, historisch einmaliger und irreversibler Anspruch. Ein wunderbares Eingreifen der göttlichen Macht kennt diese Geschichte nicht. Im Vergleich zu den noch weithin mythisch denkenden Nachbarreligionen ist sie erstaunlich unmythisch. Ja, so wie hier die Welt erscheint, ganz und gar weltlich, nicht göttlich, so ist auch unsere heutige Welt! Und Joseph erscheint als durchaus nachahmbares, ebenfalls unmythisches Modell richtigen, gelassenen, weisen, zuversichtlichen Handelns. Und doch ist das Geheimnis nicht etwa abwesend, läßt sich eine andere verschiedene Ebene, Dimension, Instanz, wenn auch nicht sehen, so doch – vor allem durch die dreimal zwei rätselhaften, doch deutbaren Traumgeschichten – frühzeitig ahnen: In dieser merkwürdigen Verflochtenheit der Ereignisse selbst (also nicht der Mythen!) ist nämlich Gott selbst am Werk, durch sie spricht Gott, Jahwe, der Gott Abrahams, Isaaks und Jakobs und so auch – ohne jeglichen ironischen »Vorbehalt« – der Gott Josephs. Der Eine Gott, wie dies das Volk Israel in einem jahrhundertelangen Lernprozeß erfuhr, auf den sich der Mensch auch im Unglück und angesichts des Bösen völlig verlassen kann! Dies ist denn auch am Ende der Geschichte die von Joseph deutlich und klar ausgesprochene Botschaft: »Fürchtet euch nicht! Bin ich denn an Gottes Statt? Ihr zwar gedachtet mir Böses zu tun, aber Gott hat es zum Guten gewendet...« (Gen. 50,19 f.). Eine Einladung nicht nur wie bei Thomas Mann, zu einem allgemeinen Urvertrauen, einer Lebenszuversicht über alles Negative hinweg, sondern ein vertrauendes Sich-einlassen, »Glauben« an diesen Einen, der keine »Götter«, »Heroen«, »Stellvertreter«, »Führer« neben sich, »an Gottes Statt«, duldet und der, worüber wir uns heute klar sind, das trans-personale allumfassend Alldurchwaltende ist.

Und so kommen wir um eine *dritte Rückfrage* nicht herum: Ob sich nicht auch der Schriftsteller Thomas Mann, gewiß mehr Deuter als »Prophet«, diesem *Wahrheitsanspruch* der Bibel – bei aller nie zu verleugnenden ökumenisch-universalen Offenheit – hätte deutlicher stellen können: gerade im Hinblick auf seine Vision einer humaneren und friedlicheren Menschheit? Nein, der Dichter braucht keine »Lehre«, keine »Doktrin« zu verkünden. Lehren sollen die »Lehrer«, dozieren die »Doctores«. Auch Thomas Manns Dichtung will und soll nicht »verkündigen«, aber sie sollte doch etwas »sagen«, nicht »Nichtssagendes«, sondern das Rettende sagen, gerade auch seinem Volk, das in dieser Zeit mindestens moralisch so etwas wie eine »Stunde Null« durchmachte. »Mythos plus Psychologie« (XI,651): Soll das eine echte Herausforderung zur Erneuerung der Gesellschaft sein? Skepsis ist am Platz! Ob es an dieser letztlich nicht überzeugenden inhaltlichen Grundkonzeption lag, daß dieser Josephsroman, dieses »manifest mythologische Werk« (XI,630) in Deutschland – von der Germanistik abgesehen – kaum ein breites Echo gefunden hat? Im übrigen auch nicht im Judentum, dem jenes humanistisch-heitere Mythenspiel angesichts der gleichzeitig in Gang gekommenen Judenverfolgung und Judenvernichtung allzu selbstzufrieden und realitätsfern war? Wilhelm Grenzmann hat in seinem Buch »Dichtung und Glaube« (1950/52) bestimmt unrecht, wenn er sich über Thomas Manns Unglauben und Verzweiflung beklagt. Aber man darf Grenzmann nicht einfach als »Papisten« apostrophieren, der »düstere Anschauungen« verbreite (vgl. Br. III, 226), wenn dieser die Frage stellt: »Welche Mittel der Erneuerung stellt er (Thomas Mann) seinem Volk zur Verfügung, nachdem er sich zum Boten solcher Verzweiflung macht? In welchem Weltsinn will er ein Volk beheimaten, das sich selbst erneuern will?« (S. 65).

Diese Anfrage bezog sich nun freilich auf ein anderes Buch Thomas Manns, welches, in Amerika geschrieben, nach dem Josephsroman auch im besiegten, zerstörten und geistig völlig erschöpften Deutschland der Nachkriegszeit erschienen war: »Doktor Faustus«!

Die Geschichte vom Untergang des modernen Menschen

Wenn die Joseph-Tetralogie »das Buch des Anfangs« war, so der Roman »Doktor Faustus« – »das Leben des deutschen Tonsetzers Adrian Leverkühn erzählt von einem Freund« (1947) – »das Buch des Endes«: des Endes nicht der Menschheit überhaupt, wohl aber jenes »Tausendjährigen Deutschen Reiches« und überhaupt jener Moderne, in deren Spätphase Thomas Mann hineingeboren war und die, inhuman geworden, im Nationalsozialismus sich dem Teufel verschrieb und schließlich zur Hölle fuhr. Bekanntlich ist »Doktor Faustus« eine ganz und gar zeitgenössische Verarbeitung, Umarbeitung, Neudeutung der mittelalterlichen Faustlegende – Tiefendimension des Nietzsche-ähnlichen Lebenslaufs eines Musikers. Wiederum liegt eine äußerst komplexe Problematik vor uns, diesmal nicht in Sachen Religionsgeschichte, sondern in Sachen Musik-, Philosophie- und Theologiegeschichte. Wieder hat sich der Autor in bewundernswerter Weise sachkundig gemacht, wieder wird das ganze Werk allein von der überlegenen Regie, raffinierten Montagetechnik und unvergleichlichen Sprachkraft und Sprachrhythmik des Autors zusammengehalten und zu einem formal wie inhaltlich geschlossenen Ganzen gestaltet. Worum geht es konkret in diesem vieldiskutierten, vielkritisierten, vielanalysierten Werk?

»Doktor Faustus«, sein liebstes und leidvollstes Buch, ist gewiß – auf der *einen Ebene* – die hochliterarisch stilisierte *Lebensbeichte* des Autors, tieferfahren, schwererlitten »eine sonderbare Art von übertragener Autobiographie, ein Werk, das mich mehr gekostet hat und tiefer an mir gezehrt hat als jedes frühere (die Josephsgeschichten waren das reine Opernvergnügen im Vergleich damit)« (XI,681). Es enthält ein kaltes Portrait seiner Mutter ebenso wie die Preisgabe des grausamen Schicksals seiner Schwester und die Beschreibung früherer Münchner Bekannter. Die beiden Hauptfiguren jedoch, der Held und sein Biograph, spiegeln in geheimer Identität die innere Polarität des Autors selber wieder.

Und doch – eine *zweite Ebene* – ist auch dieses kunstvoll-realistische Buch ein neuer Beitrag des Autors zur historisch-politisch-geistigen Zeitanalyse, geschrieben unter dem Eindruck der Dämonie der zu Ende gehenden Nazizeit von 1943 bis 1947. Die *Zentralfigur* dieses Endzeit-Romans ist der kalte, stolz-verinnerlichte (protestantische!) moderne Musiker *Faust-Leverkühn* (1885–1941), früher Student der Theologie: Symbolgestalt jener unpolitischen deutschen Innerlichkeit, die sich speiste aus pietistischem Protestantismus und aufklärungsfeindlich-irrationaler Romantik und die schließlich in die nationalistisch-faschistische Massenhysterie umschlug. Die Geschichte des hochbegabten Adrian Leverkühn wird uns im Spiegel seines Freundes und Biographen, Serenus Zeitblom, erzählt, dieser ein liberal-bürgerlicher Humanist katholischer Herkunft, in dessen Rückerinnerungen die Lebensgeschichte des Künstlers und das Schicksal Deutschlands nun ineinsfließen. Deutschland wie Leverkühn: einsam, kalt und hochmütig. Die Zeitanalyse eines aus Deutschland Verbannten, der sich nach wie vor für Deutschland verantwortlich fühlt.

Und doch – eine *dritte Ebene* – ist dieser Epochenroman auch noch einmal weit mehr als die Kritik an einem Deutschtum, das jetzt im Delirium des Nationalsozialismus seinem Untergang entgegentaumelt. »Doktor Faustus« ist eine eminent gescheite *Kritik am modernen Menschen überhaupt*, wie er sich in der europäischen Neuzeit herausgebildet hat und schon mit dem Ersten Weltkrieg in die Krise gestürzt war. So nämlich ist »das Leben des deutschen Tonsetzers Adrian Leverkühn« zu verstehen: Durch die moderne Musikentwicklung von Sterilität bedroht, schließt der Komponist Leverkühn, elitär, hochmütig-ruhmbesessen, wie er ist, einen *Pakt mit dem Teufel* (das große Zwiegespräch Kap. 25 mit unvergleichlicher Höllenschilderung), der ihn, den jetzt (wie Nietzsche) syphilitisch Infizierten und künstlerisch Enthemmten, für eine befristete Zeit von vielleicht vierundzwanzig Jahren zu den ersehnten genialen Werken inspiriert. Der Preis für den Pakt: »Du darfst nicht lieben« (VI,331). Leverkühn muß auf Liebe und Wärme verzichten, muß Einsamkeit, Kälte, Isolation in Kauf nehmen. Was aber war der Anlaß für diesen faustischen Vertrag mit dem Teufel? Daran wird kein Zweifel gelassen: Anlaß war die vom Künstler durchlittene Krise der modernen *Musik* zu Beginn des Jahrhunderts. Denn das historisch vorgegebene musikalische Material schien aufgebraucht zu sein; die Möglichkeiten des künstlerischen Selbstausdrucks mit herkömmlichen Mitteln schien erschöpft. Es ist dies der Prozeß der Selbsterschöpfung der Kräfte der Moderne also, der hier an der Musik demonstriert wird: »die geradezu unüberwindlichen Schwierigkeiten heutigen Komponierens« (VI,322). Man behalte also im Hinterkopf: die Beschreibung dieser Krise der Musik ist für Thomas Mann nur Mittel, die Situation der Kunst überhaupt, der Kultur, ja des Menschen, in dieser unseren durch und durch kritischen Epoche auszudrücken: der »Roman meiner Epoche, verkleidet in die Geschichte eines hoch-prekären und sündigen Künstlerlebens« (XI,169).

Von der Krise erfaßt ist natürlich auch die *Theologie*, deren Weg von der Reformation über Orthodoxie und Pietismus zu Aufklärung und Liberalismus der Romancier geschickt anhand der Geschichte der Universität Halle rekapituliert (Kap. 11), die nach ihm aber, ob im reformatorisch-orthodoxen oder in modern-liberalem Gewand, in der Gefahr der Dämonologie, der Wissenschaft des Teufels, steht. Im Roman zeigen dies die Vorlesungen des Systematikers Ehrenfried Kumpf, Vertreter eines »Vermittlungs-Konservatismus«, der trotz »kritisch-liberalen Einschlägen« mit »dem Teufel auf sehr vertrautem, wenn auch natürlich gespanntem Fuß« steht (VI,129 f.). Nicht weniger zeigen dies aber auch die Vorlesungen des intrigierend doppelgesichtigen Privatdozenten Eberward Schleppfuß, eines modernen liberalen Religionspsychologen, der in Kap. 13 (!) mit ungewöhnlichen Kenntnissen über die Affinität von Dämonen, Sexualität, Frauen, Versuchungen und Hexerei aufwartet und für den »das Böse, der Böse selbst ein notwendiger Ausfluß und ein unvermeidliches Zubehör der heiligen Existenz Gottes selbst« ist (VI,135).

Man beachte: Da Adrian Leverkühn Theologie (aus Hochmut gewählt!) noch vor dem Ersten Weltkrieg studiert hatte, war er nur der damaligen theologischen Frontstellung ausgesetzt: hier die moderat angepaßte orthodox-reformatorische, dort die entschieden moderne liberale Theologie. Die eigentlich nach-liberale und in diesem Sinn »nach-moderne« Theologie des 20. Jahrhunderts dagegen, die Theologie eines Barth, Bultmann oder Tillich, die sowohl den orthodoxen Buchstabenglauben wie die bürgerliche Modernisierung hinter sich ließ, hat Thomas Mann nicht genauer zur Kenntnis genommen. Man muß dies bedauern. Denn im »Doktor Faustus« – Herbert Lehnert hat dies in einer längeren Analyse (S. 179–195) gezeigt – kommt es nun zu einer »theologischen Verwirrung«. Über die Theologie vor dem Ersten Weltkrieg hatte sich Thomas Mann zwar bei keinem Geringeren sachkundig gemacht als bei dem Mitemigranten Paul Tillich, Lizentiat (1912) und Ehrendoktor (1925) der Universität Halle, dem man diese Würde ebenfalls aberkannt und mit dem Thomas Mann schon 1938 in der Formulierung von »Thesen« gegen den Faschismus (im Sinn einer Synthese von Prophetismus, Humanismus und Sozialismus) zusammengearbeitet hatte.

Tillich hat sich jedoch später in den Erlebnissen des Theologiestudenten Leverkühn in keiner Weise wiedererkannt (vgl. Ges. Werke, Bd. 12, S. 65). Dabei hätte gerade ein Satz aus Tillichs Antwortbrief an Thomas Mann über Karl Barths »Theologie der Krise« – von Thomas Mann zwar unterstrichen, aber dann doch nicht reflektiert – dem Schriftsteller weiterhelfen können: »Vielleicht kann man die *sogenannte dialektische, in Wirklichkeit paradoxale und später supra-naturalistische Theologie von Barth* als den Ausdruck der *Katastrophen-Erfahrung* nach dem Ersten Weltkrieg deuten, für solche, die in der liberalen Tradition aufgewachsen waren...« Und Tillich hatte noch hinzugefügt: »In all diesen Dingen kann man sich die Wendung, die der Erste Weltkrieg gebracht hat, gar nicht groß genug denken« (Brief S. 51f.). Nein, diese neue Theologie hat Thomas Mann für sein Theologenportrait im »Doktor Faustus« nicht fruchtbar gemacht.

Anders nun in der *Musik* (anders auch als in Sachen Exegese beim Josephsroman): Hier hatte Thomas Mann einen Wissenschaftler von Format als ständigen Gesprächspartner: seinen

»Nachbarn« im kalifornischen Exil, den Philosophen und Musik-theoretiker *Theodor W. Adorno* – dazu die Komponisten Igor Strawinsky, Arnold Schönberg, Hanns Eisler…! Thomas Manns »Doktor Faustus« wurde so »der musikerfüllteste und intelligenteste Künstlerroman der deutschen Literatur, wenn nicht der Weltliteratur« (J. Kaiser, S. 45).

Für Adorno, auf dessen »Philosophie der neuen Musik« im Maschinenmanuskript sich Thomas Mann stützen konnte, bedeutete die total rationale Zwölfton- oder Reihen-Musik Arnold Schönbergs das Ende der modernen Musik – wie der Faschismus das Ende des modernen Staates bedeutete! Denn wie im totalitären Staat so hat sich auch in dieser total durchorganisierten modernen Musik die »Dialektik der Aufklärung« selbstzerstörerisch ausgewirkt. Die Zwölfton-Rationalität ist die Kunst der alles umspannenden Ratio, die aufgrund ihrer Universalität in Irrationalität und Atonalität umschlägt und mit ihren ästhetischen Mitteln eine Sinnleere kreiert, die der Sinnlosigkeit der total organisierten faschistischen Gesellschaft entspricht, wo alle Begriffe und Worte infiziert und alle Humanität korrumpiert erscheinen. Allerdings – gerade weil dies so ist, kann nun auch die Musik selbst zur Kritik dieser unvernünftig gewordenen Ratio werden: Die Musik kann nämlich selber als Ausdruck, als Klage, ja als Opfer dieser Sinnlosigkeit, Trostlosigkeit, Hoffnungslosigkeit erscheinen.

Ganz auf dieser Linie wird nun auch im Roman Adrian Leverkühns *letztes symphonisches Werk* »Dr. Fausti Weheklag« zu einem »Werk unendlicher Klage« (VI,650) – präsentiert als Ende des Endes von Leben und Musik: in äußerster Formenstrenge und barbarischem Ausbruch ein »Gegenstück«, ja eine »Zurücknahme« von Beethovens neunter Symphonie (und seines »Liedes an die Freude«). Buchstäblich »bis zu seiner letzten Note« bietet dieses Werk keinen »anderen Trost als den, der im Ausdruck selbst und im Lautwerden – also darin liegt, daß der Kreatur für ihr Weh überhaupt eine Stimme gegeben ist. Nein, dieses dunkle Tongedicht läßt bis zuletzt keine Vertröstung, Versöhnung, Verklärung zu« (VI,651). So also bezahlt die Musik für die Dialektik der Moderne, und der Künstler bezahlt für die Zurücknahme des Guten, Edlen, Humanen mit seinem – das ist ein Gedanke Kierkegaards – »Selbstopfer« (XI,682). Leverkühn nimmt »die Schuld der Zeit auf den eigenen Hals« (VI,662) – und geht, Nietzsche gleich, in die Nacht des Wahnsinns ein.

Eine Geschichte des Untergangs also – dieser Roman? Das Seelen- und Epochengemälde von der Moderne in ihrer Endphase? Ist hier der Selbstdenker nach Nietzsches Wort tatsächlich zum »Selbsthenker« geworden? So muß man fragen. Das eine jedenfalls ist sicher: Ein Erlösungstriumphalismus, eine – Thomas Mann wie Richard Wagner oft nachgesagte – Selbsterlösung des Menschen, steht nicht am Ende dieses Werkes. Gerade hier liegt der Unterschied zu Goethes Faust-Drama. Der Faust des 20. Jahrhunderts fährt wirklich in die Hölle. Eine Tragödie also doch – dieser Roman, wie Wilhelm Grenzmann meinte, ein Buch des Unglaubens und der Verzweiflung? Eine »Welt ohne Transzendenz«, wie Hans Egon Holthusen dies in einer brillanten einseitigen Streitschrift zu sehen meinte?

Eine Welt ohne Transzendenz?

Es ist eine ernste Frage, und sie wurde nach Erscheinen des Künstlerromans mit großer Heftigkeit diskutiert: Endet der Roman »Doktor Faustus« wirklich in absoluter Hoffnungslosigkeit? Wir fragen dies nicht aus theologisch-apologetischen Interessen, nicht, um irgendwo Hoffnung hineinzugeheimnissen, wo keine ist. Wir fragen dies, um das Werk und den Autor in letzter Klarheit zu verstehen. Unsere Antwort lautet: Es gibt unzweideutige Hinweise, daß dieser Roman nicht als Werk der Hoffnungslosigkeit geschrieben wurde. In einem Brief Thomas Manns vom 17.12.1946 lesen wir: »Ich stehe im Endkampf um den Roman, dieses mir so nahegehende, ganz aus der Spannung dieser Zeit geborene, tieftraurige Buch, das im Grunde Deutschland gewidmet ist. Die letzte Verzweiflung, die in Hoffnung *transzendiert* –, das möge sein Endklang sein« (in: H. Wysling III, S. 80). Hatte sich Thomas Mann im Roman also doch zu solcher Hoffnung, em-

porsteigend aus einer letzten Verzweiflung, durchringen können?

In Anlehnung an eine Szene aus Dostojewskis »Brüder Karama-
sow« läßt Thomas Mann im Roman bekanntlich den Teufel in der
Maske Adornos und mit Hintergedanken Kierkegaards mit dem
Komponisten zusammenkommen. Thomas Mann berichtet selber, wie *Theodor W. Adorno* auf das entsprechende Kapitel, das
Thomas Mann ihm vorlas, reagierte: Adorno habe »im Musikalischen nichts zu erinnern« gefunden, sich aber grämlich des
Schlusses wegen gezeigt, der letzten vierzig Zeilen, in denen es in
diesem Roman nach all der Finsternis um die Hoffnung, die
Gnade gehe und die nicht dagestanden hätten, wie sie jetzt da-
stünden, sondern einfach mißraten gewesen seien: »Ich war zu
optimistisch, zu gutmütig und direkt gewesen, hatte zu viel Licht
angezündet, den Trost zu dick aufgetragen«, fügt Thomas Mann
hinzu (XI,294). Er nahm den zu dick aufgetragenen Trost zurück.

Und doch: an einer letzten Hoffnung wollte der Autor offenbar
trotzdem festhalten. Wie aber kam es dann zur jetzigen Druck-
fassung, die schließlich auch Adorno, der den ursprünglichen
Schluß zu »positiv«, zu »ungebrochen theologisch« fand, befrie-
digte? Thomas Mann selber ist in seinem Bericht wortkarg, und
erst in allerneuester Zeit hat Hans Wisskirchen (1987) in luzider
Analyse aufgewiesen, wer Thomas Mann die Anregung gab, um
am Ende des Romans den Übergang von der Musik zur Religion
zu vollziehen und die »künstlerische Paradoxie« durch das »religiöse Paradoxon« ergänzen zu können. Wessen Einfluß stellen
wir hier fest?

Da ist einerseits – dies war früher schon bekannt – *Sören Kierkegaard* mit seiner Auffassung der Dämonie der Musik, des Para-
doxes und der Hoffnung jenseits der Hoffnungslosigkeit. Da ist
andererseits aber – was weniger bekannt ist – der jüdisch-marxi-
stische Literaturkritiker *Walter Benjamin*, Vetter Adornos, der
1940 aus Furcht vor der Auslieferung an die Gestapo Selbstmord
begangen hatte: Benjamins Buch »Ursprung des deutschen Trauerspiels« (1928) hatte Thomas Mann schon früher von Adorno

erhalten. Warum aber wird ihm Benjamin jetzt wichtig? Weil schon Benjamin über das von Adorno »antizipierte Geschichtsmodell« nachgedacht hatte: das Modell »eines Durchgangs durch die Negativität der Welt, um dadurch ihre Errettung bewirken zu können«. Entscheidender Unterschied somit zwischen Adorno und Benjamin? Es ist – so Wisskirchen – die stärkere religiöse Fundierung Benjamins. Adorno wollte nur die »bestimmte Negation«, nicht aber das Positive als Chiffre einer anderen Wirklichkeit erlauben; schon in seiner Habilitationsschrift über Kierkegaard vermied er jegliche Rede von Gott. In Benjamins Denken aber wird Gott durchaus mit Namen genannt. Auf den Roman übertragen heißt das: »Daß, was des Teufels ist, letztlich doch Gottes wird, das könnte als Leitmotiv über dem künstlerischen Entwicklungsprozeß Adrian Leverkühns stehen« (Wisskirchen, S. 190 f.).

Und so läßt Thomas Mann seine Leser auch am Ende von »Dr. Fausti Weheklag«, diesem trostlos-hoffnungslosen symphonischen Werk des Adrian Leverkühn, schließlich doch noch eine »Hoffnung jenseits der Hoffnungslosigkeit« heraushören, gestaltet er im vollkommenen Durchschreiten der Hoffnungslosigkeit schließlich doch »die Transzendenz der Verzweiflung – nicht den Verrat an ihr, sondern das Wunder, das über den Glauben geht« (VI, 651). Der Roman ist also in einer letzten, äußersten Anstrengung der literarische Versuch zur Gestaltung einer Hoffnung jenseits aller Hoffnungslosigkeit, einer Transzendierung der Verzweiflung! Musikalisch wird das im Leverkühnschen Werk durch das im Vergehen sich wandelnde hohe g eines Cello ausgedrückt, das »als ein Licht in der Nacht« anzusehen ist (ebd.).

Das heißt im Klartext: Wie in diesem bürgerlichen Endzeit-Roman ein besseres Zeitalter nicht vollends ausgeschlossen wird, so auch nicht jegliche *Transzendenz:* Nein, eine »Welt ohne Transzendenz«, eine Welt reiner Diesseitigkeit ist Thomas Manns Welt gerade nicht; und Holthusen hat sich denn auch später selber korrigiert. Vom künstlerischen Standpunkt aus wäre ein solches Transzendieren nicht notwendig gewesen. Ein hochkomplexer Roman, der die Polyperspektivität der Welt und die Vielstim-

migkeit der Personen und Positionen schildern muß, ist kein mo-
raltheologischer Traktat, gar mit einem gnadenhaften Happy-
End als Pflichtleistung. Und gerade ein plattes Happy-End wollte
Thomas Mann bei dieser für ihn todernsten Zeit-Geschichte
nicht, keinen Deus ex machina! Und doch wollte er um keinen
Preis auf eine die Verzweiflung noch einmal transzendierende
Dimension verzichten, die er mit den Mitteln eines modernen
Romans allerdings nur *andeuten* konnte, wollte er sich nicht dem
platten Affirmationsverdacht ausliefern. Deshalb gilt: So wie
Thomas Mann selber nach Fausts-Leverkühns Untergang weiter-
leben konnte, so wollte er auch weiterhoffen. Läßt sich das an
seiner weiteren Entwicklung zeigen? Durchaus!

Die Gêne, von Gott zu sprechen

Es ist unbestreitbar: Thomas Mann war jetzt zunehmend auf der
Suche nach einem *festen Punkt*, einer Instanz außerhalb seines
Lebens, von der aus über das Dasein des Menschen reflektiert
werden könne. So die Grundtendenz einer Auseinandersetzung
mit Nietzsche, die im Erscheinungsjahr des »Doktor Faustus«
1947 veröffentlicht wurde. Im Geleitwort zur neuen Zeitschrift
»Der Schriftsteller« kann man lesen: »Was meinen Sie dazu? Hat
man nicht das Gefühl, daß doch eine solche Instanz da ist? Und
möge es nicht die christliche Moral sein, so ist es schlechthin der
Geist des Menschen, die Humanität selbst als Kritik, Ironie und
Freiheit, verbunden mit dem richtenden Wort. ›Das Leben hat
keinen Richter über sich.‹ Aber im Menschen kommen doch irgendwie Natur und Leben über sich selbst hinaus, sie verlieren in
ihm ihre Unschuld, sie bekommen Geist, und Geist ist die Selbstkritik des Lebens« (X,782).
Bemerkenswerte Sätze. Bemerkenswert, was dieser ehemalige
Nietzsche-Enthusiast nach der Erfahrung des nazistischen Immo-
ralismus, Machiavellismus und »Willens zur Macht« jetzt zu
Nietzsche neu zu sagen hatte! Jetzt kann dieser Ex-Nietzsche-
aner von seinem Helden sagen, dieser sei der letzte Vollende-

einer Bewegung gewesen, durch die im Abendland »die sittliche und geistige Autorität, die ehemals jeden band, jeden stützte und jedem einen beruhigenden Glauben von vornherein vorgab, mehr und mehr verlorengegangen« sei. Kein Wunder deshalb, daß sich die abendländische Welt in diesem Geisteszustand befinde: in einem »durchaus problematischen, ja anarchischen« nämlich. Ja, der ehemalige Schopenhauerianer findet jetzt auch kritische Worte über *Schopenhauers* »schwache« religiöse »Begabung« und *Freuds* rationalistische Religionskritik (IX,569). Zutiefst bedauert er, daß der Unterschied von Gut und Böse schwankend geworden sei: »Groß ist die Sehnsucht der Welt nach einem neuen Glauben, einer religiösen Bindung, die, in fest umschriebenen Grenzen, dem Leben des Individuums Stütze gewährt gegen das gähnende Nichts, gegen den absoluten Zweifel, seine Ängste und seine Maßstablosigkeit« (X,368).

Und so kommt denn auch der Schluß des Romans vom »Doktor Faustus« nach all dem, was wir von »Dr. Fausti Weheklag« gehört haben, so ganz überraschend nicht mehr. Denn womit endet diese gewiß humorvolle »durchheiterte«, aber in Wirklichkeit dämonisch unheimliche Geschichte des Tonkünstlers Leverkühn, der zur Höllenfahrt des Wahnsinns verdammt, wie Nietzsche erst nach zehn Jahren in geistiger Umnachtung stirbt und so »aus tiefer Nacht in die tiefste gegangen« ist (VI,9)? Die Geschichte endet mit einem *Gebet* für den schuldig gewordenen Freund und das abgrundtief schuldig gewordene Deutschland! Der einsame Erzähler Zeitblom, der zusammen mit Leverkühn den ganzen Thomas Mann darstellt, faltet seine Hände und spricht: »Gott sei euerer armen Seele gnädig, mein Freund, mein Vaterland« (VI,676).

Ein Gebet zu *Gott* am Ende dieses apokalyptischen Romans? Kann man das ernst nehmen? Vielleicht doch. Man hat es in der Thomas-Mann-Forschung jedenfalls zu wenig beachtet: Schon in seinem berühmten Antwortbrief vom Neujahr 1937 an den Dekan der Bonner Philosophischen Fakultät auf die Aberkennung der Doktorwürde hatte Thomas Mann seine religiöse Scheu überwunden und ein ähnliches Gebet an den Schluß seines Briefes gestellt: »Und wie wohl auch ein Mensch, der aus religiöser Schamhaftigkeit den obersten Namen gemeinhin nur schwer über die Lippen oder gar aus der Feder bringt, in Augenblicken tiefer Erschütterung ihn dennoch um letzten Ausdrucks willen nicht entbehren mag, so lassen Sie mich – da alles doch nicht zu sagen ist – diese Erwiderung mit dem Stoßgebet schließen: Gott helfe unserm verdüsterten und mißbrauchten Lande und lehre es, seinen Frieden zu machen mit der Welt und mit sich selbst! (Br. II,15). Als ihm Alfred Döblin beim 65. Geburtstag 1943 erklärte: »Die Gêne, von Gott zu sprechen, die wird einem ausgetrieben!«, da stimmte Thomas Mann zu: »So steht es. Ich habe mich noch mit meiner protestantisch-humanistischen Tradition zu drücken gesucht und gesagt, Katholiken und Juden hätten es leichter. Aber so steht es« (Br. II,330).

Das Wort »Gott«, das früher Thomas Mann in nicht-fiktivem, persönlichem Kontext nur sehr schwer über die Lippen kam, braucht er nun öfter. Im Zusammenhang etwa mit Kleists »theologischen Implikationen«: »wenn es um das ›ganz Andere‹, um Gott geht« (IX,841), oder mit Kafkas Roman »Das Schloß«: dies sei ein verschlüsselter Bericht über dessen Bemühen »zu Gott, in die Gnade zu gelangen« (X,776). Gefragt nach seinem Lieblingsgedicht, kommt Thomas Mann schließlich auf Matthias Claudius »Der Mond ist aufgegangen«, zitiert er den Vers »Verschon uns, Gott! mit Strafen,/ Und laß uns ruhig schlafen! / Und unsern kranken Nachbar auch!« und fügt hinzu: »– darüber geht ›im Grunde nichts‹« (X,923). Ja, wie »heilig« ihm der Name geworden ist, geht gerade aus einer Reaktion auf die Nachricht hervor, Hitler, zum Oberkommandierenden ernannt, habe sich in der Botschaft an die Soldaten auf »Gott den Allmächtigen« berufen: »Die *gottloseste aller Kreaturen*, die zu Gott, dem Herrn, in keiner anderen Beziehung steht als der, eine *Gottesgeisel* zu sein, entblödet sich nicht, den Namen dessen im Munde zu führen, zu dem Millionen seiner gequälten Opfer schreien. *Den* Namen laß *uns*, Schurke, daß wir aus tiefstem Herzen sprechen: ›Gott im Himmel, vernichte ihn!‹« (XI, 1024).

So steht denn die Bitte um Gottes Gnade am Ende des »Doktor

Faustus« durchaus in einem sehr realistischem Zeit-Kontext, und der Tübinger Theologe Ernst Steinbach hat im ganzen Roman schon früh zu Recht einen Ruf – damals leider nur wenig gehört – zum ehrlichen Erkennen und zum Bekennen der Schuld gesehen. Wird Schuld nicht verdrängt, sondern erkannt und bekannt, darf der Mensch auf Gnade hoffen.

Die Geschichte von der Errettung durch Gnade

Gnade: Ein merkwürdiges Wort hier am Ende in der Tat, das überraschend und fremdartig einzubrechen scheint. So überraschend, daß Kritiker der Meinung sind, es könne sich hier bei Thomas Mann von vornherein nur um einen völlig säkularisierten, ins Humane umfunktionierten Begriff der Gnade handeln. So sieht etwa Klaus Schröter, einer der Biographen, in Thomas Manns Gnadenbegriff nur eine »Chiffre für einen ursächlichen nicht begreifbaren menschlich-sittlichen Aufstieg, zu dessen Vollendung sich ›Verdienst und Glück‹ gleichermaßen ›verketten‹ müssen« (S. 136). Gnade also – nichts als eine anthropologische Chiffre bei Thomas Mann?
Dies dürfte zu harmlos gesehen sein und dürfte weder mit dem Schlußkapitel des »Zauberbergs« noch mit der Tendenz des Josephsromans (dem doppelt gesegneten Joseph), noch mit Thomas Manns gleichzeitiger Äußerung über Nietzsche übereinstimmen, noch schließlich mit einer früheren Komposition »Frühlingsfeyer« Leverkühns, deren »wahrer seelischer Sinn«, »geheimste Not und Absicht«, ja »Angst« es ist, daß sie »im Preisen Gnade sucht«: ein »werbendes Sühneopfer an Gott« (VI,353). Das Wort Gnade also hat bei Thomas Mann durchaus sein Gewicht! Ein Wort an den Sohn Klaus weist ebenfalls in diese Richtung: Schon in einer frühen Phase nennt Thomas Mann den »Faust«-Roman seinen »Parsifal« (27. 4. 1943, Br. II, 309). Und der Parsifal Wolframs von Eschenbach ist bekanntlich die Geschichte eines Weges von der Schuld zur Erlösung im Kontext der Gnade. Mehr noch: Schon im »Doktor Faustus« hatte sich – als

Gegenstand einer Puppenoper des Tonsetzers Leverkühn – jene merkwürdige *Geschichte vom Papst Gregorius* gefunden, die der Autor seinem Leverkühn eines Tages »wegnehmen« wollte. Er wollte etwas eigenes daraus machen.

Und so geschah es: 1951 legt Thomas Mann seine eigene Erzählung zum Gregoriusstoff unter dem Titel »Der Erwählte« vor, die sich im äußeren Handlungsablauf an das kleine Versepos des Schwaben Hartmann von Aue hielt. Eine Geschichte, die nicht wie der »Faust« im modern-säkular-protestantischen, sondern im diesseitig-jenseitigen mittelalterlich-katholischen Milieu angesiedelt ist, in der nun ganz und gar das Thema Sünde und Gnade im Zentrum steht und die – prompt – mißverstanden wurde: zur frommen Rechten, wo man Thomas Mann wegen dieser Geschichte von »Papst Ödipus« als »einen Vorheizer der Hölle« verunglimpfte, ebenso wie zur unfrommen Linken, wo man diese Erzählung schlicht als »Annex zum Faustus« meinte ad acta legen zu können. Treibt Thomas Mann hier wirklich nur, wie Hans Mayer meint, »mit den christlichen Begriffen der Schuld und der Gnade ... sein Spiel«: wie seit eh und je aus ästhetisch-erotischem Impuls »ein heiter-arabeskenhaftes Spiel mit christlichen Motiven« (S. 336)?

Zugegeben: Was Ernst ist und was Scherz, ist bei diesem pädagogischen Ironiker und ironischen Pädagogen nicht immer leicht herauszufinden. Doch kann man andererseits übersehen, daß Thomas Manns Interesse am Ethisch-Religiösen seit der nationalsozialistischen Schreckensherrschaft stets zugenommen hatte? Kaum. Und in diesem Kontext ist nun auch die Geschichte vom »Erwählten« neu ernst zu nehmen – als Symptom einer auch das Religiöse umgreifenden Tiefenerfahrung des Autors. Worum geht es in dieser humoristisch-hintergründigen Nacherzählung einer mittelalterlichen Legende?

Kurz gesagt: Es geht um die Geschichte des aus einer Geschwisterehe stammenden und sich später selber in einer Ehe mit seiner Mutter ödipal verstrickenden Sünders, dann Büßers und schließlich guten Papstes Gregorius. Im Grunde also geht es um eine *christliche Umdichtung der antiken Ödipus-Sage*, von Thomas Mann wie immer durch die Stilmittel des »Amplifizierens, Realisierens und Genaumachens des Mythisch-Entfernten« verdeutlicht (XI, 690). Aber im Gegensatz zur gnadenlosen Tragik der griechischen Sage nimmt Thomas Mann im »Erwählten« das schon im Josephsroman breit entfaltete und am Ende des Faust-Romans so deutlich ausgesprochene biblische Motiv der Gnade wieder auf. Mehr noch, er entfaltet es breit: Denn des Gregorius »Ursprung ist (zwar) Schande, sein Leben Sünde und schonungslose Buße«, aber »sein Ende (ist) Verklärung durch die göttliche Gnade«, so sagt Thomas Mann selber (XI, 688). Hier geschieht Erkenntnis und Bekenntnis der Schuld: Die Erzählung endet mit einer bewegenden Lossprechungsszene, da die zunächst unerkannte Fürstin, Mutter und Gattin des Papstes, diesem ihr Leben beichtet und für ihre Schuld Vergebung erhält. Und so läßt der Erzähler – »Glockenschall, Glockenschwall supra urbem« – in der Ouvertüre wie im Finale seiner Geschichte die wundersam ohne Menschenhand von sich aus schwingenden Glocken Roms künden von Gottes Gnade für den sehr großen Sünder und sehr großen Papst Gregorius...

Ist dies alles wirklich nur Parodie, Ironie und voltairischer Spott? Alles ein nur »heiter-arabeskenhaftes Spiel mit christlichen Motiven«? Nein, Thomas Mann selber bezeugt, daß dieser eher melancholisch als frivol gestimmte »verspielte Stil-Roman« doch »mit reinem Ernst ihren religiösen Kern, ihr Christentum, die Idee von Sünde und Gnade« bewahre (XI,691). »Sehr rein und tief ist Ihre Wahrnehmung«, schrieb er im Mai 1951 an Julius Bab, »daß es mir unter allen Späßen mit dem religiösen Kern der Legende, die Idee von Sünde und Gnade, sehr ernst ist.« Ja, so fügt er vielsagend hinzu: »Im Zeichen dieser Idee steht längst mein Leben und Denken; und ist es denn nicht auch die reine Gnade, daß es mir vergönnt war, nach dem verzehrenden ›Faustus‹ noch dieses in Gott vergnügte kleine Buch zustande zu bringen?« (Br. III,210).

»Die Idee von Sünde und Gnade« über dem eigenen Leben! Gewiß: Es ist zu einseitig, Thomas Manns hochkomplexes literarisches Gesamtwerk einfach als »eine Vision der Gottesferne sei-

140

ner Zeit« zu verstehen und dieses im »Erwählten«, wo die »Genealogie der Gottesferne« in die »Genealogie der Gnade« umschlage, geradezu gipfeln zu lassen. So Anna Hellersberg-Wendriner in ihrer umfassenden Thomas-Mann-Studie unter dem Titel »Mystik der Gottesferne« (1960). Aber eine bestimmte Dimension dieses Werkes – die religiöse nämlich – hat das Buch dieser Interpretin schärfer als andere gesehen. Im Frühjahr 1952, drei Jahre vor seinem Tod, schrieb Thomas Mann gerade ihr über das Unverständnis seiner Kritiker: »Ich bin zwar in aller Leute Munde, aber es ist wenig von mir dort zu finden. Sie wiederholen, was ich gesagt habe, aber sie wiederholen es nicht auf eine intelligente Weise« (A. Kellersberg-Wendriner, S. 5).

Helmut Jendreiek hat Thomas Mann dagegen sicher verstanden, wenn er den »Erwählten« als Antwort auf den »Faustus«-Schluß, auf Zeitbloms Gebet am Ende dieses Romans betrachtet: »Thomas Mann selbst war nach wiederholtem eigenen Bekenntnis von der Möglichkeit überzeugt, Schuld durch Sühne zu tilgen. Die von ihm in der Maske Zeitbloms für Deutschland erhoffte und erflehte Gnade konnte nur die Gnade einer radikalen Umkehr zum Geist der Humanität sein und die historische Schuld nur durch ein neues politisches Bewußtsein humaner Sozialität gesühnt werden« (S. 512). Eine wichtige Einsicht in der Tat. Sie wird bestätigt durch einen Brief Thomas Manns an Walter von Molo vier Monate nach dem Untergang Nazi-Deutschlands, in dem der Schriftsteller seinen Glauben an die Gnade für den einzelnen und die Nation bekräftigt: »Die Gnade ist höher als jeder Blutsbrief (des Teufelspakts). Ich glaube an sie, und ich glaube an Deutschlands Zukunft«: Es komme jetzt auf die Verwirklichung des »*sozialen Humanismus*« an, für den »das Erwachen der Menschheit zum Bewußtsein ihrer praktischen Einheit« Voraussetzung ist (Br. II,447).

Wie aber geht es weiter im Leben dieses Autors? Wir wissen: Gipfel und Ende ist »der Erwählte« für Thomas Manns eigenen Weg nicht gewesen. Unermüdlich arbeitet er weiter, vor allem an den »Bekenntnissen des Hochstaplers Felix Krull«, mit denen er schon 1910 angefangen hatte und deren weitere Folge er erst

1954 veröffentlichte. Wieder ein großer Erfolg – im Gegensatz
freilich zu jener zweiten merkwürdigen Erzählung, die seine
wirklich letzte werden sollte und der er den Titel »Die Betrogene« (1953) gab.

Die Persona und ihr Schatten

Auch diese Geschichte haben Kritiker in ihrer Hintergründigkeit
zunächst nicht durchschaut. Erst die Tagebücher halfen ihnen auf
die Sprünge. Wer war »die Betrogene« in Wirklichkeit? Wer war
diese liebenswürdig-alternde Frau, Rosalie von Tümmler, die
sich in dieser Geschichte der Leidenschaft einem netten jungen
amerikanischen Studenten hingibt? Eine Leidenschaft, die sie als
ein ihre Seele verjüngendes »Fruchtbarkeitswunder« begrüßt,
das sich aber als Vorbote einer Krebskrankheit (von Thomas
Mann zum Ärgernis vieler, die den Sanatoriumsroman »Zauberberg« mit seinen minutiösen Tuberkuloseschilderungen offensichtlich nicht gelesen hatten, grauenhaft genau beschrieben)
herausstellt? Sterbend erkennt sie ihre Schuld: Sie, die Natur-
schwärmerin, hatte sich von der Natur betrügen lassen und »einen Frühling ohne Tod« gewünscht: »Aber wie wäre denn Frühling ohne den Tod? Ist ja doch der Tod ein großes Mittel des Lebens, und wenn er für mich die Gestalt lieh von Auferstehung
und Liebeslust, so war das nicht Lug, sondern Güte und Gnade«
(VIII, 950).
Wiederum also das Motiv der »Gnade«, hier sogar betont ans
Ende dieser mit gleichbleibender Prägnanz und Virtuosität der
Sprache gestalteten »kleinen Mythe von der Natur« gesetzt. Wie
ist es zu verstehen? Als weitere Variante eines alten Grundthe-
mas von Thomas Mann: der verwirrenden Dialektik von Leben,
Liebe und Tod und des Verstoßes gegen das Lebensgesetz des Al-
terns? So könnte man meinen. Hans Mayer, an der Enträtselung
der »Betrogenen« offenkundig ganz anders interessiert als an einer differenzierten Interpretation des »Erwählten«, ist dieser in
Düsseldorf spielenden Geschichte mit privatdetektivischer Akri-

bie nachgegangen. Mit Hilfe der nun veröffentlichten Tagebücher Thomas Manns aus den Jahren 1933 bis 1936 vermochte er nachzuweisen, was sich lebensgeschichtlich hinter der Figur der alternden Frau verbirgt. Es verbirgt sich hier niemand anderer als Thomas Mann selber! Denn: Düsseldorf, der Schauplatz dieser Erzählung, weist offenkundig zurück auf die Jahre 1927/28, als Thomas Mann – fünfzig Jahre alt und Vater von sechs Kindern – eine intensive *homoerotische Begegnung* mit Klaus Heuser hatte, dem Sohn des Direktors der Düsseldorfer Kunstakademie, eine Begegnung, die er als zutiefst beglückend empfand.

Bekanntlich hatte Thomas Mann schon in der Schulzeit, dann vor allem in München als Fünfundzwanzigjähriger ähnliche homoerotische Erlebnisse. Im Faust-Roman etwa ist die Beziehung zum Maler Paul Ehrenberg verarbeitet, die ihn damals an den Rand des Selbstmords brachte. Aber »das K. H.-Erlebnis«, so die Eintragung ins Tagebuch vom 6. Mai 1934 (S. 411), »war reifer, überlegener, glücklicher«. Und doch endet die Erzählung von der Betrogenen – im fahlen Kontrast zu der vom »Erwählten« – ganz und gar tragisch. Ein Gegenstück zur früheren verschlüsselten Erzählung »Tod in Venedig« mit der Figur des homoerotischen Gustav von Aschenbach? Jetzt also am Ende des Lebens ein – noch mehr verschlüsselter – »Tod in Düsseldorf«?

Mag sein. Aber reicht Privatdetektei aus, um die Tiefenschichten dieser Erzählung zu verstehen? Hat hier »der Zauberer« wieder einmal nur autobiographische Verwandlung inszeniert – in künstlerisch gekonnter Manier? Mag sein. Aber nicht *nur!* Denn diese Geschichte zeigt – wie schon der »Erwählte« – entschieden mehr: Sie zeigt in einzigartiger Weise die Fähigkeit seines alternden Autors zur *schonungslosen Selbstanalyse* – selbst noch in der literarischen Form; zur Demaskierung seiner selbst – selbst noch in der Maske der literarischen Distanz; zur Selbstdurchschauung eigener Verstricktheiten zwischen Eros und Ethos – selbst noch in der Abfederung durch die literarische Zwischenwelt.

Nein, man unterschätzt diesen Autor ganz entschieden, wenn man nicht sieht, daß es eine andere Seite dieses zähen und vitalen diszipliniert-gewissenhaften, hochintellektuellen, nach außen kalten Menschen Thomas Mann gegeben hat: die neurotischen Neigungen, die heftigen Leidenschaften, die Skepsis, die Sinnlichkeit, das Wissen um die Wirrnisse des eigenen Lebens und der eigenen Erotik. Eine andere Seite also, die man mit C. G. Jung den »Schatten« der »Persona« nennen kann: die »Persona« (ursprünglich »Maske«) verstanden als der »äußere Charakter«, der immer eine Art Kompromiß zwischen den individuellen psychologischen Wesenszügen des Ich (dem »individuellen Charakter«) und der Umwelt darstellt; und zugleich der »Schatten«, verstanden als Gesamtheit jener verdrängten negativen oder positiven Dispositionen, die mit der bewußten Lebensform nicht im Einklang stehen, für den persönlichen Reifungsprozeß, die »Individuation«, jedoch unbedingt bewußtgemacht werden müssen. »Schatten« ist bei Thomas Mann selbstverständlich ganz und gar umfassend zu verstehen (bloß keine Verengung auf das Homoerotische!), umgreift er den Menschen Thomas Mann doch in allen seinen Dimensionen.

Nein, nur Thomas Mann selbst – und keiner seiner Interpreten – wußte um sein Leiden, seine Gefährdung, um die dunkle Abgründigkeit, die in ihm steckte. Sie hätte ihn auch zum bindungslosen Außenseiter und Bohemien werden lassen können, hätte er sich nicht an Frau und Familie so eng gebunden. Und es ist nicht Heroisierung eigener Schwäche und Einsamkeit, sondern ein Akt radikaler Ehrlichkeit und schonungsloser Selbstkritik, wenn dieser Schriftsteller auch vor sich selbst nicht haltmachte und Lebenserfahrungen, die in seinen Werken verfremdet erscheinen, in seinen Tagebüchern, oft sogar allzu selbstmißtrauisch, preisgegeben hat. Wie er in jener Tagebuchnotiz über eine »Trilogie der Leidenschaft« schrieb: »Nun ja, ich habe gelebt und geliebt, ich habe auf meine Art ›das Menschliche ausgebadet‹« (S. 411).

Das alles heißt: Thomas Manns Wissen um »Schuld, Verschuldung, Schuldigkeit des eigenen Lebens« umfaßt weit mehr als nur seine (schon lange) »verjährte Teilhabe am deutschen Irrationalismus«, wie sein Biograph Klaus Schröter meinte (S. 141). Thomas Mann wußte, wovon er sprach, als er in seinen letzten

Jahren das Thema »Schuld« immer wieder aufgriff. Er wußte um
seine »Egozentrik«, die der Dämon des Hervorbringenmüssens
bewirkt, wußte wohl auch um seinen Mangel an geistiger Anteilnahme und politischer Solidarität mit anderen Schriftstellern.
Aber dürfen Interpreten daraus negative Urteile prägen? Darf
man einen Satz wie den über die »Unfähigkeit, den wirklichen
Ernst eines fremden Lebens je zu erfassen«, einen Satz aus dem
Entwurf (!) eines nie abgeschickten (!) Briefes seines Bruders (!)
Heinrich in einer Zeit des Konflikts (1918!), in einen prinzipiel-
len Vorwurf verwandeln und als »rechtskräftiges Urteil« für eine
nicht literarische, sondern moralische Abrechnung mit der Person Thomas Manns verkünden (so Hans Mayer)? Thomas Mann
selber – im übrigen aktiv humanitär für Flüchtlinge und Ver-
folgte sehr viel mehr engagiert als die meisten seiner Kritiker –
hätte diesen Vorwurf ganz entschieden zurückgewiesen! Nein,
nur er konnte beurteilen, was dieses »Ausbaden des Menschlichen« wirklich bedeutete. Und da nur er wußte, was für ihn
letztlich Schuld war, wußte auch nur er, was für ihn das Wort
Gnade bedeutete, das für andere sinnlos erscheinen mag.
Was aber ist mit alldem gesagt? Vor allem dies: von Werk und
Leben des großen Ästheten und Erzählers lassen sich *Ethos und
Religiösität* auf keinen Fall abspalten, als »quantité negligeable«
ignorieren oder selbstgerecht denunzieren. Auch Thomas Manns
Kritiker wissen es heute: Besessen von seiner schriftstellerischen
Aufgabe, oft jedoch zweifelnd, zaghaft und krank, hat dieser ge-
feierte Autor sich selber in den Tagebüchern keineswegs schön-
stilisiert. Er hat sich Tag für Tag schonungslos-penibel objekti-
viert, kontrolliert, kommentiert und hat trotzdem sein Selbst,
seine Irrungen und Wirrungen, seinen »Schatten« nicht verleugnet, sondern unverdrossen in den Dienst seines Werkes gestellt.
Nimmt man also Thomas Manns Aussagen über Ethos und Religiosität ernst, sieht man hier tiefer, »tief unten, wo (so heißt es im
›Erwählten‹) still die Wahrheit wohnt«, dann dürfte es unange-
bracht sein, Thomas Mann eine in der neueren Weltliteratur geradezu einzigartige »Divergenz zwischen dem äußeren und inneren Lebenslauf«, ja, »ein Doppelleben der diskretesten Art«
vorzuwerfen (H. Mayer, S. 402 f.)

Nein, Thomas Mann – gewiß kein Heiliger, aber auch kein Schein-
heiliger! – kannte die *tiefere Einheit* seiner gegensätzlichen, oft
widerstimmigen, einsamen und traurigen Person nur zu gut. Im
Alter hat er sich – ohne alle ironische Zweideutigkeit – öffentlich
zu ihr bekannt. In dem bereits zitierten Vortrag an der University
of Chicago im Mai 1950 reagiert der Fünfundsiebzigjährige auf die
Nachricht, daß in Deutschland (wo es viel »name calling«, Ruf-
mord, gebe!) ein geistliches Gremium seinem »Lebenswerk jede
Christlichkeit abgesprochen« habe. Thomas Mann dazu kühl: dies
sei schon Größeren geschehen und erwecke »allerlei Erinnerungen«, um dann sofort hinzuzufügen: »Aber für den eigenen Fall
habe ich besondere Zweifel, – die sich weniger auf den Inhalt meiner Schriften als auf den Impuls beziehen, dem sie ihr Dasein ver-
danken«. Warum? Thomas Mann in charakteristischer Untertrei-
bung: »Wenn es christlich ist, das Leben, sein eigenes Leben, als
eine Schuld, Verschuldung, Schuldigkeit zu empfinden, als den
Gegenstand religiösen Unbehagens, als etwas, das dringend der
Gutmachung, Rettung und Rechtfertigung bedarf, – dann haben
jene Theologen mit ihrer Aufstellung, ich sei der Typus des
achristlichen Schriftstellers, nicht so ganz recht« (»Meine Zeit«,
XI,302).
Keine Frage: *Thomas Manns Religiosität* – man vergesse nicht
die nietzscheanischen Anfänge – hatte immer etwas Verschämtes an sich; war stets von der Angst (schon beim »Joseph«) bestimmt, zu viel zu sagen, zu viel »Pathos« und »religiöse Inbrunst« zu verraten. Und doch – sagen solche Sätze nicht genug?
Das eigene Leben wahrgenommen als Schuld, Verschuldung,
Schuldigkeit? Kann man eigentlich deutlicher reden? »Selten
wohl«, fährt Thomas Mann fort, »ist die Hervorbringung eines
Lebens – auch wenn sie spielerisch, skeptisch, artistisch und humoristisch schien – so ganz und gar, vom Anfang bis zum sich nähernden Ende, eben diesem bangen Bedürfnis nach Gutmachung, Reinigung und Rechtfertigung entsprungen, wie mein
persönlicher und so wenig vorbildlicher Versuch, die Kunst zu
üben« (XI,302).
Nachdenkenswerte Sätze eines Schriftstellers, der mehr als an-

dere der deutschen Literatur schon zu Lebzeiten öffentlich geehrt und gefeiert (wenngleich von den meisten Kollegen respektiert und nicht geliebt) worden war. Aber ist, wer von Menschen geehrt und gefeiert wurde, am Ende auch schon gerechtfertigt – vor sich selbst, und vielleicht vor einer anderen, end-gültigen Instanz? Nein, wer solche Sätze schreiben kann, muß gespürt haben, daß zwischen Ehrung und Rechtfertigung ein Unterschied besteht. Wir kommen hier zu einem entscheidenden, ja für das Verständnis der »Religiosität« des Menschen Thomas Mann alles entscheidenden Punkt.

Gefeiert – und auch gerechtfertigt?

Es ist unleugbar: Bis zu seinem sich nähernden Ende verspürte dieser Autor ein banges Bedürfnis nach Gutmachung, Reinigung und Rechtfertigung. Er hatte gewiß recht, wenn er vermutete, die Theologie erachte »die künstlerische Bemühung gar nicht als ein Rechtfertigungs- oder Erlösungsmittel« (XI,302). Rechtfertigung durch Werke – eine zwiespältige Sache. Für eine christliche Theologie ist es jedenfalls von größter Bedeutung, daß sich in diesem Schriftsteller, den man zu Unrecht einen bürgerlich-protestantischen »Leistungsethiker« genannt hat, das Bewußtsein vom Ungenügen der Leistungen des Menschen bewahrt hat, vom *Ungenügen, sich durch Werke rechtfertigen* zu können. Thomas Mann fügt denn auch an dieser Stelle bezeichnenderweise hinzu: »...vermutlich hat sie (die Theologie) sogar recht damit«! Sonst würde man ja, meint er, mit mehr Genugtuung, Beruhigung und Wohlgefallen auf das vollbrachte Werk zurückblicken. In Wirklichkeit aber? »In Wirklichkeit setzt der Prozeß der Schuldbegleichung, der – wie mir scheinen will, religiöse – Drang nach Gutmachung des Lebens durch das Werk sich im Werke selbst fort, denn es gibt da kein Rasten und kein Genüge, sondern jedes neue Unternehmen ist der Versuch, für das vorige und alle vorigen aufzukommen, sie herauszuhauen und ihre Unzulänglichkeit gutzumachen« (XI,303).

Der »religiöse Drang nach Gutmachung des Lebens«: Religiös Unsensible (und »Unreligiöse« gibt es nun einmal beinahe so wie »Unmusikalische«) werden die Dialektik der Rechtfertigung kaum verstehen: das ganze Leben unter Rechtfertigungszwang – und doch Unmöglichkeit der Selbstrechtfertigung durch die Werke – und gerade deshalb *Angewiesenheit auf Gnade, bis zum Ende.* Ich denke: In dieser für das Christentum zentralen Grundeinsicht besteht, Thomas Mann bestätigt es selber, die religiöse Tiefendimension dieses Lebens, besteht eine letzte Einheit seiner Person. Jetzt – bei nachlassender Kraft seinem Ende nahe – in der Schiller-Rede in Stuttgart 1955 kann Thomas Mann Shakespeares Epilog aus dessen wohl letztem Stück »Der Sturm« zitieren: »So wird es gehen bis zuletzt, wo es mit Prospero's Worten heißen wird: ›And my ending is despair‹, ›Verzweiflung ist mein Lebensend‹«. Ist also Verzweiflung die letzte Konsequenz, für Shakespeare, für den müde gewordenen Thomas Mann? Nein, jenseits der Verzweiflung bleibt auch hier eine Hoffnung, eine einzige Hoffnung: »Da wird«, fährt Thomas Mann fort, »wie für Shakespeares Magier, nur *ein* Trostgedanke bleiben«. Und was ist dieser allerletzte »Trostgedanke«? Antwort: »der an die Gnade, diese souveränste Macht, deren Nähe man im Leben schon manchmal staunend empfand und bei der allein es steht, das Schuldiggebliebene als beglichen anzurechnen« (XI,303). »Mercy«, »Erbarmen« – so steht es bei Shakespeare.

Gewiß: Mit alledem kehrt Thomas Mann nicht zurück zu einem anthropomorph-personalen Gottesbild im Sinne der jüdisch-christlichen Tradition. Und doch wird man nicht übersehen können, daß Thomas Mann »Gnade« mehr transpersonal als »Macht«, ja als »souveränste« (nicht mehr menschliche) Macht versteht, die aber eine durchaus erfahrbare, »staunend« empfundene »*Nähe*«, so etwas wie eine personale Dimension in sich einschließt. Ist denn Rechtfertigung – dieser Begriff aus der Gerichtssprache – ohne eine personale Beziehung zu denken? Setzt Rechtfertigung nicht ein Beziehungsverhältnis voraus zwischen mir als Person und einer souveränen und doch nahen Instanz, vor der mein Leben – im wahrsten Sinne des Wortes – zur Sprache kommt? Gewiß: Vorsicht ist geboten vor Vereinnahmung dieser Rede von der Gnade für ein christliches, biblisches Gottesbild; Vorsicht aber auch vor der Verharmlosung und Verflachung dieser Rede von Gnade. Thomas Mann wollte nicht direkt von Gott sprechen, er begnügte sich damit, indirekt, vorsichtig tastend – die Rechtfertigung, Rettung, Erlösung der souveränen Macht der erbarmenden Gnade zuzuschreiben, einer Gnade, die die Schuld nicht anrechnet und der auch ein menschliches »Staunen«, ja als Gegenteil von »Verzweiflung« eine um die Schuld wissende Zuversicht, ein Vertrauen, ein »Glaube« entspricht. Aber ist nicht gerade dies das »Wunder, das über den Glauben geht, das Licht der Hoffnung« (VI,676), von dem Thomas Mann auf der letzten Seite seines »Doktor Faust« mit Emphase gesprochen hatte?

Wollte man hier traditionell theologisch formulieren, wäre man versucht zu sagen: Bei aller Bedeutsamkeit der Werke geschieht – auch nach der Erfahrung dieses Schriftstellers – die definitive Rechtfertigung des Menschen doch nicht durch die Werke, sondern durch die Gnade allein – aufgrund schuldbewußter, staunender Zuversicht, aufgrund von vertrauendem *Glauben!* Nein, kein allem Zweifel enthobenes Glauben, sondern: Simul iustus *et* peccator, zugleich Gerechter *und* Sünder, Glaubender *und* Zweifelnder! Thomas Mann bekennt sich ja bis zu seinem Tode dazu (UNESCO-Kongreß in Salzburg 1952), daß er »nicht viel Glauben« (im dogmatisch-lehrhaften Sinn) habe, daß er aber »an die Güte glaube« (Glauben im Sinne unerschütterlicher Zuversicht), »die ohne Glauben (im dogmatischen Sinn) bestehen und geradezu das Produkt des Zweifels sein könne« (vgl. X,398). Immerhin – diese Nebenbemerkung sei gestattet – kennt auch das Evangelium einen gläubigen Ungläubigen, der sagen kann: »Ich glaube, Herr, hilf meinem Unglauben«!

In der Tat: Bis zu seinem sich nähernden Ende blieb dem (von den religiösen Anfängen der Menschheit sozusagen »alles« wissenden) Autor des Josephsromans das »Bewußtsein« – so jetzt in seinem letzten großen Essay (»Versuch über Tschechow« 1954) – »daß man auf die letzten Fragen ja doch keine Antwort wisse, mit dem Gewissensbiß, daß man den Leser hinters Licht führe« (IX,869). Kein »Wissen«, nein, und doch ein »seltsames Trotzdem«, ein anderes Wort für ein merkwürdig »trotziges« Vertrauen: Dieses »seltsame Trotzdem« lasse ihn – Thomas Mann – »die Arbeit, die treue, unermüdliche Arbeit bis ans Ende« weiterführen. Nein, für diesen Autor gab es keine dogmatische Sicherheit und Unfehlbarkeit, aber es gab ein Geheimnis und ein Wunder des Lebens: ein »Wunder, das über den Glauben geht«.

Dieser Hintergrund läßt schließlich auch Sätze aus einer Ansprache Thomas Manns vor Hamburger Studenten im Jahre 1953, zwei Jahre vor seinem Tod, verständlich werden. In einer für ihn so ungewohnten emotionalen Bewegung kann er – in Erinnerung an Gottesdienste seiner Lübecker Jugend, beschwörend den Studenten zurufen: »Gnade. Nicht umsonst spielt dieser Begriff in meine späteren dichterischen Versuche – schon in die Josephsgeschichten, dann in den ›Faustus‹, dann in die Wiedererzählung der Gregoriuslegende – immer stärker hinein.« Und Thomas Mann fährt fort: »Gnade ist es, was wir alle brauchen, und jenes ›Gnade sei mit euch‹, mit dem in der Lübecker Marienkirche allsonntäglich die Predigt begann, – wie mein Blick über Sie hingeht, möchte ich es, das Herz bedrängt von dieser gefährlichen Zeit, jedem einzelnen von Ihnen persönlich, der deutschen Jugend insgesamt, Deutschland selbst und unserem alten Europa wünschend, zurufen: Daß Gnade mit ihm sei und ihm helfe, sich aus Wirrnis, Widerstreit und Ratlosigkeit ins Rechte zu finden« (X,400).

Durch Gnade also aus Wirrnis, Widerstreit und Ratlosigkeit ins Rechte! Ein wunderlicher Weg – blickt man auf dieses Leben zurück – des ursprünglichen Schopenhauerianers, Nietzscheaners, Wagnerianers, dessen Anfänge im Zeichen von Religionskritik und Atheismus standen, im Zeichen auch der Apotheose der Kunst als Ersatzreligion, und für den die Musik bis zum Ende einen unverzichtbaren Trost bedeutete. Ein wunderlicher Weg, der aber aus sich selbst heraus, aus Lebenserfahrungen, Brüchen, Krisen, aus dem Bewußtsein eigener Abgründigkeiten und Verschuldungen religiöse Fragen freisetzte, religiöse Tiefenschich-

ten offenlegte, religiöse Grunderfahrungen thematisieren ließ.
Ein Kirchenchrist im üblichen Sinn wurde er deshalb nicht. Doch
bleibt ein Letztes zu bedenken:

Christentum als Erfahrung, Leben, unmittelbares Ereignis

Begreiflich, daß dieser Erbe und Kritiker der bürgerlichen *Kultur*
auch die bürgerliche *Kirche* schon früh diskreditiert sah. Sosehr
er die Kirche, als sein Savonarola-Drama »Fiorenza« (1906) in
einer katholischen Zeitung als »antikatholisches, ja antichristli-
ches Tendenzstück« angegriffen wurde (vgl. XI,561), als »unper-
sönliche Institution«, als »unantastbare Idee« bejahen wollte:
gegenüber »ihren nicht immer würdigen Darstellern« war er
mehr als reserviert. Das Thomas Manns Drama »eigentlich be-
geisternde Motiv« war denn auch nicht die Institution Kirche,
sondern das Schicksal Savonarolas, dem allein »damals das Christentum ein Erlebnis, ein Wille, eine Weltanschauung, eine Leidenschaft« war: »in der Tat einer der leidenschaftlichsten und ra-
dikalsten Christen aller Zeiten« (XI,562). So damals der gerade
Dreißigjährige. Die Kirche der Gegenwart freilich war für Thomas Mann – ähnlich der Kirche der Renaissance – Teil jener bürgerlichen Dekadenz-Gesellschaft, die er zusammenbrechen sah
und die vom heraufziehenden Faschismus dann erst recht hinweggefegt werden sollte. Kein Savonarola weit und breit! Oder
gab es vielleicht doch noch die Erfüllung eines jener »Träume seiner Jugend«, für die der Mensch nach Schillers Wort – »soll Achtung tragen, wenn er Mann sein will«?
Lebendiges Christentum: dieser alte »Traum seiner Jugend«
wurde nun zur Erfahrung seines Alters. Wie? Im kalifornischen
Exil ist Thomas Mann – nur bedingt erstaunlich – der Unitarian
Church beigetreten. Einer christlichen Gemeinschaft, die ohne
allen Anspruch auf ein dogmatisches System (vor allem ohne
»die wunderlichste dogmatische Zumutung«, daß »Eins gleich
Drei und Drei gleich Eins« sind, Br. III,300) ein ethisch betontes
Christentum lebt. In dieser Kirche wurden Thomas Manns Enkel

getauft – »mit einem Minimum an religiöser Prätention, in den verständig-menschlichsten Formen zu Christen geweiht. Es war die angenehmste kirchliche Erfahrung, die ich gemacht habe« (XI,215). Ja, Thomas Mann fühlte sich der Unitarian Church verbunden, weil in dieser Kirche der Geist des »christlichen Humanismus« herrschte – und dieser Geist hatte Thomas Mann stets angezogen, ihn hatte er stets »in wahrer Sympathie bewundert« (Br. III,366). 1949 stiftete er den Betrag des Weimarer Goethe-Preises für den Wiederaufbau der dortigen Herder-Kirche, der Kirche des zutiefst humanen Theologen und Philosophen Johann Gottfried von Herder.

Der *Geist des engagierten christlichen Humanismus* also: ein früher Wunsch und eine späte Erfahrung des Schriftstellers Thomas Mann. Seltsam zu denken, daß solch ein Schriftsteller mehr von diesem Geist erfahren hätte im Verlaufe eines über acht Jahrzehnte währenden Lebens – wenn er eine andere Kirche, eine andere Theologie, eine andere Frömmigkeit im Geist dieser christlichen Menschlichkeit erfahren hätte! Welche Folgen hätte dies für das Werk haben können! Seltsam zu denken, wie Thomas Mann zum Christentum, ja, wie er auch zur Kirche gestanden hätte, wenn er nicht die Koalition von Protestantismus und Wilhelminismus vor dem Ersten Weltkrieg und von Christentum und Hitlertum während dem Zweiten Weltkrieg kennengelernt hätte, sondern eine Kirchlichkeit und Christlichkeit im Geiste etwa jenes Martin Niemöllers, der zu den tapfersten kirchlichen Widerstandskämpfern gehörte...

Doch hier brauche ich nun nicht mehr zu spekulieren und hypothetisch zu reden, denn diesem *Martin Niemöller* hat Thomas Mann in der Tat eine eigene Betrachtung gewidmet und ihm ein Vorwort zu einer Ausgabe seiner Predigten geschrieben. In der Reflexion über die letzten Kanzelreden Niemöllers (wohl aus dem Jahr 1940), im Nachdenken über diese zum Teil schon unter Geheimpolizei-Bewachung gehaltenen Ansprachen der Kampfzeit unmittelbar vor Niemöllers erneuter Verhaftung und Einlieferung ins Konzentrationslager, fallen Sätze, die bei Thomas Mann früher undenkbar gewesen wären: »Ich habe sie mit

Gefühlen gelesen, für die Sympathie ein sehr schwacher Ausdruck ist, – mit Ergriffenheit, mit der gleichen Erschütterung, die die Hörer im erfüllten Kirchenschiff durchbebte, als sie gesprochen wurden; und die zu vollständig ungemeinen Szenen führte, zu ganz unzeitgemäßen Vorgängen, wie daß die Menschen draußen auf dem Pflaster vor der Kirche auf ihre Knie fielen und den Luther-Sang anstimmten: ›Ein feste Burg ist unser Gott‹... Das Evangelium selbst hatte sich in der Brust dieses Mannes erneuert; er, der geglaubt hatte, es zu kennen, hatte es in tiefer Ergriffenheit neu entdeckt, und sein Erlebnis übertrug sich auf seine bürgerliche Gemeinde. Das Evangelium war nicht mehr Wort und Überlieferung und beschauliche Exegese, es war Erfahrung, Leben, unmittelbares Ereignis« (XII,914.915).

Da sind sie also wieder, jene eingangs von mir gebrauchten Worte: »Erfahrung, Leben, unmittelbares Ereignis«. Es sind Thomas Manns eigene Worte, gebraucht für ein lebendiges Christentum – »das Evangelium neu entdeckt«. Ein letztes Mal deshalb die Überlegung: Seltsam zu denken, daß das Evangelium sich diesem Lübecker Protestanten schon früher als »Erfahrung, Leben, unmittelbares Ereignis« vermittelt hätte. Vielleicht wäre er schon früher – und nicht erst aufgrund der Faschismuserfahrung – zu der Überzeugung gelangt, daß die Rede von der »Überwindung des Christentums« ein »vermessenes Geschwätz« ist (X, 918). »Das Christentum, diese Blüte des Judentums, bleibt einer der beiden Grundpfeiler, auf denen die abendländische Gesittung ruht und von denen der andere die mediterrane Antike ist« (IX,461).

Und vor diesem Hintergrund wird am Ende unserer Interpretation des Weges von Thomas Mann vielleicht sogar jene Szene im Vatikan ein ganz klein wenig besser verständlich, von der wir ausgegangen sind, der Empfang bei Pius XII. Thomas Mann, mit einer Halbjüdin verheiratet, wußte um den katholischen Faschismus und um das Versagen dieses Papstes in der Tragödie der Judenvernichtung, aber auch um die »Bedrängnis« der katholischen Kirche, »die sie auch dem Zögling der protestantischen Kultur wieder ehrwürdig macht« (so im berühmten Brief an die

Neue Zürcher Zeitung 1936, der seine Ausbürgerung zur Folge hatte; Br. I,413). 1943 dann auf einer Massenversammlung in San Francisco zum Protest gegen die Ausrottmaßnahmen der Nationalsozialisten gegen Juden kann Thomas Mann erklären: »In Deutschland waren es die katholische Kirche und die Juden, die gegenüber einem engen und kulturgeschichtlichen Nationalismus allein schon durch ihr Dasein die universalistischen europäischen Prinzipien repräsentierten« (XIII,500). Und so sah er denn nun, wenn er sich auch jetzt wieder als »Erbe protestantischer Kultur bezeichnete«, im Papst trotz allem »zwei Jahrtausende abendländischer Geschichte« vergegenwärtigt, mit dem er über die »letztliche Solidarität aller homines religiosi« in der »einen Welt« reden konnte (Brief an Reinhold Schneider vom 18. 12. 1953; in: H. Wysling III, S. 430). Eine Idealisierung? Eine Heroisierung? Bei diesem Ironiker doch wohl mehr als Ironie: die nüchterne, universalgeschichtlich erprobte und lebensgeschichtlich erfahrene Einsicht vielmehr, daß sich ein humanes Christentum, in dem die Traditionen der Antike, des Humanismus und der Aufklärung aufgehoben sind, doch wohl die Grundlage bilden könnte, um auch in der Nachmoderne, nach dem Zusammenbruch von bürgerlicher Kunst, Kultur und Bildung, eine neue geistig-religiöse Grundlage zu schaffen. Für die Zeit nach dem Krieg hatte Thomas Mann schon in seinem Vortrag in Washington 1943 gefordert: »Was vor allem wiederherzustellen ist, das sind die von einer falschen Revolution mit Füßen getretenen Gebote des Christentums, und aus ihnen muß das Grundgesetz für das künftige Zusammenleben der Völker abgeleitet werden, vor dem alle sich werden beugen müssen« (XIII,938).

Gibt es – am Ende auf die lange geistige Odyssee des genialen Dichters und doch so fragilen Menschen Thomas Mann zurückgeblickt – so etwas wie eine Grundeinsicht im Blick auf dieses Werk? Für mich besteht sie darin: Ich lese dieses Gesamtwerk von unübertroffener Breitenwirkung und Tiefenresonanz – von den »Buddenbrooks« und besonders vom »Zauberberg« angefangen über die Joseph-Tetralogie und den »Doktor Faustus« bis hin zum »Erwählten« und zur »Betrogenen« (den »Hochstapler

Felix Krull« nicht ausgeschlossen) – wie ein immer intensiveres *Plädoyer für Humanität*, das – angesichts aller Aufschwünge und Abgründe der Lebens- und Menschheitsgeschichte – für diesen Schriftsteller zunehmend im Zeichen der Dialektik von Schuld und Sühne, Sünde und Gnade stand, das aber zunehmend auch zu einem *Plädoyer für Humanität durch Religiosität* geworden ist. Thomas Mann – immer deutlicher der Vertreter eines *»religiös fundierten und getönten Humanismus«* (Br. II,531), und gerade so einer der großen *Anwälte der Menschlichkeit* in unserem so erschreckend unmenschlichen Jahrhundert.

Literaturhinweise

Thomas Mann: Gesammelte Werke in zwölf Bänden. Frankfurt 1960.
ders.: Briefe, hrsg. von Erika Mann, Bd I–III. Frankfurt 1961–65.

Kurt Aland: Martin Luther in der modernen Literatur. Ein kritischer Dokumentarbericht. Witten-Berlin 1973.
Reinhard Baumgart: Vorsichtiges Märchen, stockkonservativ. Über Thomas
Manns »Joseph in Ägypten«, in: Frankfurter Allgemeine Zeitung v. 13. 2.
1981.
Walter Benjamin: Ursprung des deutschen Trauerspiels, Gesammelte Schriften, Frankfurt 1980, S. 203–409.
Willy R. Berger: Die mythologischen Motive in Thomas Manns Roman »Joseph und seine Brüder«. Köln–Wien 1971.
Klaus Borchers: Mythos und Gnosis im Werk Thomas Manns. Eine religions-
wissenschaftliche Untersuchung. Hochschulsammlung Theologie – Reli-
gionswissenschaft Bd. 1. Freiburg 1980.
Helmut Brandt/Hans Kaufmann (Hrsg.): Werk und Wirkung Thomas Manns
in unserer Epoche. Ein internationaler Dialog. Berlin–Weimar 1978.
Julius Braun: Naturgeschichte der Sage. Rückführung aller religiöser Ideen,
Sagen, Systeme auf ihren gemeinsamen Stammbaum und ihre letzte Wurzel. Bd. I–II. München 1864/65.
Raymond Cunningham: Myth and Politics in Thomas Mann's »Joseph und
seine Brüder«, Stuttgarter Arbeiten zur Germanistik Nr. 161. Stuttgart
1985.
Manfred Dierks: Studien zu Mythos und Psychologie bei Thomas Mann. An
seinem Nachlaß orientierte Untersuchungen zum »Tod in Venedig«, zum
»Zauberberg« und zur »Joseph«-Tetralogie, Thomas-Mann-Studien
Bd. 2. Bern–München 1972.
Wilhelm Grenzmann: Dichtung und Glaube. Probleme und Gestalten der
deutschen Gegenwartsliteratur. Bonn 1950. 2. ergänzte Aufl. 1952.
Käthe Hamburger: Thomas Manns biblisches Werk: Der Joseph-Roman, Die
Moses-Erzählung, »Das Gesetz«. München 1981.
Anna Hellersberg-Wendriner: Mystik der Gottesferne. Eine Interpretation
Thomas Manns. Bern 1960.
Hans Egon Holthusen: Die Welt ohne Transzendenz. Eine Studie zu Thomas
Manns »Dr. Faustus« und seinen Nebenschriften. Hamburg 1949.

Helmut Jendreiek: Thomas Mann. Der demokratische Roman. Düsseldorf 1977.

Alfred Jeremias: Das Alte Testament im Lichte des Alten Orients. Leipzig 1916. 3. neubearbeitete Auflage.

Joachim Kaiser: Erlebte Literatur. Vom »Doktor Faustus« zum »Fettfleck«. München 1988, S. 25–55.

Karl Kerényi: Romandichtung und Mythologie. Ein Briefwechsel mit Thomas Mann. Zürich 1945.

Herbert Lehnert: Thomas Mann. Fiktion, Mythos, Religion. Stuttgart 1965.

Hans Mayer: Thomas Mann. Frankfurt 1984.

Dietmar Mieth: Epik und Ethik. Eine theologisch-ethische Interpretation der Josephromane Thomas Manns. Studien zur deutschen Literatur Bd. 47. Tübingen 1976.

Elaine Murdaugh: Salvation in the Secular. The Moral Law in Thomas Mann's »Joseph und seine Brüder«, Stanford German Studies, Vol. 10. Bern–Frankfurt–München 1976.

Gerhard v. Rad: Biblische Joseph-Erzählung und Joseph-Roman, in: Neue Rundschau, 1965, S. 546–559.

Marcel Reich-Ranicki (Hrsg.): Was halten Sie von Thomas Mann? Achtzehn Autoren antworten. Frankfurt 1986.

Alfred Rosenberg: Der Mythus des 20. Jahrhunderts. Eine Wertung der seelisch-geistigen Gestaltenkämpfe unserer Zeit. München 1930.

Max Scheler: Späte Schriften, Gesammelte Werke, Band 9, Bern 1976.

Tim Schramm: Joseph-Christus-Typologie in Thomas Manns Josephsroman, in: Antike und Abendland, Bd. XIV, Berlin 1968, S. 142–171.

Klaus Schröter: Thomas Mann mit Selbstzeugnissen und Bilddokumenten dargestellt. Reinbek bei Hamburg 1964.

Ernst Steinbach: Gottes armer Mensch. Die religiöse Frage im dichterischen Werk von Thomas Mann, in: Zeitschrift für Theologie und Kirche, 50, 1953, S. 207–242.

Paul Tillich: Brief an Thomas Mann 23. 5. 43, in: Blätter der Thomas Mann Gesellschaft, Nr. 5, Zürich 1965, S. 48–52.

Hans Wisskirchen: Zeitgeschichte im Roman. Zu Thomas Manns »Zauberberg« und »Doktor Faustus«, in: Thomas-Mann-Studien, Bd. 6, Bern 1987.

Hans Wysling: »Mythos und Psychologie« bei Thomas Mann, ETH, Kultur- und Staatswissenschaftliche Schriften, Heft 130. Zürich 1969.

Hans Wysling (Hrsg.): Dichter über Dichtungen Bd. III. München 1981.

Nahezu ein Christ?
Hermann Hesse und die Herausforderung
der Weltreligionen

»Ihr seid echte, wahre Pietisten, wie Nikodemus (?): ein Jude, in
dem kein Falsch ist. Ihr habt andre Wünsche, Anschauungen,
Hoffnungen, andre Ideale, findet in Andrem Eure Befriedigung,
macht andre Ansprüche an dieses und jenes Leben; Ihr seid Christen, und ich – nur ein Mensch. Ich bin eine unglückliche Geburt
der Natur, der Keim zum Unglück liegt in mir selber; aber doch
glaubte ich erst vor Monaten, im Schoß der Familie glücklich sein
zu können... In Boll habe ich erst lachen, dann weinen gelernt, in
Stetten habe ich auch etwas gelernt: Fluchen. Ja, das kann ich
jetzt! Fluchen kann ich mir selbst und Stetten vor allem, dann den
Verwandten, dem verhaßten Traum und Wahn von Welt und
Gott, Glück und Unglück. Wenn Ihr mir schreiben wollt, bitte
nicht wieder Euren Christus. Er wird hier genug an die große
Glocke gehängt. ›Christus und Liebe, Gott und Seligkeit‹ etc etc
steht an jedem Ort, in jedem Winkel geschrieben und dazwischen
– alles voll Haß und Feindschaft. Ich glaube, wenn der Geist des
verstorbenen ›Christus‹, des Juden Jesus, sehen könnte, was er
angerichtet, er würde weinen. Ich bin ein Mensch, so gut wie Jesus, sehe den Unterschied zwischen Ideal und Leben so gut wie
er, aber ich bin nicht so zäh wie der Jude, ich! Lebt wohl!«
Ein Brief aus der »Heilanstalt für Schwachsinnige und Epilepti-
sche« in Stetten, erst posthum veröffentlicht von Hesses dritter
Frau Ninon (»Kindheit und Jugend vor Neunzehnhundert« Bd.
I,265 f.). Fünfzehn Jahre ist Hermann Hesse alt, als er – umge-
trieben von seinem Kindheitstraum, »entweder Dichter oder gar
nichts (zu) werden« (VI,393f.) – nach einem einjährigen Kampf
gegen Lehrer, Pfarrer, Ärzte und Anstaltsdirektoren psychisch
schwer angeschlagen, diesen Brief an seinen Vater schreibt:
11. September 1892. Ein langer Brief, der in seiner Wucht und

Wut, seiner Verwegenheit und Verzweiflung, seiner Ohnmacht und Rebellion eine einzigartige Abrechnung mit dem Pietismus seiner Eltern darstellt, frommen Christen, die aber ihn, Hermann Hesse, nur deshalb gewaltsam in die Heilanstalt gebracht hätten, um ihn los zu sein und ihm den Willen zu brechen! Er aber wollte nicht gehorchen: »Ich gehorche nicht und werde nicht gehorchen« (vom Briefschreiber unterstrichen, Bd. II, 261). Er erlaube sich – wie er schrieb – »gegen Euren Willen und meine 15 Jahre eine Ansicht zu haben«.

Wahrhaftig: Zielsicherer kann man traditionelle christliche Frömmigkeit nicht entlarven, provozieren und diskreditieren, als wenn man wie Hesse das Christsein gegen das Menschsein stellt, als wenn man Welt *und* Gott für Traum und Wahn erklärt und den Verrat einklagt, den das Christentum an Christus immer wieder begangen habe – nach der Devise: Wenn Christus das sehen könnte...! Direkt gefragt: Ein Fünfzehnjähriger – auf dem Sprung, ein großer Religionskritiker zu werden? Fluch dem Christentum in der Nachfolge Nietzsches? Hermann Hesse auf dem Weg des Abschieds von Religion, Christentum und Kirche? Die Frage deshalb: Welchen Weg ist er gegangen, er, der schwäbisch-kleinbürgerliche Missionarssohn, der von dem nur zwei Jahre früher geborenen Lübecker Patriziersohn Thomas Mann so sehr verschieden und ihm doch wieder – als schulischer Versager, Ausreißer und Außenseiter – so sehr verwandt war. Wie bei Thomas Mann, so ist nun auch bei Hermann Hesse meine Fragerichtung ökumenisch-theologisch, mein Frageinteresse zeitgenössisch-existentiell, meine Fragestellung paradigmatisch-grundsätzlich: Es geht um Religiosität dieses Zeugen unseres Jahrhunderts inmitten der Zeitenwende. Und nicht weniger als Thomas Mann verdient Hermann Hesse dabei eine kritisch-solidarische *Interpretatio benigna.*

Auch dieser Hermann Hesse war von Anfang an ein höchst eigenwilliger *Einzelgänger:* als Schriftsteller noch mehr als Thomas Mann auf die Innenbereiche seines Ich, sein intimes Erleben, seine persönliche Lebensgeschichte konzentriert und dabei immer wieder auf neue Erfahrungen aus. Sein ganzes literarisches

Gestalten war eine immer wieder neu aufgenommene hochpsychologische Selbstdarstellung, Selbstbeobachtung, Selbstanalyse, ja Selbstverwirklichung. Seine Werke – so sein Biograph Bernhard Zeller, an den man sich neben Hesses Eigenaussagen für die Lebensgeschichte füglich halten kann – stellen »Fragmente eines großen Selbstportraits, Bruchstücke eigener Konfession« (S. 8) dar.

Dieser Hermann Hesse, der selber als urteilssicherer Rezensent (über 3000 Rezensionen) und Herausgeber (klassischer und romantischer Werke und Anthologien) ständig für die Werke anderer eingetreten war, sah sich den wechselnden Moden und Meinungen der offiziellen Literaturkritik erheblich mehr ausgesetzt als Thomas Mann. Zu Recht spricht der kundige Joachim Kaiser von »hübschen Indizien schlecht verdrängter Hesse-Abneigung« (S. 62). Der besonders stark in Zeiten der Krise und der Neubesinnung (so nach dem Ersten und Zweiten Weltkrieg in Europa oder nach dem Vietnamkrieg in Amerika) gelesen wurde, war schon in seinen Frühwerken etwas anderes als ein verträumter Heimatschriftsteller und esoterischer Idylliker. Und wiewohl er äußerlich unbehelligt in Schwaben oder in der Schweiz wohnte, erscheint sein literarischer Weg sehr viel stärker von Brüchen gekennzeichnet als der von Thomas Mann: der Horizont der Werke erweitert sich nicht Stück um Stück; jedes Buch scheint vielmehr die Antithese zum früheren, ja, es scheinen sich bei Hesse ruhig-introvertierte-meditative Phasen mit wild-extravertierten-extravaganten abzuwechseln. Eines freilich hält dieses Werk zusammen: Erzählt wird stets der Weg eines einzelnen, der *für den einzelnen kämpft:* für das gebrechliche Individuum gegen die Mächte des Staates, der Schule, der Kirchen, der Kollektive verschiedenster Art.

Wir fragen nun zunächst: Was waren Hesses *Lebensoptionen* auf seinem Weg, welche waren seine geistigen *Lebensstationen?* Auch Hesses Lebensspanne (nach der Pubertäts- und frühen Glaubenskrise) umfaßt ja zwei große historische Epochen, ist zerschnitten durch die große weltpolitische Krise um den Ersten Weltkrieg, die mit einer zutiefst persönlichen Krise zusammenfällt. Es empfiehlt sich deshalb auch hier, die verschiedenen Optionen Hesses in historisch-systematischen Gedankenschritten zu umschreiben. Literarische Urteile über Hesse – und sie gibt es in allen Variationen zwischen »Hosianna« und »Kreuziget ihn« – überlasse ich dem Literaten. Mein Thema ist Religion und Christentum im Spiegel von Hesses Leben und Werk, und da ist merkwürdig: die Sekundärliteratur zu Hesse ist zwar immens; doch zu unserer Problematik gibt es seit der Studie von Gerhart Mayer 1956 kaum Neues mehr. Hesse gegenüber scheinen die meisten Theologen dogmatisch befangen, die meisten Germanisten aber religionsscheu-hilflos ...

Der christliche Weg zu Gott verbaut

Eines kann dabei von vornherein gesagt werden: wie Thomas Mann ein *Repräsentant der bürgerlichen Spätmoderne*, die, ruhend auf Besitz und Bildung, allem Religiösen reserviert und distanziert gegenübersteht – dies war Hermann Hesse nun gerade *nicht*. Gewiß: Hesse bekennt später in seinem »Glaubensbekenntnis«, an das wir uns für unsere Analyse zunächst halten (»Mein Glaube« 1931), angesichts seiner kurzen, aber intensiven »nihilistischen« Pubertätsphase doch wohl etwas allzu verklärend: »Ich habe nie ohne Religion gelebt, und könnte keinen Tag ohne sie leben ...« (X,73). Aber gleichzeitig steht fest: Hesse war ein Kind und Enkel treuer Protestanten, und dies nicht im Sinn einer liberalen Konventionsreligion. Hesses Vater war nicht wie der Senator Mann Schopenhauer-gläubig, sondern christlicher Missionar, Redakteur und Leiter eines evangelischen Missionsverlags; seine Mutter war eine nicht nur geistig rege, sondern auch glaubensstarke Persönlichkeit, die, wiewohl zwischen Vater und Sohn vermittelnd, diesen in seinem Eigen-Sinn allerdings schon früh nicht mehr verstand. Nein, in dieser Familie hielt niemand etwas von jenem neuzeitlich angepaßten diesseitig-verweltlichten Kulturprotestantismus und jener neumodisch-kritischen Theologie, wie sie im letzten Jahrhundert in Mode gekommen waren. »Modern«, das wollte man nun gerade nicht sein.

Bot vielleicht der *römische Katholizismus* eine Alternative? Wohl kaum. Von dessen mittelalterlich-restaurativ orientierter Festungsmentalität, die den neuen Weltantriebskräften der Reformation und der Aufklärung nur Widerstand entgegensetzte, hielt man in Hesses Familie ebenfalls nichts. Gewiß: Wir wissen von Hesse selbst, daß er in früheren Jahren – angesichts der Zerrissenheit und des Nationalismus der protestantischen Sonderkirchen – oft »mit einiger Verehrung und einigem Neid zur römisch-katholischen Kirche hinüber« geblickt hatte (X,73). Gelegentlich hatte er den Katholiken um die Möglichkeit beneidet, »sein Gebet vor einem Altar zu sprechen statt in dem oft so engen Kämmerlein, und seine Beichte in das Loch eines Beichtstuhles hinein zu sagen, statt sie immer nur der Ironie der einsamen Selbstkritik auszusetzen« (X,74). Und seine »Protestantensehnsucht nach fester Form, nach Tradition, nach Sichtbarwerdung des Geistes« half ihm auch später noch, ähnlich wie Thomas Manns »Verehrung für dies größte kulturelle Gebilde des Abendlandes aufrechtzuerhalten« (X,73). Aber, ganz anders als Thomas Mann konnte Hesse im gleichen Atemzug kompromißlos sagen: »Diese bewundernswerte katholische Kirche ist mir nur in der Distanz so verehrungswürdig, und sobald ich ihr nähertrete, riecht sie wie jede menschliche Gestaltung sehr nach Blut und Gewalt, nach Politik und Gemeinheit« (X,73 f.). Nein, um eine Papstaudienz hätte er, der vielfache Italienreisende und Wahltessiner, auch in seinem Alter nie nachgesucht.

Offenkundig ist somit: Hermann Hesses Religiosität hat ihre Wurzeln weder im mittelalterlichen römisch-katholischen noch im bürgerlich-modern-protestantischen Grundmodell von Christentum. Wo dann? Unzweideutig im *protestantisch-pietistischen*. In den vorausgegangenen Jahrhunderten war ja das mittelalterliche Paradigma von Christenheit zum gegenreformatorischen und dann zum antimodernistischen degeneriert. Doch gleichzeitig: auch das evangelisch-reformatorische Paradigma war zum protestantisch-orthodoxen erstarrt und schließlich zum protestantisch-pietistischen privatisiert worden. Hesse hatte völlig durchschaut, daß im überkommenen Pietismus eine von der

Geschichte völlig *überholte Konstellation* von Christentum wei-
terlebte. Er habe das Christentum in einer »starren«, in sein Leben »einschneidenden Form« kennengelernt, »in einer schwachen und vergänglichen Form«, die schon heute überlebt und
beinahe verschwunden sei: »Ich lernte es kennen als pietistisch
gefärbten Protestantismus, und das Erlebnis war tief und stark;
denn das Leben meiner Voreltern und Eltern war ganz und gar
vom Reich Gottes her bestimmt und stand in dessen Dienst«
(X, 70 f.). Man beachte dabei: Hermann Hesse bestreitet dem tra-
ditionalistischen Glauben keineswegs den christlichen Ernst; er
wirft den Pietisten nicht etwa Heuchelei vor, im Gegenteil: »Daß
Menschen ihr Leben als Lehen von Gott ansehen und es nicht in
egoistischem Trieb, sondern als Dienst und Opfer vor Gott zu leben suchen, dies größte Erlebnis und Erbe meiner Kindheit hat
mein Leben stark beeinflußt. Ich habe die ›Welt‹ und die Welt-
leute nie ganz ernst genommen, und tue es mit den Jahren immer
weniger« (X,71).
Und doch folgt auch hier das große Aber: »Aber so groß und edel
dies Christentum meiner Eltern als gelebtes Leben, als Dienst
und Opfer, als Gemeinschaft und Aufgabe war – die konfessio-
nellen und zum Teil sektiererischen Formen, in denen wir Kinder
es kennenlernten, wurden mir schon sehr früh verdächtig und
zum Teil ganz unausstehlich. Es wurden da manche Sprüche und
Verse gesagt und gesungen, die schon den Dichter in mir beleidigten, und es blieb mir, als die erste Kindheit zu Ende war, keineswegs verborgen, wie sehr Menschen wie mein Vater und
Großvater darunter litten und sich damit plagten, daß sie nicht
wie die Katholiken ein festgelegtes Bekenntnis und Dogma hatten, nicht ein echtes, bewährtes Ritual, nicht eine echte, wirkliche Kirche« (X,71).
Kann man nach alldem nicht verstehen, daß Hermann Hesse
trotz aller Schwierigkeiten lapidar behauptete, er »habe nie ohne
Religion gelebt, und könnte keinen Tag ohne sie leben«? Kann
man nicht begreifen, daß er dann ebenso lapidar weiterfährt:
»...aber ich bin mein Leben lang ohne Kirche ausgekommen«
(X,73)? Läßt sich bestreiten, daß die »sogenannte ›protestanti-

sche‹ Kirche« für Hermann Hesse gar »nicht existierte«? Warum? Weil für Hesse wirklich nur »eine Menge kleiner Landeskirchen« existierte, untereinander zerfallen. Ja, er fand, daß die Geschichte dieser Kirchen und ihrer Oberhäupter, der protestantischen Fürsten, um »nichts edler« gewesen sei als die »der geschmähten päpstlichen Kirche«, ja, daß sich »beinahe alles wirkliche Christentum, nahezu alle wirkliche Hingabe an das Reich Gottes nicht in diesen langweiligen Winkelkirchen« vollzogen, sondern »in noch winkligeren, aber dafür durchglühten, aufgerüttelten Konventikeln von zweifelhafter und vergänglicher Form« (X,71). Dies alles sei für ihn »schon in ziemlich früher Jugend kein Geheimnis mehr« gewesen! Und die sonntäglichen Gottesdienste, der Konfirmandenunterricht, die Kinderlehre? »An Erlebnis« hätten sie ihm nichts gebracht (X,72). Hermann Hesses *vernichtendes Urteil über die Kirche:* »Ich habe auch tatsächlich während meiner ganzen christlichen Jugend von der Kirche keinerlei religiöse Erlebnisse gehabt« (X,72). Ein betroffen machender Tatbestand: Es sei ihm – so Hesse – »der christliche Weg zu Gott verbaut gewesen, durch eine strengfromme Erziehung, durch die Lächerlichkeit und Zänkerei der Theologie, durch die Langeweile und gähnende Öde der Kirche, und so weiter«. Die Folge? »Ich suchte also Gott auf anderen Wegen...« (MG 92).

Man braucht nur den psychologisch einfühlsamen Schülerroman »Unterm Rad« (1906) zu lesen, um zu wissen, was Hesse konkret vor Augen hatte. Dieser Roman vom Musterknaben Hans Giebenrath und dessen schöngeistigem, rebellischem Freund Hermann Heilner (Hermann Hesses beide psychologischen Pole!), dieser romanhaft verkleidete Tatsachenbericht ist eine einzige Anklage gegen jene Mächte, denen der junge Hermann Hesse selber – zweifellos von Anfang an ein schwieriges, eigensinniges, trotziges Kind – mitten in der Pubertätskrise beinahe erlegen wäre: der autoritären Lehrer- und Pfarrerschaft in einer Schule, die jede schöpferische Individualität unterdrückte, um fleißige, gehorsame und fromme Untertanen heranzuzüchten. Keine Diskussion: Wer sich nicht unterordnete, kam »unters Rad«. Unter das Rad einer kirchlichen Zuchtanstalt, der sich Hesse nach anfänglichem Wohlergehen ebenso wie der Held dieses Romans nur durch Flucht entziehen konnte. So wirklich geschehen am 7. März 1892. Und selbst der jüngere Blumhardt, Christoph, Leiter des pietistischen Erweckungszentrums Bad Boll und charismatischer Heiler, konnte dort einen Selbstmordversuch des fünfzehnjährigen Schülers aus Calw nicht verhindern. Weder das Elternhaus noch eine andere Schule, noch schließlich die Heilanstalt für Schwachsinnige konnten dem Verstörten, ja Gestörten wirklich helfen...

Während sich der herangewachsene Thomas Mann in München, Rom, Palästina und wieder in München ein ungebundenes Literatenleben leisten konnte, muß Hermann Hesse, aus der Anstalt schließlich herausgeholt – nach gescheiterten Versuchen im Gymnasium Bad Cannstatt und in einer nur drei Tage dauernden Esslinger Buchhändlerlehre –, sich schließlich doch der harten Schule des Berufslebens unterziehen: zuerst eine Mechanikerlehre (in der Calwer Turmuhrenfabrik 1894-95), dann einer Buchhändlerlehre in *Tübingen* (bei Heckenhauer 1895-98). Er hatte einsehen müssen: Ohne den Umweg über einen *konkreten Beruf* führt kein Weg zum Dichter. Er versöhnte sich mit seinen Eltern, ohne seine Überzeugungen preiszugeben, und nützte jede freie Minute für sich. Jetzt konnte, wollte er nichts als lesen; jetzt konnte und wollte er an die Kenntnis der Weltliteratur – von der Bibel, Homer und Vergil über Dante bis zu Goethe, den Romantikern, den großen Franzosen, Engländern und Russen – nachholen, was er einst versäumt hatte. Auch er ein Autodidakt, konnte er jetzt endlich, ohne in Konflikt mit der Umwelt zu geraten, seiner literarischen Neigung nachgehen: Lyrik und Prosa entsteht, schwermütig zunächst, introvertiert, ganz und gar lebensfremd. Doch mit den auf eigene Kosten gedruckten »Romantischen Liedern« und dem Prosawerklein »Eine Stunde nach Mitternacht« (1899: Thomas Mann ist zur gleichen Zeit Redakteur am »Simplicissimus« und schreibt an den »Buddenbrooks«) beginnt sich Hermann Hesses dichterisches Ich auszubilden. Doch je länger, desto mehr: Tübingen ist ihm zu eng. Er wollte entweder das Meer oder das Hochgebirge kennenlernen. Um eine Basis für seine Schriftstellerei zu bekommen, nimmt Hesse eine Buchhändler- und Antiquariatsstelle an – in *Basel*. Bildende Kunst und Geschichte beginnen ihn intensiv zu beschäftigen, ausgelöst von der Faszination durch den großen Jakob Burckhardt; mit bedeutenden Kunsthistorikern und Geschichtsschreibern wie Wölfflin, Bertholet und Johannes Haller hat er Kontakt. Seine Sturm-und-Drang-Periode habe er nun hinter sich, meint er jetzt; psychologisch und auch religiös habe er sich aufgefangen. Es war eine Konsolidierung auf Kosten des Pietismus. Denn nicht mehr das biblische Gottesverständnis seiner Eltern, sondern ein *ästhetisierend-pantheistischer Glaube* an das Schöne und die Kunst, an eine ewige Reinheit, die Kraft des Geistes, eine sittliche Weltordnung bestimmte nun seine Religiosität. Und über Geschichte und Philosophie hinaus beschäftigen ihn nun zunehmend die eigene Psyche innen und die Natur draußen, die nun – auf Wanderungen durch die Schweiz hin – der große Gegenstand seiner poetischen Meditationen sein werden.

Der letzte Ritter der Romantik?

War Hermann Hesse »der letzte Ritter aus dem glanzvollen Zuge der Romantik«, wie mit dem Blick auf die Frühwerke sein Freund Hugo Ball später in seiner grundlegenden Biographie (1927) schrieb (S. 26)? Das ist durchaus fraglich. Denn Hesse verstand sich trotz seiner Revolte gegen jegliche Art von Repression zwar nie als typischer »Moderner«, doch als ein später Nachfahre der Romantik wollte er sich ebenfalls nicht sehen. Ohnehin waren ihm nicht die Romantiker, sondern Goethe wichtigster Lehrmeister: Lebensvorbild und literarischer Maßstab. »Im übrigen will ich alles sein«, schreibt er an seinen Cannstatter Lehrer und Freund Dr. Ernst Kapff im April 1896 aus Tübingen, »nur kein Romantiker« (»Kindheit und Jugend« Bd. II,996). Später, besonders nach der Lektüre des vorwärtsblickenden Frühromantikers Novalis, urteilt er differenzierter. Klar jedenfalls ist: Hesse sehnt

167

sich nicht wie die *Spät*romatiker nach dem Vergangenen, Unsichtbaren, Jenseitigen. In seinen literarischen Versuchen möchte er *Gegenwart und Zukunft* zugleich poetisch realisieren! Und so hat für diese *erste, »schwäbische« Phase* des heranwachsenden Dichters Erich Ruprecht (1978) – Theodor Ziolkowskis Unterscheidung zwischen »historical Romanticism« und »typical Romanticism« (1965) aufnehmend – richtig unterschieden: Hesse hat die historische Romantik nicht unmittelbar fortgesetzt, wohl aber hatte die Romantik »an entscheidenden Stellen seines Werkes initiierende Bedeutung« (S. 67): Dem Geist romantischer Haltung und Denkweise entsprangen nicht nur seine Künstler- und Ehegeschichten, sondern auch seine Naturschilderungen.

Neben dem schwäbischen Pietismus gibt es also einen *zweiten* großen Strom, der Hesses Religion prägen sollte: die *romantische Naturfrömmigkeit*, bei der die Natur – sei es eine Blume, ein Baum oder ein Berg – zum Gleichnis menschlicher Existenz werden kann. Dabei ist Hesses Sprache nicht auf parodistische Ironie aus wie die Thomas Manns, sondern auf Verinnerlichung, aufs innere Leben, das eigene Ich. Und wie schon Novalis oder Eichendorff, so wollte auch der Epiker und Lyriker Hesse nicht nur geistvoll Sätze konstruieren und Poesie machen, sondern Musikalität erzeugen: mit dem verlockenden Instrument der deutschen Sprache. Wiewohl nicht weniger reflektiert, geschliffen und ausgereift als die Sprache Thomas Manns, erscheint Hermann Hesses Sprache einfacher, ungekünstelter, eingängiger, meditativer, kurz, musikalischer.

Soviel ist deutlich geworden: Das erste und brennendste von Hesses Problemen »war nie der Staat, die Gesellschaft oder die Kirche, sondern der einzelne Mensch, die Persönlichkeit, das einmalige, nicht normierte Individuum«; es war auch nicht – bei allem Protest gegen Autoritäten, Bürgerlichkeit, Konsum und Profit – die »Gemeinschaft, Kameraderie und Einordnung« wie in der ihm allzu treuherzig biederen oder lärmend selbstbewußten Jugendbewegung der Wandervögel und Bünde; es war vielmehr *der einzelne, der »eigensinnig nur seinen eigenen Weg gehen«*, der »nicht mitlaufen und sich anpassen«, wohl aber »in seiner eigenen Seele Natur und Welt spiegeln und in neuen Bildern erleben« will (XI,26). Den »Anfang dieses roten Fadens«, der – so Hesse selbst – durch sein ganzes Werk gehe, sieht der Dichter in dem schon zwei Jahre früher (vor »Unterm Rad«) veröffentlichten, am »Grünen Heinrich« Gottfried Kellers orientierten Bildungsroman »Peter Camenzind« (1904). Er wird wie Thomas Manns »Buddenbrooks« (1901) vom berühmten Verleger Samuel Fischer angeregt und herausgegeben, und verschafft Hesse den ersten großen Bucherfolg (in fünf Jahren 50 000 Exemplare; 1924 schon 115 000; 1970: 540 000). Sein Kindheitstraum ist erfüllt: Er ist jetzt – selbst in seiner Heimat Calw spricht sich dies herum – ein anerkannter Dichter.

Peter Camenzind, der Titelheld, ein naiver, traumverlorener Innerschweizer Naturbursche, studiert in Zürich, schriftstellert, reist, bildet und emanzipiert sich und wird in Basel zum mäßig erfolgreichen Publizisten, ein »Taugenichts«, der einmal den großen Naturroman seines Lebens schreiben will. Doch die unerwiderte Liebe zu einer italienischen Malerin, der tödliche Badeunfall seines Freundes, die wiederum unerfüllt bleibende Liebe zur Baslerin Elisabeth und die unbefriedigende publizistische Tätigkeit treiben ihn in Resignation und Weltabkehr. Das Ende? Vom gesellschaftlichen Leben enttäuscht, findet er in der Pflege eines Krüppels ein erfülltes Leben und zieht sich endlich ins einfache Leben seiner heimischen Bergwelt zurück.

Ist dieses in lyrisch-melancholischer Grundstimmung und in eigenartig rhythmischer Sprache geschriebene Buch mit seinen unvergleichlichen Schilderungen der Berge, Wolken und Bäume nur, wie die Kritik gemeint hat, Reflex eines antizivilisatorischen Affekts? Eines Affekts obendrein, der angesichts der zu Beginn unseres Jahrhunderts beschleunigten Modernisierung, Urbanisierung und Industrialisierung doch reichlich anachronistisch-illusionäre Züge trägt? Doch am Ende unseres Jahrhunderts, angesichts der sich überschlagenden Modernisierung, der Umweltverschmutzung, des faschistischen Terrors, der Katastrophen und Kriege – alles von Hesse schon erstaunlich frühzeitig gesichtet – sowie der durch sie provozierten Ökologie- und Friedensbewegung wird man mit solcher Kritik vorsichtig sein. Wie aktuell klingt es doch, wenn Camenzind als »Einsamer und Schwerlebiger« sagt: »Ich wollte erreichen, daß ihr euch schämet, von ausländischen Kriegen, von Mode, Klatsch, Literatur und Künsten mehr zu wissen als vom Frühling, der vor euren Städten sein unbändiges Treiben entfaltet, und als vom Strom, der unter euren Brücken hinfließt, und von den Wäldern und herrlichen Wiesen, durch welche eure Eisenbahn rennt« (I,453).

Hermann Hesse, so ganz anders orientiert als der hyperintellektuelle Thomas Mann, bekennt sich in diesem Roman zum Naiven, Natürlichen, Unberührten. Er überwindet damit jenen poetischen Pantheismus und wirklichkeitsfernen impressionistischverfeinerten Ästhetizismus, der sich ein Künstler-Traumreich – »Inseln der Schönheit« – fern der Tagwelt schafft und den er in seinen frühesten Tübinger Veröffentlichungen, ja zum Teil auch noch in den »Hinterlassenen Schriften und Gedichten des Hermann Lauscher« (1901 in Basel erschienen) vertreten hatte. Doch worauf beruft sich der Schriftsteller nun im »Camenzind« für seine Naturfrömmigkeit, die in den Stimmen und Tönen der Natur »die Sprache Gottes« vernimmt, »wie sie nie über eines Menschen Lippen kam« (I,351)? Auf Spinoza vielleicht, Giordano Bruno oder Goethe? Nein, erstaunlich genug, auf die Bibel, auf jenes »wunderbare Wort vom ›unaussprechlichen Seufzen‹ der Kreatur« (I,433), und vor allem auf seinen »Liebling unter den Menschen, *Franz von Assisi*, den seligsten und göttlichsten unter den Heiligen« (I,386). Wie ein (freilich mystisch verstärktes) Echo auf den Sonnengesang des »Poverello«, dem Hesse eine eigene kleine biographische Schrift widmete, klingt das Gedicht »Spruch« (entstanden 1908), in dem Hesse den Kreislauf von Sterben und Auferstehen der Natur zum Gleichnis menschlicher Existenz macht:

> So mußt du allen Dingen
> Bruder und Schwester sein,
> Daß sie dich ganz durchdringen
> Daß du nicht scheidest Mein und Dein.

Kein Stern, kein Laub soll fallen –
Du mußt mit ihm vergehn!
So wirst du auch mit allen
Allstündlich auferstehn. (I,31)

Keine Frage, daß Hermann Hesse sich in einer Gestalt wie Franz
von Assisi selber mitporträtierte und geheime Affinitäten zwischen damals und heute erkennen läßt. War nicht auch Franz ein
Mann der Lebenskrisen, der qualvollen Unruhe, der Suche nach
religiöser Erfüllung? Ging nicht auch Franz seinen eigenen un-
bürgerlichen Weg (»Wenn das einer heute tun wollte, wäre er
verrückt«! XI,119)? Fand nicht auch Franz »den schlichten Weg
zu Gott zurück« (XI,118)? Und der »geheimnisvolle Zauber, den
Franz noch heute und auch auf religiös Indifferente« ausübt? Besteht er nicht »in diesem tiefen Naturgefühl«? Und ist dieses
»dankbar freudige Lebensgefühl, mit dem er alle Kräfte und Ge-
schöpfe der sichtbaren Welt als verbrüdert und ihm verwandte
Wesen begrüßt und liebt«, nicht »frei von jeder kirchlich gefärbten Symbolik und gehört in seiner zeitlosen Menschlichkeit und
Schönheit zu den merkwürdigsten und edelsten Erscheinungen
jener ganzen spätmittelalterlichen Welt« (XI,120)?
Wir fragen weiter: Ist das alles nur verbale, in Wirklichkeit fol-
genlose Franz-von-Assisi-Schwärmerei? Nein, noch im Jahre des
Erscheinens von »Peter Camenzind« gibt Hermann Hesse seinen
Antiquariatsberuf auf und zieht sich, verheiratet jetzt mit der
Baslerin Maria Bernoulli, ins badische Gaienhofen am Bodensee
zurück: in ein ärmliches Bauernhaus. Seinem Leben versuchte er
so Richtung und Festigkeit zu geben, doch die Krise war noch keineswegs überwunden. Im Gegenteil: Zu vieles war unbereinigt
geblieben, zu vieles war noch verdrängt. Zwar ist die literarische
Produktion in Gaienhofen immens: Gedichte und Erzählungen
entstehen (neben dem Roman »Gertrud« über Künstlertum,
Freundschaft und Liebe die Bände »Diesseits«, »Nachbarn«,
»Umwege«); Buchbesprechung, Literaturberichte und Anthologien werden publiziert; Hesse engagiert sich für Zeitschriften,
mit öffentlichen Vorträgen und spürt zunehmend die Last einer

sich ständig ausweitenden Korrespondenz. Zwar pflegt er zahlreiche Verbindungen mit Freunden, Literaten, Malern und vor allem Musikern (Othmar Schoeck, Ferrucio Busoni, Edwin Fischer). Aber: das Bauerspielen in franziskanisch-ländlicher Einfachheit war in Wahrheit alles andere als ein Spiel. Es war harte Pflicht geworden und belastete Hesse zunehmend. Die um neun Jahre ältere Ehefrau, wiewohl Tochter aus dem altbaslerischen Mathematikergeschlecht der Bernoulli, vermochte seinem intellektuellen Ehrgeiz nicht zu folgen und ertrug nur schlecht Gesellschaft und Feste; die Ehe wurde – drei Kinder waren mittlerweile geboren – zunehmend schwierig.

Die persönlich-private und die weltpolitische Krise

Hesse versucht sich alldem zu entziehen; immer häufiger ist er zu Vortrags- und Bildungsreisen fort: mit Freunden nach Italien vor allem. Aber auch eine Reise nach »Indien« (1911) – genauer nach Ceylon, Penang, Singapur und Sumatra – wird gewagt, endet aber mit einer Enttäuschung; von mystischen Erlebnissen, inspiriert von alter indischer Religiosität, keine Spur. 1912 zieht die Familie um nach Bern – auch dies umsonst: Die Musiker-Erzählung »*Rosshalde*«, so der Name ihres Heims, wird zum Gleichnis für das Welken und Sterben einer Ehe. Nein, nicht in einer »falschen Wahl« sah Hesse das Problem, sondern tiefer in »der ›Künstlerehe‹ überhaupt«: »...ob überhaupt ein Künstler oder Denker, ein Mann, der das Leben nicht nur instinktiv leben, sondern vor allem möglichst objektiv betrachten und darstellen will –, ob so einer überhaupt zur Ehe fähig sei« (X,30). Es war die alte Dichotomie, die auch Thomas Manns Leben bestimmt hatte: Mensch und Bürger einerseits, Dichter und Künstler andererseits.

Doch es sollte noch schlimmer kommen: Die private, persönliche Krise seiner Ehe wird schließlich überlagert und verstärkt durch eine politisch-gesellschaftliche Krise wahrhaft epochalen Ausmaßes: den Ausbruch des *Ersten Weltkriegs*, der Hermann Hesse den Übergang vom literarischen Ästhetizismus zum politischen Engagement abfordert. Ganz anders als Thomas Mann, ganz anders auch als die gegen hundert Theologen und andere prominente Wissenschaftler, die 1914 den Krieg durch eine feierliche Erklärung öffentlich absegnen, schlägt sich Hermann Hesse schon im November 1914 auf die Seite der Kriegsgegner. Vorbei die Zeit eines unpolitischen Ästhetisierens: »*O Freunde, nicht diese Töne*« war der Titel seines aufsehenerregenden politischen Aufsatzes in der »Neuen Zürcher Zeitung« vom 3. November 1914 gegen Nationalismus und Kriegspsychose. Eines der ganz seltenen Plädoyers deutscher Intellektueller aus dieser Zeit für Humanität, für übernationale Menschlichkeit. Es sei Aufgabe gerade der Forscher, Lehrer, Künstler, Literaten und Journalisten, legt Hermann Hesse dar, statt Haßartikel und blutige Schlachtgesänge zu verfassen, am »Werk des Friedens und der Menschheit« weiterzuarbeiten (X,411) und »zu Gerechtigkeit, Mäßigung, Anstand, Menschenliebe« zu mahnen (X,415): »Daß Liebe höher sei als Haß, Verständnis höher als Zorn, Friede edler als Krieg, das muß ja eben dieser unselige Weltkrieg uns tiefer einbrennen, als wir es je gefühlt. Wo wäre sonst sein Nutzen?« (X,416).

Nein, Hesse will sich vor nichts drücken: Wiewohl schon zwei Jahre vor Kriegsausbruch in der Schweiz, verweigert er als deutscher Staatsbürger den Militärdienst nicht, wird aber aus gesundheitlichen Gründen abgewiesen. So stellt er sich freiwillig in den Dienst der Gefangenenfürsorge, leitet (mit Richard Woltereck) von 1915 bis 1919 die Berner Bücherzentrale für deutsche Kriegsgefangene, die Tausende von Bücherpaketen nach Frankreich schickt. Auch redigiert er drei Jahre lang den »Sonntagsboten für deutsche Kriegsgefangene« in aller Welt, dann anderthalb Jahre die »Deutsche Interniertenzeitung«. Doch je länger, desto deutlicher mahnt er öffentlich zum Frieden: »An einen Staatsminister«, »Soll Friede werden?«, »Wenn der Krieg noch zwei Jahre dauert« (alle 1917), »Krieg und Frieden«, »Weltgeschichte« (1918). Seine ständig wiederholten Parolen: »Du sollst nicht töten«, »Liebe«, »Menschlichkeit«. In der deutschen

Presse wird er als »Gesinnungslump« und »Vaterlandsverräter« gebrandmarkt, privat von bösen Briefen überschüttet. Theodor Heuss ist einer der wenigen, die öffentlich für ihn einzutreten wagen. Dafür gewinnt er fürs Leben die ungewöhnliche Freundschaft eines ebenfalls für den Frieden kämpfenden französischen Schriftstellers, jenes Weltbürgers zwischen Frankreich und Deutschland, Romain Rolland, der 1915, mitten im Krieg, den Nobelpreis für Literatur erhalten sollte.

1918 das Kriegsende: eine *neue politische Moralität*, gegründet in der innerlich freien Persönlichkeit, fordert Hermann Hesse jetzt. Wie viele wollten nach 1918 nicht einsehen, daß Deutschland den Krieg mitverschuldet und ihn wirklich verloren hatte, ja, daß eine ganze Weltepoche und ihr modernes nationalistisch-eurozentrisches Paradigma abgelaufen war! Wie anders tönte da Hesses (bewußt nietzscheanisch-pathetischer) Appell an die Jugend (»Zarathustras Wiederkehr«, im Januar 1919 in drei Tagen und Nächten niedergeschrieben) als etwa Thomas Manns gleichzeitige nationalistische »Bekenntnisse eines Unpolitischen«: »Ihr seid das frömmste Volk der Welt. Aber was für Götter hat eure Frömmigkeit sich erschaffen! Kaiser und Unteroffiziere! Und an ihrer Stelle nun diese neuen Weltbeglücker! – Möchtet ihr lernen, den Gott in euch selbst zu suchen!« (X,493).

Bezeichnend, was er einem verzweifelten jungen Deutschen schrieb, der nicht mehr wußte, ob es einen Gott gebe, ob das Leben und das Vaterland einen Sinn habe. Ihm antwortet Hesse im selben Jahr 1919, es sei ganz gut, daß er dies alles nicht mehr so genau wüßte. Hätte er doch noch vor fünf Jahren nur zu genau gewußt, ob und wie dieser Gott sei: »Er war vermutlich der Nationalgott unserer Konsistorialräte und Kriegsdichter, jener Gott, der sich ehrwürdig auf Kanonen stützt und dessen Lieblingsfarben Schwarz-Weiß-Rot sind«; »Hunderttausende von blutigen Schlachtopfern« seien ihm gebracht, »ihm zu Ehren hunderttausend Bäuche aufgerissen und hunderttausend Lungen zerfetzt« worden, und »während der blutigen Opfer« hätten daheim »die Priester, unsere Theologen, ihm ihre honorierten Loblieder« gesungen (X,461). Ja, Hesse fragte zurück: »Hat schon jemand es bedacht und sich darüber gewundert, wie unsere Theologen in diesen vier Kriegsjahren ihre eigene Religion, ihr eigenes Christentum zu Grab getragen haben? Sie dienten der Liebe und predigten den Haß, sie dienten der Menschheit und verwechselten die Menschheit mit der Behörde, von der sie ihr Gehalt beziehen« (X,461 f.). Deutlich wird: Auch hier hält Hesse ein Plädoyer für Humanität, radikalisiert durch die Aufforderung, die Schuld nicht immer nur bei den anderen zu suchen, sondern bei sich selbst: »Wieweit bin ich mitschuldig?... Wo ist der Punkt in mir, auf den die schlechte Presse, auf den der entartete Glaube an den nationalen Jehova, auf den alle diese so rasch zusammengebrochenen Irrtümer sich stützen konnten?« (X,463).

Fürwahr, Hermann Hesse hatte ihn erkannt, jenen Gott, der im nationalistisch-imperialistischen 19. Jahrhundert allen anderen Göttern der polytheistischen Moderne den Rang abgelaufen hatte und dessen Herrschaft durch den Ersten Weltkrieg zwar erschüttert, aber noch keineswegs gebrochen war: der *Gott Nation*. Mit diesem Krieg aber hatte er einen »Blick ins Chaos« getan. Leidenschaftlich beschwört Hesse jetzt Dostojewskis »Brüder Karamasow«, wo warnend bereits der Untergang Europas und eine Zeit der Amoralität angekündigt worden sei. Und einmal wach geworden, witterte er schon früh ein weiteres drohendes Unheil. Schon 1922 (!) nimmt Hesse in der von ihm mitbegründeten Zeitschrift »Vivos voco«, die sich ganz in den Dienst der deutschen Jugend und der Kinderfürsorge gestellt hatte, Stellung gegen »eine der häßlichsten und törichsten Formen jungdeutschen Nationalismus«: gegen »die blödsinnige, pathologische Judenfresserei der Hakenkreuzbarden und ihrer zahlreichen namentlich studentischen Anhänger«, die »für alle Mißstände einen Teufel« finden wollen (X,497). Freilich: Seine Schriftstellerei in den Dienst eines Programms zu stellen, verweigert er. Eine Mitarbeit innerhalb der württembergischen Landesregierung zur direkt-politischen Aufbauarbeit – was ja immer Tages- und Parteipolitik meint – lehnt Hesse 1918 ab. Sein Grund: »Mein Dienst und göttlicher Beruf ist der der Menschlichkeit. Aber Menschlichkeit und Politik schließen sich im Grunde immer aus. Beide sind nötig, aber beiden zugleich dienen ist kaum möglich. Politik fordert Partei, Menschlichkeit verbietet Partei« (Politik des Gewissens I,275).

Für Hesse persönlich bedeuteten die Kriegsjahre auch seelisch den *Tiefpunkt seines Lebens*. Im Gedicht »der Ausgestoßene« (im Bändchen »Musik des Einsamen«) fängt er seine trostlose Grundstimmung ein:

>»Jahre ohne Segen,
>Sturm auf allen Wegen,
>Nirgend Heimatland,
>Irrweg nur und Fehle!
>Schwer auf meiner Seele
>Lastet Gottes Hand.«

Was war passiert? Alles schien sich für ihn im Jahr 1916 zuzuspitzen mit dem Tod seines Vaters, mit der gefährlichen Erkrankung seines Jüngsten, mit dem Ausbruch einer Gemütskrankheit bei seiner Frau, ihrer zeitweiligen Einlieferung in eine Heilanstalt und schließlich mit seinem eigenen Zusammenbruch. Seine schwere Depression erfordert eine psychoanalytische Behandlung in einer Luzerner Privatklinik, wo der Jung-Schüler Dr. Josef Bernhard Lang und 1921 auch C. G. Jung selbst ihn in rund sechzig Sitzungen durch Erinnerungen, Träume und Assoziationen einen ganz persönlichen »Blick ins Chaos« tun lassen, in sein eigenes Unbewußtes und in all die verdrängten, unbewältigten Kindheitserlebnisse. Gerade dies aber bewirkt, für ihn persönlich, die Wende.

Der Gott der Psychoanalyse: Abraxas

Es kommt – nach seiner pubertären Glaubenskrise und seiner Rebellion gegen die repressive Umwelt – zur *zweiten großen Wandlung* in Hermann Hesses Leben. Nicht mehr zu umgehen war jetzt auch für ihn selbst »eine radikale Einkehr und Umkehr«

176

(XI, 45), ein Erkennen der Schuld am Leiden *in sich selbst*, in der ureigenen Unordnung: 1918 war sein Haushalt zusammengebrochen, an ein Zusammenleben mit seiner Frau war nicht mehr zu denken; die Kinder mußten in Pensionen oder bei Freunden untergebracht werden. 1919 erfolgen die Trennung und sein Umzug von Bern in das verschlafene Dorf Montagnola oberhalb Lugano – eine Befreiung, obgleich in ärmlichen Verhältnissen. Er berauscht sich im heißen Sommer 1919 am Leben in südlicher Vegetation, am tropisch schwelgenden Garten, »Klingsors Zaubergarten«: alles geschildert in der – an die Leidenschaftlichkeit, den Idealismus und das Märtyrertum van Goghs erinnernden – Erzählung von des Malers *»Klingsor letztem Sommer«* (1920). Zumindest für den Moment hatte Hesse ein neues Lebensgefühl und neue Schaffenskraft gewonnen. Seine literarische Arbeit (verbunden mit sehr viel Malerei) will er jetzt allem anderen voranstellen. Nicht als Bauer freilich versteht er sich, sondern als Nomade, nicht als Bewahrer, sondern als Sucher: »Der Weg der Erlösung führt nicht nach links und nicht nach rechts, er führt ins eigene Herz, und dort allein ist Gott, und dort allein ist Friede« (VI, 134). So versteht er seine »Wanderung« (1920).

Im selben Jahr war nun auch die noch in Bern entstandene Erzählung »Demian« unter dem Pseudonym Sinclair erschienen – das große Dokument des Umbruchs und Neubeginns. Ein Buch, das man die »Bibel der Jugendbewegung« genannt hat! Jetzt hat Hesse die innere Freiheit, sich von seinen früheren Arbeiten zu distanzieren. Im Vergleich mit dem »Demian« erscheint ihm alles Frühere jetzt als »schwäbisch-harmlose Erzählungen meiner Jugend«. Eine »gewisse Behaglichkeit und Nestwärme« habe »geopfert« werden müssen, »um die späteren Stufen zu erreichen« (XI,15). In der Tat: Unmittelbar nach dem Ersten Weltkrieg ist dieses Werk für viele ein Fanal: »Unvergeßlich ist die elektrisierende Wirkung, welche gleich nach dem Ersten Weltkrieg ›der Demian‹ jenes mysteriösen Sinclair hervorrief«, schrieb Thomas Mann in seiner Einleitung zur amerikanischen Fassung 1947, »eine Dichtung, die mit unheimlicher Genauigkeit den Nerv der Zeit traf und eine ganze Jugend, die wähnte, aus ihrer Mitte sei ihr ein Künder ihres tiefsten Lebens erstanden (während es ein schon Zweiundvierzigjähriger war, der ihr gab, was sie brauchte), zu dankbarem Entzücken hinriß« (XI,32).

Jetzt kann Hesse alle die Qualitäten seiner musikalischen Sprache und die Tiefgründigkeit seines Denkens voll entfalten: Wo Thomas Mann – in seinen Dichtungen als überlegen-distanzierter Erzähler höchst präsent – sich doch hinter Ironie, Hintersinnigkeit, Verkleidung und Verwandlung immer wieder neu raffiniert versteckt, da will Hermann Hesse, gerade indem er sich mit seinen kämpfenden, leidenden, wachsenden Gestalten offen identifiziert, immer wieder neu überzeugen durch die Richtigkeit, Aufrichtigkeit, Authentizität seiner Erlebnisse sowie die Einfachheit, Eingängigkeit, Reinheit seiner Sprache.

Gerade bei Hermann Hesse »Charakter« und »Kunst«, persönliche *Haltung* und Literatur gewordene *Sprache* einander entgegenzusetzen heißt den geistigen Rang dieses Menschen *und* Schriftstellers verkennen. Versteht er es doch, »in seiner Kunstprosa einen Ton herzustellen, der rettet, der wahrhaftig macht«, schreibt Joachim Kaiser und vergleicht Hesses einfache, aber nicht simplifizierende Sprache mit der großen, einfachen (nicht: naiven) Lyrik des Matthias Claudius: »Hermann Hesse aber war – jenseits seiner genial selbständigen bewunderungswürdig originellen, kritischen Aufspürfähigkeit, die ihn abseits der Trends zahlreiche Schriftsteller finden und preisen ließ, deren Rang die Literaturintellektuellen meist erst viel später erkannten (Robert Walser, Franz Kafka, Anna Seghers, Peter Weiss; im Jahr 1949 Arno Schmidt und so weiter) –, Hesse war ein vom flotten Jargon des neuzeitlichen Fühlens, Schreibens und Argumentierens so namenlos unbefleckter, unangekränkelter Mensch, daß in seiner Prosa, in seinen Sätzen Worte redlich und schön wirken, die sonst nicht so leicht jemand gebrauchen dürfte« (S. 64). Bei allen gelegentlichen Schwächen, Banalitäten und Harmlosigkeiten (Gegenstück zu Thomas Manns gelegentlicher stilistischer Überraffinesse und materialer Überfülle?): »Hesses Beispiel lehrt, wie die Integrität eines Charakters sogar im Kunstbezirk, wo sogenannte menschliche Werte gegenüber den Formforderungen der

Sache normalerweise nicht *zu Buche schlagen*, zu Büchern zu werden vermag. Er schuf sich einen Bezirk reiner Anschauung von rein Erfahrenem. Hermann Hesses Prosa ist große, manchmal verführerische Dichtung, weil ihr Schöpfer sich von niemandem und nichts verführen ließ« (S. 67 f.).

Bekanntlich sind im »Demian« die psychoanalytischen Erfahrungen Hesses und seine Lektüre von Jung und Freud literarisch verarbeitet: Hermann Hesse *auf dem Weg zu sich selbst* und gerade so zu einer neuen Sicht der Wirklichkeit überhaupt. Wegweisend wird zunehmend die *Psychoanalyse* – nach Pietismus und Romantik der *dritte* Grundfaktor in Hesses Dichterexistenz *und* Religiosität. Worauf kommt jetzt alles an? Nicht mehr nur auf Protest, Verweigerung und Analyse, sondern auf Ich-Werdung, Selbst-Werdung, Individuation. Jeder Mensch müsse er selbst *werden*, müsse den eigenen Weg vorwärts *in* sich selbst finden. Zu den eigenen irrationalen Tiefen müsse er Vertrauen entwickeln, müsse seine eigene Traumwelt erkunden, unterdrückte Vorstellungsinhalte entbinden, sein eigenes Schicksal erkennen und sein eigenes Leben leben, um der kleinen Gemeinschaft der Erwachenden, Erwachten, Gezeichneten, Furchtlosen anzugehören. Über die Tiefen des Unbewußten würde er so Zugang finden zum ewigen Urgrund allen Seins. Und so erzählt Hesse in der Geschichte des Schülers Emil Sinclair und seines Vorbildes Demian, eines Furchtlosen, eine geheimnisvolle Geschichte von Träumen, Bildern und Symbolen – alles mit dem Ziel erlösender Selbsterkenntnis, Selbstwerdung, Selbstverwirklichung: Wie der Vogel im Familienwappen sich aus der zertrümmerten Welteischale befreit, so muß der Sucher Sinclair seinen eigenen Gott finden. Doch welchen Gott?

Ja, wer ist dieser *Gott*, zu dem der Vogel fliegen soll? Unübersehbar ist: In dieser fundamentalen Frage hatte sich für Hesse ein Wandel vollzogen. Noch in jenen »Drei Geschichten aus dem Leben Knulps«, vor dem Ersten Weltkrieg entstanden, war Hesses Antwort auf die Lebenskrise seines Helden trotz allem vom christlichen Gott her gegeben worden: Der Aussteiger Knulp, wegen einer mißglückten Jugendliebe zu einem unsteten Vagabundenleben heruntergekommen, beklagt sich am Ende seiner gescheiterten Existenz in seiner wiedergefundenen Heimat Gott gegenüber »über die Zwecklosigkeit seines Lebens, und wie das hätte anders eingerichtet werden können, und warum dies und jenes so und nicht anders habe gehen müssen« (IV,521). Doch in diesem schwermütigen Buch, von den Wandervögeln der Vorkriegszeit sehr bewundert, kann Hesse dem Sterbenden in einer Vision bei dichtem Schneetreiben noch – ein ganz und gar ungewöhnliches Phänomen in der zeitgenössischen Literatur – Gott persönlich erscheinen lassen: »Sieh, Ich habe dich nicht anders brauchen können, als wie du bist. In Meinem Namen bist du gewandert und hast den seßhaften Leuten immer wieder ein wenig Heimweh nach Freiheit mitbringen müssen. In Meinem Namen hast du Dummheiten gemacht und dich verspotten lassen; Ich selber bin in dir verspottet und bin in dir geliebt worden. Du bist ja Mein Kind und Mein Bruder und ein Stück von Mir, und du hast nichts gekostet und nichts gelitten, was Ich nicht mit dir erlebt habe« (IV,524). Knulps letztes Wort: »Ja«, nickte er, »es ist alles, wie es sein soll« (IV,524). Das war doch ohne alle Zweifel im wesentlichen der gnädige *christliche Gott*, der hier die Antwort gab, die *alles* bejaht. »Denen, die Gott lieben«, der Paulusvers (Röm 8,28) darf hier assoziiert werden, »gereichen *alle* Dinge zum Guten (auch die negativen!)«. Doch mit dieser Geschichte, 1915 veröffentlicht, war Hermann Hesses »schwäbische Zeit« oder »bürgerliche Epoche« bekanntlich abgelaufen. Und jetzt, nach der großen Krise? Da ist alles ganz anders! Jetzt heißt – überraschend und für viele Leser ärgerlich – der Gott, zu dem der Vogel fliegen soll, der *Gott Abraxas*. Abraxas? Wer ist dieser Abraxas, von dem nur Kundige wissen, daß er ursprünglich ein vieldeutiges mythisches Symbol der alexandrinischen Gnosis war (für Basilides im zweiten nachchristlichen Jahrhundert der Herr der übersinnlichen Welt), dargestellt oft auf Gemmen mit einem Hahnenkopf und Schlangenfüßen: der Hahn – der Tagkünder und Dämonenvertreiber; die Schlange – das Symbol der Zeugung und der ewigen Verjüngung. So in der Gnosis. In Hesses »Demian« aber ist Abraxas das psychoanalytisch ver-

standene Traumsymbol, das nicht mehr und nicht weniger als das
»Zusammenfallen der Gegensätze« in Gott selbst, die »Einheit
im Zeichen der Polarität« (XI,33) impliziert: »eine Gottheit, wel-
che die symbolische Aufgabe« hat, nicht nur Menschliches und
Tierisches, Männliches und Weibliches, Mutter und Geliebte,
sondern auch »das Göttliche und das Teuflische zu vereinigen«
(V,92). Wer hatte diesen Einfall früher: Hermann Hesse oder
C. G. Jung, sein Psychotherapeut?

Erste Rückfrage: Ein ambivalenter Gott?

Eines ist sicher: C. G. Jung hatte Albrecht Dieterichs Werk
»Abraxas« (Leipzig 1891) studiert und hatte spätestens 1925 in
einem anonymen Privatdruck »Septem Sermones ad Mortuos«
den Abraxas hymnisch gepriesen: »Er ist die Liebe und ihr Mord,
er ist der Heilige und sein Verräter. Er ist das hellste Licht des Tages und die tiefste Nacht des Wahnsinns« (zit. v. M. Serrano,
S. 124–126). Erst 1952 hat er diese Lösung der uralten Theodi-
zeefrage in seinem Spätwerk »Antwort an Hiob« der Welt kund-
getan, merkwürdigerweise ohne den Namen Abraxas noch einmal zu nennen. Die Hemmungen waren berechtigt. Auch bei
Thomas Mann war diese Problematik ja ständig präsent, hatte
aber keine vereinfachende Lösung erfahren.
Für Hesse jedenfalls gilt: Eine höchst bedenkliche Wandlung
vom eindeutigen zum doppelgesichtigen licht-dunklen, gut-bö-
sen Gott hat hier stattgefunden – mit erheblichen *Folgen für die
Ethik*. »Fragen Sie ja nicht erst, ob das wohl auch dem Herrn Lehrer oder dem Herrn Papa oder irgendeinem lieben Gott passe
oder lieb sei! Damit verdirbt man sich«, sagt dem jungen Sinclair
der sonderbare Organist Pistorius, der in Mythen und fremden
Kulten zu Hause ist und hinter dem sich niemand anderer als der
Jung-Schüler Doktor Lang oder Jung selbst verbirgt: »Unser
Gott heißt Abraxas, und er ist Gott und ist Satan, er hat die lichte
und die dunkle Welt in sich. Abraxas hat gegen keinen Ihrer Gedanken, gegen keinen Ihrer Träume etwas einzuwenden«

(V,109). Wirklich gegen keinen? Auch nicht gegen Totschlag, Mord und Scheußlichkeit? Gott gleich Satan, und Licht gleich Dunkel?

Was ist mit dem christlichen Gott bei Hesse geschehen? Ist er durch eine neue Religion ersetzt worden, die erst die Eingeweihten faszinieren und dann auch die Massen erfassen soll? Eine neue Religion nach dem Zusammenbruch der alten, nach der Krise durch den großen Krieg? Spricht nicht der Prediger Pistorius ganz ungeniert von »unserem neuen Glauben« und fordert: »...eine einsame Religion, das ist noch nicht das Wahre. Sie muß gemeinsam werden, sie muß Kult und Rausch, Feste und Mysterien haben...« (V,110). Was also? Wollte Hesse mit diesem Roman wirklich auf eine neue Religion hinaus? Angesichts der christlich-pietistischen Verbiegungen seiner Jugend noch nicht einmal ganz unverständlich!

Es ist unleugbar: Die Grundfragen, die dieser Roman aufwirft, sind von einer Radikalität, daß sie das christlich-abendländische Gottesbild gründlich ins Wanken bringen. Geht es doch hier letztlich um nicht mehr und nicht weniger als die grundsätzliche theologische Frage nach *Gut und Böse in Gott selbst.* Wer, was und wie ist Gott? Schon dreihundert Jahre vor Hesse und Jung hatte der schlesische Schuhmacher, Theosoph und erste Philosoph in deutscher Sprache, Jakob Böhme, eine ähnliche mystische Grunderfahrung gemacht, als er sah, wie ein Sonnenstrahl durch ein dunkles Zinngefäß reflektiert wurde. Er begriff: reines Licht leuchtet richtig erst im Dunkeln auf; mehr noch: alle Wirklichkeit tritt offenkundig erst aus ihrem Gegenteil hervor, ja, auch in Gott selbst kann offenbar das Licht nicht ohne Finsternis sein, die Liebe nicht ohne Zorn, das Ja nicht ohne das Nein. Konsequenz: Das negative Prinzip, das Widergöttliche muß in Gott selbst gedacht werden! Oder wie Hegel in seiner Philosophiegeschichte von Böhme sagt: »So hat er gerungen, das Negative, das Böse, den Teufel in Gott zu begreifen, zu fassen« (Suhrkamp-Werkausgabe XX,97).

Das war Hesses Problematik – besser: Hesses ureigenste Erfahrung im Prozeß seiner schmerzhaften psychoanalytischen Aufarbeitung alles Dunklen, Negativen, Bösen in der eigenen Brust. Und hier scheint für ihn nun, auf den ersten Blick beeindruckend und befreiend, die Lösung zu liegen für das dunkle Grundrätsel des Bösen in der Welt und in uns selbst: *Wir* sind gut *und* böse zugleich. Warum? Weil schon *Gott selbst* gut *und* böse ist. Gott heißt Abraxas – und ist ein ambivalenter, doppelgesichtiger Gott.

Es gibt zu denken, daß Thomas Mann im »Doktor Faustus« diese Antwort – das Böse, der Böse selbst sei ein »unvermeidliches Zubehör der heiligen Existenz Gottes selbst« – dem Dr. Schleppfuß und damit dem Teufel selber in den Mund legt. Auch Hermann Hesse war ein zu guter Kenner der Tradition, um nicht zu wissen, daß er hier radikal gegen die Bibel und die große abendländische Philosophie und Theologie angegangen war. Man mache sich nur einen Augenblick lang klar: Die Idee des Guten polar gleichwertig zur Idee des Bösen, der Actus purus auf einer Stufe mit dem Actus impurus, das Ur-Eine dasselbe wie das Ur-Un-Eine: undenkbar für Platon, Aristoteles und Plotin. Stimmte dies, dann müßte ja auch das höchste Gut, das »summum bonum«, im gleichen Atemzug das »summum malum« sein, das höchste Böse, und das Sein selbst zugleich das Nicht-Sein selbst! Unvorstellbar für Augustin und Thomas von Aquin. Was soll denn ein solcher Gott erklären, erbringen, erlösen, er, der unserer Unvollkommenheit allzu ähnlich, selber der Erklärung und Erlösung bedürfte? Noch der Pantheist Spinoza, Inspirator für Lessing, Hegel, Goethe, war ein zu guter Logiker, als daß er ein Wider-Göttliches als zweites, negatives Prinzip in Gott selbst zu denken vermochte, einen Manichäismus ad intra, den Satan in Gott selbst.

Allerdings: Der Schriftsteller Hesse war kein Philosoph und kein Theologe und wollte es nicht sein. Er dachte nicht in metaphysisch-ontologischen, sondern in existentiellen Kategorien der Erfahrung, der Individuation, der Selbstanalyse. Mit dem Gottessymbol Abraxas wollte er im Grunde nur seinen tiefenpsychologischen Grundeinsichten Ausdruck verleihen: daß man unabhängig von der schon dem jungen Menschen eingetrichterten gängigen Moral von Gut und Böse die Norm für sich selbst in sich selbst finden muß, in der Übereinstimmung mit seiner inneren Stimme, im Zulassen (nicht Verdrängen) all dessen, was die bigotte Moral als teuflisch denunzierte. Hesse ahnte wohl, daß er mit einem solchen Gott das Fundamentalproblem der Menschheit, die Erklärung des Bösen in der Welt und in uns, philosophisch nicht zu lösen vermochte, mit einem Gott, der schon in der alten Zeit kein »echter«, kein Naturgott war, sondern ein *gnostischer Kunstgott:* künstlich gebildet aus dem griechischen Zahlenwert 365, der Zahl der Jahrestage, häufig benutzt auch als Zauberformel. Wie aber steht es dann mit der »neuen Religion«?

Zweite Rückfrage: Einerlei, wohin?

Nein, bei allem visionären Pathos: auf die *Gründung einer neuen Religion* läuft die Erzählung als ganze schließlich und endlich doch *nicht* hinaus. Hesses Sinclair weist es am Ende des Romans ausdrücklich von sich, »ein Priester zu sein, die neue Religion zu verkünden«; das sei »nicht seine Kraft, nicht sein Amt«; sein psychoanalytischer Pistorius sei eben doch ein »Sucher nach rückwärts«, ein »Romantiker«, sein Ideal sei »antiquarisch« (V,124). Nein, die Distanzierung von Religionsstiftungs-Träumen ist deutlich genug: »Es war falsch, neue Götter zu wollen, es war völlig falsch, der Welt irgend etwas geben zu wollen! Es gibt keine, keine, keine Pflicht für erwachte Menschen als die eine: sich selber zu suchen, in sich fest zu werden, den eigenen Weg vorwärts zu tasten, einerlei wohin er führte« (V,126). Und Hesse selbst hat – im Rückblick fünfunddreißig Jahre später – bestätigt, daß er für diesen neuen Glauben keine »absolute objektive Richtigkeit« beansprucht habe; diese existiere »nur innerhalb der Orthodoxie«, und dort sei er nie gestanden; er habe »vor jeder Religion Ehrfurcht, nicht aber vor dem Anspruch der Orthodoxen auf Allgemeingültigkeit« (XI,36).
Statt der Begründung einer neuen mythologisch-psychoanalytischen Religion also *Selbstsuche, Wegsuche:* »Den eigenen Weg vorwärts zu tasten«. Aber auch hier die Rückfrage: Ist es wirklich

ganz »*einerlei, wohin*«? Hesse wußte, daß er mit der radikalen Infragestellung des abendländisch-christlichen Gottesbildes radikale Konsequenzen auch für die Ethik gezogen hatte. »*Alles* ist euer!« Auf diesen paulinischen Satz (1 Kor 3,21) beruft sich Hesse, und parallelisiert ihn mit dem, »was die Psychoanalyse etwa freie Verfügbarkeit der Libido heißen würde« (MG 91). Gewiß, alles, auch die Libido, der Eros, die Sexualität »ist euer«. Aber Hesse nimmt doch in Kauf, daß der biblische Satz der Vieldeutigkeit ausgeliefert wird, weil er keine andere Norm anerkennt als sein eigenes innerstes Ich.

Man stockt hier: Während Paulus wußte, daß nur deshalb alles unser sein könne, weil wir Christus gehören und Christus Gott, läßt Hesse in diesem Roman mit dem janusköpfigen Gott des Guten und Bösen – einer rätselhaften Sphinx ähnlicher als dem guten Vater Jesu Christi – die Frage nach einer obersten Norm und einem letzten Ziel gerade offen. Es sei ja »einerlei«, »wohin« jemand gehe, solange einer nur er selbst werde. Es sei »letzten Endes belanglos«, ob einer »als Dichter oder als Wahnsinniger, als Prophet oder als Verbrecher enden« wird (V,127)! Der Mensch sei ohnehin nur »ein Wurf der Natur, ein Wurf ins Ungewisse, vielleicht zu Neuem, vielleicht zu Nichts« (V,127)! Einziger Beruf des Menschen sei es, »diesen Wurf aus der Urtiefe auswirken zu lassen, seinen Willen in mir zu fühlen und ihn ganz zu meinem zu machen...: Das allein!« (V,127). Ein Lebensentwurf also ins Ungewisse, möglicherweise ins Nichts?

Schauderhaft – und in ihren Konsequenzen nicht auszudenken – jene von Hesse damals (ein Jahr nach dem »Demian«) veröffentlichte Geschichte »Klein und Wagner« vom Schullehrer, Mörder und Selbstmörder Wagner alias Klein, der Frau und Kind umgebracht hatte und der diese *Mordtat* nun als »*einen Weg zur Erlösung*« (V,289) verstanden wissen wollte: »Auch Mord und Blut und Scheußlichkeit« seien »nicht Dinge, welche wahrhaft existieren, sondern nur Wertungen unserer eigenen, selbstquälerischen Seele« (V,290)? Ja, so wird hier mit Emphase ausgeführt, alles läge am unreifen »Menschengeist«: »Er erfand Gegensätze, er erfand Namen. Dinge nannte er schön, Dinge häßlich, diese gut, diese schlecht. Ein Stück Leben wurde Liebe genannt, ein andres Mord« (V,291). »Helden, Verbrecher, Wahnsinnige, Denker, Liebende, Religiöse« aufgenommen in einen »Gott«, der zugleich »Licht« *und* »Nacht« genannt wird und der zugleich »geliebt, gepriesen« *und* »verflucht, gehaßt« werden will (V,291f.).

Also *der Mensch wie Gott selbst jenseits von Gut und Böse?* Nein, vielleicht ist es doch nicht einerlei, wohin der Mensch geht. Gerade dies jedenfalls war die Frage, auf die Hesse, durch den christlichen Pietismus der christlichen Botschaft und Moral entfremdet, auch im Roman »Demian« keine klare Antwort gab und die ihn weitertreiben sollte. Denn dies bleibt in der Tat die Frage: *Wie* »sich selber suchen«, *wie* »in sich fest werden«, *wie* »den eigenen Weg vorwärts« finden? Frau Eva – Sinclairs archetypisches Traumbild, Mutter und Geliebte zugleich, im Begehren oder im Verzicht – war ja keine wirkliche Antwort auf diese Grundfrage. Der Roman endet denn auch – ähnlich wie später Thomas Manns Erziehungs- und Bildungsroman »Der Zauberberg« – mit dem Ausbruch des Ersten Weltkriegs, wo, so heißt es bei Hesse, die alte Welt zusammenbrechen und eine neue sichtbar werden soll. Die Frage bleibt: Wie, wohin sollte es weitergehen? Mit der Welt, mit ihm selbst?

Als »Demian« und »Klein und Wagner« unmittelbar nach dem Ende des Krieges erschienen, war Hermann Hesse selbst bereits einen Schritt vorangekommen. Nach seinem Blick ins politische wie persönliche »Chaos« war er bereit, die Frage nach dem Weg und dem Ziel deutlicher zu stellen. Zwar galt noch immer der Ruf »Sei du selbst!«, noch immer der »Weg nach innen«. Aber dieser Weg steht nun nicht mehr im Zeichen eines individuell-psychoanalytischen-verinnerlichten Symbol- und Kunstgottes wie Abraxas. Er steht im Zeichen einer in uralter Gemeinschaft gelebten realen Religion: der indischen.

Der indische Weg: zwischen Weltflucht und Weltsucht

So merkwürdig das klingt: Die Vertrautheit mit einer anderen Form der Religion war Hermann Hesse von Anfang an mitgegeben, sozusagen in die pietistische Wiege gelegt worden. Denn neben seinem pietistischen Christentum, seiner romantisch-franziskanisch orientierten Naturfrömmigkeit und seiner psychoanalytischen Erfahrung gibt es ein *viertes* Konstitutiv seiner Dichterpersönlichkeit: die *indische Religiosität*, Hesse vom Elternhaus her vertraut.

Wiewohl nicht mit der kosmopolitischen Luft einer Hansestadt wie Lübeck vergleichbar, konnte das Leben in der engen schwäbischen Provinzstadt Calw doch seine eigene Weite haben. Denn mehr als vom großbürgerlichen Haus der Manns gilt vom einfachen Pfarrhaus der Hesses, daß hier viele Welten ihre Strahlen kreuzten. »Ich habe«, so Hermann Hesse, »das geistige Indertum ganz ebenso von Kind auf eingeatmet und miterlebt wie das Christentum« (»Mein Glaube« X,70). Großeltern und Eltern waren als Missionare mehrere Jahre in Indien gewesen. Daß er so schon früh zum Leser indischer Offenbarungs-Schriften wurde – vor allem der Upanishaden, der Bhagavad Gita und der Reden des Buddha – ist deshalb nicht überraschend. Überraschend ist auch nicht, daß im Vergleich mit dem so eng eingeklemmten pietistischen Christentum, dessen süßlichen Versen und meist langweiligen Pfarrern und Predigten dem Jungen »die Welt der indischen Religion und Dichtung weit verlockender« erschien: »Hier bedrängte mich keine Nähe, hier roch es weder nach nüchternen graugestrichenen Kanzeln noch nach pietistischen Bibelstunden, meine Phantasie hatte Raum, ich konnte die ersten Botschaften, die mich aus der indischen Welt erreichten, ohne Widerstände in mich einlassen, und sie haben lebenslang nachgewirkt« (X,72).

Was hatte nachgewirkt? Nachgewirkt hatte vor allem der *altindische* Gedanke der Upanishaden von der *Einheit aller Dinge*. Jedes Einzelne ist Teil eines großen Ganzen, von dem es sich nicht absondern darf, jedes beseelt vom großen unzerstörbaren Atman: »Ich bin Du«. Nachgewirkt aber haben auch die Reden des

Buddha und seine Betonung der Meditation, um entgegen westlicher Rationalität und Aktivität zu einem anderen Bewußtsein zu kommen. Es ist eine ganz bestimmte indisch-buddhistische Weltsicht, nicht zuletzt von Schopenhauer beeinflußt, die bei Hesse zum Tragen kommt: »Meine damalige Philosophie war die eines erfolgreichen, aber müden und übersättigten Lebens, ich faßte den ganzen Buddhismus als Resignation und Askese auf, als Flucht in Wunschlosigkeit, und blieb jahrelang dabei stehen« (»Über mein Verhältnis zum geistigen Indien und China«).

So von früh an indisch-buddhistisch beeinflußt, beginnt Hesse nach dem »Demian« seine geistige Krise in asiatischem Geist aufzuarbeiten. Eine eigene »indische Dichtung« mit dem Titel *Siddhartha* entsteht. Und doch: Obwohl Hesse so viel Indisches gelesen, obwohl er eine »Indien«-Reise gemacht, obwohl er ein indisches Tagebuch veröffentlicht hatte – im Juli 1920 stockte plötzlich die Arbeit. Hesse ist unfähig, den zweiten Teil zu schreiben, und das Jahr 1920 wird, wie er selbst bekennt, »das unproduktivste« in seinem Leben »und damit das traurigste« (XI,38).

Was war geschehen? Hesse war gescheitert gerade an jener übergroßen Gestalt, die seine Geschichte entscheidend inspiriert, ja ihr den Namen gegeben hatte: Hesse scheitert mit seinem *fiktiven* indischen Brahmanen-Sohn Siddhartha an der Realität des *historischen Siddhartha Gautama*, dem Begründer des Buddhismus! Warum? Der Grund liegt offensichtlich darin, daß Hesse bei aller Bewunderung für den Erleuchteten diesem schließlich doch *nicht* zu folgen vermochte.

Gewiß, wie der historische Siddhartha Gautama, Buddha genannt, hatte auch Hesses Siddhartha sich vom Ritualismus und dem Götterglauben der Brahmanen befreit, um Erkenntnis, um Erlösung zu finden. Auch sein Siddhartha war zunächst durch eine *Periode strengster Askese* gegangen, hatte drei Jahre lang Schmerz, Durst, Hunger und Müdigkeit überwinden gelernt. Auch sein Siddhartha hatte durch Yoga- und Meditationsübungen, Anhalten des Atems und Versenkung die Entleerung der Sinne und die »Entselbstung« geübt – um am Ende festzustellen, daß all diese Übungen doch nur Flucht vor dem Ich, Betäubung gegen den Schmerz und die Unsinnigkeit des Lebens sind, wie sie der Trinker schließlich auch im Reiswein (oder Rotwein) finden könne.

Strengste Askese also? Nein, das war nicht der Weg Siddhartha/ Hesses zur Erleuchtung. Was dann? War es der Weg Buddhas selber, der ja den Asketismus ebenfalls hinter sich gelassen hatte und – die Welt und das Ich in ihrer Leere und Nichtigkeit durchschauend – schließlich vom Leiden erlöst worden war? Doch die große Überraschung: Im entscheidenden Gespräch mit dem Buddha wählt Siddhartha einen *anderen Weg: nicht den der buddhistischen Mönche,* elternlos, heimatlos, ehelos, besitzlos, weltlos. Warum nicht? Weil das eigene Ich so doch nur sehr trügerisch zur Ruhe kommen, weiterleben und weiterwachsen würde. Weil so doch nur die Lehre Buddhas, die Liebe zum Buddha, die Gemeinschaft der Mönche – der Kenner erkennt hier die für jeden Buddhisten entscheidende Trias »Zuflucht zum Dharma, zum Buddha, zum Sangha« – zum Ich-*Ersatz* gemacht werde. Nein, Siddhartha/Hesse erkennt, daß er auf alle Lehrer und alle Lehre überhaupt – ob nun die des Yoga-Veda oder die des Atharva-Veda, ob die der Asketen oder die des Buddha – verzichten muß. Siddhartha/Hesse erkennt, daß er mit allen Übungen (der Meditation inklusive), das Ich nicht überwunden, sondern nur getäuscht und aus Angst geflohen hatte.

Dies ist die neue Herausforderung: Jetzt ein Mann geworden, ein »Erwachter« (das Wort des »Demian« kommt hier wieder), muß er die nicht-lehrbaren Tiefen seines eigenen Ichs bewußt erfahren und seinen eigenen Weg gehen (V,385 f.): »Bei mir selber will ich lernen, will ich Schüler sein, will ich mich kennenlernen, das Geheimnis Siddhartha« (V,384). Doch *zu sich selbst* kommt man *nur* – und hier setzt sich Siddhartha/Hesse von der indischen Tradition ab – *über die Welt.* Erwacht, wiedergeboren, sieht er zum ersten Mal die Welt, wie sie ist. Und diese Welt in ihrer ganzen bunten Pracht ist ja so gar nicht nur der Schleier der Maja oder der Zauber Maras, des Teufels, ist keineswegs nur Täuschung, Zufall oder wertlose Schale. Vielmehr ist die Welt die vielfältig reiche Wirklichkeit, in der das Eine und Göttliche sich verbergen, wie sich Schrift und Sinn in den Buchstaben und Zeichen verbergen. Und er, Siddharta selbst, ist jetzt erwacht, nicht ich-los, sondern »mehr Ich als zuvor, fester geballt« (V,387).

Zurück in die Wirklichkeit des Jahres 1922: Jetzt, nach anderthalb Jahren, ist Hermann Hesse endlich fähig, den zweiten Teil seiner indischen Erzählung zu schreiben. Es ist ein Weg in die Welt: Sein Siddhartha wendet sich von der buddhistischen Weltentsagung entschlossen zur *Weltbejahung*. Er ist bezaubert von der Natur, lernt bei der betörenden Kurtisane Kamala die Liebeskunst, beim Kaufmann Kamaswami den Handel, er gewinnt Reichtum, Ansehen, Wohlleben. Die Jahre fliegen dahin, und — langsam verlernt er alles hellbewußte Fasten, Warten, Denken. Mehr und mehr verfällt er der Welt, verstrickt sich in ihren sinnlos-endlosen Kreislauf, dem Sansara. Ja, er treibt seine Habgier, seine Sinnenlust, sein Würfelspiel, seine *Weltverfallenheit* im Lauf der Jahre so weit, bis er angeekelt von sich selbst, alles — Geschäft, Reichtum, Frau, Wohlleben — aufgibt und davonläuft.

Und das Ende? Was ist die Lösung, was die Er-lösung für Siddhartha/Hesse? Der Brahmane, der Asket, der Mönch, der Geschäftsmann, der Lebemann, sie alle sind gestorben. Was bleibt denn, wenn auch der in der Gestalt des Freundes Govinda erneut auftauchende buddhistische Mönch als Option doch definitiv ausgeschieden ist?

Der chinesisch-taoistische Weg — eine Alternative

Siddharthas Leben endet bekanntlich am großen Fluß, der da unaufhörlich fließt mit seinen zehntausend Stimmen, Symbol des vielstimmigen, gegensätzlichen und doch einen Lebens überhaupt.

Was lernt Siddhartha vom Fluß?: »Das Zuhören, das Lauschen mit stillem Herzen, mit wartender, geöffneter Seele, ohne Leidenschaft, ohne Wunsch, ohne Urteil, ohne Meinung« (V,436). *Was lernt Siddhartha vom Fluß?:* »Daß Weich stärker ist als Hart, Wasser stärker als Fels, Liebe stärker als Gewalt« (V,445 f.); und daß er gegenüber seinem ihm jetzt von der sterbenden Kamala geschenkten Sohn nicht Gewalt anwenden soll, nur weil dieser, unbelehrbar, den Lebensweg und die Fehler des Vaters unweigerlich zu wiederholen im Begriffe ist.

Was lernt Siddhartha vom Fluß?: »Daß alles zusammen, alle Stimmen, alle Ziele, alles Sehnen, alle Leiden, alle Lust, alles Gute und Böse, alles zusammen war die Welt. Alles zusammen war der Fluß des Geschehens, war die Musik des Lebens« (V,458).

Siddhartha lernt die Musik des Lebens, und mit dieser Erfahrung nun ist er fähig zur Vollendung. Endlich kann er aufhören, mit dem Schicksal zu kämpfen und stets neu zu leiden: »Auf seinem Gesicht blühte die Heiterkeit des Wissens, dem kein Wille mehr entgegensteht, das die Vollendung kennt, das einverstanden ist mit dem Fluß des Geschehens, mit dem Strom des Lebens, voll Mitleid, voll Mitlust, dem Strömen hingegeben, der Einheit zugehörig« (V,459). Keine mönchische Weltflucht also, aber auch keine selbstzerstörerische Weltsucht, vielmehr die Erlangung einer *überlegen-heiteren Weltoffenheit:* Das ist Siddharthas letztes Ziel.

Und doch – merkwürdig genug: Sein Autor scheint jetzt dort angekommen, wo man ihn am allerwenigsten vermutet hätte: nicht in westlich-christlichen, aber auch nicht in indisch-buddhistischen Gefilden, sondern? In *chinesisch-taoistischen.* Und worüber sich die Leser des Siddhartha, vom indischen Namen geblendet, lange Zeit täuschen ließen: Von J. C. Middleton (1956) bis Adrian Hsia (1974) und Ursula Chi (1976) hat sich in der Hesse-Forschung ein Konsens herausgebildet, der sich auf Hesse selbst berufen kann: »Mein Heiliger ist« – so Hesse über seinen Siddhartha an Stefan Zweig – »indisch gekleidet, seine Weisheit aber steht näher bei Laotse als bei Gotama... An seinem Brunnen trinke ich oft« (über Hesse II,406 f.).

Schon Hesses frühe »Indienreise«, in seiner buddhistischen Phase unternommen, zeitigte als folgenreiches Ergebnis, daß nicht die Inder, sondern *Chinesen* – überall in Südostasien sehr stark vertreten – Hesse am meisten beeindruckten: »Der erste und vielleicht stärkste äußere Eindruck, das sind die Chinesen«

(zit. bei Hsia, S. 63). Keine Frage: Es war zweifellos die verhältnismäßig späte Entdeckung des »chinesischen Wegs durch Laotse«,
die Lektüre des Tao-te-king als »das befreiendste Erlebnis« (MG
92), was Hesse befähigt, Siddhartha schließlich zum »Ketzer,
auch Buddha gegenüber« (Materialien Siddhartha, Bd. 1,116) zu
machen. Denn – so Hesse – »Siddhartha wird, wenn er stirbt, nicht
Nirwana wünschen, sondern mit seiner Wiedergeburt einverstanden sein und aufs neue den Lauf antreten« (XI,92).
Was aber fand Hermann Hesse bei den Chinesen so »befreiend«?
Es war genau jene *Synthese*, die er in der einseitig geistigen, sin-
nenfeindlichen und lebensfernen altindischen wie der indisch-
buddhistischen Religion vermißt hatte: »Wenn Indien in der Askese und im mönchischen Weltentsagen Hohes und Rührendes
geleistet hatte«, schrieb er, »so hatte das alte China nicht minder
Wunderbares erreicht in der Zucht einer Geistigkeit, für welche
Natur und Geist, Religion und Alltag nicht feindliche, sondern
freundliche Gegensätze bedeuten und beide zu ihrem Rechte
kommen. War die indisch-asketische Weisheit jugendlich-purita-
nisch in ihrer Radikalität des Forderns, so war die Weisheit Chinas die eines erfahrenen, klug gewordenen, des Humors nicht un-
kundigen Mannes, den die Erfahrung nicht enttäuscht, den die
Klugheit nicht frivol gemacht hat« (Suche nach Einheit, S. 46).
Neben den Erkenntnissen Laotses waren für Hermann Hesse vor
allem die Lehre des *Konfuzius* von Maß, Mitte und Harmonie
wichtig, weiter das Orakel- und Weisheitsbuch *»I Ging«*, jenes
Buch vom Gesetz der Wandlungen, und schließlich auch die chinesische Form des Buddhismus, der *Zen-Buddhismus*.
Wir sind damit am Ende dieses im Verhältnis zu Thomas Manns
Romanen so kurzen und doch so komplexen Buches. Und wir haben doch die allerletzte und kühnste Zuspitzung Hesses noch
nicht zu Gesicht bekommen! Wir sahen: Im »Siddhartha« gelingt
es Hesse, eine eigentümliche Verbindung von indischer Weltsicht und chinesischer Lebenshaltung literarisch zu gestalten.
Und doch gibt es in dieser wunderbar einfach geschriebenen und
gleichzeitig hoch reflektierten und subtil differenzierten Erzählung noch eine weitere, *letzte, überraschende* und von der

Hesse-Forschung kaum wahrgenommene *Kehre.* Denn womit endet Hesses »Siddhartha«? Etwa mit dem heiligen indischen Wort »Om«, »Om«, »Om«, welches, langsam rhythmisch wiederholt, das Zeitlose innerhalb der Zeit und die Einheit in aller Vielfalt stimmlich zum Ausdruck bringt? Nein. Oder mit dem buddhistischen Verlöschen im Nirwana? Nein. Oder mit der Hingabe an die taoistische Polarität des Lebens? Nein. Hesses Buch endet mit einer Botschaft, über die, wie sein Siddhartha bekümmert-unbekümmert sagt, der Buddhist Govinda nur »lachen« könne! Es endet mit der Beschwörung – der *Liebe:* »Die Liebe«, sagte Siddhartha seinem Freund Govinda am Ende, »scheint mir von allem die Hauptsache zu sein. Die Welt zu durchschauen, sie zu erklären, sie zu verachten, mag großer Denker Sache sein. Mir aber liegt einzig daran, die Welt lieben zu können, sie nicht zu verachten, sie und mich nicht zu hassen, sie und mich und alle Wesen mit Liebe und Bewunderung und Ehrfurcht betrachten zu können« (V,467).

Die Liebe als letzter Grund – ein »Zurückneigen« zum Christentum

Aber hatte der Buddha nicht genau diese Liebe als »Trug« durchschaut? Hatte der Erhabene nicht davor gewarnt, »unser Herz in Liebe an Irdisches zu fesseln«, hat er nicht »Wohlwollen, Schonung, Mitleid, Duldung, nicht aber Liebe« (V, 467) geboten? Die Antwort Siddharthas auf diese Einwände Govindas erfolgt – für Hesse typisch – nicht von des Buddha Theorie, sondern von dessen Praxis her: »Wie sollte denn auch Er«, der Buddha – so Siddhartha/Hesse – »die Liebe nicht kennen. Er, der alles Menschensein in seiner Vergänglichkeit, in seiner Nichtigkeit erkannt hat, und dennoch die Menschen so sehr liebte, daß er ein langes, mühevolles Leben einzig darauf verwendet hat, ihnen zu helfen, sie zu lehren!« (V,467). Auch bei diesem großen Lehrer sei ihm »das Ding lieber als die Worte, sein Tun und Leben wichtiger als sein Reden, die Gebärde seiner Hand wichtiger als seine Meinungen«. Nein: »...nicht im Reden, nicht im Denken sehe ich seine Größe«, so Siddharthas/Hesses letztes Wort über den Buddha, »nur im Tun, im Leben« (V,467). Man fragt.sich verwirrt: Worauf zielt dies alles?

Als Leser Hesses haben wir es mit der bemerkenswerten Tatsache zu tun, daß bei allem indisch-buddhistischen und chinesisch-taoistischen Einfluß, ja, daß bei aller Wende von indischer Weltentsagung zur taoistisch-chinesischen Weltbejahung der Schluß, die Pointe dieses Buches weder buddhistisch noch taoistisch, sondern eher *christlich* orientiert ist. Erstaunlich, wenn man sich an das erinnert, was dem jungen Hermann Hesse im Namen des Christentums alles angetan wurde! Schon Hugo Ball hatte auf Ähnlichkeiten zwischen Hesses Siddhartha und seinem Franz von Assisi hingewiesen. Und Hesse selber bekannte: Als seine »alte Aversion gegen die speziell christliche Form der Wahrheit allmählich nachließ«, so hätte er »das Tiefste« nicht mehr nur in »den Upanishaden, bei Buddha, bei Konfuzius und Lao Tse«, sondern »auch im Neuen Testament« gefunden (MG 93). Und was den »Siddhartha« betrifft, so meinte er: »Daß mein ›Siddhartha‹ nicht die Erkenntnis, sondern die Liebe obenan stellt, daß er das Dogma ablehnt und das Erlebnis der Einheit zum Mittelpunkt macht, mag man als Zurückneigen zum Christentum, ja als einen wahrhaft protestantischen Zug empfinden« (B. Zeller, S. 94).

Ein »Zurückneigen zum Christentum«, ja, aber ein »wahrhaft protestantischer Zug«? Als typisch protestantisch-lutherisch kann ich diese Rede von Liebe und Einheit nicht gerade erkennen. Wohl aber als typisch protestantisch-pietistisch. Und was heißt das für den »Siddhartha« als ganzen? Das heißt: In dieser genialen Erzählung hat Hermann Hesse *alle Elemente seiner Glaubensüberzeugung zusammengefaßt* – die romantische Naturreligiosität ebenso wie das indische Einheitsdenken, das chinesische Ethos ebenso wie schließlich sein pietistisches Erbe, seine Glaubensüberzeugung, die in der Grundhaltung der Liebe ihren Höhepunkt erfährt. Das »weiseste Wort, das je gesprochen wurde, der kurze Inbegriff aller Lebenskunst und Glückslehre« – das ist für Hesse jetzt jenes Wort aus seiner pietistischen Jugend:

194

»Liebe deinen Nächsten wie dich selbst.« Nein, nicht weniger als dich selbst, aber auch nicht mehr als dich selbst, vielmehr *wie* dich selbst! Ein Wort, das man allerdings auch »nach der indischen Seite hin drehen, und ihm die Bedeutung geben« könne: »Liebe den Nächsten, denn er ist du selbst!« (MG 94).

Liebe zur Welt und das Erlebnis der Einheit: hier liegt die eigentliche *Herausforderung* dieses Romans für eine christliche Theologie in ökumenischem Geist heute. Erschüttert der »Demian« eine selbstsichere christliche Theologie von der Frage des Bösen in Gott her, so der »Siddhartha« von der Frage nach dem Urgrund und der Einheit aller Dinge her. Hesses Herausforderung liegt gerade darin, daß für ihn eine christliche Glaubensfrömmigkeit aus *prophetischer Tradition,* die stark vom Gegenüber von Gott und Welt, Mensch und Natur her denkt, ergänzt und bereichert werden muß durch ein mehr *mystisch bestimmtes Einheitsdenken.*

Ein solches Einheitsdenken aber gibt es bekanntlich nicht nur in Indien, sondern auch am Rand der jüdisch-christlich-islamischen Tradition. Hesse wußte, daß es auch gewichtige christliche Denker mystischer Richtung gibt, die sich mit indischen treffen. Man denke nur an einen so differenzierten Denker wie Ramanuja. Denn auch nach Meister Eckehart schafft Gott Welt und Mensch *in sich selbst,* und Gottes eigenes Sein breitet sich in den Dingen aus, so daß sich im »Seelengrund« die tiefe Einheit alles Seienden mit Gott erfahren läßt. Und nach Nikolaus von Kues schließt Gottes Überfülle *alle Gegensätze in sich* ein, so daß Gott zugleich das Größte und das Kleinste, Zentrum und Peripherie, Vergangenheit und Zukunft, Licht und Finsternis, ja, selbst Sein und Nichtsein ist. Gegensätze, die in Gott eins sind, in der Welt aber raum-zeitlich auseinandertreten: in jener Welt, die als »Explicatio Dei«, als *Entfaltung* jenes *Gottes* zu verstehen ist, der selber das Viele ohne Vielheit und der Gegensatz in der Identität ist. Dies ist ein Denken, das geradewegs zum deutschen Idealismus, zu Hegel, aber auch zu Whitehead und Teilhard de Chardin führt.

Die Musik des Lebens – aber das Böse?

Aber die eine große dunkle Frage bleibt auch bei all diesem Einheitsdenken übrig. Welche? Es ist das *Abraxas-Problem*, das *ungelöst* bleibt, jene Urfrage nach dem Bösen, das sich eben doch nicht so leicht in Gott selbst integrieren und absorbieren läßt, wenn man sich nicht völlig in Widersprüchlichkeiten verfangen will: Seitdem das Böse am Ende der Moderne mit den beiden Weltkriegen und dem Nationalsozialismus buchstäblich Weltmaßstab erreicht hat und massiv die Weiterexistenz der Menschheit bedroht, dürfte jede spekulative Lösung erheblich schwieriger geworden sein. Oder sollen die 55 Millionen Opfer des Zweiten Weltkriegs – und die 6 Millionen gemordeter Juden ganz besonders – als die unüberbotene Aufgipfelung des Bösen dadurch erklärt und verklärt werden, daß man ihren Tod in Gott selber begründet sein läßt? Ist er »die Liebe und ihr Mord«, wie der frühe C. G. Jung in Hymnen an die Toten (!) formuliert hatte? »Auch Mord und Blut und Scheußlichkeit« so gerechtfertigt, wie Hesses Klein/Wagner formuliert hat oder Himmler/Hitler hätte formulieren können? Und soll dann auf dieser Basis auch dem Verbrecher, soll all den Massenverführern und Massenmördern von vornherein für alles und jedes Absolution erteilt werden, was sie in ihrem eigenen Leben an Bösem getrieben haben?

Ja, so fragt man sich nun doch: wie geht eigentlich bei Hermann Hesse persönlich beides zusammen: sinnenhafte Weltlust und asketische Geistigkeit? Einerseits die Erfahrung, daß alles, Gut und Böse, zur »Musik des Lebens« gehört, wahrhaft gleich-gültig ist. Und andererseits die Bereitschaft, die Welt zu lieben und nicht zu verachten, alle Wesen mit Liebe und Bewunderung zu betrachten? Denn wenn alles wahrhaft gleich *gültig* ist: wird dann nicht auch alles *gleich*gültig? Wenn die Musik des Lebens Gut *und* Böse enthält und hier im Grunde keine Unterscheidung mehr möglich ist, was sind dann die Konsequenzen für das praktische Handeln von Menschen?

In einem Brief dieser Jahre schrieb Hesse: »Ich glaube längst nicht mehr an Gutes und Böses, sondern glaube, daß alles gut ist, auch das, was wir Verbrechen, Schmutz und Grauen heißen« (XI,54). Gewiß noch einmal: »Denen die Gott lieben, gereichen alle Dinge zum Guten« (Röm 8,28) – auch die bösen! Aber sind die bösen Dinge deshalb gut? Verbrechen, Schmutz und Grauen – gut? Ist vielleicht der große Fluß doch nur ein stehendes stinkendes Gewässer, sein Wasser Schmutz, sein Grund nur Schlamm, das Leben dort ein Luderleben?

> »Aber da ich nun einmal begonnen,
> Mich ins warme Schlammbad einzuwühlen,
> Hat dies Leben ganz mich eingesponnen,
> Läßt sich nicht mehr dämmen oder kühlen.
> Immer weiter tanz' ich, fall' ich, sink' ich,
> Spiel und Trunk und Wollust hingegeben,
> Täglich mehr verkomm' ich und ertrink' ich
> In dem angenehmen Luderleben.«

So – welch ein Alarmruf – Hesses erstes Gedicht aus »Ein Stück Tagebuch in Versen« (XI,55), das nur drei Jahre nach dem »Siddhartha« veröffentlicht wird unter dem Titel: »Der Steppenwolf« (1927). Und den Gedichten folgt ein ganzes Buch mit demselben Titel, ein Buch, das den ganzen Zwiespalt zwischen dem fiktiven Wunschbild des Siddhartha und der elenden Wirklichkeit, zwischen höchstem sittlichem Ideal und der Gefahr rauschhafter Selbstzerrüttung offenkundig, öffentlich macht. »Dies ist mein Dilemma und Problem«, so hatte er 1923 als »Kurgast« (»Aufzeichnungen von einer Badener Kur«) geschrieben: »Die beiden Pole des Lebens zueinander zu biegen, die Zweistimmigkeit der Lebensmelodie niederzuschreiben, wird mir nie gelingen« (VII,112). Abraxas kam wieder – und wie!

Selbstanalyse und Zeitanalyse

In der Tat: die Leser, die bei der Lektüre des »Siddhartha« gemeint hatten, der Wolf hätte – womöglich christliche – Kreide gefressen oder sei jetzt endgültig zum Lamm geworden, wurden vom nächsten Buch Hermann Hesses (er hatte sich unterdessen ein zweites Mal verheiratet, doch sich nach praktisch nicht vollzogener Ehe bald wieder scheiden lassen) eines Besseren – oder Schlimmeren – belehrt. Legt »Der Steppenwolf«, dieser Roman »nur für Verrückte«, die Schatten- und Nachtseite des Autors doch so schonungslos frei, wie dies ein Thomas Mann selbst in seinen Tagebüchern nie getan hätte. Zutiefst schockiert wandten sich manche seiner Bewunderer von ihm ab, begeistert begrüßten es andere. Thomas Mann: »Ist es nötig, zu sagen, daß der ›Steppenwolf‹ ein Romanwerk ist, das an experimenteller Gewagtheit dem ›Ulysses‹, den ›Faux Monnayeurs‹ nicht nachsteht« (XI,52).

Es kann kaum überraschen, daß Hesse nach seinem Tod so etwas wie ein »Heiliger der Hippies« wurde, ein »religiöser Guru«. Denn vielen bot gerade der »Steppenwolf« neue Identifizierungsmöglichkeiten, ob im Amerika der späten sechziger oder im Deutschland der frühen siebziger Jahre. Mehr als zehn Jahre vor Jean-Paul Sartres frühexistentialistischem Roman »La nausée« hatte Hesse hier in einer sinnentleerten Welt dem Gefühl des Lebensekels, der Vereinsamung, Entfremdung, Gespaltenheit und des seelischen Vakuums vieler Menschen bis hin zu ständig lauernden Selbstmordgelüsten (dem Rasiermesser!) prägnanten literarischen Ausdruck verliehen. Der »Steppenwolf«: ein exzentrischer und doch wieder bürgerlicher Außenseiter, dem fromme Eltern vergeblich den Willen zu »brechen« versuchten und der so zur Selbstverachtung erzogen wurde. Harry Haller, ein abgebrannter Literat, präsentiert sich als das einsam streunende, in eine fremde und unverständliche Welt verirrte wilde Tier, das sich in seiner Heimatlosigkeit doch nach Heimat sehnt: ein »Genie des Leidens« (VII,191). Doch man beachte: Diese streng wie eine Fuge gebaute Geschichte – begleitet von Gedichten und einem kleinen »Tractat vom Steppenwolf« – ist mehr als ein Aussteigerroman. Sie stellt Hermann Hesses rückhaltlose Selbstanalyse wie gesellschaftliche Zeitanalyse dar. Davon muß zunächst die Rede sein.

Ja, er ist eine leidenschaftliche, gequälte *Selbstanalyse*, dieser Roman, der die »Krise im Leben des Mannes um das fünfzigste Jahr« schildert (XI,78), der »die altbekannte Tragikomödie des Fünfzigjährigen« (XI,70) enthält. Es ist die »Midlife-crisis« eines Künstlers, die hier beschrieben ist, Jahrzehnte bevor sie zum psychologischen Modethema wurde. In seinem Leben hätten, schreibt Hesse selber im Nachwort, »stets Perioden einer hochgespannten Sublimierung, einer auf Vergeistigung zielenden Askese abgewechselt mit Zeiten der Hingabe an das naiv Sinnliche, und Kindliche, Törichte, auch ans Verrückte und Gefährliche« (XI, 71). Jeder Mensch hätte beides in sich. Was ihn persönlich betrifft, geben jene schon zuvor veröffentlichten Gedichte vom »Steppenwolf« die Stimmungen und Ahnungen des »besoffenen Dichters« und »Wüstlings« (andere alarmierende Titelworte »Fieber«, »Schizophren«, »Am Ende«) wieder. Keine Frage: Hesse hat sich hier öffentlich rückhaltlos preisgegeben, und, klagt er später, »die Antwort war Anspucken und Hohngelächter« (XI,76).

Dies jedenfalls ist Hesses schonungslose Diagnose für seine Person: eine offensichtlich schon von der pietistischen Erziehung her gegebene Gespaltenheit zwischen Geist und Triebwelt; ein Gefühl eigenen Ungenügens und Versagens, der Schuld und Sünde; ein Ekel vor dem Geschlecht, der die Unfähigkeit zu lieben und einen Selbsthaß zur Folge hat. Ein radikaler Zwiespalt also in diesem trostlosen, verlorenen und wehrlosen Leben: zwischen »Menschlichem« und »Wölfischem«, zwischen dem »Guten«, Reinen, Ehrfürchtigen, und dem »Bösen«, Wilden, Dunklen. Ja, beinahe eine Schizophrenie zwischen dem Humanistisch-Geistigen und Chaotisch-Triebhaften, zwischen dem Heiligen und dem Wüstling. In Wirklichkeit freilich ginge es, präzisiert er, um mehr als um zwei Seelen in seiner Brust, schwinge sein chaotisches Leben »zwischen tausenden, zwischen unzählbaren Polpaaren« (VII,241).

Die Diagnose der pathologischen Krise des »Steppenwolfes« Harry Haller aber ist nach Hermann Hesse zugleich auch die Diagnose einer ganzen neurotischen Generation, die »so zwischen zwei Zeiten, zwischen zwei Lebensstile« hineingeraten ist, daß »ihr jede Selbstverständlichkeit, jede Sitte, jede Geborgenheit und Unschuld« verlorenging (VII,204). Der »Steppenwolf« ist also auch die hellsichtig-pessimistische *Zeitanalyse* eines Schriftstellers, der sich zwar manchmal »unpolitisch« nannte, in dessen gesamter Lebensarbeit nach seiner eigenen Auffassung jedoch seit dem ersten Friedensgedicht vom Oktober 1914 ein »politischer Ton« mit anklingt. Präziser könnten die negativen Effekte des Paradigmenwechsels von der Moderne zur Postmoderne nicht gesichtet werden. Insofern, meint Hesse, seien Hallers Aufzeichnungen ein »Dokument der Zeit, ein Versuch, die große Zeitkrankheit nicht durch Umgehen und Beschönigen zu überwinden, sondern durch den Versuch, die Krankheit selber zum Gegenstand der Darstellung zu machen«: »Sie bedeuten, ganz wörtlich, einen Gang durch die Hölle, einen bald angstvollen, bald mutigen Gang durch das Chaos einer verfinsterten Seelenwelt, gegangen mit dem Willen, die Hölle zu durchqueren, dem Chaos die Stirne zu bieten, das Böse bis zum Ende zu erleiden« (VII,203)

Und dies ist Hesses Diagnose der *epochalen Krankheitssymptome* unserer Zeit: eine Entfremdung von Trieb und Geist; Droge, Trunk und Trübsinn; die Ungeistigkeit unserer Zeittendenzen und ihre selbstzerstörerischen Wirkungen; die Auslieferung der Persönlichkeit an den Moloch »Staat«; eine Kluft zwischen der versinkenden alten europäischen Kultur und der alles überschwemmenden modernen amerikanischen Technologie, deren Symbol das Auto ist. Seherische Sätze aus dem Jahre 1927: »Der ›moderne‹ Mensch liebt die Dinge nicht mehr, nicht einmal sein Heiligstes, sein Automobil, das er baldmöglichst gegen eine bessere Marke hofft tauschen zu können. Dieser moderne Mensch ist schneidig, tüchtig, gesund, kühl und straff, ein vortrefflicher Typ, er wird sich im nächsten Krieg fabelhaft bewähren« (VII,350).

In der Tat: Steuerte nicht alles auf einen *kommenden Krieg?* All-
überall nationalistische Hetzerei statt Selbstkritik, kriegerische
Rachegelüste am »Erbfeind« statt Eingeständnis der Mitschuld;
Krieg statt Menschlichkeit. Nochmals seherische Sätze: »...das
Ziel und Ende von all dem ist wieder der Krieg, ist der nächste,
kommende Krieg, der wohl noch scheußlicher sein wird, als dieser es war... aber keiner will das, keiner will den nächsten Krieg
vermeiden, keiner will sich und seinen Kindern die nächste Mil-
lionenschlächterei ersparen, wenn er es nicht billiger haben
kann« (VII,305). Dies alles bereits 1927 formuliert, zwei Jahre
vor der Weltwirtschaftskrise, sechs Jahre *vor* Hitlers Machtergreifung, zwölf Jahre *vor* dem Ausbruch des Zweiten Weltkrieges. Hesse – ein »unpolitischer« Schriftsteller?
Doch was wäre nach dieser erschreckenden Analyse die Therapie? Die Therapie zumindest für den einzelnen? Will Hesse mit
Literatur überhaupt auf Therapie hinaus? Wir fragen konkret:
Will der Roman auf eine Heilung des »Steppenwolfs« hinaus?
Kann der »Steppenwolf« gerettet werden? Und was wäre die
Rettung aus diesem tiefen inneren Zwiespalt? Vielleicht jene un-
beschwerte, heitere Sinnlichkeit, wie sie des Steppenwolfs Geliebte vorlebt? Oder die psychologische Zergliederung der eigenen Persönlichkeit, die ja nicht nur eine Dualität, sondern eine
Vielzahl von »Seelen« aufweist? Das psychedelische Panopti-
kum also, das phantastisch-illusionäre »Magische Theater«, offensichtlich eine visionäre Rauschgiftorgie? Nein, das »Magische
Theater« bietet keine eigentliche Lösung, aber es deutet am Ende
eine Alternative an. Was ist sie? Der Blick auf die »Unsterblichen«, den lachenden Mozart, den »Galgenhumor dieses Lebens«. Also leben und lachen lernen, hinter der »verfluchten Ra-
diomusik des Lebens« den »Geist« verehren (VII,411)... Und
das ist alles? Ist das das tiefste Ziel des Romans?
Hesse selber schreibt in einem Brief des Schicksalsjahres 1933:
»Nehmen Sie aus dem ›Steppenwolf‹ das mit, was nicht nur Zeit-
kritik und Zeitproblematik ist, den Glauben an den Sinn: an die
Unsterblichkeit« (XI,77). Es ist somit unleugbar: Dieser ganze
schockierende Roman seiner eigenen Gespaltenheit ist trotz al-

lem gezeichnet »von der Sehnsucht nach einer neuen Sinnge-
bung für das sinnlos gewordene Menschenleben« (VII,208). Der
ganze Roman kreist um den Sinn der menschlichen Existenz: das
Aufleuchten der so sehr verschütteten »goldenen göttlichen
Spur« (VII,210), einer »Gottesspur« (VII,221) in diesem törich-
ten Leben. Die heimliche Hoffnung »noch im letzten irren
Chaos« auf »Offenbarung und Gottesnähe« (VII,217), das
»Wunder« und die »Gnade« (VII,226). Ja, das Wort »Gnade«,
Thomas Mann so teuer, ist es jetzt vielleicht wichtig auch für Her-
mann Hesse?
Er, Hesse, jedenfalls war der Meinung: Auch die Sünde und das
Laster könnten »ein Weg zur Heiligkeit« sein, zum »Reich jen-
seits der Zeit und des Scheins«, zur »Welt des ewigen Wertes«
(VII,344 f.). Ein *Weg zum Heil:* Schon »Siddhartha« war ja am
Ende als »Heiliger« erschienen (V,468). Hesse war später der
Ansicht, manche Leser hätten im »Steppenwolf« zwar sich selber
wiedergefunden und sich mit ihm identifiziert; doch hätten sie
ganz übersehen, »daß über dem Steppenwolf und seinem problematischen Leben sich eine zweite, höhere, unvergängliche Welt
erhebt«, daß »der Leidenswelt des Steppenwolfs eine positive,
heitere, überpersönliche und überzeitliche Glaubenswelt« ge-
genübergestellt sei, ja, »daß das Buch zwar von Leiden und Nöten berichtet, aber keineswegs das Buch eines Verzweifelten ist,
sondern das eines Gläubigen« (XI, 53). Denn »die Krankheit und
Krisis« des Steppenwolfes führe nicht zu Tod und Untergang,
sondern im Gegenteil zu einer »Heilung« (XI, 53). Nein, die Welt
sei »nicht früher gut gewesen und jetzt zur Hölle geworden«, sie
sei »immer und jederzeit unvollkommen und dreckig«: sie »bedarf, um ertragen und wertvoll zu werden, der Liebe, des Glaubens« (XI, 77)! Aber wie soll es weitergehen?

Korrektur im Gottesverständnis

Was Hermann Hesse im »Steppenwolf« beschrieben hatte, war für ihn eine Zeit der Erschöpfung, die er nur langsam überwand. Lebenswichtig wurde ihm die Freundschaft mit der österreichischen Kunsthistorikerin Ninon Dolbin, geborene Ausländer. Mit ihr lebt er jetzt zusammen; sie heiratet er 1931, und sie bleibt seine Gefährtin bis zu seinem Tode. Im selben Jahr wird ihm von einem Zürcher Freund ein für ihn gebautes neues Haus am Rande Montagnolas auf Lebzeiten zur Verfügung gestellt; der Unstete hat jetzt eine Bleibe. Mit bewundernswerter Konsequenz und Intensität, auch darin Thomas Mann ähnlich, führt er, jetzt ebenfalls im sechsten Jahrzehnt, sein Werk weiter.

Schon im Jahr zuvor war seine nächste große, im Mittelalter spielende, aber durchaus nicht »romantische« oder »uraltmodische« Erzählung »Narziß und Goldmund« herausgekommen: ein sentimental-wildes Lied von Liebe und Tod, Lust und Pest, Welt- und Klosterleben, Kunst und Theologie – im Hintergrund immer das (schon im Demian so wichtige) archetypische Bild der Mutter (und Geliebten). Sehr viel leichter zu lesen und zu verstehen als der »Steppenwolf«, wird diese Geschichte einer Freundschaft ein großer Buch-Erfolg, obwohl sie inhaltlich nichts anderes als der skandalöse »Steppenwolf« sagen will. Hesse dazu ärgerlich: »Dieselben Leser, die den Steppenwolf auslachten oder angriffen, waren dann vom Goldmund entzückt, weil er nicht heute spielt, weil er nichts von ihnen verlangt, weil er ihnen nicht die Schweinerei ihres eigenen Lebens und Denkens vorhält. Das ist, von mir aus gesehen, der Unterschied zwischen den beiden Büchern, er besteht beim Leser, nicht bei mir« (XI,76).

Tatsächlich hatte Hermann Hesse die beiden Pole »*Geist*« und »*Leben*« dieses Mal auf zwei Personen verteilt: auf den intellektuell-sensiblen Denker Narziß, der im Kloster bleibt und der durch und durch als ein Geistesmensch konzipiert ist; und den künstlerisch-sinnlichen Goldmund, der in die Welt entflieht, um immer wieder neu zu wandern und zu lieben. Hesse stellt so zwei Leben einander antithetisch entgegen, das asketische Kloster-

203

und Gelehrtenleben des Narziß dem erotisch ungebundenen Wander- und Künstlerleben des Goldmund. So setzt er sich dem Vorwurf aus, hier mit Logos und Eros, Askese und Kunst, Geist und Leben allzu schematisch-exklusiv zu verfahren und die konkreten Personen zu Funktionen antithetischer Prinzipien zu machen. Solche Kritik ist naheliegend, weit verbreitet und nicht unberechtigt. Auf der einen, Goldmunds Seite, vor allem Frauen und nichts als Frauen, Flucht in eine Lust, die ohne Dauer ist und wieder in die Wüste entläßt; auf der anderen Seite Geist, Bücher, Studium. Ist, so fragt man sich, das Leben so einfach? »Narziß und Goldmund« wird mit seinem Mangel an Realismus, Zeit- und Gesellschaftsbezug literarisch oft als die wohl fragwürdigste und umstrittenste unter den großen Prosadichtungen Hesses bezeichnet – und regt trotzdem zum Nachdenken an, vielleicht doch nicht ohne Grund die höchste Auflagenzahl aufweisend. Während der Nazizeit durfte die Erzählung nicht neu aufgelegt werden, weil darin eine Jüdin von einem Pogrom erzählt...

Hesse selber jedenfalls würde sich verteidigen und antworten, es sei ihm auch hier nun einmal um eine »Seelenbiographie« (XI,81) gegangen. In gewohnt scharfer literarischer Profilierung und Kontrastierung habe er das ausfalten wollen, was bei ihm (wie bei vielen Menschen) *im einen und selben Ich* widersprüchlich vorhanden und auszutragen sei: einer »des andern Gegenstück und Ergänzung« (VIII,47). Und in der Tat: wenn in dieser Erzählung der Weltmensch Goldmund am Ende von seinem Geistesfreund Narziß aus der Lebensgefahr errettet wird und er nun, im Kloster zum Bildschnitzer geworden, eine Johannes-Figur formt, die die Züge seines Freundes trägt, so drückt sich hier eine – trotz des erneuten Ausbruchs Goldmunds am Ende – letztlich *versöhnte Doppelpoligkeit* aus, die Hesse mit dem »Steppenwolf« und dessen zwei Seelen *unversöhnt* zur Darstellung gebracht hatte. Versöhnte Doppelpoligkeit: sie also wäre das durch alle Schuld hindurch anzustrebende Ideal.

Ob sich eine »re-lecture« von »Narziß und Goldmund« nicht lohnen könnte? Jedenfalls an jenem so zentralen Punkt, den man in der Hesse-Forschung so wenig beachtet hat! Denn schaut man genau hin, so erfolgt hier nicht mehr und nicht weniger als eine gewichtige *Korrektur des Gottesverständnisses* – im Licht der großen abendländischen Tradition! Bei aller unverhehlten Vorliebe Hesses fürs Welt- und Sünderleben: Narziß, jetzt ein Aristoteles- und Thomaskenner, korrigiert den schließlich weltverdrossenen Weltmenschen Goldmund: die Welt sei nun einmal nicht göttlich, Gott aber sei »das vollkommene Sein«: »Alles andere, was ist, ist nur halb, ist teilweise, es ist werdend, ist gemischt, besteht aus Möglichkeiten. Gott aber ist nicht gemischt, er ist eins, er hat keine Möglichkeiten, sondern ist ganz und gar Wirklichkeit« (VIII,286). Welch eine Wandlung gegenüber »Demian«! Der Roman »Narziß und Goldmund« ist ein endgültiger Abschied von »Abraxas«! Dieser spielt im folgenden Werk auffälligerweise keine Rolle mehr. Und daß dies alles nicht nur für Hesses Werk, sondern auch für Hesses Person gilt, deutet sich darin, daß Hesse kurz darauf über »die Summe der Theologie« des Thomas von Aquin schreiben konnte: »Es stehen aber hinter dieser spröden gläsernen Wand der scholastischen Sprache Schätze aufbewahrt, die das Erobern lohnen. Man kann diese Partituren nun einmal nicht herunterlassen wie Feuilletons. Sie bezeichnen eine Denk-Musik, deren Kennenlernen manche Mühe lohnt« (XII,71). – Und was bedeutet dies für das Verständnis des Menschen?

Von der Naivität über die Gesetzlichkeit zum Glauben

Ja, der Mensch ist ein Wesen im Werden. Im Leben des Goldmund lassen sich »drei große Stufen« erkennen: »die Abhängigkeit von Narziß und ihre Lösung – die Zeit der Freiheit und des Wanderns – und die Rückkehr, die Einkehr, der Beginn der Reife und Ernte« (VIII,278). Langsam wird deutlich: Hinter den subjektiven »Seelenbiographien« schon des »Steppenwolfes« und jetzt auch der Freunde Narziß und Goldmund steht Hesses allgemeine *Vorstellung von der religiösen Entwicklung des Men-*

schen. Und zwar – hier greift Hesse nun entschieden über Thomas Manns Horizont hinaus – in allen drei großen religiösen Bereichen, dem christlich-prophetischen, dem indisch-mystischen und dem chinesisch-weisheitlichen. Es ist hier zu sprechen von Hermann Hesses »Lieblingsvorstellung«: von den *drei »Stufen der Menschwerdung«*, die freilich nur der verstehen könne, der sie auch durchgemacht habe. Diese drei Stufen der »Seelengeschichte des Menschen« – Hesse skizziert sie als »ein Stückchen Theologie« (MG 63–73) programmatisch und konzentriert – sind auch so etwas wie eine faktische (begrifflich freilich eher vage) Antwort auf die Frage nach Gut und Böse im Menschen selbst, was sich nun – im Gegensatz zum »vollkommenen Sein« – auf jeder Stufe verschieden darstellt:

Da ist die *erste Stufe* der religiösen *Naivität*, auf der jeder Mensch beginne; dies sei die Stufe der naiven Glaubensunschuld, der religiösen Kindheit, ein noch konfliktloses, verantwortungsfreies Vorstadium. Die meisten Menschen blieben in diesem naiven Urzustand ihrer Triebe und Säuglingsträume, wo ihnen religiöse Grundentscheidungen erspart blieben. So gelangten sie gar nicht auf die *zweite Stufe*, die der *Gesetzlichkeit*: Dies sei das Stadium der Vernunft, der Unterscheidung von Gut und Böse, der Schuld, des moralischen Wertesystems, aber damit auch der Kultur, des Fortschritts, der Menschheitsideale. Auf dieser zweiten Stufe versuche es der Mensch nämlich mit einer Gesetzesreligion (christlich) oder mit Yoga (indisch) oder mit Gerechtigkeitsstreben (chinesisch). Überall also eine Rechtfertigung durch die Werke, die sich aber immer als unmöglich erweise und in die Verzweiflung stürze: »daß Gerechtigkeit unerreichbar, daß Gutsein unerfüllbar ist« (MG 63). Eine Verzweiflung, die in den Untergang führe! Außer wenn sich der Mensch zur *dritten Stufe* erhebe, zu einer *neuen Unschuld*.

Eine erstaunliche *Parallele zum späteren Thomas Mann* tut sich auf: Aus der Verzweiflung über sein eigenes Ungenügen erwacht der Mensch »zu einem dritten Reich des Geistes, zum Erleben eines Zustandes jenseits von Moral und Gesetz, ein Vordringen zu Gnade und Erlöstsein, zu einer neuen, höheren Art von Verantwortungslosigkeit, oder kurz gesagt: zum Glauben« (MG 63). Ein Leben also aus der *Gnade* im *Glauben* auch hier: im religiösen Glauben, »daß wir wohl nach dem Guten streben sollen, soweit wir vermögen, daß wir aber auch für die Unvollkommenheit der Welt und für unsere eigene nicht verantwortlich sind, daß wir uns selbst nicht regieren, sondern regiert werden, daß es über unsrem Erkennen einen Gott oder sonst ein ›Es‹ gibt, dessen Diener wir sind, dem wir uns überlassen dürfen« (MG 63).

Das also sind die »drei Stufen der Menschwerdung«. Nicht die geringsten Geister unter den Menschen hätten sie beschritten: Paulus ebenso wie Luther, Pascal ebenso wie Ignatius von Loyola. Aber noch mehr: Sie finden sich auch in Grunderlebnissen der anderen großen *Religionen.* Im indischen Brahmanismus und Buddhismus etwa, die den Weg von Angst und Gier über die Rechtfertigung durch die körperlichen oder geistigen Werke des Yoga bis hin zur Gnade der Erleuchtung und des Erwachens kennen. Oder auch im chinesischen Taoismus, der den Stufengang vom Gerechtigkeitsstreben zum Nichtmehrstreben, von der Schuld und Moral zum Tao zeigt.

Vielleicht muß man sogar noch weiterfragen: Gibt es über diesen drei Stufen für die Menschen dieser Welt nicht vielleicht noch *eine höhere, eine mystische Stufe?* Zum reinen Sein des Geistes und zur vollen Einheit mit dem Absoluten oder Gott? Hesse wußte es nicht. Vielleicht alles nur Halluzination, bewußter Schwindel – oder aber Wirklichkeit? Er wußte es nicht. Er wußte nur eines: »Als Traum, als Wunschbild, als Dichtung, als ideales Ziel« (MG 66) waren ihm solche Vorstellungen willkommen. In seiner Praxis als Schriftsteller des zwanzigsten Jahrhunderts jedenfalls geht Hesse einen anderen, keinen mystischen Weg.

Optionen – Stationen – Stufen

Mit »Narziß und Goldmund« war die zweite, mittlere Periode –
der Weg nach innen und in die Vergangenheit – abgeschlossen
und zugleich die Überleitung zur *dritten* und letzten *Schaffens-
periode* vollzogen, in der Hesse, jetzt seinem sechzigsten Jahr
entgegengehend, alles bisherige noch einmal übersteigen, seine
Perspektiven noch einmal ausweiten sollte: vom einzelnen hin
zur *Gemeinschaft*, von der Gegenwart in die *Zukunft*.

Den Auftakt bildet die für manche abstruse und in der Tat allzu
sehr verschlüsselte Erzählung »Morgenlandfahrt«, die zwei
Jahre nach »Narziß und Goldmund« erscheint (1932). In »geheimer Adeptensprache« berichtet sie von Begegnungen mit engen
Freunden und endet ziellos: gewiß, eine Verkörperung auch sie
von Hermann Hesses eigenem vielgestaltigen Wesen in verschie-
dengestaltigen Figuren, aber schon hier eine Vision der Zukunft?
Jedenfalls weniger um den einzelnen als einzelnen geht es Hermann Hesse jetzt – wie in der ersten »schwäbischen« Periode
beim »Peter Camenzind« oder beim »Knulp« oder wie in der
zweiten beim Weg nach innen (»Demian«, »Siddhartha«,
»Harry Haller«, »Narziß und Goldmund«). Vielmehr hat Hesse
jetzt eine neue Form *geistiger Gemeinschaft* vor Augen, die in
Wirklichkeit die Grenzen der Räume und Zeiten überschreitet,
weshalb in der Erzählung bewußt Sein und Schein, Innenwelt
und Außenwelt kryptisch ineinandergeschoben werden.

Gemeint ist: Eine geheime Gesellschaft (man braucht nicht ge-
rade an die Freimaurer zu denken) bilden alle jene, die »Morgen-
landfahrer« sind, die – in welcher Zeit und an welchem Ort auch
immer – »nach dem Osten, nach der Heimat des Lichts« pilgern
(VIII,329). Nach Osten – wozu? Um nach seelischer und geistiger
Erneuerung zu streben, um also nicht etwa nach Indien oder
China zu reisen, sondern um ins überzeitliche Reich des reinen
Geistes, der ewigen Werte – schon im »Steppenwolf« am Hori-
zont sichtbar – einzugehen. Menschen der Gegenwart, Freunde
Hesses mit verschlüsselten Namen, treffen sich hier mit hohen
Geistern der Vergangenheit: Novalis, Parzival, Ofterdingen, Al-

208

bertus Magnus, Pythagoras, Zoroaster, Laotse... Woher kommen sie, was wollen sie? Alles Illusion oder Wirklichkeit?
Vielleicht zuviel der Illusion. Doch auch hier ist Ausgangspunkt die Vereinsamung des geistigen Menschen in schwieriger Zeit und großer Not (1932 – Europa in abgrundtiefer Wirtschafts- und Geisteskrise, und in Deutschland Hitler ante portas). Aber Ziel dieser Erzählung durch einen politisch durchaus Betroffenen ist offensichtlich mehr als eine politische Lösung. Was kann man tun? Es gilt in dieser Epochenkrise, die Vereinsamten und Gefährdeten, Künstler und Intellektuelle vor allem, in Leben und Tun »einem überpersönlichen Ganzen, einer Idee und einer Gemeinschaft einzuordnen« (XI,88). Das ist Hermann Hesse zufolge das Thema der »Morgenlandfahrt«: Es ist die »Sehnsucht nach Dienen, Suchen nach Gemeinschaft, Befreiung vom unfruchtbar einsamen Virtuosentum des Künstlers« (XI,88). Hesse ist dabei der Meinung, er persönlich sei jetzt »einen Schritt weitergekommen«, um »die Zeiten der Unfruchtbarkeit, des Kampfes, der Verkrampfung und Hemmung nicht nur abzuwarten und durch Geduld zu besiegen, sondern diese Nöte selbst zum Gegenstand der Meditation zu machen, aus ihnen selbst neue Symbole und neue Orientierungen zu finden« (XI,88).
Immer deutlicher ist es im Lauf von Hermann Hesses Entwicklung geworden: Die *Optionen*, denen er im Laufe seines Lebens, Wirkens und Schreibens ausgesetzt war, erwiesen sich für ihn *nicht* als exklusive *Alternativen*. Die *Stationen*, die er auf seiner langen mühseligen Wanderschaft kennen, erdulden und lieben gelernt hatte, waren für ihn keine Zufallsorte, auch kein Gehen im Kreis. Nein, sie waren *Stufen*, die ihn trotz aller Irrungen und Wirrungen vorwärts und aufwärts brachten. So hat er es im berühmten Gedicht »Stufen« (I,119) aus diesen Jahren ausgedrückt:

>»Wir sollen heiter Raum um Raum durchschreiten,
>An keinem wie an einer Heimat hängen,
>Der Weltgeist will nicht fesseln uns und engen,
>Er will uns Stuf' um Stufe heben, weiten.«

Lebensoptionen, Lebensstationen, Lebensstufen. Um Heben und Weiten also geht es jetzt Hermann Hesse mehr und mehr: nicht um Ausschluß und Verdammung bestimmter Lehren und Haltungen, sondern um ihre *Integration in seine eigene Individuation.* Christentum, romantische Naturbetrachtung, Psychoanalyse, indische Religiosität und chinesische Weisheit? Sie sind von ihm allesamt nie aufgegeben, sie sind in seinen ganz persönlichen Erfahrungen, Einsichten, Hemmnissen und Leiden verarbeitet worden. Von rückwärts her gesehen, erscheinen die früheren Stadien seines Lebensweges durchsichtig, und es wird deutlich: im Grunde ging es immer um dasselbe. Als er »Narziß und Goldmund« wieder einmal las, stellte er fest, daß die meisten seiner Erzählungen nicht, wie er bei ihrer Entstehung geglaubt hatte, »neue Probleme und neue Menschenbilder aufstellten, wie das die wirklichen Meister tun, sondern nur die paar mir gemäßen Probleme und Typen variierend wiederholten, wenn auch von einer neuen Stufe des Lebens und der Erfahrung aus« (X,343 f.).

Und was ist nun die neue Stufe des Lebens, der Erfahrung, die Hermann Hesse in seinem letzten großen, alles zusammenfassenden Werk zum Ausdruck bringt, das eben deshalb »den Morgenlandfahrern« gewidmet ist und das mit dem Gedicht »Stufen« enden sollte? Worum geht es im »Glasperlenspiel«?

Die Vision eines postmodernen Zeitalters

Gar sehr hatte sich die Atmosphäre seit den »goldenen« zwanziger Jahren verändert. Jetzt war nicht die Zeit, vom Steppenwolf zu reden, von Frauengeschichten, von Alkohol und Drogenszene, der Identität von Gut und Böse, Liebe und Mord... Überschattet vom faschistischen Terror in Europa (Hitler allen voran), arbeitete Hesse gut zehn Jahre (1931–1942) an dieser ernsten, bis ins Detail kunstvoll durchkomponierten symphonischen Epochendichtung mit ihrer historisch weit ausholenden Ouvertüre, ihren großangelegten Sätzen und Intermezzi, ihren zahlreichen Haupt- und Nebenthemen samt poetischen Zugaben.

Der *zeitgeschichtliche Hintergrund* ist somit offenkundig: die Krise nach dem Ersten Weltkrieg, die Ablehnung der demokratischen Republik von Rechts und Links und die Heraufkunft der ganz Europa bedrohenden Hitlerherrschaft, der Zweite Weltkrieg. Die Zielsetzung des Romans wird von daher deutlich: für sich selber einen freien geistigen Atemraum zu schaffen und zugleich auch bei anderen die Abwehrkräfte des Geistes gegen die totalitären, kollektivistischen und kriegerischen Mächte zu stärken.

Denn was soll gerade ein Dichter tun in dieser »Luft von politischer Dummheit, Verlogenheit und Unreife, die zur Entstehung eines künftigen Krieges sehr viel beitragen wird«? So fragt Hermann Hesse schon 1932. Was soll er tun in einem »Land, in dem drei Viertel der Jugend auf Hitler und seine dummen Phrasen schwört« und das »für uns zu direkter Wirkung nahezu verschlossen« ist (X,513 f.)? Schon ein Jahrzehnt zuvor (1924) hatte er, ohnehin halbschweizerischer Herkunft, in Empörung darüber, daß Hitler »nach seinem gemeinen Münchener Putsch nicht füsiliert oder streng eingesperrt, sondern in Festungshaft verpäppelt und verwöhnt wurde«, die schweizerische Staatsbürgerschaft angenommen (X,565).

Was also soll ein Dichter tun? Thomas Mann, in der gleichen notvollen Situation, blickte nach seiner Josephs-Tetralogie mit dem »Doktor Faustus« in die deutsche Vergangenheit und Gegenwart und analysierte scharfsinnig die Krankheitsgeschichte des deutschen Geistes in der nietzscheanischen Gestalt des modernen Musikers Adrian Leverkühn – ohne Zukunftswege aufzuzeigen. Und Hermann Hesse? Er wählt die Form einer Utopie: den *literarischen Vorgriff auf eine bessere, nach-moderne Zukunft*, von der her er aus kritischer und überlegener Distanz auf die späte Moderne des 19./20. Jahrhunderts zurückblicken kann. Diese wird denn auch als das »kriegerische Zeitalter« oder – kulturpolitisch gesehen – als die oberflächlich-zerflatterte »feuilletonistische Epoche« charakterisiert, die schließlich mit einer »zerstörten Welt« habe enden müssen (IX,386 f.). Europa jedenfalls hatte jetzt aufgehört, »Brennpunkt der Weltgeschichte und Kampfplatz der Hegemonieansprüche« zu sein (IX,402), so Hesse schon mitten im Zweiten Weltkrieg. Und doch Hoffnung: Auf den Trümmern jener Moderne kam es zu einer Neubesinnung: »Das Ende davon war, nach genügender Ausblutung und Verelendung, die immer mächtigere Sehnsucht aller nach Besinnung, nach Wiederfindung einer gemeinsamen Sprache, nach Ordnung, nach Sitte, nach gültigen Maßen, nach einem Alphabet und Einmaleins, das nicht mehr von Machtinteressen diktiert und jeden Augenblick abgeändert würde. Es entstand ein ungeheures Bedürfnis nach Wahrheit und Recht, nach Vernunft, nach Überwindung des Chaos« (IX,390).

Dies dürfte man in der literaturwissenschaftlichen Hesse-Kritik doch wohl zu wenig beachtet haben: Hesses »Glasperlenspiel« kann aus heutiger Sicht als der *erste hochaktuelle Roman der Postmoderne* – der Begriff epochenspezifisch, nicht literaturtheoretisch verstanden – gelesen werden. Denn aus der »unsäglich dringend und flehentlich gewordenen Sehnsucht aller nach einem Neubeginn und einer Ordnung« (IX, 390) war ja in diesem Roman eine *neue Kultur*, eine andere, friedlichere, wenngleich immer bedroht bleibende Welt, entstanden – geistig zusammengehalten und inspiriert von einer neuartigen, geistig orientierten »pädagogischen Provinz«! In dieser Perspektive versteht sich leicht: Eine ursprünglich geplante Ausdeutung der aktuellen politischen Situation (eine Konfrontation mit dem Diktator als Höhepunkt) mußte Hesse – als zu kurzfristig und kurzatmig – verwerfen. Diesem Hitler und seinem offensichtlich nicht 1000jährigen Reich auch noch ein literarisches Denkmal setzen? Nein.

Höchst kritisch nicht nur gegenüber Politikern, sondern auch gegenüber Intellektuellen, Experten und Fachleuten, entwirft Hermann Hesse ein auf das Entscheidende konzentriertes *Gegenbild zur gegenwärtigen von Ökonomie und Staat dominierten Gesellschaft* und ihrem nichtssagenden unverbindlichen Kulturbetrieb: ein Reich des Geistes und der Seele, in dem sowohl der zerstörerische moderne Individualismus wie sein Umschlag in den Kollektivismus faschistischer oder kommunistischer Prägung schon längst überwunden sind. Welches Gegenbild? Die merk-

würdige Vision einer kleinen, sich selber verwaltenden Gelehr-
tenrepublik um das Jahr 2200: die *Eliteprovinz Kastalien* (in der
Größe vergleichbar dem Kanton Tessin).

Wie war es im Roman zu dieser Gegenwelt gekommen? Schon in
der Mitte des 20. Jahrhunderts hatte diesem Roman zufolge eine
Gruppe von Menschen, die dem Druck der Gewaltepoche wider-
standen und dem Geist und der Humanität treu bleiben wollten,
eine heroisch-asketische Gegenbewegung ausgelöst. Sie hatte
schließlich zur Gründung eines weltlichen Orden des Geistes geführt, dem (leider) nur Männer angehören – der Einfachheit halber (»ein Leser mit Phantasie«, entschuldigt sich mürrisch der
jetzt alte Hesse, würde in sein »Kastalien hinein alle klugen und
geistig überlegenen Frauen und Aspasia bis heute schaffen und
vorstellen«; XI,93). Wie immer – das Ziel dieser »pädagogischen
Provinz« und ihres Ordens ist: die hohen kulturellen Werte der
Vergangenheit mittels Eliteschulen, ähnlich den platonischen
Akademien, und einem ganz von ihm inspirierten Schulsystem an
eine neue Generation weiterzugeben und eine *neue postmoderne
Kultur* aufzubauen und vorzuleben. Im 22. Jahrhundert also eine
ökumenische Synthese aus verschiedenen Wissenschaften und
Kulturen, eine wahre Universitas litterarum, die die Gegensätz-
lichkeit von West und Ost überwunden hat. Und worauf soll eine
solche Synthese gegründet sein? Auf einem neuen Ethos!

Ein postmodernes Ethos

Für die neuen Eliten der kastalischen Ordensprovinz gilt ein *anderes Ethos* als in der europäischen Moderne:

– statt des Chaos und der Anarchie zur Zeit der beiden damaligen
Weltkriege: ein neuer Sinn für Ordnung, Norm, Vernunft und
Maß;

– statt des früheren intellektuellen Hochmuts und künstlerischen
Wildwuchses: eine strenge, geistige Zucht durch Meditationsübungen und Musikpflege;

– statt des modernen Rationalismus und Aktivismus: die Pflege

von Ehrfurcht und Frömmigkeit, die Einheit von Vita activa und Vita contemplativa;
— statt der lange üblichen Propagandalügen und Massenhypnose: die unbestechliche Wahrhaftigkeit und Gewissenhaftigkeit geistigen Strebens;
— statt jenes damaligen Zynismus und moralischen Zerfalls: das Wissen um die Tragik des Menschen, ein Ethos der Verantwortung, eine neue Tapferkeit, neue Liebesfähigkeit und souveräne Heiterkeit.

Dies also würde die utopische kastalische Welt um das Jahr 2200 sein. Nicht abstrakt-theoretisch entwickelt, sondern konkret erzählt, gespiegelt nämlich im individuellen und zugleich überzeitlichen Lebenslauf des Titelhelden und Magister ludi Josef Knecht, der den Typ des neuen, des *postmodernen Menschen* verkörpert. Knecht ist der ganzheitlich-harmonische Mensch, den, bei aller individueller Eigen-Art und allem Eigen-Sinn, ein durch Zweifel vertiefter Glaube, ein Geist des Dienstes und der Hingabe auszeichnen. Denn dieser Knecht erlebt in den von ihm für seinen Orden aufgezeichneten drei fiktiven, in frühere Epochen zurückverlegten »Lebensläufen« oder Selbstbiographien – Gerhart Mayer dürfte dies richtig analysiert haben (S. 33–35) – die Stufen der Menschheitsentwicklung mit: als prähistorischer Regenmacher das naiv-mythologische Kindheitsstadium, als altchristlicher Asket und Wüstenbeichtvater die Stufe der Zerrissenheit, als indischer Fürstensohn und später Heiliger das Erwachen. Glaube an eine Wiedergeburt bei Knecht, in Kastalien? Nicht direkt; in Kastalien – lesen wir – lebe nur »ein Rest des alten asiatischen Wiedergeburts- und Seelenwanderungsglaubens in dieser freien und spielerischen Form« fort (IX,119). Wie immer: als Kastalier steigt Josef Knecht nun zur höchsten Stufe der geistigen Hierarchie auf: er wird der *Meister des* geheimnisvollhochgeistigen *Glasperlenspiels*, dieses nach eigenen Regeln und eigener Grammatik gespielten ingeniösen »Spiels mit sämtlichen Inhalten und Werten unserer Kultur« (IX,12), das im Zentrum sowohl der privaten Tätigkeit wie auch mancher öffentlicher Feste der kastalischen Elite steht.

Der *Drang des Geistes zu Einheit und ökumenischer Versöhnung*
und die große Zusammengehörigkeit aller einmal gedachten
Ideen, aller von Kunst und Kultur geschaffenen Werte, die Einsichten, Werke und Methoden aller Nationen, Regionen und Religionen sollen in diesem Spiel dargestellt und fruchtbar gemacht
werden. Inbesondere geht es um »das Nebeneinanderstellen,
Gegeneinanderführen und endliche harmonische Zusammen-
führen zweier feindlicher Themen oder Ideen, wie Gesetz und
Freiheit, Individuum und Gemeinschaft«, um »aus These und
Antithese möglichst rein die Synthese zu entwickeln« (IX,40).
Denn diesen »Sinn« hatte »das Spiel auf seiner Höhe für die Spieler gewonnen«: »Es bedeutete eine erlesene, symbolhafte Form
des Suchens nach dem Vollkommenen, eine sublime Alchemie,
ein Sichannähern an den über allen Bildern und Vielheiten in sich
einigen Geist, also an Gott« (IX,40).
So sollte »das Ganze«, kreisend zwischen der allgemein-über-
persönlichen Idee des Glasperlenspiels und dem anschaulich-
persönlichen Geschick des Meisters durchaus »paradigmati-
schen« (XI,92) Charakter haben: nein, nichts Museales, vielmehr
ein revolutionär neues Paradigma geistiger Kultur. Thomas
Mann über »dies keusche und kühne, verträumte und dabei doch
hochaktuelle Werk«, das »voller Überlieferung, Verbundenheit,
Erinnerung, Heimlichkeit« sei: Es hebe »das Trauliche auf eine
neue, geistige, ja revolutionäre Stufe – revolutionär in keinem direkten politischen oder sozialen, aber in einem seelischen, dichterischen Sinn: auf echte und treue Art ist es zukunftssichtig, zu-
kunftempfindlich« (XI,90).
Ein epochaler Paradigmenwechsel also, den Hermann Hesse
vielleicht deutlicher als andere erkannt hat. Doch die kritische
Frage drängt sich auf: Ist diese Vision von einem postmodernen
Zeitalter nicht doch von vornherein zu wenig politisch, zu wenig
gesellschaftlich, zu wenig sozial reflektiert, um ernst genommen
zu werden?

Zu wenig politisch?

»›Das Glasperlenspiel‹ – Science-fiction der Innerlichkeit« (Joachim Kaiser)? Weder das eine noch das andere: »Von Science-fiction« im Sinne von futuristischer Technologie keine Spur; selbst das im »Steppenwolf« noch so wichtige technische Requisit Automobil kommt kaum vor. Und »Innerlichkeit« ist in diesem Roman selbst kritisiert: statt elitär-asketischer Zivilisationsverachtung werden hier ja historisches Bewußtsein und Weltverantwortung gefordert.

Aber sind in dieser privilegierten pädagogischen Provinz nicht Ökonomie, Politik, soziale Realität völlig ausgeklammert? Wir kennen von früher Hesses generelle Antwort: Er sei nun einmal weder Politiker noch Aktivist, sondern Dichter und deshalb für politische Programme und Massenbeeinflussung nicht zuständig. Und sehr viel konkreter als das des Dichters Hermann Hesse, hätte er hinzufügen können, war ja auch des Schriftstellers Thomas Manns politisches Programm nicht.

Doch im »Glasperlenspiel« *weitet und intensiviert sich Hesses dichterische Vision:* Kastalien, das ist wohl zu beachten, ist für Hermann Hesse nicht etwa die Welt, sondern »eben nur ein Weltchen in der Welt« (IX,416). Das heißt: Wer nicht sieht, daß die pädagogische Provinz, dieser elitäre Gelehrtenstaat Kastalien, kein Selbstzweck ist, sondern ganz und gar im Dienst der Gesamtwelt, des ganzen Gemeinwesens stehen soll, verkennt Grundproblematik und Grundpolarität des Romans und dessen zentraler Gestalt von vornherein. Allein in diesem Dienst für die Gesamtgesellschaft gründet die Existenzberechtigung des neuen Geistesordens. Und umgekehrt: wegen des Versagens in diesem Dienst droht ihm nun allerdings auch sein Untergang; die neuerdings weitverbreitete »politische Unschuld und Ahnungslosigkeit« unter den Bewohnern Kastaliens wird vom Glasperlenspielmeister schärfstens kritisiert (IX,208).

Die »Lebensbeschreibung des Magister ludi Josef Knecht« läßt so schon von Anfang an eine *Grundspannung* deutlich werden. Und hauptsächlicher Gegenpol zu Knecht ist Plinio Designori,

mit dem – hören wir – Knecht schon im Studium eine »kämpferi-
sche Freundschaft« (IX,109) verbunden habe. Denn während
der Geistesmann Knecht ganz auf den Orden, das Geistesleben,
das Studium, die Meditation, die Selbstzucht (Wandern und
Schwimmen eingeschlossen) ausgerichtet ist, so der Weltmann
Designori auf die Karriere, die Ehe, die Politik, das »reale Leben« – alles mit Berufung auf die »Natur« und den »gesunden
Menschenverstand«; später fordert er denn auch als Politiker die
Rechte des Staates und des Volksganzen, der Wirtschaft, Rechts-
pflege und Politik ein. Sollte jedoch eine Synthese zwischen den
beiden Welten und Prinzipien, ja, zwischen den beiden Polen in
ihm selbst, nicht möglich sein? So fragt sich Josef Knecht schon
früh.

Damit ist eine für die Gesamtbeurteilung der Romankonzeption
wichtige Weichenstellung gegeben. Denn der Glasperlenspielmeister Knecht erscheint in diesem Roman immer stärker auch
als Kritiker der pädagogischen Provinz, die er durch exklusive
Geistigkeit und Esoterik, durch aristokratische Selbstgenügsam-
keit und sinnlos-artistische Selbstbestätigung bedroht sieht: eine
Vollkommenheit, die zur Sterilität, ein Absolutheitsanspruch,
der zur Hybris führen muß. Knecht hat allmählich durchschaut:
Geschichte läßt sich nicht in einem bestimmten System verfesti-
gen, verewigen! Gewiß: die Kastalier, die Intellektuellen, Ge-
lehrten, Künstler, sollen nicht zu Politikern werden. Aber, wie es
Josef Knecht, der auch eine »summarische Einführung in die politischen Grundlagen Kastaliens« erhalten hatte (IX,159), in seinen »historisch-politischen Betrachtungen« (IX,402) formuliert:
»Mir scheint es notwendig, mich zu erinnern, daß auch wir Unpolitischen der Weltgeschichte angehören und sie machen helfen«
(IX,393). Also keine direkte Politisierung, wohl aber eine politische Verantwortung der Intellektuellen – darauf läuft Knechts
Konzept hinaus!

Weil aber der Orden des Geistes und dessen Provinz Kastalien
diese gesamtgesellschaftliche Aufgabe immer weniger wahrnehmen, tritt der große Glasperlenspielmeister – zur allgemeinen
Überraschung – schließlich aus. Sein Ziel ist, in der Hauptstadt

im Schulbereich eine neue pädagogische Aufgabe zu übernehmen. Eine neue Stufe des Lebens, ein erneutes »Transzendieren«, ist fällig. Und doch – so konsequent dieser »Austritt« Knechts vom Roman-Ganzen her erscheint, sein »Abtritt« kommt überraschend. Denn am Ende der »Legende« findet Josef Knecht – als er sich des Designori-Sohnes verwegener Herausforderung zum Wettschwimmen in einem kalten Bergsee nicht verweigert – ziemlich plötzlich den Tod. Neben den drei fiktiven Lebensläufen sind nur noch einige Gedichte des Schülers und Studenten Knecht (»Doch heimlich dürsten wir«, »Ein Traum«, »Nach dem Lesen in der Summa contra Gentiles«, »Stufen«, »Das Glasperlenspiel«...) erhalten geblieben. Eine Verlegenheitslösung des Autors? Wie immer: wir haben uns an das zu halten, was vorliegt. Nur dann erscheint es nicht übertrieben, mit dem großen Literaturhistoriker Ernst Robert Curtius zu sagen: Dieser Josef Knecht ist – »die nunmehr endgültig gelungene Transposition und Überhöhung aller jener Lebensläufe«, »in denen Hesse sich als Camenzind, als Giebenrath, als Sinclair, als Siddhartha, als Goldmund darstellte« (»Über Hermann Hesse«, hrsg. von V. Michels, S. 219).

Damit ist die Grundkonzeption des Romans klar: Nicht eine Gesamtsicht der Gesellschaft von morgen will Hesse bieten, sondern möglichst konkret die Notwendigkeit einer neuen moralisch-geistigen Grundlage aufzeigen. Nicht ein Partei- oder Regierungsprogramm für das Jahr 2200 will er entwerfen, wohl aber eine »Verschwörung« der Erwachten für ein *neues Menschtum* anzetteln, mit Kastalien eine *geistige Gegenwelt*, eine *bessere Gesellschaft* sichtbar werden lassen. Ein Plädoyer für religiös fundierte Humanität also auch hier.

Und Hermann Hesse selber: ist er wirklich im strengen Sinn unpolitisch? Volker Michels zweibändige Ausgabe von Hesses politischen Schriften (1977) und neuere Forschungen über Hesses politische und wirkungsgeschichtliche Aspekte (wie der schöne Band von Sigrid Bauschinger und Albert Reh, 1986) zeigen, wie sehr Hesse eine engagierte »Politik des Gewissens« betrieben hat. Der amerikanische Germanist Theodore Ziolkowski zeigt überzeugend, daß Hesse im »Glasperlenspiel« von Platon inspiriert ist, und nennt ihn geradezu »einen Theoretiker der Politik in Platons Sinn des Wortes« (in: S. Bauschinger, S. 201). Denn eine genauere Analyse der Figurenkonstellation des »Glasperlenspiels« bestätigt es: Nicht allein in Josef Knecht, der ja nur für die Kultur steht, spiegelt sich der Autor, sondern auch in den beiden anderen Hauptfiguren, Pater Jakobus (Religion) und Plinio Designori (Politik). Die beiden anderen Welten, Religion und Politik, sind also in dieser Utopie durchaus präsent, werden aber bewußt nicht thematisiert. Und daraus läßt sich nun am allerwenigsten der Vorwurf ableiten, Hermann Hesse sei unpolitisch.

Im Gegenteil: Dieser Schriftsteller, der seit dem Ersten Weltkrieg, als Thomas Mann noch kriegsbegeisterter Nationalist war, immer wieder gegen den Krieg geschrieben und Hunderte von Zeitungsangriffen und Tausende von Haßbriefen erhalten hat; der, wie Thomas Mann, mit einer Jüdin verheiratet war, deren Angehörige und Freunde fast ohne Ausnahme in Himmlers Gasöfen verschwanden; der unverdrossen dem Naziregime mißliebige jüdische, katholische und protestantische Autoren in Fischers »Neuer Rundschau«, in Schweden und in der Schweiz rezensierte; der emigrierte Autoren (Bert Brecht zuerst) und Flüchtlinge in sein Haus aufnahm; der jegliche »zeitgemäße« Änderung seines Werkchens »Bibliothek der Weltliteratur« (durch Eliminierung jüdischer Autoren) ablehnte und dessen Werk seit Beginn des Zweiten Weltkrieges zu der in Deutschland »unerwünschten« Literatur zählte: dieser Schriftsteller unpolitisch? Er wußte sehr wohl, daß seiner bei dem mehrmals drohenden deutschen Einmarsch das Gefängnis oder der Galgen wartete. Aber er hatte seinen eigenen zurückgenommenen, leisen, persönlich ansprechenden Stil, seine eigene, wie er immer betonte, beschränkte Aufgabe: Unverdrossen stand er auf seinem »Posten des Outsiders und Parteilosen«, wo er sein »bißchen Menschentum und Christentum zu zeigen habe« (X,531).

Gewiß, diese Position hatte ihre eigene Beschränktheit, und Mißverständnisse waren naheliegend. Hesse war klar, wie er dem jüdischen Schriftsteller Max Brod nach dem Krieg schrieb, daß er

219

sich »bei den Oberflächlichen damit allerdings dem Verdachte«
aussetzte, er gehöre »zu jenen verträumten Künstlernaturen, für
die Kunst mit Politik nichts zu tun und der Künstler im Elfenbein-
turme einer ästhetischen Existenz zu verweilen habe, um sich ja
nicht durch Berührungen mit der rauhen Wirklichkeit die Stimmung zu verderben oder gar die Hände zu beschmutzen«
(X,560). Aber, fährt Hesse fort: »Ich habe... viele Male meine
Stimme erhoben und einen großen Teil meines Lebens der damals (im Ersten Weltkrieg) in mir erwachten Verantwortlichkeit
geopfert. Aber ich habe dabei die Grenzen stets auf das strengste
gewahrt, ich habe versucht, als Dichter und Literat meinen Lesern immer wieder die Mahnung an die heiligen Grundgebote der
Menschlichkeit zuzurufen, niemals aber habe ich selbst versucht,
die Politik zu beeinflussen, wie es in den Hunderten von Aufru-
fen, Protesten und Mahnungen der Intellektuellen immer und
immer wieder feierlich, aber nutzlos... geschah und geschieht«
(X,560).
Dies jedenfalls war Hesses Standpunkt, gewiß nicht zu generali-
sieren: andere handelten anders. Doch zu Recht erhielt Hermann
Hesse 1945 den Goethe-Preis der Stadt Frankfurt. Seine seit dem
Ersten Weltkrieg konstante »moralische Reaktion jedem großen
politischen Ereignis gegenüber« schreibt er selbst »drei lebens-
länglich nachwirkenden Einflüssen« zu: Noch vor der »Lektüre
der Chinesen« und dem einzigen Historiker, dem er traute, »Jakob Burckhardt«, nennt er den »christlichen und nahezu völlig
unnationalistischen Geist« seines Elternhauses (X,547).

Zu wenig religiös

»Der christliche Geist«: dies wirft jetzt nach der politischen die
religiöse Fragestellung auf: Ist diese Vision eines postmodernen
Zeitalters, wie sie im »Glasperlenspiel« dargelegt wird, wenn
nicht zu wenig politisch, so doch zu wenig theologisch reflektiert?
Müßte die religiöse Problematik nicht ganz anders grundsätzlich

thematisiert werden in diesem neuen Reich des Geistes? Auch hier ist Hesses Antwort bekannt: er sei weder Philosoph noch Theologe, sondern Künstler, nicht zuständig für Spekulation und Orthodoxie: »Als Künstler, als Organ der möglichst reinen Betrachtungen, habe ich die Wirklichkeit zu achten und sie nicht ethisch, sondern ästhetisch ernst zu nehmen, was eine ebenso echte und wichtige Funktion ist wie die des Denkers, Kritikers, Moralisten« (MG 109). Aber, so muß man zurückfragen, darf ein Schriftsteller Religion und Kunst so stark trennen, wenn er einen Anspruch auf die *geistige Erneuerung* der Menschheit erhebt?

Die Welt des Glasperlenspiels lebt nach Hermann Hesse als eine »Welt der humanistischen Geistigkeit« durchaus »außerhalb« der Religionen, wiewohl sie vor der Religion »Respekt« habe (XI, 95). Sein Kastalien sollte nicht den Eindruck einer neuen humanistischen Kirchengründung, das Glasperlenspiel nicht den einer Ersatzreligion erwecken. Das »humanistische Ideal« sei ihm »nicht ehrwürdiger als das religiöse«, und »auch innerhalb der Religionen« würde er »nicht einer vor der anderen den Vorzug geben«; ebendarum könne er »keiner Kirche angehören«, weil dort die Höhe und Freiheit des Geistes fehle, weil jede sich für die beste, die einzige, und jeden ihr nicht Zugehörenden für verirrt halte (MG 119). In diesem Punkt reagiert Hesse aufgrund seiner Erfahrungen immer sehr schroff: »Es sind die Pfaffen, an denen das liegt, und ich kann mit ihnen nichts anfangen, sie sind mir zuwider« (ebd.).

Und doch herrscht in seinem »Glasperlenspiel« kein säkularer anthropozentrischer Humanismus (à la Wilhelm *Meister*), sondern ein welthafter, *auf Dienst und Transzendenz hin offener Humanismus* (Josef *Knecht*). Dessen höchster Wert ist das »Heilige«. Alle Wertstufen sind *darauf* ausgerichtet, und auch Gläubige könnten dies bei echter meditativer Betrachtung im »Glasperlenspiel« erfahren. Das »Glasperlenspiel« – nur für Glaubenslose funktioniert es als »Religionsersatz« (IX, 125. 150. 220)! Doch es bleibt die Frage: Wie steht es denn in dieser Utopie um das Jahr 2200 mit den konkreten Religionen? Welche Rollen spielen sie noch? Hermann Hesse deutet es am Rande an.

Auffällig ist: Formen der *katholischen Kirche* (nach einer Zeit der Resignation und Dürftigkeit wieder zu Ansehen gelangt) scheinen noch zu existieren, sucht man doch in Kastalien gerade zum Benediktinerorden Kontakt. Dieser Orden steht freilich Kastalien kritisch gegenüber; dieses sei eine säkulare »Nachahmung der christlichen Kongregationen« (IX, 174), obwohl in Kastalien selber das »Glasperlenspiel« weder eine Philosophie noch eine Religion werden, sondern »eine eigene Disziplin und im Charakter am meisten der Kunst verwandt« bleiben soll; so mindestens lehrt es Knechts Vorgänger als Glasperlenspielmeister, Thomas von der Trave (in welchem Hermann Hesse feinsinnig Thomas Mann porträtiert hat. IX, 150). Aber immerhin: Katholische Orden gibt es noch!

Der *Protestantismus* dagegen scheint sich aufgelöst zu haben; er ist schlechterdings abwesend. Nur die Sympathie zum schwäbischen Pietismus der Vorzeit klingt im Roman an. Aber Knechts vierter fiktiver Lebenslauf, wo er als schwäbischer Theologe, Schüler Albrecht Bengels, Freund Oetingers und Gast der Gemeinde Zinzendorfs, schließlich den kirchlichen Dienst mit der Musik vertauscht, bleibt unvollendet; Hesse hat das Fragment nicht in seinen Roman aufgenommen. Nur der protestantische Pastorensohn und Prophet des modernen Atheismus, Friedrich Nietzsche, ist verdeckt präsent: in Knechts Mitarbeiter, dem »Erzkastalier« und »Nurgeist« Fritz (Friedrich!) Tegularius, dessen innere Verwandtschaft mit Doktor Faustus Leverkühn von Hesse wie von Thomas Mann denn auch sogleich erkannt wird.

Was bleibt? Wir erfahren nichts Genaues, doch immerhin soviel, daß sich Josef Knecht nicht mehr gegen den Gedanken des großen benediktinischen Historikers Pater Jakobus wehrt, hinter dem sich der resigniert-realistische Jakob Burckhardt verbirgt. Welchen Gedanken? Daß das so lange als unmodern, überholt und antiquiert angesehene Christentum sich in der Postmoderne »wieder auf seine Quellen besonnen und an ihnen erneuert« habe, »das Moderne und Siegreiche von gestern wieder hinter sich zurücklassend« (IX, 186). Ja, die ganze kastalische Kultur sei vielleicht doch »nur eine verweltlichte und vergängliche Neben-

und Spätform der christlich-abendländischen Kultur« und werde »von ihr einst wieder aufgesogen und zurückgenommen« (ebd.). Pater Jakobus hatte bedauert, daß der hochbegabte Knecht »ohne die Zucht einer religiösen Erziehung und mit der Scheinzucht einer intellektuell-ästhetischen Geistigkeit aufgewachsen« war (IX, 178). Das ist im wesentlichen alles.

Eines jedenfalls ist für Knecht am Ende sicher: Auch Kastalien, dem leider der »geschichtliche Sinn« und die welthistorischen Studien fehlen, wird nicht für immer bleiben, ja ist schon jetzt durch eine erneute Periode der Rüstung und Kriege bedroht. Was freilich unter diesen Umständen die *neue Religion der Zukunft* sein würde, will Hesse im Roman selber nicht sagen; auch Knechts »indischer Lebenslauf« stammt ja aus längst vergangener Zeit, und trotz I-Ging-Studien bleibt Knecht nicht bei dem zum chinesischen Einsiedler gewordenen »Älteren Bruder«.

Wir haben uns damit abzufinden, daß Hesse eine religiöse Utopie der Menschheit nicht darstellen wollte. Und doch ist damit das Thema Hesse und Religion nicht beendet. der Mensch Hermann Hesse rückt ins Blickfeld und seine Haltung zur Religion. Und da gilt: Gewiß, Hesses persönliche Einstellung zur Religion war im Grundsatz keine andere als in seinen Romanen, und doch sind seine persönlichen Zeugnisse reicher, differenzierter, konfessorischer. Wir müssen also schon Hesses persönliche Aussagen selber zur Hilfe nehmen, wenn wir seine Vorstellung von der Zukunft der Religion genauer bestimmen wollen.

Das Kreisen um ein und dasselbe Geheimnis

Es dürfte bereits grundsätzlich deutlich geworden sein, welche Art von Religiosität Hermann Hesse persönlich verwirft. Radikal *verwirft* er jede intolerante, *allein seligmachende Religion oder Kirche*, welche »viele hundert Millionen von Menschen aller Rassen und Sprachen, die ebenfalls an einen lebendigen Gott glauben und ihm dienen« vom Heil ausschließen will: »Allen diesen Millionen von frommen, trostsuchenden, nach Würde und

Heiligung für ihr armes Leben strebenden Gläubigen, denen sich der eine lebendige Gott auf etwas andere Weise offenbart hat« als den Christen und ihrer Kirche, könne man doch nicht »unerschrocken und allwissend ihre Götter, ihre Lehren, ihre Glaubensformen« absprechen (MG 113). Aus diesem Grund lehnt er auch den Glauben jener »beiden guten Katholiken im deutschen Schrifttum unsrer Zeit« ab, Romano Guardini und Reinhold Schneider, die, obwohl »beide weise, beide weitherzig und frei von Fanatismus«, doch mit Glauben »die genaue, allein gültige, allein seligmachende katholische Dogmatik« meinen und die so den heutigen Menschen »das Opfer der Vernunft« zumuten würden (MG 126).

Wäre also Hesses Idealvorstellung von Religion *die einer einheitlichen Weltreligion*? Im Gegenteil. Es verhalte sich mit einer Einheitsreligion wie mit den synthetischen Kunstsprachen (dem Esperanto). Sie machten manchen viel Freude, gewiß, aber die Völker hätten nun einmal andere Sorgen und seien zum Lernen viel zu bequem; sie würden ihre eigene ererbte Sprache jeder anderen, auch künstlichen vorziehen. Eine »synthetische, künstliche Religion« aber vermöchte noch weniger die Menschheit zu verbessern als »die echten, organisch entstandenen Religionen« (MG 122).

Nein, nicht ein billiger Synkretismus, nicht eine künstlich synthetisierte Weltreligion ist Hesses postmoderne Vision, sondern Religion auf jener dritten Stufe der Menschheitsentwicklung. Entscheidend ist für ihn, daß *alle Religionen* um *ein und dasselbe Geheimnis* kreisen: »Einmal bei Buddha, einmal in der Bibel, einmal bei Lao Tse oder Dschuang Dsi, einmal auch bei Goethe oder andern Dichtern spürte ich mich vom Geheimnis berührt, und mit der Zeit merkte ich, daß es stets dasselbe Geheimnis war, stets aus derselben Quelle kam, über alle Sprachen, Zeiten und Denkformen hinweg« (MG 106). Deshalb könne es heute nicht mehr darum gehen, »Japaner zum Christentum, Europäer zum Buddhismus oder Taoismus zu bekehren« (MG 121). Statt geistige Eroberung geistige Öffnung: »Wir sollen und wollen nicht bekehren und bekehrt werden, sondern uns öffnen und weiten, wir erkennen östliche und westliche Weisheit nicht mehr als feindlich sich bekämpfende Mächte, sondern als Pole, zwischen denen fruchtbares Leben schwingt« (MG 121). Und so sei es nun einmal mit Gott, mit der Frömmigkeit, mit dem Glauben, »Griechen und Perser, Inder und Chinesen, Christen und Buddhisten, alle meinen das Selbe und hoffen, wünschen und glauben das Selbe, nur haben sie andre Namen dafür als wir« (MG 125). Nein, nicht die exklusive Herrschaft einer Religion, aber auch nicht die Vereinheitlichung aller Religionen zu einer einzigen, vielmehr die gegenseitige Verständigung und Bereicherung der Religionen. Ihm, sagte Hesse, gehe es um eine »neue große, aber unsichtbare Gemeinschaft…, die alle Völker und Religionen umfaßt« (MG 124).

Was aber soll unter diesen Umständen noch das *Christentum*? Hermann Hesse gesteht als alter Mann mit dem Blick auf seine Eltern und Großeltern, die »nicht nur dem Namen nach, sondern in Leben und Tat Christen waren und ihr ganzes Leben in den Dienst des Reiches Gottes gestellt haben« gerne zu: »Ihr nicht gepredigtes, sondern gelebtes Christentum ist unter den Mächten, die mich erzogen und geformt haben, die stärkste gewesen«; darum klinge ihm auch die Mitteilung eines Briefschreibers »es gibt einen lebendigen Gott« für ihn »ein wenig überflüssig, etwa so, wie wenn jemand mir im April mitteilen würde, es sei jetzt Frühling, und im Oktober, es sei jetzt Herbst geworden« (MG 112). Doch – damit ist die Frage nach dem Proprium Christianum, nach dem unterscheidend Christlichen noch nicht beantwortet. Und es stellt sich die Frage: Ist Hermann Hesse wirklich ein Christ? Will er es sein? Wir fragen dies, um ihn zu verstehen, nicht, um ihn zu katechetisieren oder ihn für das Christentum zu vereinnahmen!

Hermann Hesse – nahezu ein Christ

Hermann Hesse, wiewohl skeptisch-hellsichtig, zählte sich zeit seines Lebens nicht zu jener Sorte Mensch, die er die »Vernünftigen« nannte. Nicht weil er an die Unvernunft glaubte, sondern weil er die Vernunft nicht für das »schlechthin Höchste« (MG 69) hielt. Statt dessen nannte er, der Alemannisch-Widerborstige, sich einen »*Frommen*«; ein seltsames Wort, das die Frage noch einmal verschärft: Wie steht Hermann Hesse nun letztlich zum Christentum?

Klar wurde: Dem Christentum durch pietistische Christen früh entfremdet, in den fremden Religionen früh heimisch geworden, suchte Hesse zeitlebens die Religion, die ihm entsprach. Wie selbstverständlich ging er davon aus, daß es »natürlich bloß einen Gott, bloß eine Wahrheit« gibt, aber auch, daß sie »jedes Volk, jede Zeit, jeder Einzelne auf seine Art aufnimmt, für die immer neue Formen entstehen« (MG 92).

Aber nun das Überraschende in der letzten Periode: Was sich angekündigt hatte am Ende des »Siddhartha« und noch deutlicher in »Narziß und Goldmund«, das bekennt der fast Sechzigjährige besonders in Briefen und Antworten auf Anfragen recht deutlich: »Ich war schon lange nicht mehr jung, als ich allmählich begann, mir den Glauben vertrauter zu machen, in dem man mich erzogen hatte... Irgend einer Gemeinschaft, Kirche oder Sekte gehörte ich nie an, halte mich aber heute nahezu für einen Christen« (MG 78). »Nahezu für einen Christen«? Ein Bekenntnis, das die »*Grundlagen*« seines »*jetzigen Glaubens*« darzustellen versucht, ist für ihn das Gedicht »*Besinnung*« (ebd.).

Dieses Gedicht umgreift freilich nicht Hesses ganzen Glauben, der seiner eigenen Auffassung nach »noch ein Stück weiter ins eigentlich Religiöse und Christliche hinein« ginge; es zeige »nur dessen geistige Fundamente, vor allem das Bekenntnis zum Primat des Geistes und zum Unterschied zwischen Schöpfer und Geschöpf« (MG 77). Und doch macht es überdeutlich: Hermann Hesse glaubt nicht nur allgemein an den »Menschen«, das »Menschtum«, den »Lebenssinn«, er glaubt im eigentlichen Sinn

an *Gott*. Und wenn ihm auch an begrifflichen Definitionen wenig
gelegen ist, so doch an existentieller Haltung: Von indisch-pan-
theistischer Religiosität setzt er sich jetzt ebenso ab wie von
primitiv-anthropomorphen christlichen Vorstellungen: »Der
›Geist‹ in meinem Gedicht ist nicht nur göttlich, er ist Gott, er ist
nicht pantheistisch gemeint« (MG 77). Freilich ist auch nicht der
anthropomorphe »Gott« vieler Religionen gemeint, sondern der
ewige göttliche Geist, wie ihn »seit dreitausend Jahren alle spirituellen Weltanschauungen… verstanden haben: die göttliche
Substanz«. Ich zitiere dieses Glaubensbekenntnis schon aus dem
Jahr 1933 (nach der dritten geringfügig verbesserten Fassung
von 1942; I,104 f.), das in den ersten drei Strophen die drei Stufen der Menschwerdung anklingen läßt:

»Göttlich ist und ewig der Geist.
Ihm entgegen, dessen wir Bild und Werkzeug sind,
Führt unser Weg; unsre innerste Sehnsucht ist:
Werden wie Er, leuchten in Seinem Licht.

Aber irden und sterblich sind wir geschaffen,
Träge lastet auf uns Kreaturen die Schwere.
Hold zwar und mütterlich warm umhegt uns Natur,
Säugt uns Erde, bettet uns Wiege und Grab;

Doch befriedet Natur uns nicht,
Ihren Mutterzauber durchstößt
Des unsterblichen Geistes Funke
Väterlich, macht zum Manne das Kind,
Löscht die Unschuld und weckt uns zu Kampf und Gewissen.

So zwischen Mutter und Vater,
So zwischen Leib und Geist
Zögert der Schöpfung gebrechlichstes Kind,
Zitternde Seele Mensch, des Leidens fähig
Wie kein andres Wesen, und fähig des Höchsten:
Gläubiger, hoffender Liebe.«

Man sieht sich an »des Lebens Sorgenkind« aus Thomas Manns
»Zauberberg« erinnert. Und was auch hier vom persönlich-über-
persönlichen »väterlichen *Geist*« und von der »gläubigen hof-
fenden *Liebe*« gesagt wird, mag ebenfalls zunächst unpolitisch
klingen. Es ist jedoch, wie Hesse selbst bekennt, »in einer schlaf-
losen Nacht... unter dem ersten Eindruck der unter Hitler geschehenen Greuel« geschrieben worden, als er »dem Grauen
zum Trotz sein Glauben zu bekennen versuchte« (X,543)! Vor
diesem politischen Horizont sind gerade die letzten beiden Strophen zu lesen:

> »Schwer ist sein Weg, Sünde und Tod seine Speise,
> Oft verirrt er ins Finstre, oft wär ihm
> Besser, niemals erschaffen zu sein.
>
> Ewig aber strahlt über ihm seine Sehnsucht,
> Seine Bestimmung: das Licht, der Geist.
> Und wir fühlen: ihn, den Gefährdeten,
> Liebt der Ewige mit besonderer Liebe.
>
> Darum ist uns irrenden Brüdern
> Liebe möglich noch in der Entzweiung,
> Und nicht Richten und Haß,
> Sondern geduldige Liebe,
> Liebendes Dulden führt
> Uns dem heiligen Ziele näher.«

Weil Gott, »der Ewige«, der »väterliche Geist«, uns liebt, ist
Liebe möglich. Und weil Liebe möglich ist, können Entzweiung,
Haß, Streit, Krieg überwunden werden. »Sie vermuten richtig«,
schrieb Hesse später in einem Brief (März 1935), »daß dem Gedicht eine Wandlung zu Grunde liegt, nämlich eine beginnende
›Besinnung‹ auf meine Herkunft, welche christlich ist« (MG 79).
Die Reaktionen aus dem christlichen Lager waren freilich nicht
gerade ermutigend, und der Brief eines (protestantischen) Vikars
enthielt »so inquisitorisch und autoritativ gestellte Fragen«, daß

Hesse seinen Antwortbrief schließlich nicht abschickte. Aber er fand es doch »wunderlich, daß ein Theologe, wenn er einen Weltmenschen vom Geist des Christentums berührt sieht, diesen sofort anherrscht, er möge seinen Glauben genau und scharf formulieren und der priesterlichen Kontrolle unterwerfen – mir scheint dies Eindringen in einen seelischen Vorgang von unberufener Seite nicht anders als das Tottreten einer jungen kleinen Pflanze mit dem Stiefelabsatz« (MG 80).

Solche Angriffe aber haben Hermann Hesse nicht gehindert, sich dem Christentum und schließlich dem zu stellen, *der dem Christentum den Namen gegeben hat* und der – wir erinnern uns an den Anfang – ihm in der Stettener Anstalt so gründlich verleidet wurde. Dies, meinte er in einem Brief des Jahres 1950, sei ja doch ein Unterschied zwischen dem Christentum und dem Kommunismus. Hinter dem Christentum stehe »die Person und Geschichte Jesu, etwas Wirkliches und Substantielles, während hinter dem Kommunismus nichts steht als eine Idee, wenn auch eine wichtige und richtige« (MG 117). Diejenigen seien jedenfalls im Irrtum, die vermuteten, er sei zwar unter Christen aufgewachsen, habe dann aber, anderen Göttern folgend, sein Leben ohne Christus geführt. Dazu Hesse: »Das ist nicht so: ich bin viele Male im Leben zu Christus zurückgekehrt, tue es heute noch bei jeder Bachschen Passion oder beim Lesen in einem Kirchenvater oder im Gedenken an Eltern und Kindheit...« (MG 118). Er, Hesse, selber sei ja »ein Dichter, ein Sucher und Bekenner«, er habe »der Wahrheit und Aufrichtigkeit zu dienen, habe einen Auftrag, aber einen beschränkten: ich muß anderen Suchenden die Welt verstehen und bestehen helfen, und sei es nur, indem ich ihnen den Trost gebe, daß sie nicht allein seien«. Und Christus? »Christus aber ist nicht ein Dichter gewesen, sein Licht war nicht an eine vereinzelte Sprache gebunden und an eine kurze Epoche, er war und ist ein Stern, ein Ewiger. Wären seine Kirchen und Priester so wie er selbst, dann bedürfte es der Dichter nicht« (MG 118).

»Ein Stern, ein Ewiger«! Angesichts von so viel dogmatischer Intoleranz und Verfestigung im Christentum wird begreiflich, daß

Hesse insbesondere mit dem christlichen Anspruch auf Exklusivität Probleme hatte, die sich gerade bei der Frage der *Gottessohnschaft Christi* einstellen. In Christus sah er durchaus »eine Erscheinung Gottes«, aber »eine Theophanie, deren es ja manche gab und gibt« (XI,98): »Das hindert mich auch, ein richtiger Christ zu sein, denn ich glaube weder, daß Gott nur einen Sohn gehabt hat noch daß der Glaube an ihn der einzige Weg zu Gott oder zur Seligkeit sei« (MG 121). Nein, zu sehr wurde Hesse mit einer traditionellen Dogmatik konfrontiert, die mit der Gottessohnschaft Jesu christliche Selbstgerechtigkeit, kirchlichen Triumphalismus und dogmatischen Exklusivismus begründete. Schon früh war er dagegen der Überzeugung, man könne durchaus »Jesus lieben und doch die anderen Wege zur Seligkeit, die Gott den Menschen gewiesen hat, in ihrem vollem Wert gelten lassen« (MG 114).

Aber unübersehbar ist auch: Hermann Hesse war *nicht mehr zu einem neuen Verständnis des Christusglaubens vorgedrungen.* Einerseits empfand er unüberwindliche Schwierigkeiten gegenüber der traditionellen hohen Christologie der Orthodoxie. Andererseits vermochte er so wenig wie Thomas Mann die »postmodernen« Neuentwicklungen der Theologie nach dem Ersten Weltkrieg zur Kenntnis nehmen: nichts von einem Jesus, der alle Schemata, gerade auch die der Orthodoxen sprengte, der in ganz anderer Weise ein »Alternativer«, ein »Befreier« war, und der so doch in einzigartiger Weise, mit Leib und Leben, nämlich als der für seine Gottesreich-Botschaft Hingerichtete und doch Lebendige für Gott steht: ein Anruf so unbedingt, wie ihn ein Sokrates, der denn auch ohne »Gemeinde« blieb, nie sein konnte. Gottes Wort! So fehlen denn dem Dichter Hesse buchstäblich die Worte, um in neuer Weise das Zentrum des christlichen Glaubens dichterisch zu gestalten und dem Grundlagen-Gedicht »Besinnung« ein entsprechendes Christus-Gedicht zur Seite zu stellen. Als er es schließlich trotzdem versucht, fällt er notgedrungen, wiewohl persönlich jeglicher Schwärmerei fern, auf die süßliche Christologie des Pietismus seiner Jugend zurück und formuliert unter dem Titel »Der Heiland« in beinahe peinlicher Weise kitschig:

»Immer wieder, auch in diesen Tagen,
Ist der Heiland unterwegs, zu segnen,
Unsern Ängsten, Tränen, Fragen, Klagen
Mit dem stillen Blicke zu begegnen,
Den wir doch nicht zu erwidern wagen,
Weil nur Kinderaugen ihn ertragen« (I, 118).

Aber trotz dieser offensichtlichen theologisch-literarischen
Grenzen stellt sich nun gegen Ende doch die Frage: Was ist das
Geheimnis dieses Dichters, der 1946 neben dem Goethe-Preis
den Nobelpreis für Literatur, 1947 den Ehrendoktor der Universität Bern und 1955 den Friedenspreis des Deutschen Buchhan-
dels erhielt und der sich trotz aller (noch heute verbreiteten) Ver-
dikte des deutschen literarischen Establishments halten und –
wie die von Martin Pfeifer herausgegebene zweibändige »Internationale Rezeptionsgeschichte« (1977/79) nachdrücklich dar-
legt – eine unvergleichliche »weltweite Wirkung« von Europa
und Amerika bis nach Japan und Korea erzielte? Warum können
sich denn – mit jenen rund 35 000 Briefschreibern, die zu seinen
Lebzeiten, so oft in Not und Ratlosigkeit, an ihn geschrieben haben (dies jedenfalls die Zahl der im Deutschen Literaturarchiv in
Marbach und in anderen Archiven aufbewahrten Briefe), und jenen, die den Gastfreundlichen trotz der Aufschrift an der Garten-
tür »Bitte keine Besuche« ungeladen aufgesucht haben – warum
können sich denn heute auch so viele Christen mit Hermann
Hesse identifizieren?

Hermann Hesse als Identifikationsfigur

Dies ist ja nun überdeutlich geworden: Hermann Hesse, der ganz
verschiedene Menschen verschiedener Zeiten und Kontinente
mit beispielloser Resonanz ansprechen konnte, ist alles andere
als ein sentimentaler Innerlichkeitsromantiker oder ein »durch-
schnittlicher Entwicklungs-, Ehe- und Innerlichkeitsromancier –
eine typisch deutsche Sache« wie, viel und gern zitiert, Gottfried

Benn (der 1933/34 den Nationalsozialismus treu-deutsch begrüßt
hatte!), ihn 1950 nannte (Ausgewählte Briefe, Wiesbaden 1957,
S. 200) – und verkannte. Hesse ist allerdings auch kein »Linksro-
mantiker« und »romantischer Anarchist«. Hermann Hesse – zusammen mit Thomas Mann und Franz Kafka, den er früh in seinem
Genie erkannte, mehr als jeder andere deutsche Schriftsteller dieses Jahrhunderts – ist Weltliteratur geworden. Und dies weithin
an der deutschen Literaturkritik vorbei, welche die Hesse-Be-
wunderung eines Thomas Mann, André Gide, Martin Buber,
Henry Miller ignorierte. Nach einer Hesse-Hochflut im Deutschland der fünfziger Jahre, einer Hesse-Baisse in den sechziger und
einer Hesse-Renaissance in Amerika und Europa in den siebziger
Jahren kann man in den ruhigeren achtziger Jahren die Frage vielleicht etwas sachlicher beantworten:
*Warum können sich so viele Menschen in aller Welt immer wie-
der neu in diesem Werk und in diesem Leben wiederfinden?* Ein
erstes Stichwort: *Erfahrung!* Jeder Leser Hesses, ob in Zürich
oder Amsterdam, San Francisco oder Tokio spürt: hier schreibt
ein Mann, der persönlich erfahren hat, was er öffentlich nieder-
legt. Ein Erzähler, der ohne die Rationalität zu opfern der Spontaneität, Emotionalität und Sensibilität Ausdruck verschaffte
und so gerade Beziehungsprobleme unter Menschen autobiogra-
phisch artikulierte. Ein Leiderprobter, der eine feine Witterung
besaß für das sich Anbahnende und Drohende. Ein Nachdenkli-
cher, der nicht nur über die Wahrheit reflektierte, sondern für sie
gelitten und für sie bezahlt hat: in aller Öffentlichkeit durch das
Hinnehmen zahlloser kritischer Schläge und das Aushalten dessen, was er an Anfechtungen und Zweifeln allein mit sich auszumachen hatte. Eine stilistisch disziplinierte Leidenschaft, die ihre
Kraft aus dem Leiden schöpft.
Doch zugleich ist dieser Hesse ein Mensch, der bei aller Bitternis
nicht verbitterte, bei allem Zweifel nicht verzweifelte, bei allem
Versagen nicht kapitulieren wollte. Anders als andere Literaten
wurde er nie zum Zyniker! Ein Mann von Haltung und Charakter. Trotz allem hielt er daran fest, daß das Leben eines jeden
Menschen von einem Sinn getragen wird, verborgen, rational

nicht zu begründen, aber dennoch erfahrbar. Er war ein Mann des Gewissens. Seiner hohen »moralischen Haltung«, wie sie sich »in den politischen und religiösen Anschauungen dokumentiert«, wird auch »ein ideologischer Gegner den Respekt nicht versagen« können (Siegfried Unseld). Hesse – ein Mensch, der durch alle Brüche und Katastrophen seine persönliche Identität und Integrität bewahrte und sie mühselig genug immer wieder neu zu erringen trachtete. Ein Mensch der Niederlagen und der Siege, oft erschöpft und ausgelaugt, der trotzdem in Kohärenz und Konsequenz sein Werk vorantrieb, der das Schreiben als Überlebenskunst praktizierte und sich gerade so immer wieder einsetzte *gegen* all die großen Mächte und Kollektive und *für* den schwachen und zerbrechlichen einzelnen.

Ja, warum können sich so viele Menschen bei diesem Autor wiederfinden? Ein zweites Stichwort: Freiheit! Schon früh hat er die Zwänge und Defekte der modernen Gesellschaft gefühlt – die mangelnden Beziehungen des modernen Menschen zu sich selbst, zum eigenen Eros, zu den Mitmenschen, zur Natur. Nichts und niemandem hat er sich angepaßt. Unerbittlich sich selber gegenüber, ist er couragiert eingetreten für ein freieres, ganzheitlicheres, menschlicheres Leben. Schon früh hat er besonders gegen den Zwang institutionalisierter Religion und Erziehung rebelliert, hat er ein Leben lang jenen blinden Dogmatismus bekämpft, der dem Menschen ein »Sacrificium intellectus«, ein »Hinopfern des Verstandes« abfordert: hat er jenen selbstgerechten Moralismus abgelehnt, der den Menschen versklavt statt befreit; hat er aber auch jene spießige Bürgerlichkeit, jene Verfallenheit an Konsum und Profit angegriffen, die Menschen nicht zu sich selber kommen lassen. Er bedurfte dabei keiner fäkalischen und obszönen Ausdrücke, keiner zynischen Verhunzung der menschlichen Liebesbeziehungen, keiner Sprache der Gosse, um seine Emanzipiertheit und alternative Lebensführung zu demonstrieren. Gerade so ist er zum *Exemplum eines wahrhaft freien, unerschrockenen Menschen* geworden, der auf überholte leere Autorität im Staat, aber auch auf Herrschaftsallüren all derer in der Kirche empfindlich reagierte, die er – zum Unterschied von den »vielen guten treuen und menschlichen Priestern«, die er kannte – »Pfaffen« zu nennen pflegte, Pfarrer, Pastoren und Bischöfe, die »das dogmatische Gewand ihres Glaubens höher stellen als den lebendigen Gehalt«, die »im heutigen Germanien« gegen kritische Geister »die Standhaftigkeit und Angriffslust aufbringen…, die sie gegen Hitler nicht hatten« (MG 111). So ist Hermann Hesse zum Sprecher all derer geworden, die an einem dogmatisch erstarrten, moralistisch verengten und rechthaberisch-intoleranten Christentum zu verzweifeln begonnen haben.

Zugleich aber ist der Religionskritiker Hesse ein Mann, der seinen *Glauben* nicht nur bewahrte, sondern auch bewährte, ihn *weiterentwickelte und reifen* ließ. Bei allen Schwächephasen ein Mensch unermüdlicher Selbsterziehung und Selbstbescheidung, fern aller Literateneitelkeit, -feierlichkeit, -koketterie. Von der fundamentalen Bedeutung der Gottesfrage im Zusammenhang mit der Sinnfrage des Lebens, der oft verschütteten »goldenen göttlichen Spur«, der »Gottesspur«, blieb er überzeugt, von der Bedeutung der Liebesbotschaft Jesu auch. Nein, jegliche intellektuelle Süffisanz in Sachen Religion war ihm genau so fremd wie jener diffuse Zynismus, der Religion bestenfalls zum Zwecke ihrer Entlarvung gelten zu lassen bereit ist. So radikal er kritisierte, so entschieden baute er auch von der »Radix« her neu auf. Glaube ließ sich gewiß nicht befehlen oder erzwingen, aber nach seiner Überzeugung doch erleben! Ohne frömmlerisch zu sein, war er – und seine Sündenbekenntnisse beweisen es vielleicht besser als alles andere – auf seine Weise fromm. Kein Heiliger, zweifellos, aber ein »simul iustus et peccator, ein Gerechter und Sünder zugleich«!

Und noch einmal, und zum dritten: *Warum können sich so viele Menschen bei diesem Schriftsteller wiederfinden?* Ein drittes Stichwort: *universale Toleranz.* Hermann Hesse wußte, daß Religion nicht nur aus Dogmatik, Moral und Ritual besteht, sondern auf Gotteserfahrung und Selbsterfahrung beruht. Gottes Immanenz bei aller Transzendenz. Früher als andere hat er erfahren, daß es gewaltige Unterschiede zwischen den Religionen, aber auch gewaltige Gleichwertigkeiten in den Religionen gibt. Er ist so für viele zum *frühen Exponenten eines globalen ökumenischen Bewußtseins* im 20. Jahrhundert geworden: international, aufgeklärt, universal gebildet. Er selbst hat die drei großen religiösen Stromsysteme der Welt im Geist durchwandert, durchlebt, durchdacht, hat ihre Stärken und Schwächen kennengelernt: vom Christentum und Judentum (Martin Buber, Der Chassidismus!) angefangen über die Religionen indischen Ursprungs bis hin zu den Religionen Chinas und Japans (Zen-Buddhismus).

Aber zugleich hat Hermann Hesse, der Liebhaber der Vielfalt, Feind jeglichen Nationalismus und Gewaltanwendung, daran festgehalten, »daß der Spaltung in Rassen, Farben, Sprachen und Kulturen eine Einheit zugrunde liegt, daß es nicht verschiedene Menschen und Geister gibt, sondern nur Eine Menschheit, nur Einen Geist« (MG 65). Und »im Wiederfinden derselben Deutung des Menschendaseins bei Indern, Chinesen und Christen« sah er »die Ahnung eines Kernproblems bestätigt und überall in analogen Symbolen ausgedrückt«: »daß mit dem Menschen etwas gemeint sei, daß Menschennot und Menschensuchen zu allen Zeiten auf der ganzen Erde eine Einheit sei...« (MG 64). Wie weit war Hesse hier den christlichen Theologien und Kirchen voraus! Es hat für die katholische Kirche das Zweite Vatikanische Konzil gebraucht (und der Weltrat der Kirchen ist noch längst nicht so weit), damit in einer offiziellen Kirchenerklärung über die nichtchristlichen Religionen die Sätze zu lesen sind, daß »alle Völker ja eine einzige Gemeinschaft« seien, in Gott »denselben Ursprung« und »ein und dasselbe letzte Ziel« hätten und »Antwort suchen auf die gleichen Fragen« nach dem Woher und Wohin, der Schuld und der Errettung des Menschen... (Art. 1).

Gewiß, Hermann Hesse hat das spezifisch, das unterscheidend Christliche auf Grund der psychologisch-theologischen Konstellation und Konfusion seiner Jugend auch später nicht mehr deutlich wahrnehmen können; seine postmoderne Haltung ist nicht frei von subjektiver Beliebigkeit und synkretistischer Vermischung. Aber ist Hermann Hesses *Religiosität* mit den Kategorien traditionellen Christentums zu greifen? Offen war er für die Innenseite der Wirklichkeit – und doch kein Esoteriker. Ein naturverbunden-ökologischer »Grüner« vor der Zeit – und doch kein Naturmystiker. Ein von der Banalität der materialistischen Welt Unbefriedigter – und doch kein unpolitischer Schwärmer. Ein Mann, meine ich, christlich *nicht zu vereinnahmen*, aber *auch nicht auszugrenzen*. Eine Religiosität, die in ihrer eigenwilligen ökumenischen Synthese mehr Christlichkeit integriert hat, als viele ihrer orthodoxen Anhänger wahrhaben wollen. Wollte man Hermann Hesse an jenem Maßstab des Tuns und Lebens (statt der Worte und Reden) messen, nach welchem er auch dem lehrenden Buddha meinte Liebe im christlichen Sinn – für Hesse das Höchste – zuschreiben zu können, dann dürfte Hermann Hesse, der sich je länger, desto mehr um Religion, Bindung, Hingabe, Glaube, ja Liebe bemühte, als Christ des Tuns und Lebens weit besser wegkommen als manche seiner hochorthodoxen christlichen Zeitgenossen. Er besaß ein einzigartiges Kapital und hatte es – trotz und wegen eingestandenen Versagens und Verfehlens – behalten: Er war, wie nur wenige seiner Zeitgenossen, *glaubwürdig*.

In seiner nicht nur politischen, sondern religiösen Überzeugung gründet auch Hermann Hesses »Standhalten inmitten der Höllen und Teufel«; denn schon 1930 bekennt er, und dies bleibt gültig bis an sein Ende: daß sein ganzes Leben im Zeichen eines Versuchs zu Bindung und Hingabe, zur Religion gestanden habe: »Ich bilde mir nicht ein, für mich oder gar für andere so etwas wie eine neue Religion, eine neue Formulierung und Bindungsmöglichkeit finden zu können, *aber auf meinem Posten zu bleiben* und, auch wenn ich an meiner Zeit und an mir selbst verzweifeln muß, dennoch die Ehrfurcht vor dem Leben und vor der Möglichkeit seines Sinnes nicht wegzuwerfen, auch wenn ich damit allein stehen sollte, auch wenn ich damit sehr lächerlich werde – daran halte ich fest. Ich tue es nicht aus irgend einer Hoffnung, daß damit für die Welt oder für mich irgend etwas besser würde, ich tue es einfach, weil ich ohne irgend eine Ehrfurcht, ohne Hingabe an einen Gott nicht leben mag« (MG 97).

Auf dem Posten bleiben – trotz allem, was ihm im Namen der Religion angetan wurde. Auf dem Posten bleiben – ja, aber jetzt war der einsame Außenseiter, lebenslange Widerständler und frühe Alternative alt geworden, zu alt, meinte er, fünfundachtzig Jahre alt:

>>Splittrig geknickter Ast,
Hangend schon Jahr um Jahr,
Trocken knarrt er im Winde sein Lied,
Ohne Laub, ohne Rinde,
Kahl, fahl, zu langen Lebens,
Zu langen Sterbens müd.
Hart klingt, rauh sein Gesang,
Klingt trotzig, klingt bang
Noch einen Sommer, noch einen Winter lang<<
(I,155).

Ja, noch diesen einen Sommer lang. Doch keinen Winter mehr. Zweimal hatte er Anfang August 1962 dieses Gedicht umgearbeitet, sein letztes. Am 8. August hatte er noch eine Klaviersonate Mozarts und eine Lesung seiner Frau gehört, um am Morgen noch im Schlaf an einer Gehirnblutung >>weg zu fliegen, weg zu fallen, ins Unendliche zu reisen<< (I,152), wie er am Weihnachtsfest zuvor bei aller intellektuellen Skepsis seiner Glaubenssehnsucht Ausdruck verliehen hatte, Einkehr, Heimkehr ins Unendliche. Ins Unendliche?

>>Es wird vielleicht auch noch die Todesstunde
Uns neuen Räumen jung entgegensenden,
Des Lebens Ruf an uns wird niemals enden...
Wohlan denn, Herz, nimm Abschied und gesunde!<<

Diesen Schluß seines berühmten Gedichtes >>Stufen<< (I,119) – Kulminationspunkt auch seines >>Glasperlenspiels<< – interpretiert Hermann Hesse ganz persönlich so: >>Ich habe also tatsächlich an Fortleben oder Neubeginn nach dem Tode gedacht, wenn ich auch keineswegs kraß und materiell an Reinkarnation glaube<< (Briefe, erw. Ausgabe, S. 499 f.).

Noch lange werden die Literaten über den Literaten, die Theologen über den Religiösen streiten. Doch noch mehr vielleicht sogar als Thomas Mann erweist sich Hermann Hesse heute als spezifischer Schriftsteller einer nicht mehr der Eurozentrik verschriebenen, postkolonialistischen Postmoderne, einer Epoche, die sich als polyzentrisch, transkulturell und multireligiös charakterisieren läßt, kurz, eines *ökumenischen Zeitalters.* Kein Streit jedenfalls scheint mir möglich darüber: Das Gesamtwerk dieses Literaten – von »Peter Camenzind«, »Unterm Rad« und »Knulp« angefangen über »Demian«, »Siddhartha«, »Der Steppenwolf«, »Narziß und Goldmund« bis hin zur »Morgenlandfahrt« und zum »Glasperlenspiel« – ist und bleibt ein einzigartig lauteres, erkämpftes, erlittenes, katastrophenerprobtes und so glaubwürdiges Plädoyer für Humanität, für Humanität in Religiosität. Mit Thomas Mann ist er einer der großen, unbestechlichen *Anwälte der Menschlichkeit* in unserem so unmenschlichen Jahrhundert.

Literaturhinweise

Hermann Hesse: Gesammelte Werke in zwölf Bänden. Werkausgabe Edition Suhrkamp. Frankfurt 1970.

ders.: Mein Glaube. Frankfurt 1971.

ders.: Politik des Gewissens. Die politischen Schriften, hrsg. von Volker Michels, 2 Bde. Frankfurt 1981.

Kindheit und Jugend vor Neunzehnhundert. Hermann Hesse in Briefen und Lebenszeugnissen, hrsg. von Ninon Hesse und fortgesetzt von Gerhard Kirchhoff, 2 Bde. Frankfurt 1966/1978.

Hugo Ball: Hermann Hesse. Sein Leben und sein Werk. Frankfurt 1947 (Berlin 1927).

Wolfgang Böhme (Hrsg.): Suche nach Einheit – Hermann Hesse und die Religionen. Herrenalber Texte 1, Stuttgart/Frankfurt 1978.

Mark Boulby: Hermann Hesse. His Mind and Art. Ithaca, New York 1967.

Ursula Chi: Die Weisheit Chinas und »Das Glasperlenspiel«. Frankfurt 1976.

Vridhagiri Ganeshan: Das Indienerlebnis Hermann Hesses. Bonn 1974.

Günther Gottschalk: Hesse-Lyrik-Konkordanz. München 1987.

J. O. Halbrich: Oriental Studies in a Lighter Vein. Buenos Aires 1982.

Adrian Hsia: Hermann Hesse und China. Darstellung, Materialien und Interpretation, Frankfurt 1974.

Joachim Kaiser: Erlebte Literatur. Vom »Doktor Faustus« zum »Fettfleck«. München 1987, S. 57–72.

Volker Michels (Hrsg.): Über Hermann Hesse, 2 Bde. Frankfurt 1976/1977.

J. C. Middleton: An Enigma Transfigured in Hermann Hesse's »Glasperlenspiel«, in: German Life and Letters 10, 1956, S. 298–302.

Joseph Mileck: Hermann Hesse: Life and Art, 1978; dt.: Hermann Hesse: Dichter, Sucher, Bekenner. Biographie, München 1979.

Martin Pfeifer (Hrsg.): Hermann Hesses weltweite Wirkung. Internationale Rezeptionsgeschichte, 2 Bde. Frankfurt 1977/1979.

ders: Hermann Hesse 1977. Bibliographie des Sekundärschrifttums im Jahr seines 100. Geburtstags. Hanau-Mittelbuchen 1979.

Ernst Rose: Faith from the Abyss. Hermann Hesse's Way from Romanticism to Modernity. London 1966.

Christian Immo Schneider: Das Todesproblem bei Hermann Hesse. Marburg 1973.

Miguel Serrano: El Círculo Hermético de Hermann Hesse a C. G. Jung, 1966;

dt.: Meine Begegnungen mit C. G. Jung und Hermann Hesse in visionärer Schau. Zürich-Stuttgart 1968.

Bernhard Zeller: Hermann Hesse mit Selbstzeugnissen und Bilddokumenten dargestellt. Reinbek bei Hamburg 1963.

Theodore Ziolkowski: The Novels of Hermann Hesse. A Study in Theme and Structure. Princeton/USA, 1965.

ders.: Der Schriftsteller Hermann Hesse. Wertung und Neubewertung. Frankfurt 1979.

**Ein heimatloser Katholik?
Heinrich Böll und die Sehnsucht
nach Humanität**

Ein Brief aus dem Jahre 1946, geschrieben unmittelbar nach dem
sogenannten Jahr Null der deutschen Nachkriegsgeschichte:
»Nach meiner Meinung trägt das deutsche Volk und tragen auch
die Bischöfe und der Klerus eine große Schuld an den Vorgängen
in den Konzentrationslagern. Richtig ist, daß nachher vielleicht
nicht mehr viel zu machen war. Die Schuld liegt früher. Das deutsche Volk, auch Bischöfe und Klerus zum großen Teil, sind auf
die nationalsozialistische Agitation eingegangen. Es hat sich fast
widerstandslos, ja zum Teil mit Begeisterung... gleichschalten
lassen. Darin liegt seine Schuld. Im übrigen hat man aber auch gewußt – wenn man auch die Vorgänge in den Lagern nicht in ihrem ganzen Ausmaße gekannt hat –, daß die persönliche Freiheit, alle Rechtsgrundsätze mit Füßen getreten wurden, daß in
den Konzentrationslagern große Grausamkeiten verübt wurden,
daß die Gestapo, unsere SS und zum Teil auch unsere Truppen in
Polen und Rußland mit beispiellosen Grausamkeiten gegen die
Zivilbevölkerung vorgingen. Die Judenpogrome 1933 und 1938
geschahen in aller Öffentlichkeit. Die Geiselmorde in Frankreich
wurden von uns offiziell bekanntgegeben. Man kann also wirklich nicht behaupten, daß die Öffentlichkeit nicht gewußt habe,
daß die nationalsozialistische Regierung und die Heeresleitung
ständig aus Grundsatz gegen das Naturrecht, gegen die Haager
Konvention und gegen die einfachsten Gebote der Menschlichkeit verstießen. Ich glaube, daß, wenn die Bischöfe alle miteinander an einem bestimmten Tag öffentlich von den Kanzeln aus dagegen Stellung genommen hätten, sie vieles hätten verhüten
können. Das ist nicht geschehen, und dafür gibt es keine Entschuldigung. Wenn die Bischöfe dadurch ins Gefängnis oder in
Konzentrationslager gekommen wären, so wäre das kein

Schade, im Gegenteil. Alles das ist nicht geschehen, und darum schweigt man am besten« (zitiert nach G. Denzler, Widerstand oder Anpassung? S. 125 f.).

Ein Brief zur Lage des deutschen Katholizismus, geschrieben von Heinrich Böll, einem intimen Kenner der Lage? Nein, dieser Brief stammt nicht von Heinrich Böll. Von wem dann? Von Hermann Hesse, der unmittelbar nach dem Krieg viele kritische Briefe über die Schuld und das Nichteingeständnis der Schuld nach Deutschland geschrieben hatte? Auch nicht. Oder von Thomas Mann, der zunächst gar nicht nach Deutschland zurückkehren wollte? Auch dies nicht. Der Brief stammt von jenem Mann, der im Geburtsjahr Heinrich Bölls 1917 zum Oberbürgermeister seiner Vaterstadt Köln ernannt, 1933 aber von den Nazis abgesetzt wurde und der zwei Jahre nach diesem Brief der erste Bundeskanzler der Bundesrepublik Deutschland werden sollte: er stammt von Konrad Adenauer.

Nein, dieser Brief kann gar nicht von Heinrich Böll stammen. Warum nicht? Nicht, weil Heinrich Böll die ungeheuerliche Verdrängung im deutschen Katholizismus nicht ebenso beurteilt und verurteilt hätte wie Adenauer, sondern weil er, Böll, das eine halbe Sätzlein am Schluß dieses Briefes eben nicht geschrieben hätte: »... *und darum schweigt man am besten*«. Ja, über wie viel hat man damals geschwiegen – »am besten«, zum besten? 1946: Deutschland am Boden mit den rund 55 Millionen Kriegsopfern; Köln wie so viele andere europäische Städte in Trümmern; zahllose Menschen in Deutschland, in Osteuropa, in Rußland in Hunger, Kälte und Existenznot; eine das Verleugnen, Vergessen und Verdrängen geradezu fördernde alliierte Entnazifizierungsaktion: Man fing an zu glauben, was man zur eigenen Entlastung in die Fragebögen geschrieben hatte, und wusch sich gegenseitig die Hände in Unschuld... Ja, hatte sie nicht hier angefangen, diese Geschichte des Verschweigens, der Entschuldigung, der Schuldverdrängung, die uns noch vierzig Jahre nach Kriegsende – von anderen Peinlichkeiten zu schweigen – den »Historikerstreit« über die Bewertung der nationalsozialistischen Zeit beschert hat? Und darum, weil er diese Geschichte schon früh befürchtete und dann auch erlebte, war Heinrich Böll zeit seines Lebens der Meinung: Über die Vergangenheit darf man nicht schweigen. Und je länger, desto mehr war er der Überzeugung: *Über sie muß man reden* – in Staat und Kirche. Schon im November 1940, auf dem Höhepunkt deutscher Siege, hatte der Soldat Heinrich Böll (»schwach, gebrochen fast... die Sprache verloren«) nach Hause geschrieben: »Ich bete zu Gott, daß er mich soll heil werden lassen, ich werde nie mehr so sein, wie ich war – Gott verhüte es –, aber ich möchte wieder soviel Leben haben, wie ich hatte, und dann, dann will ich – nicht die Toten begraben – nein, den Ermordeten will ich ein Lied singen« (zit. nach G. Hoffmann, S. 80). Den Ermordeten also wollte er ein Lied singen... Doch – fangen wir mit dem Anfang an.

Warum schreiben?

Heinrich Böll, der Kölner Tischlermeisters- und Holzschnitzerssohn, war noch im Kaiserreich, 1917, geboren, in der Weimarer Republik aufgewachsen und unter den Nazis in die Schule gegangen. Nach dem Abitur, 1937, folgten der »Reichsarbeitsdienst« und sechs volle, lange Jahre Krieg, dessen Schrecken der Infanterist Böll in der Etappe wie an der Ost- und Westfront schonungslos erfährt. Verwundet, verdreckt, deprimiert und zornig kehrt er mit achtundzwanzig Jahren 1945 aus der Gefangenschaft in sein zu drei Vierteln zerstörtes unheimlich stilles, staubiges Köln zurück. 30 000 von den früher 800 000 Einwohnern waren übriggeblieben und hausten in Ruinen und Kellern. Und sofort begann er zu schreiben, er, der im Kriege nur Briefe verfaßt hatte und der noch zwei Jahre nach seiner Kriegsgefangenschaft höchst geschwächt kaum arbeitsfähig war. Kurz nachdem Adenauer jenen Brief geschrieben hatte, 1947, veröffentlichte Heinrich Böll seine ersten Erzählungen: »Aus der ›Vorzeit‹«, »Die Botschaft«, »Der Angriff«, »Kumpel mit dem langen Haar«... Und *warum* schreibt er? Was treibt ihn an?

Bölls »entscheidende Inspiration« ist sicher *nicht*, wie H. J. Bernhard, erster Verfasser einer Böll-Monographie (1970), meinte, *der Krieg.* Denn seit dem siebzehnten Lebensjahr stand für ihn fest, daß er Schriftsteller werden wollte, und seine ersten schrift-stellerischen Versuche – fünf oder sechs Romane – stammten aus der Vorkriegszeit, waren aber durch den Bombenhagel vernich-tet worden. Der Krieg selber also war weniger Gegenstand als Horizont der frühen Böllschen Erzählungen aus den Jahren 1947–50. Denn mehr als das Kampfgeschehen beschreibt Böll die Wunden, die der Krieg schlug, ein Krieg, den er stets als »das verkörperte Grauen«, als »widerwärtig«, »lächerlich« und »sinnlos« bezeichnete. Nicht um die *Ursachen* des Krieges ging es ihm in seinen Erzählungen (wie hätte er das alles in dieser Si-tuation analysieren sollen?), sondern um dessen *Folgen.* Nicht die Kriegs*helden* beschrieb er, sondern ausschließlich die Kriegs-*opfer:* nicht die kämpfenden Heroen, sondern die leidenden Menschen in Lazaretten, in Zügen, auf dem Weg von der Front und zur Front, in Bahnhöfen, bei Heimaturlaub... Antihelden, Minihelden, die kleinen Leute eben. Und natürlich beschrieb er den allgegenwärtigen Tod, vor dem es kaum ein Entrinnen gab. Und dann *nach* dem Krieg zu Hause: die Not, die Trümmer, den Hunger und den Schwarzmarkt, die Entfremdung und Verlassen-heit. Alles in allem eine »Versehrtenliteratur«, »Heimkehrerlite-ratur«, »Trümmerliteratur« – ganz auf den einzelnen und sein Schicksal konzentriert, mit einer Tendenz, was Eigentum und Recht betrifft, zum »Anarchischen«, dieses allerdings ganz und gar gewaltlos verstanden.

Bölls Schreibmotivation also ist nicht der Krieg, ist aber auch *nicht,* wie Christian Linder (1978) meint, schlicht die *Verteidi-gung der Kindheit,* aus der Böll, vertrieben, sich angeblich nicht habe lösen können: »Die kleine, überschaubare, konkrete Welt der Familie in seiner Kindheit wird in seinen Büchern gegen die heutige Welt gesetzt, also die moderne, industrialisierte, büro-kratische, verwaltete Welt« (S. 23). Schon das Faktum, daß Böll gerade in der ersten Phase kaum funktionierende Ehen und Fa-milien zum Gegenstand seiner Romane machte, sondern meist Liebesbeziehungen außerhalb oder am Rande der Ehe, hätte hier warnen müssen. Die Familie und ihre Werte sind für Böll wichtig, aber nicht als Schreibmotivation, sondern als Norm und Maßstab, wenn auch nicht unbedingt für die Gesellschaft, so doch für die einzelnen. Hier gründet zweifellos eine nicht zu übersehende »Konservativität« Bölls, aber auch eine moralische Unerschütterbarkeit und gesellschaftliche Veränderungswilligkeit.

Nein, Böll hat es verschiedentlich selbst geäußert: Weder Kindheit und Familie, das rein Private, noch Krieg und Nazismus, das Weltpolitische, erklären, warum der Schreinerssohn Heinrich Böll zu schreiben begann. Eine monokausale Erklärung versagt hier ohnehin. Ist es doch offensichtlich zunächst einmal die reine Freude an der Sprache, am Kreieren, Fabulieren, Formulieren, die ihn schon früh zum Schreiben antrieb. Oder wie er in der Nobelpreisrede formulierte: die »Leidenschaft, schreiben und wieder schreiben zu wollen« (E II,622). Und seine Sprachbegabung hätte er, davon war er überzeugt, auch unter sehr verschiedenen geschichtlichen Umständen – auch ohne Nazismus, und Krieg und Trümmer – realisieren können. Entscheidenden Einfluß hatten der sozialkritische Dostojewski sowie Bernanos und Bloy; Kafka aber, Hesse und Thomas Mann (von den »Buddenbrooks« abgesehen) lernte Böll erst nach 1945 kennen.

Böll der Spracherotiker also ist nicht zu unterschätzen. Zugleich aber ist es die *Situation der Zeit*, die Krise des modernen bürgerlichen Paradigmas, wie er sie am eigenen Leib erlebt hatte – von der Inflationszeit nach dem Ersten Weltkrieg über die Weltwirtschaftskrise und den Nationalsozialismus bis hin zum Zweiten Weltkrieg. Sie trieb ihn an, seine persönlichen Erfahrungen literarisch zu verarbeiten: »Ich möchte ... gern hinter dieses Grunderlebnis kommen. Ich glaube wie gesagt nicht, daß es der Krieg war, wie man oft gemeint hat. Das muß früher gewesen sein. Der Zerfall der bürgerlichen Gesellschaft. Ein Urthema der Literatur. Ein Zerfall, der eben in den zwanziger und dreißiger Jahren so sichtbar war, daß er für mich ohne große ideologische Vorbereitung zum Thema wurde, zum Stoff« (H. Böll – Chr. Linder, »Drei Tage im März«, Int. 377). Mit Recht folgert deshalb Bernd Balzer, der Herausgeber der Böllschen Werkausgabe: »Den Zerfall der bürgerlichen Gesellschaft, die Versuche ihrer Restauration und die mit diesem Komplex untrennbar verbundene Frage nach möglichen gesellschaftlichen Alternativen wird man nach dieser Äußerung als einen die ›Fortschreibung‹ materiell bestimmenden Themen- und Stoffbereich im Auge behalten müssen« (I, Vorwort, S. 16). Die Geschichte lieferte dabei das Material, war aber »eigentlich sekundär«: »Das, was zählt, ist eine durchgehende, ich möchte fast sagen, mythologisch-theologische Problematik, die immer präsent ist« (Int. 516).

Parallelen und Unterschiede zu Thomas Mann und Hermann Hesse sind mit Händen zu greifen. Es lohnt sich nachzudenken über die geistige Lozierung des literarisch wie politisch so umstrittenen Schriftstellers Heinrich Böll, der manchen linken Kritikern als sozialpolitisch erfreulich fortschrittlich, manchen rechten als politisch höchst gefährlich, und manchen auf beiden Seiten als literarisch antiquiert, altmodisch, konventionell realistisch gilt – ganz wie in anderer Weise Hermann Hesse. Aber auch hier wieder überlasse ich das Urteil über den Literaten den Literaten! Und auch hier ist – in einer kritisch-solidarischen *Interpretatio benigna* – meine Fragerichtung ökumenisch-theologisch, mein Frageinteresse zeitgenössisch-existentiell, meine Fragestellung paradigmatisch-grundsätzlich. Ich frage zuerst: Wo kommt er her, sozial, geistig, religiös, der junge Heinrich Böll?

Trotz allem katholisch, katholisch, katholisch

»Was soll aus dem Jungen bloß werden?« So hatte sich Heinrich Bölls Mutter gefragt, als der Abiturient Heinrich, ihr Jüngster, nach abgebrochener Buchhändlerlehre als Hilfsarbeiter im väterlichen Betrieb tätig war. Unter diesem Titel hat Heinrich Böll in hohem Alter 1981 über seine Jugendeinflüsse genauer als früher Auskunft gegeben. Ich konzentriere mich dabei – zugleich Bölls Gespräch mit René Wintzen »Eine deutsche Erinnerung« (1976) benützend – wie immer auf die Problematik von Religion, Religiosität und Christentum: biographisch, werkimmanent und zugleich theologisch interpretierend.

Nichts war Heinrich Böll von Haus aus offensichtlich fremder als jenes *modern-protestantische großbürgerliche Milieu*, aus dem ein *Thomas Mann* kam, der ja seinerseits zu Beginn der Nachkriegszeit noch am »Doktor Faustus« gearbeitet hatte, bei dem es ebenfalls um den Zusammenbruch der modernen Epoche ging. In Bölls Köln hatte man alles Modern-Protestantische immer als »preußisch« und »berlinerisch«, sprich – als völlig fremd empfunden. Die »Buddenbrooks« waren das Äußerste, was man in der Bibliothek von Bölls Gymnasium an moderner »Asphalt-Literatur« duldete. Ob Heinrich Böll vielleicht deshalb später mit der »Emigrationsliteratur« so wenig anzufangen wußte?

Völlig fremd war Heinrich Böll aber auch jenes *protestantisch-pietistische Milieu*, gegen das sich ein *Hermann Hesse* in seiner Jugend die eigene Selbstfindung zu erkämpfen hatte. Als primär negatives Faktum nahm er zur Kenntnis, daß es – und das sei der Unterschied zu den Franzosen – »eben in Deutschland die Reformation gegeben hat, diesen Luther, diesen furchtbaren Luther« (Int. 535). Dessen Stammlande – Sachsen, Brandenburg, Berlin, Ostpreußen – hatten ihn sein Leben lang so wenig interessiert wie seinen Kölner Landsmann Konrad Adenauer. Und vom Leben, Denken und Werken einer pietistischen Familie in Wuppertal oder in Schwaben konnte er sich kaum eine Vorstellung machen. Als der Gymnasiast Heinrich auf einer Bildungsfahrt allein per Fahrrad bis nach Bamberg vordrang, kam ihm das Standbild seines Namenspatrons »kalt, klug und tüchtig« vor, »›irgendwie protestantisch‹«, so daß er, nach Hause zurückgekehrt, das Bild König Heinrichs von der Wand nahm und es in eine Schublade steckte; denn »das, KATHOLISCH, das sollten und wollten wir doch bleiben, trotz allen Lästerns und Fluchens« (Junge, 89f.).

Es ist nicht zu leugnen: Heinrich Böll fühlte sich, wenn irgendwo, ganz und gar, dann in seiner durchaus bürgerlichen (und nicht etwa proletarischen) *Familie* zu Hause, die in allen wirtschaftlichen und politischen Nöten trotz weltanschaulicher Diskussionen unerschütterlich zusammenhielt und die es sowohl nach der Inflation zu Beginn der zwanziger Jahre wie nach der Wirtschaftskrise zu Beginn der dreißiger zu relativem Wohlstand gebracht hatte. Und diese Familie, seine Eltern und Geschwister, waren traditionell *katholisch*, was zugleich hieß: anti-preußisch und anti-militärisch! Ein »Kafka-Erlebnis« mit Vater oder Mutter habe er nie gehabt, sagt Böll selber. »Klassisch-katholisch« (Int. 364) war die *Erziehung.*

Katholisch war auch die *Schule*, das Gymnasium mit überwiegend nazifeindlichen Lehrern gar »extrem katholisch« (Junge, 19); es gehöre nun einmal nicht zu den »Pflichtübungen deutscher Autoren« (wir denken an Hesse und Mann), daß sie »unter der Schule ›gelitten‹« haben müssen, meinte Böll (Junge, 8). Und katholisch war auch die *Stadt*, was sich selbst im Nationalsozialismus noch ausgewirkt habe; nirgendwo hätte sich Hitler so wenig wohl gefühlt wie in dieser rheinischen Stadt mit starker katholischer Tradition und (auch außerhalb des Karnevals) ohne großen Respekt vor staatlicher wie kirchlicher Autorität.

Katholisch war schließlich die *Lektüre:* »Das katholische Milieu in Deutschland ist seit der Reformation bildungsmäßig, literarisch, in jeder Beziehung unterernährt gewesen ... Zola war für diese Generation der Teufel in Person« (Int. 530). Freilich, Dikkens, Balzac und Dostojewski, die großen gesellschaftskritischen Zeit- und Epochenromane, waren unterdessen doch auch für den katholischen Bildungsbürger so etwas wie eine Pflichtlektüre geworden. Literarisch anregend für Heinrich Böll waren indessen besonders die großen Schriftsteller des kirchenkritisch-verinnerlichten französischen Renouveau Catholique, also Léon Bloy (»Le Sang des pauvres«, »Das Blut der Armen«, 1936, für Bölls Familie und Freunde jahrelang so etwas wie eine Bibel), dann Georges Bernanos, François Mauriac, Charles Péguy und Paul Claudel. Dazu die britischen Konvertiten Evelyn Waugh und Gilbert Keith Chesterton, entsprechend unter den Deutschen – wenn wir von den Klassikern sowie George und Trakl absehen – die konservativen Katholiken Gertrud von Le Fort, Werner Bergengruen und Reinhold Schneider, die jedoch alle drei antifaschistisch eingestellt waren.

Katholisch war somit das ganze soziale Milieu Heinrich Bölls, das dem Nazismus gegenüber eine passive Resistenz zeigte (Hitler war bekanntlich auch zur Auflösung der Kirchen nach dem Endsieg entschlossen). Aber eine *aktive Resistenz? Nein.* Es gab keine katholische Widerstandsbewegung und keine katholische »Bekennende Kirche«. Widerstand war die Sache einzelner, oft ohne Öffentlichkeitswirkung. So war auch die Familie Bölls entschieden antinazistisch, und am Anfang fand im Hause Böll noch ein illegales Treffen eines katholischen Jugendverbandes statt. Das aber hörte bald auf. Heinrich Bölls Mutter soll am Tag des Machtantritts Hitlers gesagt haben: »Das ist der Krieg« (Junge, 16); aber der Vater mußte, nachdem er jetzt Aufträge fast nur noch von Behörden bekam, vorsichtig sein. Der junge Heinrich selber, dem die Nazis instinktiv, ästhetisch wie politisch, widerwärtig waren, weigerte sich, der Hitlerjugend beizutreten, und war einer der drei von rund zweihundert Schülern am Gymnasium, die am Staatsjugendtag nicht mitmachten.

Keine Frage also: Heinrich Böll war ein Mann des rheinländisch-katholischen Milieus. Aber ein *angepaßter römischer Katholik?* Das war Heinrich Böll nie. Eine Parallele zu Thomas Mann wie Hermann Hesses Entwicklung zeigt sich gerade hier: Je mehr Heinrich Böll zu sich selber kam, um so weniger konnte er sich mit seinem eigenen Milieu, mit diesem überkommenen Katholizismus, identifizieren und solidarisieren, um so kritischer und distanzierter stand er dieser katholischen Welt gegenüber. Besonders nachdem sein Vater 1930 die Firma durch einen Bankzusammenbruch und ein Vergleichsverfahren über Nacht verloren hatte, herrschte in der Familie oppositionelle Stimmung, lästerte man über Kirche und Staat, kritisierte man Institutionen und Personen: Es war »eine Art Anarchismus, Nihilismus, Anti-Bürgerlichkeit, auch Hysterie, die mich bis heute geprägt haben« (Int. 541). Das *Konkordat des Vatikan mit* dem eben erst (freilich legal) an die Macht gekommenen Adolf *Hitler* 1933, in welchem die Kirche auf politische Tätigkeit verzichtete, um Rechte der kirchlichen Institution (auf katholische Schulen, Fakultäten und Vereine) zugesichert zu bekommen, hatte die Rom-Treue der Bölls erschüttert. Ja, das (bis heute gültige) Konkordat ließ damals Heinrich wie seine Geschwister ernsthaft einen Kirchenaus-

tritt erwägen; denn nach Machtübernahme, Bücherverbren-
nung, erster antijüdischer Gesetzgebung, Verbot aller demokra-
tischer Parteien und Gewerkschaften, handgreiflichem Terror,
Säuberungen, Einrichtung der ersten KZs »erhielten die Nazis
ausgerechnet vom Vatikan ihre erste internationale Groß-Aner-
kennung« (Junge, 26). Und kaum war das Konkordat unter
Dach, wurden in Köln sieben junge Kommunisten mit dem Hand-
beil hingerichtet. Nur weil jetzt so viele Nazis aus der Kirche aus-
traten, traten die Bölls nicht aus.

Doch zwischen seinem vierzehnten und achtzehnten Jahr ging
Heinrich Böll, wiewohl der katholischen Jugendbewegung verbunden, überhaupt nicht mehr zur Kirche, wurde jedoch zu seinem Erstaunen von seinen Eltern weder moniert noch kontrolliert. Das ganze Milieu der »fürchterlichen neo-gotischen Kirchen«, in denen sich seine »ganze religiöse Erziehung« abspielte
(Int. 538) und zu denen auch die Werkstatt seines Vaters viel an
Schnitzereien und Tischlereien beigetragen hatte, war ihm zunehmend zuwider geworden – eingeschlossen damit die von den
»Preußen« in der Zeit des Wilhelmismus fertiggebauten neugoti-
schen Türme des Kölner Domes. Ja, so meinte er, die schönen
romanischen Kirchen Kölns hätte man gerne besichtigt, »die
Pflichtgottesdienste, der Katechismus-Unterricht« aber hätten in
den anderen stattgefunden: »...dieser ganze fürchterliche
Wahnsinn des 19. Jahrhunderts wurde über einem abgerollt«
(Int. 538). Und? »Und natürlich, natürlich trotz allem katholisch,
katholisch, katholisch« (Junge, 98). Kein Zweifel: Es ist diese
Ambivalenz von Distanz und bleibender Verhaftetheit, die Bölls
Verhältnis zum Katholizismus von früh an bestimmte. Doch se-
hen wir noch genauer zu.

Wider den »kirchlichen Terror«

Je selbständiger Böll geistig wurde, desto mehr empfand er die
ständige »Exkommunikationsangst oder Indexangst«, die »alle
Generationen von Katholiken, die schrieben, Publizisten und

alle eingeschlossen, bis kurz vor meiner Generation frustriert«
hatte, als »kirchlichen Terror« (Int. 535 f.). Erst die jungen Nach-
kriegsautoren katholischer Herkunft, wie Enzensberger, Walser,
Grass, Amery und eben Böll selbst, hätte dies dann nicht mehr
beeindruckt: »...für Deutschland ein sehr wichtiger Vorgang«.
Warum? »Weil dieser Druck des Milieus, dieser Terror, den Intellektuellen vor uns (Böll nennt Walter Dirks und Ida Friede-
ricke Görres mit Namen) einfach den Mut genommen hat, die
Grenze zu überschreiten. Und diese Grenze haben wir über-
schritten« (Int. 536). An zwei neuralgischen Punkten vor allem:
in puncto Sexualität und Autorität.

Sexualität: Ein wichtiger Katalysator bei diesem Emanzipations-
prozeß war zweifellos »die komplette Heuchelei und Verken-
nung der menschlichen Sexualität durch die katholische Kirche«
(Int. 554): »*Zölibat – das war ein Schreckenswort*« (Junge, 58)
und der Hauptgrund, weshalb Heinrich (wie so viele) nicht Prediger werden wollte. Ist es da verwunderlich, daß Heinrich Böll
später sogar die altrömische Arroganz, das altrömische Patriar-
chats- und Standesdenken, im »katholischen Modell« fortleben
sah? »Ich denke mir überhaupt, daß die Formierung des Katholizismus durch das Römische zu stark war, da kommt auch das
Rechtliche rein, die Verrechtlichung aller Dinge« (Int. 554). Dies
führt zum zweiten neuralgischen Punkt:

Autorität: Geblieben war Heinrich Böll aus der Zeit des Nationalsozialismus die Erinnerung an die *Angst vor der konformisti-
schen Untertänigkeit.* Eine Unterwürfigkeit, welche die ganze
Gesellschaft durchzogen hatte. Denn die »entscheidende Angst«
sei »die Angst vor der plötzlichen Verwandlung der gesamten
Umwelt in eine untertänige Masse« gewesen: »Das Schlimmste,
das ich kenne, ist Untertänigkeit oder der Wunsch, sich unbedingt zu unterwerfen, dieses Mitmachen, Mitlaufen, Mitsingen,
Mitmarschieren und dabei auch noch in eine peinliche Euphorie
verfallen« (Int. 524). Und dies in erschreckender Weise wieder
neu nach dem Zusammenbruch: »Was mich erschreckt hat in
Deutschland nach dem Krieg, ich bin so Ende 45 nach Hause gekommen, war die völlige Widerstandslosigkeit, mit der man also

plötzlich demokratisch war und amerikanisch, englisch, französisch besetzt, sehr subordiniert, ungeheuer vorsichtig, sehr brav« (Int. 524). In der allerersten Erzählung der Werkausgabe »Aus der ›Vorzeit‹« (1947) erinnert Böll deshalb an »die tiefeingefressene Rekrutenfurcht« vor den »unbarmherzigen Göttern im Tempel des Stumpfsinns«, wo es keine »Ausflucht aus der starren, leeren Form, der alles, alles diente«, gegeben hätte: »…auf welch unwürdige Weise waren hier Askese, Buße und das Erleiden von Strapazen in den Dienst einer Hierarchie des Stumpfsinns gestellt« (I, 7 f.).

Eine Anwendung auf die *Schule* oder die *Kirche* war von daher leicht: Man brauche sich nicht zu streiten über das Schreckliche des Krieges, meinte Böll. Man könne »die gleiche Tyrannei hierarchisch geordnet in einer Schule haben, in einer Pfarre oder Kirche, immer da, wo hierarchische Ordnungen entstehen, wo man Vorgesetzte schafft«: »Sie wissen, was ein Vorgesetzter ist, den man jemandem vorsetzt wie die Suppe und sagt: hier friß oder stirb. Vorgesetzte Autorität schafft diese Art von Schrecken, Unterwerfung und Tyrannei. Auch im Zivilleben, auch im Frieden« (Int. 527).

Nein, angepaßt war der Schriftsteller und Katholik Heinrich Böll nun wahrhaftig nicht, sowenig wie seine Frau, Annemarie Cech, die er mitten im Krieg 1942 geheiratet hatte, die unmittelbar nach dem Krieg als Lehrerin für ihn aufkam und die ihm das ganze Leben hindurch eine große Partnerin blieb. Ein »*katholischer Schriftsteller*«? Gerade so wollte Böll nicht genannt sein, er, der Katholik, der Schriftsteller war: Katholik, Christ *und* Schriftsteller. Schon in den fünfziger Jahren hatte er Programmatisches zur Möglichkeit und Unmöglichkeit einer »christlichen Literatur« geschrieben und sich distanziert von der Erwartungshaltung eines christlichen Publikums, das von seinen Schriftstellern nur Selbstbestätigung erwarte (»Rose und Dynamit«). Beide religiösen Attribute, katholisch und christlich, wurden ihm im Laufe seiner Entwicklung zunehmend problematisch. Böll konnte und wollte nicht christlich sein, wie eine bestimmte Parteipolitik und Kirchenpolitik sich christlich gab. Durch diese

Entwicklung freilich – in einer auffallenden Parallelität von privater Biographie und öffentlicher Politik – sollte Heinrich Böll wider Willen an den Rand der katholischen Kirche gedrängt werden, wiewohl diesem Schriftsteller alles daran gelegen war, auf seine Weise Christ, ja Katholik zu sein und zu bleiben. Auf *seine* Weise wohlverstanden: Heinrich Böll ging es bereits in dieser frühen Nachkriegsperiode von 1947 bis 1950 in besonderer Weise um Not und Hoffnung des einzelnen.

Was hält den einzelnen aufrecht?

Auch in Bölls Versehrten-, Heimkehrer- und Trümmerliteratur ist, so hörten wir, viel die Rede von der Angst, von der Verzweiflung und dem Nicht-seßhaft-Sein des Menschen, von der Unmenschlichkeit des Krieges, der Unentrinnbarkeit des Todes, der Armut und Verlorenheit der Nachkriegszeit, von der Lächerlichkeit der kriegführenden Männer und der Tapferkeit der Frauen. Zurückhaltend, nur am Rande angedeutet, ist da die Kritik an einer Kirche, die zu dieser Zeit noch arm und ohnmächtig war. Wie viele seiner Kollegen von der »Gruppe 47« (1947!) rechnete Heinrich Böll damals ernsthaft mit einem echten Neubeginn im »Jahre Null«, *hoffte er auf ein wirklich »neues Deutschland«:* Statt Innerlichkeit zu pflegen, wollten diese Schriftsteller ihre Verantwortung für Politik und Gesellschaft wahrnehmen. Ob da nicht auch die Kirche, die durch ihr Schweigen und Mitmachen in vielem kompromittiert war, aus der Katastrophe lernen sollte? Nicht an der Vergangenheit als solcher war Böll interessiert, sondern an der Bewältigung der Gegenwart. Ein erneuerter Staat, eine erneuerte Kirche. Immerhin war der *christliche Glaube* in der Zeit des Nationalsozialismus – trotz pervertiertem Staat, versagender Kirche, totalitärer Gesellschaft – am Leben geblieben.

»Der Zug war pünktlich«: Der Titel dieses ersten Kurzromans Heinrich Bölls, vor vierzig Jahren (1949) geschrieben, hat sich wie so viele seiner prägnant-imaginativen Titel dem Gedächtnis eingeprägt. Ein deutscher Soldat, Andreas, wird sich auf der langen Fahrt im Fronturlauberzug nach Polen in geheimnisvoll erschreckender Weise darüber klar, daß er »bald«, ja, wann und wo genau, »pünktlich«, er sterben werde. Und dies trotz der Liebe eines polnischen Mädchens, Olina, einer Freiheitskämpferin: Das uralte Thema der durch die grausamen Verhältnisse verhinderten Liebe zweier Menschen (Romeo und Julia), Böll wird es später noch öfter aufgreifen. Ein wenig christlicher Fatalismus zweifellos (Böll selber redet vom »Kabalistischen« und von »kosmischer Gewalt des Lebens«) wird hier sichtbar; in späteren Erzählungen wird davon nichts mehr zu finden sein.

Die *Kirche* erscheint hier nur in der Gestalt des immer wieder freundlich-ambivalent erinnerten Jugendfreundes und Kaplans Paul, mit dem der Titelheld »Krach gehabt« habe: »...immer hab ich auf die Pfaffen geschimpft« (I,117). Ob es wohl in der Diskussion der Freunde um jenes »positive Christentum« ging, das (nach den Worten des Erzählers) die deutsche Wehrmacht eine »positiv christliche, großdeutsche, glorreiche Wehrmacht« (I,108) nannte – gegen den Kommunismus? »Praktisch, praktisch haben wir den Krieg schon gewonnen!« Diese Propaganda-Phrase eines Norddeutschen wird im Roman konterkariert und zwar durch das Schweigen derer, die nichts sagen: »Es ist das Schweigen derer, die wissen, daß sie alle verloren sind« (I,77). Die Frage nach der Verantwortung des einzelnen in einer geschichtlichen Situation war damit gestellt. Es ist letztlich die Frage: Wo warst du, Adam?

»Wo warst du, Adam?«: Bölls erster, großer Roman, zwei Jahre später (1951) trägt zwei Leitworte. Das erste stammt von Antoine de Saint-Exupéry, der Krieg sei »kein richtiges Abenteuer, nur Abenteuer-Ersatz«. Das zweite von Theodor Häcker vom Krieg als »Alibi vor Gott«: »Wo warst du, Adam? ›Ich war im Weltkrieg‹« (I,308). Auch dieser Roman ist im Kern die Geschichte einer (unmöglichen) Liebe: Der traditionell katholische Architekt und Soldat Feinhals verliebt sich zu Beginn der Judenverfolgung in Ungarn in eine katholische Jüdin, Ilona. Sie hatte früher einmal ein Jahr in einem Kloster verbracht, war aber aus

Sehnsucht nach einem Mann und nach Kindern doch nicht Nonne geworden; sie war jetzt Lehrerin. Doch wie er sich verliebt, verliert er sie auch wieder. Sie sollte im KZ enden. Ilona bekennt sich dem deutschen Soldaten gegenüber verschämt »zu Glauben, Hoffnung und Liebe«, ja zeigt sich »empört darüber, daß er sagte, er könne nicht in die Kirche gehen, weil die Gesichter und die Predigten der meisten Priester unerträglich seien«; »man muß beten, um Gott zu trösten«, hatte sie gesagt (I,418). Ihr Glaubenszeugnis macht Feinhals, welcher der Kirche entfremdet ist, den direkten Zugang zu Gott, das Gebet, wieder möglich.

Auch hier also nur am Rande ein *kirchenkritisches Wetterleuchten!* Typisch für Bölls milieukritischen Scharfblick: Den SS-Obersturmführer, mit dem Ilona im KZ konfrontiert wird, läßt Böll aus der katholischen Jugendbewegung kommen und zeigt so eine Affinität von katholischem und widerchristlichem Autoritarismus. Der Roman kulminiert denn auch in einer hochdramatischen Szene, wo die für den KZ-Chor Ausgesuchte dem SS-Mann vorzusingen hat. Als diese schließlich die Allerheiligen-Litanei anzustimmen beginnt – warm und voll unglaublicher Klarheit: Redemptor mundi, Deus – Spiritus Sancte, Deus – Sancta Trinitas... – gerät der Exkatholik und Obersturmführer in Panik: »Sie war schön – eine Frau... hier war es: Schönheit und Größe und rassische Vollendung, verbunden mit etwas, das ihn vollkommen lähmte: Glaube... Katholische Juden? Ich werde wahnsinnig« (I,407). Er schießt sie auf der Stelle nieder.

Uns muß im Rückblick auf diese ersten Romane und Erzählungen die Frage interessieren: *Was hält* solche widerständige Figuren wie Ilona und Andreas auch in höchster Bedrohung *aufrecht?* Nicht die Institution. Von einer dreifachen Erfahrung ist immer wieder – und schon in diesen frühen Werken manifestiert sich überall Bölls unvergleichlicher Blick für Motive, Bilder, Situationen – die Rede:

Das ist in *erster* Linie die Erfahrung des *Gebetes:* das Gebet als Ausdruck des Glaubens. Ein Glaube, der sprechen kann in den traditionellen Formen des Vaterunser, des Credo, der Allerheiligenlitanei, der Karfreitagfürbitten für alle Welt, die Juden eingeschlossen, und der gerade in Konfliktsituationen seine widerständige Kraft entfaltet. Ein Glaube, der aber auch sprechen kann in ganz persönlicher Anrede Gottes mit Kopf und Herz, was in diesen Erzählungen indessen kaum je in einer Kirche geschieht, vielmehr im alltäglichen Kontext des Essens, Trinkens und Kartenspielens, ja sogar im Bordell der galizischen Stadt Lemberg.

Da ist *zweitens* die Erfahrung des *Bereuens:* In jedem Leben gebe es »eine Menge zu bereuen«, Lässiges und Wichtigeres. Im Grunde müßte alle Welt einbezogen sein im Bereuen der Schuld, Aussprechen der Schuld, vor nicht nur privatem, sondern universalem Horizont. Nein, solches Bereuen drückt den Menschen nicht nieder; es bewahrt vor dem Verdrängen, befreit, richtet auf. Die Erfahrung von Gottes Gnade hatte Heinrich Böll schon als Soldat gemacht: »Das Leben – wir wollen hübsch kaufmännisch reden – die Rechnung gegen Gott, geht nie auf«, hatte Heinrich Böll nach Hause geschrieben, »selbst wenn ich 50 Jahre diesen mir absolut fremden Beruf eines preußischen Soldaten ausüben müßte, also 50 Jahre nur leiden müßte; selbst dann, ich bin überzeugt davon ... wäre ich noch immer tief in der Schuld Gottes, und ich wäre verloren ohne seine Gnade, unrettbar verloren« (zit. nach G. Hoffmann, S. 82).

Und da ist *drittens* die Erfahrung *menschlicher Zuwendung*, die über alle Kriegskameradschaft hinaus die Grenzen der Nation und der Rasse sprengen kann: die Begegnung mit einer Französin, deren Augen der deutsche Soldat einmal für einen Bruchteil einer Sekunde zu Gesicht bekam; mit einem ungarischen Mädchen auf dem »Aufenthalt in X«; Begegnung mit dem polnischen Mädchen, mit der ungarischen Jüdin ...

Der *gekreuzigte Jesus* spielt in dieser ersten Periode Bölls gegenüber der Madonna und dem Christkind – auch darin ist er traditioneller Katholik – eine weitaus geringere Rolle. Immerhin: »Manchmal träumen wir ja von einem wirklichen ›Frieden‹, aber ich glaube, den gibt es nicht«, so hatte er mitten im Krieg geschrieben und hinzugefügt: »Das wäre mindestens die absolute Kampflosigkeit, und die kann für uns Christen nur beginnen, wenn wir endgültig dem Kreuz abgeschworen haben; das werden wir ja niemals tun können... Wir müßten alles, uns selbst mit, verleugnen, wenn wir das Kreuz, von dem wir gefangen und verwundet sind, verlassen wollen. Wir werden immer kämpfen müssen« (zit. bei G. Hoffmann, S. 92). Doch literarisch wird das Kreuzmotiv kaum gestaltet. Am eindrücklichsten noch in der Erzählung »Wanderer kommst du nach Spa...«, wo der von den Nazis aus einer Schule entfernte Kruzifixus als dunkler Flecken an der Wand ständig mahnend präsent bleibt – allen Versuchen des Übermalens zum Trotz.

Dies indessen zeigen uns diese ersten Erzählungen und Romane: Nach dem Krieg war Heinrich Böll zunächst weder gesellschaftspolitisch noch kirchenpolitisch engagiert. Er war »ohne große persönliche Reue und auch ohne großes persönliches Schuldgefühl« zurückgekehrt, »aber einvernommen in diese Geschichte, die über uns, mit uns und in uns abgelaufen ist. Und da wird«, meint er, »die Frage, ob der eine schuldiger war als der andere, uninteressant, ganz uninteressant. Ich habe mich auch nie besser gefühlt als irgend jemand, auch nicht schlechter, und insofern ist das Bekenntnis zur Bundesrepublik Deutschland sehr wichtig, nicht nur für mich, wahrscheinlich für meine Kollegen, für alle, sehr wichtig« (Int. 506). Aber gerade zu dieser Bundesrepublik Deutschland und ihrer Kirche sollte sich die Einstellung Heinrich Bölls und vieler anderer seiner Kollegen in den nächsten Jahren radikal verändern. Wir fragen deshalb zunächst grundsätzlich:

Wie kam es zum politischen Engagement?

»Dieses Hoffen auf ein neues Deutschland hat kaum vier Jahre angehalten«, so stellt Heinrich Böll lapidar fest (Int. 512). Ursprünglich hatte er nicht »den Wunsch oder die Ambition, über die Zustände dieser Welt, über die Ungerechtigkeit und Gerechtigkeit zu schreiben« (Int. 523). Die entscheidende Wende brachte für ihn wie für andere die große Auseinandersetzung um die *Wiederaufrüstung* Deutschlands Mitte der fünfziger Jahre (1955 Aufnahme der Bundesrepublik in die Nato, 1956 Aufbau der Bundeswehr, Einführung der allgemeinen Wehrpflicht und Verbot der KPD). Hat Böll bei der Beurteilung dieser weltpolitischen Vorgänge (die neuerdings auch von führenden Sowjethistorikern zugegebene) verhängnisvolle Rolle der imperialistischen Expansionspolitik Stalins in Osteuropa (Berlinkrise) nicht genügend ernst genommen? Ohne diese wäre es gewiß kaum zur deutschen Wiederaufrüstung gekommen, die Konrad Adenauer, auch nach Bölls Überzeugung, persönlich nicht gewollt hatte.

Nein, entscheidend für Bölls Kritik war etwas anderes: Mit der Wiederaufrüstung »kamen alte Ängste, alte Gefahren hoch«. Jetzt sei sichtbar geworden, »daß eigentlich die Kreise, die die größte Schuld am Heraufkommen der Nazis hatten, also Industrielle und Großbürgertum, zum Teil auch der Adel, unbeschädigt den Krieg überstanden« hätten. Und ob sie Nazis gewesen seien oder nicht – das habe plötzlich keine Rolle mehr gespielt! Böll wörtlich: »Jeder kleine Beamte oder einer, der aus Angst in die Partei gegangen war... der wurde bestraft, und die anderen kamen plötzlich alle wieder hoch und herrschten wieder, und man konnte natürlich bald durchschauen, welches Interesse dahintersteckte« (Int. 508). Bölls Fazit: »Die Deutschen haben ihre Geschichte, ich will gar nicht sagen Schuld, sich nie klargemacht.« Und genau damit hätte das angefangen, was man sein »Engagement« nenne: »Ja, da wurden wir plötzlich wach und dachten, um Gottes willen, was kann daraus werden« (Int. 508f.). All dies heißt: die »*Restauration*« der Adenauer-Ära ist der auslösende Faktor von Heinrich Bölls »*bewußtem politischen Engagement*« (Int. 510). Er mußte hierbei in scharfen Gegensatz geraten zu seinem Kölner Zeitgenossen und Bundeskanzler, der der Meinung war: Darüber »schweigt man am besten«. Angesichts der immer deutlicher werdenden Restauration in Staat und Kirche wollte Böll erinnern, aufklären, die Menschen aufrütteln, die Verhältnisse verändern.

Diese Restauration war im Grunde in der Kirche noch früher sichtbar, besonders in dieser so rasch wieder *mittelalterlich-barock restaurierten katholischen Amtskirche*. Bölls erster sozialkritischer Roman aus dem Jahre 1953 »Und sagte kein einziges

Wort« (ein Bibelzitat in Form eines Negro-Spirituals!) beleuchtet grell Bölls Wende zu einer scharf ironischen bis sarkastischen *Kirchenkritik*. Worauf beruft Böll sich jetzt? Es ist auffallend: Jetzt beruft Böll sich auf den schweigenden, ohnmächtigen *Jesus*, den er der alles zerredenden, triumphierenden Amtskirche gegenüberstellt! Leicht vorstellbar, daß das katholische Milieu nicht nur Kölns, sondern der Bundesrepublik aufs höchste über diesen »unkatholischen« Roman eines Katholiken erregt war.

Schon diese ganze anstößige Geschichte der beiden katholischen Antihelden, des Ehepaars Bogner. Er, wegen einer beengten Einzimmerwohnung von seiner Frau und den drei Kindern getrennt lebend, ist Telefonist im Generalvikariat; ihr, der abgekämpften, doch ungebrochen weitermachenden Frau, wird eine größere Wohnung verweigert, weil sie nicht kirchlich »praktiziert«. Eine unmögliche Geschichte, die so gar nicht in die Restaurationsmentalität passen wollte. Der Gesang vom Gekreuzigten, gesungen von einem Schwarzen, vermag sich gegen drei Radiogottesdienste und zwei wäßrige Predigten durchzusetzen. Das hätte man noch hingehen lassen. Doch gibt es denn etwas Schlimmeres, als einen *Bischof* öffentlich (in einem Roman) zu kritisieren, und dies zu Lebzeiten und gar noch in liturgischer Funktion? Einen Bischof – und ganz Köln erkannte in dieser Figur das »asketische« Gesicht des Kölner Kardinals Joseph Frings –, dessen fürstlicher Schritt etwas von einem Stechschritt gehabt habe; der bei der Prozession zwar die Hände gefaltet hielte, aber dem man ansähe, daß es ihm nicht nach Beten gewesen sei; der ein Dante-Kenner gewesen sei (Frings war Mitglied der Shakespeare-Gesellschaft), seiner Stimme um der Popularität willen einen Beiklang von Dialekt gegeben habe und dessen Charakter von seinem Telefonisten schließlich mit dem – jahrelang gesuchten – Adjektiv »dumm« umschrieben wird? Dies alles grenzt doch an Blasphemie!

Dann die *Fronleichnamsprozession*, immerhin ein Höhepunkt des frommen Kirchenjahres, ironisch entlarvt als eine Manifestation des pompösen Klerikalismus – Domkapitel, Mönche, katholische Akademiker, alle die Ehren-Laien in Smoking (darunter nur zwei Arbeiter im geliehenen Smoking), die ganzen Honoratioren, zu denen auch die Vorsitzende des katholischen Frauenbundes gehört, jene Vermieterin der Bogners, die fromme, hartherzige, geldgierige Frau Francke, die »jeden Morgen die Heilige Kommunion empfängt, jeden Monat den Ring des Bischofs küßt« (II, S. 87). Die Hostie aber, um deretwillen doch die ganze Prozession stattfindet, sie ist – weil durch die klerikale Umgebung verdeckt – »nur schlecht« zu sehen. Ist eine solche Darstellung der hochwürdigen und hochwürdigsten Amtskirche – dazu noch ständig kontrastiert mit dem tagenden Deutschen Drogistenverband (Reklamerefrain für Empfängnisverhütung »Vertraue dich deinem Drogisten an!«) –, ist ein solcher Roman eines katholisch sein wollenden Schriftstellers nicht ein Skandal ungewöhnlichen Ausmaßes?

Zu wenig hat man dabei beachtet, daß neben der unversehrt-sauberen Kathedrale eine stark beschädigte, armselige Marienkirche, neben dem strammen Bischof ein einfacher, im Ordinariat nicht geschätzter, aber ganz seelsorglich eingestellter Pfarrer, neben der schweigenden Menge im Dom die wirklich Betenden und Beichtenden der Trümmerkirche beschrieben werden. Kurz, schon hier scheint das Bild einer anderen Kirche auf, die für Böll die wahre Kirche des Christus ist, der sich ja in besonderer Weise um die Schwachen und Versager, die Armen und Kranken gekümmert hatte, wie ja auch die Wohnung der Käthe Bogner schließlich nur noch vom Kruzifix beherrscht ist. In der gemeinsamen Imbißstube bildet sich so etwas wie eine Basisgemeinde oder Gegengesellschaft, in der nicht »heilige Herrschaft« (Hierarchie), sondern eine Gemeinschaft der Nächstenliebe verwirklicht wird.

Dieser Roman wurde Heinrich Bölls erster großer Erfolg. Aber sicher ist auch: Heinrich Böll, praktizierender Katholik, fortschrittlicher Zeitgenosse und bereits damals ein international bekannter Schriftsteller, hatte mit diesem Roman – wie vor ihm schon Thomas Mann und Hermann Hesse – die ihm gebotene *Chance verspielt*, das zu werden, was er nur mit wenig Anpassung leicht hätte werden können: vom kirchlichen wie staatlichen Establishment akzeptierter, repräsentativer deutscher Dichter. Dazu Theodor W. Adorno: »Der Lockung alles dessen zu widerstehen, bedarf es, wie sehr sie auch Ironie herausfordert, außerordentlicher geistig-moralischer Kraft. Böll hat sie aufgebracht. Die Trauben hingen ihm nicht zu hoch: er hat sie ausgespuckt« (»In Sachen Böll«, S. 9 f.). Man sieht: *Theologie der Befreiung* längst vor aller Befreiungstheologie, und zwar eine, die Befreiung in der Gesellschaft nicht trennt von der Befreiung in der Kirche, sondern Befreiung ad extra und ad intra in ihrer Interdependenz sieht. Er sollte die versteckte und offene Vendetta der Amtskirche zu spüren bekommen.

Fortschreibung und Ausweitung der Gesellschaftskritik

Heinrich Böll freilich war nicht der Mann, der sich einschüchtern ließ. Stück für Stück wird seine Kritik ausgeweitet und vertieft. Zugleich aber wies er auch auf eine alternative humane und christliche Lebensform hin: statt einer unpolitischen Innerlichkeit die gesellschaftliche Wirklichkeit. Ein wichtiger *Unterschied* zu den ebenfalls gesellschaftskritischen Autoren *Thomas Mann und Hermann Hesse* ist hierbei zu beachten. Nach Heinrich Böll, der sich seiner Stärken und Schwächen sehr wohl bewußt war, gibt es »viele verschiedene Einstiege in die Sprache«, und Böll gibt schlankweg zu, daß er »überhaupt nicht historisch schreiben« (so etwas wie die Josephsromane wäre ihm gar nicht in den Sinn gekommen), aber »auch nicht utopisch« schreiben könne (ein »Glasperlenspiel« war von ihm auch in Zukunft nicht zu erwarten). Nein: er »gerate immer wieder in diese Gegenwart, die sich in der Sprache so ausdrückt, daß Konflikte offenbar werden« (Int. 507). Anders gesagt: Es geht Heinrich Böll, selbst wenn er von Vergangenem redet, um das Hier und Heute, das so gar nicht intellektuell-extravagante oder eigensinnig-elitäre *Alltägliche*.
Und dieses so konfliktträchtige Gegenwärtig-Alltägliche vermag Heinrich Böll nun freilich in unübertroffener Konkretheit und

Differenziertheit zu schildern, es subtil zu durchleuchten und es gleichzeitig scharfsinnig immanent zu kritisieren. Dabei haben schon die Titel der großen Werke dieser *zweiten Periode Bölls* symbolische Bedeutung: Wort, Haus, Brot – in der Nazizeit dem Verderben anheimgegeben:

»Und sagte kein einziges *Wort*«, (1953): Um das Wort, die zwischenmenschliche Kommunikation, vor allem die zwischen Mann und Frau geht es hier.

»*Haus* ohne Hüter« (1954): die Familie, Frauen und Kinder, die unbehütet sind, Symbol für eine unbehauste Gesellschaft überhaupt (die »Onkel-Ehe« samt Abtreibung und unehelichem Kind als revelatorisch-typischer Fall);

»*Brot* der frühen Jahre« (1955): Das Brot, so rar am Ende des Krieges, wird zum Symbol für Gleichgültigkeit und Hartherzigkeit einerseits oder aber für Selbstlosigkeit und Liebe andererseits – alles aus der Perspektive eines Jugendlichen gesehen; und über allem das »Gedächtnis Gottes«, das wie eine Dunkelkammer den einzig richtigen Abzug unseres Lebens aufbewahrt.

Was zunächst recht beliebig aufeinanderfolgende Geschichten zu sein scheinen, erweisen sich bei näherem Hinschauen als innerlich zusammenhängende *kritisch-realistisch erzählende Vorstöße*, die sich aufgrund der weitertreibenden wirtschaftlichen, politisch-gesellschaftlichen, geistig-moralischen Entwicklung der Bundesrepublik quasi wie von selbst ergeben. Kaum einer der deutschen Nachkriegsschriftsteller hatte eine so feine und sichere Witterung für das Aktuelle. Der DDR-Kritiker Günter Wirth, wiewohl ideologisch voreingenommen und unkritisch bezüglich der dortigen Verhältnisse, hat mit seiner Analyse der religiösen und gesellschaftlichen Motive im Prosawerk Heinrich Bölls recht: »In ›...und sagte kein einziges Wort‹ richtet sich der Stoß des Dichters gegen den Klerikalismus, in ›Haus ohne Hüter‹ und in ›Dr. Murkes gesammeltem Schweigen‹ gegen die kulturpolitische Reaktion, während in ›Das Brot der frühen Jahre‹ die kapitalistische, die bürgerliche Klasse in ihrer ökonomischen Machtentfaltung – wenn auch nur auf einer unteren Stufe der Hierarchie – und im ›Hauptstätter Journal‹ die Front des Militarismus zum Angriffsobjekt werden« (S. 110 f.).

Dabei verschonte Böll auch die jetzt demokratisch-angepaßten liberalen Intellektuellen nicht, die den Kulturbetrieb und die Medien nach 1945 zu beherrschen begannen. Erster Gegenstand seiner *Medienkritik* – sie sollte in Zukunft noch ganz andere Dimensionen erreichen – sind insbesondere gewisse Opportunisten und Anpasser, – die sich etwa satirisch in der Gestalt des Kulturphilosophen Bur-Malottke in »Dr. Murkes gesammeltes Schweigen« widergespiegelt finden. In diesem »Kulturphilosophen« spiegelt Böll einen Typus, der in der Zeit des Nationalsozialismus alles brav mitgemacht hatte, dann »in der religiösen Begeisterung des Jahres 1945 konvertiert« war und in der katholischen Kulturpolitik eine führende Rolle zu spielen begann, nun aber – der Wind hatte sich wieder einmal gedreht – »über Nacht religiöse Bedenken« bekommen hatte und sich nun »angeklagt« fühlte, »an der religiösen Überlagerung des Rundfunks mitschuldig zu sein« (III,174). Konsequenz: Auf Wunsch dieses einflußreichen Autors, Redakteurs und Cheflektors Bur-Malottke muß der Rundfunkangestellte Dr. Murke 27mal das Wort »Gott« aus dem Tonband mit den Bur-Malottke-Vorträgen herausschneiden und dafür die Formel, »jenes höhere Wesen, das wir verehren«, hineinkleben, ein Wort, das auf einmal »mehr der Mentalität entsprach, zu der er (Bur-Malottke) sich vor 1945 bekannt hatte« (III,174). Das herausgeschnittene Wort »Gott« läßt sich dann leicht bei einer anderen Sendung als Füllwort verwerten. Das Funkhaus mit seiner sauberen, geleckten, sterilen Atmosphäre – signifikant die teuren, preisgekrönten, aber kaum benützten »Schrörschnauzaschenbecher« und das Motto des Intendanten »Disziplin ist alles«: Es ist hier Symbol für den perfekt funktionierenden, alles konsumierenden, alles zerredenden Kulturbetrieb als eines Unternehmens zur Massenbedürfnisbefriedigung.

Und *Murke?* Er ist von Böll als ein *Widerständler* konzipiert, der der Wortinflation und der Sprachvermarktung das (aus Tonbändern herausgeschnittene und gesammelte) »Schweigen« entgegensetzt und der mit seinem kitschigen Herz-Jesu-Bildchen, ihm von seiner Mutter mit einem Gebetsspruch zugeschickt und jetzt dem Hilfsregisseur der Abteilung Kultur noch rasch an die Tür gesteckt, auf seine Weise listig-hintersinnig Widerstand leistet. Das kitschige religiöse Bildchen – letztes Reservat menschlicher Wärme und humaner Zuwendung: es fällt hier ein wie ein Meteorit aus fernen barock-katholischen Welten. Seine Funktion? Es soll eine Gegenwelt symbolisieren. Welche Gegenwelt? Antwort: *eine Gegenwelt religiös begründeter Humanität.*

Diese Gegenwelt religiöser Humanität hatte Böll – erstaunlich genug – vor allem in Irland gefunden und von ihr im gleichzeitig geschriebenen »Irischen Tagebuch« von 1954–1957 eingehend erzählt. Während es die meisten deutschen Dichter seit Winckelmann und Goethe – Thomas Mann und Hermann Hesse inklusive – nach Italien zog, liebte Heinrich Böll über alles die »Grüne Insel«, wo er sich schließlich ein Bauernhaus erwarb. Irland – ein tief katholisches Land, das aber nie von Rom besetzt und in vielem weniger romanisiert war, wiewohl der heilige Patrick zu diesem Zweck nach Irland zurückgesandt worden war. Gerade in Irland, von Böll ganz als Gegenbild zum Wirtschaftswunder-Land Bundesrepublik gezeichnet, hatte er zwei Formen von Religiosität erfahren, die für ihn durch zwei Kirchen symbolisiert war. Da ist einerseits die St. Patrick's Cathedral der offiziellen Kirche der kirchlichen Hierarchie – ihr entspricht die Welt des Kirchenbetriebs im Kölner Dom und des Kulturbetriebs im Funkhaus: mächtig, glatt, sauber, aber alles andere als menschenfreundlich. Und da ist andererseits die kleine Stadtkirche des Volkes, die Böll zwar als häßlich empfunden, voller Kitsch, die dafür aber voll von betenden Menschen gewesen sei. Eine Kirche, nicht »gerade schmutzig, aber schusselig«, meint Böll, »so sehen in kinderreichen Familien die Wohnzimmer aus« (III,21).

Keine Frage: in Irland fühlte sich Heinrich Böll in der Nachkriegszeit mehr zu Hause als in der immer stärker amerikanisierten modernen Großstadt Köln. Und in diesem *irischen Volkskatholizismus* – wohl zu unterscheiden von dem auch in Irland herrschenden Hierarchie-Katholizismus – fühlte Böll sich wohl, gerade weil die Iren – wie die Polen und die Rheinländer – von den Herrschenden (Engländer oder Preußen) stets als »schmutzig, faul, dreckig und katholisch« verschrien worden waren. Ist der Katholik Böll gegen Reinlichkeit? »Man muß die Ironie in dieser Reihung mithören, um die genuin Böllsche Dialektik verstehen zu können«, sagt in seinem Artikel über Christentum und Katholizität bei Heinrich Böll der Tübinger Literaturtheologe Karl-Josef Kuschel: »Böll wendet sich damit gegen eine Kirchenpraxis, für die die ›Reinheit der Lehre‹ wichtiger ist als die Erfahrung der Menschen, die Orthodoxie höher rangiert als das gelebte Leben, für die korrekte Moral mehr wert ist als menschliche Authentizität. Bölls Christentum mit dem rheinisch-polnisch-irischen Antlitz aber ist ein Christentum, das den Schmutz nicht verachtet, sondern als Ausdruck konkreter Menschlichkeit annehmen kann... Bölls Werk ist eine einzigartige Attacke gegen die bürgerliche Identität von Religion und Sauberkeit (Reinheit), Kirchlichkeit und bürgerlicher Anständigkeit« (Gegenentwürfe, S. 330).

Die politische Entwicklung in der Bundesrepublik der späten fünfziger Jahre jedoch trieb Heinrich Böll neu an, die immer dringender gewordene Problematik der verdrängten Vergangenheit und ihrer Bewältigung episch breit zu thematisieren. Intensiv arbeitet er an seinem umfänglichen ersten großen Epochenroman, der die Zeit von 1907–1958 umfassen sollte.

Unbewältigte Vergangenheit

Das Schicksal einer deutschen Familie, in dem sich – wie ja auch in den »Buddenbrooks« – das Schicksal der deutschen Nation, der Gesellschaft überhaupt, spiegelt: So erzählt der komplexe (und manche sagen: überkomplizierte) Roman der individuellen und gesellschaftlichen Erinnerung, »Billard um halbzehn« (1959), die weitverzweigte Geschichte dreier Generationen der rheinischen Architektenfamilie Fähmel. Aber anders als Thomas Mann verzichtet Böll ganz und gar auf epische Distanz und historische Abfolge. Auch hier erzählt er alles von der Gegenwart her, der letztlich allein sein Interesse gilt, ja, alles auf der Zeitebene eines einzigen Tages des Jahres 1958: In zunächst verwirrenden

Rückblenden und inneren Monologen werden die Bewußtseinsebenen der einzelnen Personen ineinandergeschoben und wird so die ganze Geschichte sukzessive aus den verschiedenen Perspektiven der Hauptbeteiligten deutlich und verständlich gemacht.

Kompositorisch zusammengehalten werden die verschiedenen synchronen Bewußtseinsströme durch das Lebenswerk der Familie, die Benediktinerabtei St. Anton: Vom Großvater Heinrich Fähmel in der Wilhelminischen Zeit geplant und gebaut und vom Sohn Robert Fähmel am Ende des Zweiten Weltkriegs mit einem Sprengtrupp zerstört, wird sie schließlich vom Enkel Joseph Fähmel nach dem Krieg mit zunehmend schlechtem Gewissen wiederaufgebaut. Zwischen 1907 und 1958 entsteht so aus zahllosen aufschlußreichen Details, bewegenden Gefühlsabläufen und originellen Assoziationen der verschiedenen Erzählstränge das vielschichtige Bild einer *vergessenen, verdrängten, noch nicht bewältigten Vergangenheit*. Wiederkehrender Hintergrundrefrain: »Es zittern die morschen Knochen«. Der junge amerikanische Besatzungsoffizier hat recht und unrecht, wenn er in diesem Roman meint: »Ich habe schon zu meinen Kameraden gesagt, wir werden in diesem schönen Land nur fünf oder sechs, wenn's hoch kommt neun Schuldige finden und uns fragen müssen, gegen wen wir diesen Krieg geführt haben: gegen lauter einsichtige, nette, intelligente, sogar kultivierte Menschen« (S. 427 f.).

Es war keine Frage für Böll: die übergroße Mehrheit des deutschen Volkes gehörte zu denjenigen, die auf verschiedenste Weise – durch aktive Teilnahme oder Mitläufertum – vom »*Sakrament des Büffels*« gegessen oder zumindest gekostet hatten, die sich also vom Geist der nationalen Hybris, des germanischen Neuheidentums und der brutalen Gewalt hatten anstecken, gar beherrschen lassen. Viele von ihnen – und hier geht nun Böll über des »Doktor Faustus« Zeitrahmen hinaus – sind jetzt *noch immer* unter dem Deckmantel der Demokratie am Werk. Noch immer herrschen die »Büffel«, die Streber, Profitmacher, Gewaltmenschen – und Bölls Beleuchtung der Kontraste ist hier (wie er später zugibt) allzu grob vereinfachend – über die »Lämmer«: jene Menschen der Gewaltlosigkeit, Friedfertigkeit und Nächstenliebe, die damals – wie auch einzelne Mitglieder der Familie Fähmel – in die innere oder äußere Emigration oder gar in den Tod getrieben wurden. Urbild des Büffels bleibt Hindenburg, jener Feldmarschall und Reichspräsident, der den hybriden Nationalismus und die selbstzerstörerische Kriegsbegeisterung maßgeblich schon unter Wilhelm, »dem kaiserlichen Narren«, dann wiederum in der Weimarer Republik und schließlich auch noch beim Machtantritt Hitlers (der mit keinem Wort erwähnt wird) repräsentiert und vorangetrieben hatte. Und heute? So viel Unrecht an den Opfern ist noch nicht wiedergutgemacht, und allzu viele der Damaligen sind jetzt wieder an der Macht, ja in Amt und Würden. Und so endet dann dieser Roman, vom Autor beabsichtigt, unbefriedigend: Die Beteiligten kommen kaum zum Austragen ihrer Konflikte, falsche »Versöhnung« wird zurückgewiesen, echte menschliche Kommunikation wird nur in der privaten Idylle der Familie erreicht. Die Adoption des wehrlosen, vielgeschlagenen Hotelboys Hugo, »Lamm Gottes« gerufen, durch die Fähmels am Ende deutet an, daß sich Schranken des Blutes und der Klasse in einer neuen Gemeinschaft von Hirten und Lämmern überwinden lassen...

Im Gedächtnis bleibt dem Leser dieses »*Sakrament des Lammes*« – gewollte Anspielung auf den geschlagenen, geopferten Jesus, das »Lamm Gottes« (III,343). Bölls Ausgangspunkt war ursprünglich jene Hinschlachtung von sieben jungen Kommunisten in Köln durch Göring unmittelbar nach der »Machtergreifung«; das Bild vom Opferlamm wurde angeregt durch das »Gotteslamm« auf dem Genter Altar der Brüder van Eyck: Er, Christus, das »Lamm«, ist nicht nur unser »Herr«, sondern auch unser »Bruder«. Der Begriff des Sakraments – des sinnenhaften Zeichens für die Gnade – erscheint hier ins Säkulare hinein ausgeweitet. Es wird damit freilich auch dessen Zweideutigkeit (Büffel oder Lamm?) ausgeliefert. Die Kombination von »Sakrament« und »Büffel« ist dabei ein bewußt konstruiertes Symbol der Perversion. Die Büffel-Gefolgschaft ist die Anti-Kirche, das Wider-Christliche, die pervertierte Gegen-Gemeinde.

Und damit ist klar: Bölls Roman ist kein Plädoyer gegen die traditionellen Sakramente, sondern für ihre Erneuerung vom Zentrum her. Nicht die gottesdienstliche Feier ist für ihn entscheidend; die katholische Kirche erscheint hier kaum noch als Heimat. Entscheidend ist vielmehr die ethische Realisierung in nicht nur gefeiertem, sondern gelebtem Glauben. Durch den Bezug auf das »Lamm Gottes« – und jesuanische Anspielungen im Roman sind zahlreich – wird das Sakrament des Lammes eindeutig zum Symbol der Gewaltlosigkeit, der Hingabe, der Nächstenliebe, der Friedfertigkeit, zum Symbol der *neuen Menschlichkeit* in christlichem Geist. Vorsicht allerdings vor Illusionen und Mißverständnissen: »Manchmal mein ich: die *haben doch gesiegt*«, bemerkt der altgediente Hotelportier, »Vorsicht. Trauen Sie dem Frieden nicht.« Und zugleich macht er klar, daß christliche Lammesgeduld kein »Zu-Kreuze-Kriechen« meint: »Mein Gott, der ließ sich keine Frechheiten gefallen und war zu denen, die nicht frech waren, wie ein Lamm« (III,447).

Kirche und Klerus werden in diesem Familien- und Epochenroman Bölls immer nur ganz am Rande erwähnt: Es ist die Rede von den Lämmern, Menschen, die gegen das nationalsozialistische System standen und die von ihren Pastoren, Hirten, gerade nicht geweidet wurden. Von heuchlerischen Priestern also ist die Rede, aber auch umgekehrt von einem verdächtig oft über die Bergpredigt predigenden Pfarrer, der vom bischöflichen Ordinariat prompt in ein Dorf ohne Bahnanschluß gesteckt wird; vom Abt und den Möchen der Benediktinerabtei, die damals ebenfalls fackeltragend zum nazistischen Sonnenwendfest auf den Hügel gezogen waren; vom neuen Abt derselben Abtei, der jetzt bei der Neueinweihung (in Anwesenheit von Kanzler und Kabinett) für Versöhnung gegenüber den Nazis und Unversöhnlichkeit gegenüber den Kommunisten predigt... Aber auch hier als Gegensymbol zur Abteikirche die Stadtkirche von Sankt Severin, wo die Fähmels den Gottesdienst besuchen und die Frömmigkeit des Volkes ihren angestammten Platz hat.

Unbewältigte Vergangenheit erweist sich für Böll nun immer mehr als *unbewältigte Gegenwart*. Ganz direkt bringt Böll die

Problematik des Widerstandes der Kirche gegenüber dem Nationalsozialismus zur Sprache in dem offenen »Brief an einen jungen Katholiken«, den er unmittelbar vor seinem Billard-Roman veröffentlicht hatte (1958). Dieser junge Katholik, der gerade von einem Rekruten-Einkehrtag zurückkam, solle es sich doch – so Böll – nicht einreden lassen, »daß die sittlichen Gefahren nur von Freudenmädchen drohen«: »Die sittlichen Gefahren« drohen »anderswo und anderswie« (E I,268). Wo denn und wie? Deutlich und direkt formuliert Böll einen *ersten Vorwurf:* der *Mangel an politischer Moral:* Es sei üblich geworden, immer dann, wenn die Haltung der offiziellen katholischen Kirche in Deutschland während der Nazizeit angezweifelt werde, die Namen der Männer und Frauen zu zitieren, die in Konzentrationslagern und Gefängnissen gelitten hätten und hingerichtet worden seien. Aber, sagt Böll: »Jene Männer, Prälat Lichtenberg, Pater Delp und die vielen anderen, sie handelten nicht auf kirchlichen Befehl, sondern ihre Instanz war eine andere, deren Namen auszusprechen heute schon verdächtig geworden ist: das Gewissen« (E I,268). Für ihn als jungen Mann, so hatte es Böll erfahren, »war es eine sittliche Gefahr hohen Grades, als der Vatikan als erster Staat mit Hitler einen Vertrag schloß«; bald danach hätte es ja als »schick« gegolten, »in SA-Uniform zur Kommunionbank zu gehen« (E I,273). Und wenn man dann – Böll selber nicht – nach der heiligen Messe zum Dienst gegangen sei, »durfte man wohl getrost singen: ›Wenn das Polenblut, das Russenblut, das Judenblut...‹; dreißig Millionen Polen, Russen, Juden haben den Tod erlitten, lieber Herr M.«, schreibt er dem jungen Katholiken, »Sittliche Gefahren?« (E I,273).
Der mangelnden politischen Moral entspreche in der Kirche – und dies war ein *zweiter* Vorwurf – der *überzogene antisexuelle Moralismus:* Der gesamte europäische Katholizismus leide unter der Reduzierung der Moral auf sexuelle Moral. »Kein Wort über Hitler, kein Wort über Antisemitismus, über etwaige Konflikte zwischen Befehlen und Gewissen« hätte er an seinem eigenen Einkehrtag vor dem Militärdienst gehört, dafür naive und medizinisch falsche Ratschläge eines Priesters, »vor solchen Kompa-

niesaufereien tüchtig Fleisch zu essen, in viel Fett gebraten, oder rohes Hackfleisch, gute Mettwurst«, dazu vor allem eklige Beschreibungen von »Taktiken, mit denen er den Lockungen dieser Personen«, der Prostituierten, »entgangen war« (E I,263). Im übrigen aber Mahnungen »zur Tapferkeit, zum Gehorsam, nach der beliebten Auffassung: die Katholiken immer vorne, wir sind doch keine Schlappschwänze« (E I,263).

Ein *dritter* Vorwurf ist der des *Opportunismus*: Opportunismus sah Böll nicht etwa nur bei jenem brav katholischen Major Sch., der jetzt Werbevorträge für die Bundeswehr hält und der damals »mit seiner Jungengruppe: ›Wenn das Judenblut vom Messer spritzt‹ gesungen« hatte und sich schon »oppositionell« vorgekommen war, nur weil er in abgelegenen Parkhecken heimlich verbotene Lieder angestimmt hatte. Das »Erinnerungsvermögen« dieses Mannes sei schwach und seine »Intelligenz mäßig«, meint Böll und folgert: »Die Eigenschaften, die zum Opportunisten gehören« (E I,268f.). Einen typisch katholischen Opportunismus aber sah Böll auch bei jenem Pfarrer U., bei dem es »zum guten Ton, fast möchte ich sagen zum Programm« gehört habe, »über das jeweilige Generalvikariat zu schimpfen, über die Bischöfe, den Klerus...«. Aber? »Aber die geistige Haltung, die aus diesem Gebaren spricht, ist kaum ernster zu nehmen als die eines Obersekundaners, der sich beim Kommers über seinen Klassenlehrer lustig macht« (E I,271). Solche Kindereien, aber auch Literatur, Bildung, Kunst..., seien bei solchen Pfarrern oder katholischen Laien nur verzweifelte Mittel, »ihren Gewissensqualen zu entfliehen«: »Sie alle sind einsichtig und intelligent genug, um zu wissen, daß die Fast-Kongruenz von CDU und Kirche verhängnisvoll ist, weil sie den Tod der Theologie zur Folge haben kann« (E I,271). Doch auch die Theologen würden sich in allen Fragen der offiziellen Bonner Politik anpassen: »Die Politik ist hart geworden und die Theologie weich... Adenauer ist katholisch, Strauß und einige andere sind es; was wollen wir mehr?« (E I,274). Ja, was wollen wir mehr? Böll, freilich, wollte entschieden mehr! Was?

Entscheidend müsse sein: in jedem Fall dem *Gewissen folgen und hinstehen!* »Falls Sie ein Vorbild suchen, das Aktion vollzog«, schreibt Böll am Ende dem jungen Katholiken, »wählen Sie den Grafen Schwerin von Schwanenfeld, der vor dem Volksgerichtshof von Freisler angebrüllt, mit leiser, klarer Stimme sagte: ›Ich dachte an die vielen Morde.‹ Ein Christ und Offizier, der verbündet war mit Männern, die ihm seiner Herkunft und seiner politischen Tradition nach so vollkommen entgegengesetzt waren: mit Marxisten und Gewerkschaftern« (E I,276). Ein Geist der Verbrüderung und des Bündnisses, der sich leider in der Nachkriegspolitik je länger, desto weniger gehalten habe. So also ist die Lage, und Heinrich Böll ist jetzt entschlossen, seinen nächsten großen Roman ganz auf die Situation der großen, wohlhabend und vergeßlich gewordenen Bundesrepublik der sechziger Jahre zu konzentrieren.

Nicht versöhnt mit der Gegenwart

Ein Sturm von offiziellen, offiziösen und persönlichen katholischen Stellungnahmen, Artikel in Kirchenzeitungen, Wochenzeitungen und Tageszeitungen, Meldungen der Katholischen Nachrichtenagentur und zahllose Leserbriefe aus dem Milieu: Dies alles brach über den deutschen Katholiken Heinrich Böll herein, als er 1963 die »Ansichten eines Clowns« einem Deutschland der voll etablierten Adenauerära kundtat. Ein zweifellos höchst kritischer Roman, aber wirklich ein »haßerfülltes, anti-katholisches Pamphlet«, wie damals in katholischen Kirchenzeitungen zu lesen war? Sachlich begründete Fragen, wenn sie schwer zu beantworten sind, werden im Milieukatholizismus gerne auf ein »Ressentiment« (»haßerfüllt«) oder den »Stil« (»Pamphlet«) abgeschoben; dies gehört zu den bewährten Methoden römisch-katholischer Konfliktbewältigung und Dissidentenverunglimpfung. Die Frage ist indessen: Was heißt da »anti-katholisch«, und überhaupt was heißt »katholisch«? Im Roman selbst wird die Zweideutigkeit dieses Begriffs durch das Stottern eines katholischen Funktionärs angedeutet: sein »Ka-ka-ka« konnte sowohl »Katholon« oder »Kanzler« andeuten...

Heinrich Böll konnte damals mit Überzeugung für sich geltend machen, daß er ein praktizierender deutscher Katholik war, Mitglied einer katholischen Kölner Pfarrei. Dies aber war ja gerade das Aufregende: Der »Clown« war offenkundig nicht von einem Anti-Katholiken, sondern von einem waschechten Insider-Katholiken geschrieben worden. Einem Mann, der nicht nur zu jenen 26 Millionen *kirchensteuerpflichtiger* Katholiken gehörte, sondern zugleich auch zu jener Minorität der sogenannten *praktizierenden* Katholiken (die nach KNA im Jahre 1986 bundesweit noch ganze 23,3 Prozent beträgt).

Wenn nun aber Heinrich Bölls »Clown« das Buch eines nicht nur steuerpflichtigen, sondern gar noch praktizierenden Katholiken war, gegen was waren dann seine »Ansichten eines Clowns« gerichtet? Sie waren zielscharf gerichtet gegen ebenjenen *»bundesdeutschen Katholizismus«*, der da aus allen Rohren auf den deutschen Katholiken Heinrich Böll zu schießen begann und der mit den deutschen Katholiken in ihrer Großzahl offensichtlich nicht identisch war und ist.

Nicht um die katholische Kirche als solche, sondern um das »katholische Milieu« also geht es hier. Dies ist auch die Argumentation Heinrich Bölls selbst, wie sie sich im Nachwort zu jenem ebenfalls im Jahre 1963 erscheinenden und – leider noch immer aktuellen – kritischen Buch des Katholiken Carl Amery »Die Kapitulation oder Deutscher Katholizismus heute« findet. Heinrich Böll: »Der deutsche Katholizismus, wie er hier verstanden wird, existiert in Gremien, Komitees, auf Konferenzen. Es gibt nicht die Einheit: deutsche Katholiken – deutscher Katholizismus« (E I,540). Und Böll meint, an keiner anderen Person ließe sich besser nachweisen, »wie schnöde der deutsche Katholizismus an deutschen Katholiken zu handeln vermag« als am katholischen Schriftsteller *Reinhold Schneider* (25 Jahre später könnte man auch füglich den Namen Heinrich Böll einsetzen): »Reinhold Schneider hatte alles, was ›man‹ sich nur wünschen konnte: er war auf eine ritterliche Weise konservativ, er war ein Dichter des inneren Widerstands, gelobt, geehrt und vorgezeigt, als er aber die ersten Anzeichen der Kapitulation des deutschen Katholizismus vor dem Nachkriegsopportunismus angriff, zeigte sich, welcher Natur seine Partner gewesen waren: er wurde denunziert und diffamiert. Freilich, da ›funktionierte‹ einer nicht, den man behaglich als konservativen Katholiken für sich beansprucht hatte. Wo blieb der Schutz der Hirten und Oberhirten?« (E I,540 f.). Ob Böll schon ahnte, daß es ihm ganz ähnlich ergehen würde?

Ja, es war mittlerweile ein altes Thema Bölls geworden: »Lämmer« ohne »Hirten«, ein »Haus« ohne »Hüter«. Und Heinrich Böll kann denn auch sowenig wie Carl Amery im Kontext des »politischen Katholizismus« und »Nachkriegsopportunismus« unangenehme Reminiszenzen an die *Nazizeit* unterdrücken: Damalige Schlüsselfiguren des deutschen Katholizismus, Franz von Papen und Prälat Ludwig Kaas, hätten Hitler einerseits mit dem Großkapital und andererseits mit dem deutschen Katholizismus ausgesöhnt und ihm »die ansehnlichste Trophäe, das Reichskonkordat« gebracht (E I,541). Noch mehr aber erbitterte Heinrich Böll im Jahre 1963 ein anderes Faktum – und dies wird später für ihn und die Kirche auch praktische Folgen haben: Dieser offiziell-offiziöse deutsche Katholizismus nimmt alljährlich *Hunderte Millionen Steuergelder* ein, die zum allergrößten Teil *von Nichtpraktizierenden gezahlt* werden. Ja, er kassiert sie von solchen Katholiken, die von diesem Katholizismus in unbarmherziger und unfairer Weise behandelt werden. Diskriminiert werden Millionen in Mischehen Lebende; exkommuniziert werden Hunderttausende wiederverheiratete Geschiedene; diffamiert werden ungezählte Dissenters aller Art. Ob es, meint Böll, für diesen Katholizismus nicht konsequent wäre, auf das Geld der gemaßregelten Sünder und Sünderinnen dankend zu verzichten? Aber nein, der ganze »deutsche Katholizismus« würde ja zusammenbrechen!

Ja, möglich ist es schon, daß sich angesichts eines solchen bundesdeutschen Katholizismus ein deutscher Katholik wie ein *Narr* vorkommen konnte. Und ein solcher Nachfolger der (früher immerhin tolerierten) Hofnarren, die den hohen und hochwürdigen Herren unter der Narrenkappe alles an Frechheiten, Bosheiten und Unverschämtheiten sagen durften, ist nun der *Clown* Hans Schnier: Aus dem Milieu des deutschen Katholizismus kommt er, dieser Clown, zwar protestantischer Herkunft und jetzt Agnostiker, ist er der Sohn eines rheinischen Braunkohlenmillionärs und einer strohdummen Mutter, die noch 1945 ihre einzige Tochter Henriette als Flakhelferin gegen die »jüdischen Yankees« in den sicheren Tod schickte, in der Nachkriegszeit nun aber Präsidentin des Zentralkomitees der Gesellschaften zur Versöhnung der rassischen Gegensätze geworden war.

Aber tief abgesunken ist er, dieser Hans Schnier, der seit dem einundzwanzigsten Lebensjahr mit Marie, der katholischen Tochter eines armen, linken Papierwarenhändlers zusammenlebte, einer katholischen Trauung, weil er die katholische Erziehung der Kinder förmlich zusichern sollte, jedoch nicht zustimmte.

Ja, völlig am Ende, psychisch und physisch, ist er, dieser Spaßmacher, seitdem er von seiner Frau auf Druck »führender« Katholiken nach sechs Jahren verlassen wurde und sie Züpfer, den Präsidenten des katholischen Dachverbandes, geheiratet hatte. Der Clown, zwar ungläubig, aber unbedingt monogam, sieht dies als glatten Ehebruch an, die Amtskirche aber segnet es als gültige und legitime katholische Eheschließung ab.

In Ich-Form erzählend, gibt der agnostische Clown seine – oft beinahe allzu katholischen – »*Ansichten*« kund, scharfsinnig, pointiert, überschärft auch und verzerrt, ohne historische Entwicklungslinien, ohne große Zusammenhänge; der Clown ist kein Kulturphilosoph. Es wäre indessen falsch, alle Ironie, allen Sarkasmus, allen Narzismuß, alle Sentimentalität und Weinerlichkeit des Clowns Heinrich Böll persönlich zuzuschreiben. Seit wann dürfte man denn alle Auffassungen der verschiedenen fiktiven Figuren, und sei es auch der Hauptfigur, ihrem Autor zuschreiben? Und doch kein Zweifel: viele »Ansichten« des Clowns sind auch die Ansichten des scharf beobachtenden, präzise beschriebenen und mit großer emotionaler Anteilnahme interpretierenden Autors: über die Geburtenregelung etwa, die Abtreibung, das außereheliche Zusammenleben und die sexuellen Fragen überhaupt; über die Mischehe und die abgeforderte katholische Kindererziehung; schließlich über die Amtskirche und ihre Laienfunktionäre, ihre Heuchelei, Hartherzigkeit, sterile Intellektualität und ihren Ehrgeiz. Besonders ärgerlich ist Böll die ästhetische Verkleidung dieses oft so menschenverachtenden katholischen Systems mit feinsinnig-literarischen Predigten und schöngeistigen Reden über Kunst und Kultur in all den Kreisen und Verbänden, eines Systems, dem es doch statt auf die Bergpredigt auf die Durchsetzung abstrakter Ordnungsprinzipien, dem es statt auf die betroffenen Menschen auf das herrschende Recht, Gesetz, Dogma und das Geld ankommt. Am allerärgerlichsten jedoch ist für Böll die fast totale Identifikation dieses bundesdeutschen Katholizismus mit einer bestimmten Partei, die sich christlich nennt und es doch nur bedingt ist.

Wahrhaftig, zu gut hat der Insider Heinrich Böll die Mentalität des »katholischen Milieus« getroffen, als daß nicht ein Aufheulen der Getroffenen eingesetzt hätte; die formal-künstlerische Diskussion über den Roman wurde von der inhaltlich-politischen völlig überschattet. Zu viele im deutschen Katholizismus erkannten sich in den hier geschilderten Figuren wieder: vor allem die gewandten, kunstsinnigen und doppelzüngigen Prälaten und die mit ihnen zusammenarbeitenden karrierebewußten Laienfunktionäre und gefügigen Politiker, deren gehorsame Ehefrauen mit eingeschlossen. Dabei äußerte sich der Clown doch auch durchaus kritisch über die Gewissensduselei von Protestanten, über die Orthodoxie und Intoleranz der kommunistischen Funktionäre in Erfurt oder den weitverbreiteten hämischen Typ des Journalisten, der schwafelt und nicht darüber hinwegkommt, daß er selber keine künstlerische, literarische Begabung ist...

Aber solche Kritik an Protestanten und Journalisten erfolgte nur am Rande, Böll wollte nun einmal bewußt ins »Schwarze« treffen, und dort sah denn auch mancher gleich rot. Die getroffenen kirchlichen »Würdenträger« hielten sich freilich meist bedeckt, betrieben Flüsterpropaganda und ließen ihre Hofpublizisten schreiben. So gerne hätte man den mundtot gemacht, gegen den die Inquisition kein Mittel hatte. Von den vielen unsachlichen Stellungnahmen aus dem katholischen Milieu unterscheidet sich wohltuend diejenige des Theologen *Heinrich Fries* in seinem Buch »Ärgernis und Widerspruch«: Böll und Amery kritisierten die Kirche nicht »aus Gleichgültigkeit oder aus Freude am Defekt«, meinte er völlig zu Recht: »Im Gegenteil, die Bejahung der Kirche und das Bekenntnis zu ihr als der Stiftung Jesu Christi und der Präsenz seines Lebens, seiner Wahrheit, des in ihm erschlossenen Heils, ist überall spürbar, nicht weniger der Wille und die Bemühung, daß diese Präsenz möglichst frei, unverdeckt und umfassend ihre Verwirklichung in Welt, Geschichte und Gegenwart finde. In den Kritiken ist auch nicht daran gedacht, Wesen und Struktur der Kirche, etwa ihr Amt, die hierarchische Verfaßtheit, Recht und Gesetz in der Kirche in Frage zu stellen oder zum Gegenstand der Kritik zu machen« (S. 143).

In der Tat, es geht Böll in dieser seiner Frau Annemarie gewidmeten großen Liebesgeschichte um sehr viel mehr als um Kirchenkritik. Was sollte sonst das Schriftwort, das dem Roman als Motto vorangesetzt wird, ein Jesaja-Zitat aus dem Römerbrief (15,21): »Die werden es sehen, denen von Ihm noch nichts verkündet ward, und die verstehen, die noch nichts vernommen haben.« Was kann das anderes heißen, als daß gerade diejenigen sehen werden, welche die christliche Verkündigung bisher nicht erreicht hat, und daß gerade diejenigen verstehen werden, die noch nichts von Ihm vernommen haben. Die außerhalb des katholischen Milieus also werden dieses Buch möglicherweise besser verstehen als die drinnen.

Aber was ist da zu »sehen«, was zu »verstehen«? Wenn ein Kritiker wie Marcel Reich-Ranicki im Roman zwischen der Liebesgeschichte und der Sozialkritik unterscheidet und die erste als gelungen und die zweite als mißlungen ansieht, so illustriert er in signifikanter Weise seine Auffassung, daß (seine) Literaturkritik nur subjektive Maßstäbe kennt. Keine Formanalyse ohne Inhaltsanalyse und umgekehrt: Auch die kirchenkritischen Passagen zeichnet, scheint mir, eine überzeugende stilistische Einfachheit, Natürlichkeit und Selbstverständlichkeit aus. Ob nicht vielleicht auch hier der »hermeneutische Zirkel« und das entsprechende »Vorverständnis« des Kritikers eine Rolle spielen? Liebhaber (und Herausgeber) von Liebesgeschichten, die mit Religion nichts anzufangen wissen, werden eher geneigt sein, die Liebesgeschichte als gelungen und die religiös-theologischen Partien als mißlungen anzusehen. Und möglicherweise auch umgekehrt. Ein Kritiker wie Lessing indessen, der Autor von Liebesgeschichten und zugleich, so nannte er sich selber, ein »Liebhaber der Theologie« war, könnte vermutlich an beiderlei Dimensionen, die ja bei Böll in der Tat eine unlösbare Einheit bilden, sein hohes Gefallen finden. Denn warum wird die Liebe des Clowns zu seiner »Frau« denn eigentlich zur Tragödie? Weil sie mit den »Ordnungsprinzipien« des katholischen Milieus kollidiert!

Worum also geht es letztlich bei der Figur des Clowns? Nur um Kritik am katholischen Milieu? Oder soll diese doch offensichtlich symbolisch verschlüsselte Figur des Außenseiters und Sonderlings, der sich zwar als Agnostiker ausgibt und doch dafür eintreten kann, daß seine Marie durch schwerste Glaubenskrisen hindurch katholisch bleibt, eine Überhöhung oder Überbietung der literarischen Narrenfigur sein? Oder soll dieser Clown eine überzeugende zeitgerechte Gegenfigur zu den herrschenden bundesrepublikanischen Verhältnissen abgeben? Nichts von alledem. Als ein eher passiver, hilfloser, nur protestierender und räsonnierender Antiheld wirft diese Figur eine andere, die zentrale Frage auf, die für kritische Katholiken wie Böll und Amery zu einer ernsten Lebensfrage geworden ist: Was entscheidet eigentlich über das *Christsein?* Gesetz oder Evangelium, *Legalität oder Humanität?*

Was sich auf Grund der meisterhaften Diktion Bölls so schlicht, natürlich, so selbstverständlich anhört, ist sehr wohl grundsätzlich reflektiert. Die Anfrage des »Clown«-Romans an den deutschen Katholizismus lautet: Ist derjenige ein Christ, der übereinstimmt mit Gesetz, Recht, Dogma, abstrakten »Ordnungsprinzipien«, die von oben proklamiert und hemmungslos durchgesetzt werden? Oder ist derjenige ein Christ, der sich nach jenem Jesus richtet, dem Nazarener, der mit den Frauen seiner Umgebung »zärtlich«, ja »galant« (so Böll wörtlich!) umging, der die »Sünder« gegen die »Gerechten« in Schutz nahm, dessen Handeln nicht vom Geist der Gesetzlichkeit, sondern von dem der Liebe geprägt war und der denn auch seinen Zeitgenossen als ein wenig frommer Außenseiter, Sonderling und Narr erschienen ist? Ja, Bölls »Clown« ist ähnlich wie der »Idiot« Dostojewskis eine *verschlüsselte Christusfigur:* es geht um Ihn, der da in verfremdeter Form verkündet und vernommen, gesehen und verstanden werden soll. Es geht um Ihn – dies hat schon K. J. Kuschel in seinem weitgespannten Buch »Jesus in der deutschsprachigen Gegenwartsliteratur« aufgezeigt –, der diesen armseligen Clown deckt und das mächtige römisch-katholische System anklagt!

Der Roman endet, so ganz anders als Dostojewskis Erzählung vom Großinquisitor, mitten im rheinischen Karneval: Der Clown, jetzt Narr unter Narren, geschminkt auf der Treppe des Bonner Hauptbahnhofs, intoniert auf der Gitarre leise das Lied vom »armen Papst Johannes«, erhält eine Münze und realisiert, daß er nun vom Clown zum Bettler geworden ist. Mehrfach schon zuvor hatte er betont, es gäbe für ihn – neben seiner Frau Marie – eigentlich nur noch drei wirkliche Katholiken auf der Welt: den englischen Filmschauspieler Alec Guinness, den Negerboxer und späteren Kabarettisten Gregory und, immer an erster Stelle, Papst Johannes. Warum Papst Johannes?

Erste Zwischenüberlegung:
Differenzierung in Sachen »Katholizismus«

Die *Verehrung von Papst Johannes* teilt der Autor des »Clown« mit anderen Autoren außerhalb des Katholizismus, etwa Marie Luise Kaschnitz oder Wolfgang Hildesheimer, der sogar »Exerzitien mit Papst Johannes« veröffentlicht hat. Mit den späteren Päpsten jedoch sollte Heinrich Böll wie so viele andere seine Schwierigkeiten haben. Fünf Jahre nach der Veröffentlichung des »Clowns« erhält die dort schon vorgetragene Kritik an der römischen Verurteilung jeglicher Empfängnisverhütung ihre kirchenamtliche Bestätigung: in der Enzyklika »Humanae vitae« durch den Nachfolger von Johannes XXIII., Papst Paul VI.

Böll nimmt öffentlich Stellung: »*Taceat Ecclesia*«*!* Ja, wenn sie doch geschwiegen hätte, diese Kirche! Auch in diesem Zeitungsartikel kritisiert Böll die »allzu lange praktizierte Schnödigkeit der römischen Kirche gegenüber der geschlechtlichen Liebe, vor allem gegenüber der Frau, die geschaffen wurde, damit der Mensch eine Gefährtin habe und nicht allein sei« (E II,299). Eine »verrückte, zölibatäre Vorstellung von keuscher (also auch unkeuscher) ehelicher Liebe« zu vergleichen »mit dem Fall Galilei« (E II, 300 f.). Später sollte Johannes Paul II., der zweite Nachfolger Pauls VI., ähnlich merkwürdige Auffassungen über die »Unkeuschheit« unter Ehegatten vertreten und angesichts der Slums von Nairobi zum »Wachset und mehret euch« auffordern…

Zur differenzierten Betrachtung des kritisierten »Katholizismus« muß man wissen: Heinrich Böll, der gegen das Zwangsmodell einer untertänigen Gesellschaft ankämpfte, stand allen Bestrebungen in der Kirche, die wie sein Clown den Blick »von unten« hatten und die zu dem restaurativ-disziplinierenden Kurs der Nachfolger von Papst Johannes (und der wieder domestizierten Bischöfe) in Opposition standen, mit Sympathie gegenüber. Heinrich Böll gehörte zur *Kirche »von unten«*, die sich, ob organisiert oder nicht, auf Papst Johannes und sein Konzil berufen kann – in ihrem kritischen Engagement *in* dieser und *für* diese Kirche, nach innen, im innerkirchlichen Bereich, wie nach außen, im gesellschaftspolitischen Bereich. Unter den gegebenen Umständen also eine loyale innerkirchliche *Opposition*, der es jedoch nicht um Eroberung der Macht in der Kirche, sondern um den Abbau oder zumindest die Kontrolle der Macht der herrschenden Kirchenbürokratie geht, unter der so viele Figuren Bölls zu leiden haben. Nein, *keine andere* zweite *Kirche*, wohl *aber* der zeichenhaft-charismatische Entwurf eines alternativen Modells von Kirche, eines *anderen, postmodernen Paradigmas*, das sich in einer neuen Zeit statt an mittelalterlichen, gegenreformatorischen und antimodernen »Ordnungsprinzipien« wieder neu an urchristlichen *und* urdemokratischen Imperativen, Erfahrungen und Vorbildern der Freiheit, Gleichheit und Brüderlichkeit/Schwesterlichkeit orientiert. Denn – man vergißt dies so oft

– in der Kirche des Ursprungs gab es noch keine kastenhafte »Oberkirche«, keine klerikale »Obrigkeit«, keine abgehobene »Hierarchie«, keine »heilige Herrschaft«. »Wer unter euch der Erste sein will, der sei der Diener aller«: In sechs verschiedenen Varianten ist uns dieses offenkundig zentrale Wort in den Evangelien überliefert.

Was also Heinrich Böll als »deutschen Katholizismus« bezeichnet, wird man unter deutschen Katholiken theologisch-soziologisch präziser als »*Kirche von oben*« bezeichnen, als die kirchliche Hierarchie oder Amtskirche samt ihren von Böll so gut charakterisierten Hoftheologen und Laienmanagern in Zeitungsorganen, Verbänden und Komitees. Ihnen steht heute überall eine freilich wenig organisierte Kirche »von unten« aus »Laien«, Theologen und Seelsorgern gegenüber. Ein Schisma also?

Nein, gerade die Berufung auf eine Figur wie *Papst Johannes* (und manche Bischöfe in Nord- und Südamerika, in Korea, Südafrika und anderswo), mit der sich der Clown identifizieren konnte, empfiehlt eine differenzierte Sicht von Kirche und Katholizismus, in welcher Basis und Amt nicht von vornherein im Gegensatz stehen müssen. Denn der Clown selber erinnert sich auch an gute Seelsorger! Das heißt: Auch ein Amtsträger – Pfarrer, Bischof, gar Papst – muß ja nicht notwendigerweise einem Oberkommandierenden im Stechschritt zum Verwechseln ähnlich sehen. Er kann sich in seiner ganzen Amtsführung mit dem Menschen »unten«, an der Basis, solidarisch fühlen, kann solidarisch denken und handeln. Er kann die Botschaft für die Menschen verkünden, ohne ihnen nach dem Munde zu reden. Tut er dies wie Papst Johannes oder im Roman ein Priester Kaplan Behlen, dann gehört er selbstverständlich – welches auch immer seine amtliche Stellung ist – nicht zu der, von der Bibel desavouierten Ober-Kirche, sondern zu der – vom Neuen Testament allein möglichen – Kirche des Volkes Gottes.

Doch bei aller Bejahung der scharfen, manchmal vielleicht überscharfen Kritik wird man nun allerdings auch fragen müssen: Welche konkrete Utopie bleibt bei Böll zurück? Wenn die Macht entmythologisiert ist – was bedeutet das für die Menschwerdung des Menschen?

Die politische Krise

Nach Erscheinen des »Clown« und der darauf folgenden Hetze
floh Heinrich Böll nach Irland – für mehrere Monate. Nach
Deutschland zurückgekehrt, radikalisierte sich seine Position in-
folge der regierungsamtlichen Wiederaufrüstungspläne noch
mehr, und zwar nicht nur gegenüber der Kirche, sondern auch
gegenüber dem Staat, nicht nur gegenüber der CDU, die das
Christentum, sondern auch gegenüber der SPD, die den Sozialismus verraten habe. Im Jahr des »Clown« 1963 war Konrad Adenauer – in seinem Verständnis von Kultur und Literatur, Moral
und Politik war er anders als sein geistiger Gegenspieler und
Landsmann bis zum Ende ganz und gar dem rheinisch-katholi-
schen Paradigma verhaftet geblieben – als Bundeskanzler zugunsten Ludwig Erhards zurückgetreten. Die *innenpolitische
Krise* wurde jetzt offenkundig. Sie führte bereits drei Jahre später zu Erhards Rücktritt und zur großen Koalition von CDU und
SPD. Heinrich Böll aber trieb sie, da eine wirkliche parlamentari-
sche Opposition jetzt fehlte, in die »außerparlamentarische Opposition« (APO). Er zeigte sich nun zunehmend als ungewöhnlich scharfzüngiger Polemiker, wofür man nur etwa seinen Essay
»Was ist eine christliche Grundlage?« (E II,202–204) zu lesen
braucht. Seine politischen Initiativen und Bündnisse und seine
immer heftigeren Attacken im Namen der »Freiheit der Kunst«
(so die Empörung auslösende Eröffnungsrede für das Wupperta-
ler Schauspielhaus im September 1966) sind hier nicht im einzelnen nachzuzeichnen. Ein Höhe- oder Tiefpunkt seiner Polemik
(ganz wie man will) war die Zeitungssatire »An einen Bischof,
einen General und einen Minister des Jahrgangs 1917«
(E II,233–248).
Die *religiöse Problematik* trat jetzt entschieden hinter der *politischen* zurück. Unterdessen hatte ja das Zweite Vatikanische
Konzil (1962–1965) seine Arbeit beendet. Böll aber sah das Resultat eher zwiespältig: Der deutsche Katholizismus habe zwar,
meinte er jetzt, durch die Arbeit einzelner deutscher Bischöfe
und Theologen einen in der übrigen Welt »ungeheuren Ruf der

Fortschrittlichkeit« erlangt. Dieser Ruf aber erscheine – so Böll in einem öffentlichen »Brief an einen jungen Nichtkatholiken« (Günter Walraff) – wegen der politischen Gleichschaltung des Katholizismus in der Wiederaufrüstungsfrage »ziemlich fragwürdig«. Zwar nahm Böll die damals junge deutsche Reformtheologie (Rahner, Ratzinger, Küng), die das Zweite Vatikanum in der Tat entscheidend geprägt hatte, zustimmend zur Kenntnis; doch sei »der Boden, auf dem diese Theologie Wurzel fassen könnte, nicht allein dünn, er ist in Deutschland mit dem schlechtesten Dünger, mit *politischem* Gehorsam gedüngt« (E II,222 f.). Die Furcht Bölls: »So könnte Rom eine willkommene Ablenkung von Bonn sein«, und »in Bonn, und nirgendwo anders« – meinte Böll und hatte damit nur halb recht – würde »sich entscheiden, ob die deutschen Katholiken wirklich frei zu sein vermögen« (E II,223). Für einen Schriftsteller seien »die (innerkirchlich gesehen: höchst erfreulichen) Konzilsergebnisse ohnehin nicht nur nicht so sensationell, sondern fast unwichtig« (E II,223).

Wichtig für den Schriftsteller Heinrich Böll war jetzt – auch wenn die religiöse Dimension immer präsent ist – die *politische* Frage, die sich für ihn beinahe ausschließlich auf die Militarismusproblematik konzentrierte. Diese steht denn auch im Mittelpunkt seiner im selben Jahr 1966 erscheinenden Erzählung »Ende einer Dienstfahrt« (1966). Böll erzählt hier vom Prozeß gegen einen Vater und dessen Sohn, beide bisher unbescholtene, normale, ihrem bürgerlichen Beruf anständig nachgehende Staatsbürger. Und doch waren Vater und Sohn Gruhl eines Tages auf die Wahnsinnsidee gekommen – der Sohn leistet soeben Wehrdienst bei der Bundeswehr ab, und man kennt ja die zahllosen sinnlosen militärischen »Dienstfahrten«! –, den Jeep einer Bundeswehreinheit zu entwenden: um ihn, singend und tanzend, auf einem Felde zu verbrennen! Ein wahres Happening, fürwahr, skandalös, aber für Heinrich Böll ein Fanal. Angesichts der »kompletten Nettigkeit der Gesellschaft der Kunst gegenüber« und angeregt von den »Provos in Amsterdam« (E II,253) ein Fanal gegen den Geist des Militarismus und die mit ihm verbündete Kirche. Ein Fanal mit religiösem Vorzeichen (Litanei!), aber auch nicht mehr: kein Aufruf zur generellen gewaltsamen Beseitigung aller militärischen Einrichtungen jedenfalls. Vielmehr ein charismatisches Mahnmal für Humanität in Wahrheitsliebe, Nächstenliebe, Friedensliebe, das die bundesrepublikanische Gesellschaft aufrütteln sollte. In der Kirche – die positiv gezeichnete Figur Pfarrer Kolbs in dieser Dienstfahrt-Erzählung zeigt die andere Kirche – ist Böll für »Aggiornamento«, »Erneuerung«, aber nicht für »Anpassung«, »Konformismus«, politisch-gesellschaftlich verstanden.

In den nächsten fünf aufregenden Jahren, angefüllt mit politischen Essays und Vorträgen, Lesungen und Reisen, veröffentlichte Böll keine längeren literarischen Texte. Die politischen Auseinandersetzungen absorbieren jetzt ganz seine Kräfte. 1967 hatte sich die APO am Vietnamkrieg und am Schahbesuch in der Bundesrepublik entzündet und 1968 im Kampf gegen die Notstandsgesetze ihren Höhepunkt erreicht; Fanatismus kam auf beiden Seiten zum Durchbruch; Heinrich Böll sprach damals bei der Abschlußkundgebung des Sternmarsches auf Bonn, ohne die Verabschiedung der Notstandsgesetze durch den Bundestag verhindern zu können. Böll tritt jetzt mit anderen Schriftstellern wie Günter Grass und Siegfried Lenz einer Wählerinitiative zugunsten der SPD bei. Er macht Reisen in die Sowjetunion, auch nach Prag, wo er im August 1968 durch die einmarschierenden Sowjettruppen überrascht und zutiefst schockiert wird. Nach den Wahlen 1969 wird die große Koalition durch eine sozialliberale Koalition unter Bundeskanzler Willy Brandt abgelöst, die sich trotz aller Widerstände und sonstigen Versagens erfolgreich um eine Verständigung mit dem Osten (»Ostverträge«) bemüht – was aber gerade von der christlich sich nennenden Opposition als Verzichtspolitik diskreditiert wird. 1970 wird Heinrich Böll zum Präsidenten des PEN-Clubs der Bundesrepublik, 1971 zum Präsidenten des internationalen PEN gewählt – eine Ehre, die zum ersten Mal einem Deutschen widerfährt. Im selben Jahr veröffentlichte er seinen nächsten, mit Ungeduld erwarteten Roman, der inhaltlich viele Böllsche Motive zusammenfaßt und doch formal neue Wege beschreitet.

Verschlüsselte Madonna oder wahrhaft humane Donna?

»Gruppenbild mit Dame«: Wir haben es mit einem Bildungsroman, dem Roman der Bildung einer Frau, und zugleich einem
Epochenroman, dem Roman quer durch unser Jahrhundert und
quer durch die deutsche Gesellschaft, zu tun. »Ich habe versucht,
das Schicksal einer deutschen Frau von etwa Ende Vierzig zu beschreiben oder zu schreiben, die die ganze Last dieser Geschichte
zwischen 1922 und 1970 mit und auf sich genommen hat« (Int.
120). In der Geschichte einer Frau also schildert Böll die Geschichte unserer Gesellschaft. Und farbig und repräsentativ wird
diese Geschichte dadurch, »daß diese Frau die verschiedensten
sozialen Stufen durchlebt, materiell, milieumäßig, daß sie mit re-
lativer Unbefangenheit sehr, sehr ernste Perioden der deutschen
Geschichte fast unverletzt überstanden hat« (Int. 121). Fast unverletzt? Ja: obwohl von extremer Sinnlichkeit, was Essen, Klei-
der, Eros und Sexualität, aber auch soziale Sensibilität betrifft,
war diese Kölnerin Leni Pfeiffer, geborene Gruyten, wie Heinrich Böll selber sagt, zwar »nicht in einem juristischen oder moralischen Sinne, sondern fast schon in einem metaphysischen Sinne
unschuldig« (Int. 121). Was soll das heißen? Was soll diese
Dame, die im Zentrum des Gruppenbildes steht?
Auch bei diesem Werk Bölls, das, sofort zum Bestseller geworden, alle früheren an Reichtum der Personen, Motive, Schau-
plätze und Fakten weit übertrifft und allzu simplifizierende
Scheidung in »Lämmer« und »Büffel« vermeidet, gehen der Literaturkritiker Urteile erstaunlich weit auseinander. So oft unbe-
gründet ex cathedra proklamiert, demonstrieren sie in ihrer Widersprüchlichkeit eindrucksvoll ihre eigene Fehlbarkeit; Heinrich Böll hat denn auch bei der veröffentlichten bundesdeutschen
Literaturkritik zu Recht die Veröffentlichung jener Maßstäbe
vermißt, nach denen oft so forsch geurteilt und oft höchst subjek-
tiv und arrogant abgeurteilt wird. Manche Kritiker, die Bölls Erzählungen früher »allzu einfach« fanden, finden diese nun »allzu
opulent«, und sind angesichts der Vielfalt des von Böll Gebotenen nicht fähig oder willens, im Ganzen eine durchdachte Kom-

position zu erkennen. Immerhin geben alle zu, daß Heinrich Böll ein großer deutscher Erzähler mit phänomenalem Erinnerungsvermögen und ganz eigener Sprachkraft ist. Und daß auch dieses sein neues Buch voll von Humor, Charme und Geist ist, zeigt sich in zahllosen originellen Einfällen und nuancierten Stimmungsbildern, in genauestens beobachteten Details, höchst gelungenen Dialogen und dem gut getroffenen so verschiedenen Tonfall der verschiedenen Figuren.

Aber noch mehr läßt sich erkennen: Ein blitzgescheiter, gebildeter, hochreflektierter Romanarchitekt, der sich gerne als »Plebejer« gibt, steckt hinter seinen sich oft einfach gebärdenden Figuren, steckt auch hinter seiner Zentralfigur, der schweigsamen und verschwiegenen, musikliebenden und naturseligen Leni, deren Bild uns mosaikartig aus verschiedensten Erinnerungen und Zeugnissen ihrer Freunde und Bekannten zusammengesetzt wird. Ein Roman von großer innerer Logik in der Erzählform der Recherche, die mit zahllosen Rückblenden, Querverweisen und Vorankündigungen in der Grobstruktur dem dramatischen Lebenslauf der Kölnerin folgt, ohne je zu einer Biographie zu werden: Vom fiktiven privatdetektivischen (oder gar versteckt hagiographischen?) »Verfasser«, der mühselig all die Gespräche, Interviews und Reportagen, die Dokumente, Anekdoten und Zitate für einen unbestimmten Zweck (vielleicht eine »Seligsprechung«?) gesammelt hat, wird uns so nicht nur ein entlarvendes Gruppenbild mit Dame, sondern auch ein erhellendes Damenbild mit Gruppe präsentiert.

Freilich – unabhängig von der Beurteilung der Dokumentarstruktur und der konkreten Durchführung – scheint sich auch bei diesem Roman unsere hermeneutische Beobachtung zu bestätigen: Wie derjenige, der von Musik nichts hält, Thomas Manns Tonsetzer Adrian Leverkühn (hinter dem sich nicht zuletzt Friedrich Nietzsche verbirgt) kaum verstehen wird, so derjenige, der von Religion nichts hält, auch nicht Heinrich Bölls Leni Gruyten, hinter der sich ebenfalls nicht weniges verbirgt. Ist sie vielleicht nur eine synthetische Figur, eine personifizierte Idee, eine idealistische Existenz, gar ein fatales deutsches Mädchenideal, das »Ewig-Weibliche« präsentiert in der Form von ewig-deutschem Kitsch? Alles andere als dies. Das eigene »Vorverständnis« kann aber offensichtlich selbst einen Kritiker vom Format Marcel Reich-Ranickys daran hindern, bei der realistischen, wenn auch bewußt nur indirekt und fragmentarisch durch Aussagen von Freunden und Bekannten beschriebenen Hauptfigur dieses Romanes die Vielschichtigkeit, die Hintergründigkeit zu erkennen.

Andere, verständnisvollere Kritiker haben Leni »die menschlichste Person« genannt, »die Heinrich Böll je gezeichnet« habe (Heinz Ludwig Arnold, S. 43). Der Inbegriff moralischer Integrität oder vielleicht noch mehr? »Könnte man sagen«, so wird Heinrich Böll von Dieter Wellershoff gefragt, »daß Leni innerhalb einer Tradition, einer bestimmten archetypischen Frauenauffassung steht? Kann man sagen, sie sei eine rheinische Madonna, eine Matrone?« (Int. 133).

Christliche Interpreten haben da allerdings allzu rasch auf »die subversive Madonna« als einem »Schlüssel zum Werk Heinrich Bölls« (so Titel und Untertitel des Sammelbandes von Renate Matthaei) geschlossen. Böll selber hatte bei seiner Dame so etwas offensichtlich nicht im Auge gehabt: »Das könnte sein. Ich habe es nicht bewußt so angelegt, aber natürlich habe ich das alles in mir. Ich kenne diese vielen Darstellungen des Matronenkults hier im Rheinland. Ich kenne auch die rheinischen Madonnen... Das ist vielleicht auch von Kindheit an die Konfrontation mit den Darstellungen dieser Art...« (Int. 133).

Zweite Zwischenüberlegung: Marienlob oder Frauenlob?

Schon in einer seiner frühen Erzählungen, »Kerzen für Maria« (1950), war eine Marienstatue in traditionell-katholischer Weise zum Anlaß der Selbstfindung eines Mannes geworden. An einer vom neutestamentlichen Magnifikat – »es werden mich preisen alle Geschlechter«! – gestützten Hochschätzung der Mutter Jesu kann beim Katholiken Heinrich Böll gar kein Zweifel bestehen.

Eine nicht uninteressante Verwandtschaft mit dem aus gar nicht katholischem Milieu kommenden *Hermann Hesse* tut sich hier auf, der schon als Neunzehnjähriger sein erstes gedrucktes Gedicht (1896) der Madonna gewidmet hatte und der 1924, jetzt siebenundvierzig Jahre alt, anläßlich des Besuchs einer ihm lieben, abgelegenen, unbedeutenden Wallfahrtskirche im Tessin das überraschende Geständnis machte: »Hundertmal« hätte er, Hesse, »diese Madonna belauscht, tausendmal sie von ferne gesehen, manche Dutzend Male ihren grünen Vorplatz und ihre Mauerbrüstung mit der unglaublichen Aussicht besucht und durch das Fensterlein zu dem goldenen Bilde hineingeäugt«: »Sie wäre so recht ein Heiligtum für Menschen von meiner Art, und es ist eigentlich schade, daß ich gar nicht Katholik bin und gar nicht richtig zu ihr beten kann.« Was er indessen dem heiligen Antonius oder Ignatius nicht zutraue, das traue er »doch der Madonna zu: daß sie auch uns Heiden verstehe und gelten lasse. Ich erlaube mir mit der Madonna einen eigenen Kult und eine eigene Mythologie, sie ist im Tempel meiner Frömmigkeit neben der Venus und neben dem Krischna aufgestellt; aber als Symbol der Seele, als Gleichnis für den lebendigen, erlösenden Lichtschein, der zwischen den Polen der Welt, zwischen Natur und Geist, hin und wider schwebt und das Licht der Liebe entzündet, ist die Mutter Gottes mir die heiligste Gestalt aller Religionen, und zu manchen Stunden glaube ich sie nicht weniger richtig und mit nicht kleinerer Hingabe zu verehren als irgendein frommer Wallfahrer vom orthodoxesten Glauben« (Werkausgabe VI,334). Typisch Hesse: die Madonna als Symbol der Seele neben Venus und Krischna? Ist dies vielleicht auch die Auffassung Heinrich Bölls? Nicht ganz.

Schon in seinen »Köln-Gedichten« (1968) hatte Böll die christlich-heidnische Ambivalenz der Marienverehrung in dieser katholischen Stadt durchschaut und mit dem Blick auf den Kölner Untergrund drastisch aufgezeigt (Gedichte I,23):

> »...stolpert die Madonna
> hinter Venus her

sie zu bekehren
vergebens
vergebens ihr Sohn hinter Dionys
vergebens Gereon hinter Caesar
Hohnlachen
wer an Kanälen lauscht
kann es hören«

Vergebens also versucht die Mutter Gottes im heiligen Köln die
Liebesgöttin, der leidende Christus den trunkenen Dionysos, der
Märtyrer den Soldaten zu überwinden. Vergebens wird hier ein
endgültiger Sieg des Christentums über das Heidentum erwartet.
Im Gegenteil: Untergründig »verkuppelt« diese moralisch-un-
moralische Stadt, die »dunkle Mutter«, das Christliche und das
Unchristliche:

»verkuppelt sie die Madonna
an Dionys
versöhnt den Sohn mit Venus
zwingt Gereon und Caesar
zur Großen Koalition
sich selbst verkuppelt sie
an alle die guter Münze sind«

Was nun aber, drei Jahre später, die *Kölnerin Leni* betrifft, so
macht dieser »die Metaphysik... nicht die geringsten Schwierigkeiten«: »Sie steht mit der Jungfrau Maria auf vertrautem Fuß,
empfängt sie auf dem Fernsehschirm fast täglich, jedesmal wieder überrascht, daß auch die Jungfrau eine Blondine ist, gar nicht
mehr so jung, wie man sie gern hätte; diese Begegnungen finden
unter Stillschweigen statt, meistens spät, wenn alle Nachbarn
schlafen und die üblichen Fernsehprogramme – auch das hollän-
dische – ihr Sendeschlußzeichen gesetzt haben« (V,22). Leni und
die Jungfrau Maria würden sich einfach anlächeln, »nicht mehr,
nicht weniger«; Leni würde auch »keineswegs erstaunt oder gar
erschrocken sein, wenn ihr eines Tages der Sohn der Jungfrau

Maria auf dem Fernsehschirm nach Sendeschluß vorgestellt würde« (V,22). Was ist das alles, fragt sich der Leser gleich zu Beginn: Realität und Parodie? Was heißt das, wenn wir von einer einsamen mystisch-orgiastischen Naturerfahrung hören – der »ersten und vollen ›Seinserfüllung‹« in freier Natur unter dem eben erglühenden Sternenhimmel, wobei der Sechzehnjährigen aufgegangen sei, daß ihr »auch die Jungfrauengeburt keineswegs unbegreiflich« sei (V,31f.). Leni Pfeiffer – eine marianische Schwärmerin aus dem Milieu-Katholizismus? Dies möchte man nun doch bezweifeln.

Leni ist – bei aller Vertrautheit mit Metaphysik – maßvoll religiös. Sie kennt zwei Gebete, die sie hin und wieder murmelt: »das Vaterunser und das Ave-Maria. Außerdem noch ein paar Fetzen Rosenkranz« (V,22). Aber Leni ist durchaus nicht kirchlich: Sie »hat kein Gebetbuch, geht nicht zur Kirche, glaubt daran, daß es im Weltraum ›beseelte Wesen‹ (Leni) gibt« (V,22). Schon früh hatte sich Leni von der Institution Kirche getrennt, weil sie »auf dem Lyzeum vom Empfang der Erstkommunion ausgeschlossen worden war«: »dieses Brot des Lebens«, von ihr während und nach dem langatmigen Religionsunterricht ungestüm verlangt, wurde ihr verweigert »wegen ›erwiesener Unreife und Unfähigkeit, Sakramente zu begreifen‹«, und erwies sich schließlich, als ihr zwei Jahre später dann »dieses blasse, zarte, trockene, nach nichts schmeckende Ding auf die Zunge gelegt« wurde, als Riesenenttäuschung (V,36f.).

Theodore Ziolkowski, Professor für Germanistik in Princeton, der der religiösen Typologie als Konstruktionsmittel nachgeht, hat in der vielperspektivischen Form der Böllschen Zeugenbefragung das Schema eines Protokolls der Seligsprechung entdeckt und ist den Parallelen zwischen Leni und der Madonna aufmerksam nachgegangen. Sein Resultat ist, daß »die Säkularisierung des Heiligen« bei Böll durch »die Sakralisierung des Profanen« ausbalanciert wird: »Die Parallele zwischen Leni und der Jungfrau Maria bedeutet nicht nur, daß die Heiligkeit heutzutage in überraschend neuen Formen sich offenbaren mag, sondern auch, daß die Muttergottes selber vielleicht etwas ›menschlicher‹ war, als man nach Jahrhunderten der marianischen Ikonolatrie annehmen möchte« (S. 137).

Leni selber hatte ja denn auch, enttäuscht von der mangelnden Aussagekraft des Brotzeichens und dem fehlenden Kelch, ihre *eigenen säkularen Sakramente* entwickelt: die täglichen Brötchen als Zeichen lebensspendender Gnade (Communio mit der Mutter beim Frühstück); die Kaffeetasse, dem russischen Kriegsgefangenen in der Kriegkranzbinderei überreicht, von einem Nazi aus der Hand geschlagen, und wieder gereicht, ihm, dem Häftling, der »durch Lenis mutige Tat zum Menschen gemacht, zum Menschen erklärt« wurde (V,183), nicht zu vergessen auch die Umarmungen, Handauflegungen, gar Heilungen... »Im Neuen Testament steckt eine Theologie der, ich wage das Wort – Zärtlichkeit«, sagt Heinrich Böll, »die immer heilend wirkt: durch Worte, durch Handauflegen, das man ja auch Streicheln nennen kann, durch Küsse, eine gemeinsame Mahlzeit – das alles ist nach meiner Meinung total verkorkst und verkommen durch eine Verrechtlichung, man könnte wohl sagen durch das Römische, das Dogmen, Prinzipien daraus gemacht hat, Katechismen; dieses Element des Neuen Testaments – das zärtliche – ist noch gar nicht entdeckt worden« (Int. S. 393).

Damit ist schon offenkundig: Mit dem von Rom und besonders vom polnischen Papst nach dem Konzil erneut mit allen Mitteln propagierten Marianismus will Leni, will ihr Autor nichts zu tun haben. Heinrich Böll will nicht zu der – von der »jesuanischen« und der »christlichen« Kirche unterschiedenen – »*Madonnenkirche*« gehören: »Letztere wird ja von unserem gegenwärtigen Papst anscheinend für die wahre gehalten«, erklärt Böll ironisch im Gespräch mit Karl-Josef Kuschel. Der gehe »ja überall zunächst zu den Madonnenheiligtümern«. Er, Böll, wolle über die Madonnenheiligtümer (Lourdes, Tschenstochau oder Guadalupe) gewiß nicht spotten. Und doch erlaube er sich »eine gewisse Angst«, wenn er sähe, »wie Millionen Menschen diese Pilgerfahrten unternehmen. Was steckt wirklich dahinter außer einer Inbrunst, die auch durch die Masse angeheizt wird? Man kennt es ja, wenn man in einer solchen Masse drin ist, da ist viel gefährliche Magie zu spüren« (S. 73). Nein, Böll durchschaute durchaus die fatale Rolle des traditionellen kirchlichen Marianismus. Sie schien ihm kaum geeignet, seine Grundvision einer Versöhnung der Geschlechter zum Ausdruck zu bringen. Hier setzte er mehr christologisch als mariologisch an: »Auch Frauen haben ja den Menschgewordenen in sich, den ich nicht für geschlechtlich festgelegt halte« (S. 73).

Damit dürfte deutlich geworden sein: Böll selber geht es »im Gruppenbild mit Dame« offensichtlich weniger um die »Madonna«, die Würde der Gottesmutter, als um die Würde der »Donna«, der *Menschenmutter*, die *Würde der Frau überhaupt:* »Ich glaube aber eher, daß die Tatsache, daß es eine Frau ist, auch der Versuch ist, den männlichen Helden aus der Literatur etwas zu verdrängen, sowohl den positiven wie den negativen Helden, die inzwischen beide – wie ich finde – zu Klischees geworden sind. Ich habe ja viel negative, männliche Helden gemacht, also auch dazu beigetragen, und ich habe versucht, in dieser Frau – sie soll weder ein positiver noch ein negativer Held sein – diese Alternative aufzuheben. Das ist auch ein Versuch, und da kann das, was Sie vorher gesagt haben, Schutzmantelmadonna, Matrone, schon eine Rolle gespielt haben« (Int. 133). Doch im Roman selber wird das »Wunder« der Marienerscheinung auf der letzten Seite von einer Zeugin rational erklärt – als Spiegelwirkung: »Es ist sie selbst, sie, sie ist es, die aufgrund noch zu klärender Reflektionen sich selber erscheint« (V,385). Sakrales erscheint in diesem Roman vielfach säkularisiert, und Säkulares sakralisiert, die Liebe zwischen zwei Menschen vor allem: nicht nur Lenis legale Heirat, sondern auch das Liebesverhältnis mit dem jungen Russen Boris, das für sie, obwohl nicht formell geschlossen, dennoch den Wert einer Ehe, einer christlichen gar, hat (so gültig wie die ihrem Sohn Lev im Freundeskreis gespendete »Nottaufe«).

Um die Frau also, ihre Liebe und ihre Würde geht es. Nicht so sehr das Marienlob, vielmehr das *Frauenlob* ist des Schriftstellers Heinrich Böll primäre Intention. Und daß *Frauen* in Bölls Werk überhaupt als zentrale Handlungsträgerinnen eine bedeutende Rolle spielen wie sonst bei kaum einem Autor der deutschen Literatur, ist kein Geheimnis: die Olina in »Der Zug war pünktlich«, die Ilona in »Wo warst du Adam?«, Käthe Bogner in »Und sagte kein einziges Wort«, die Frauen in »Haus ohne Hüter« und im »Irischen Tagebuch«, die Marie im »Clown«, von den ungezählten Frauen in seinen Erzählungen gar nicht zu reden... All das war eingeflossen auch in Heinrich Bölls große epische Summe, die so viele frühere Themen aus der Zwischenkriegs-, Kriegs- und Nachkriegszeit wiederaufgreift und fortschreibt: Im Zentrum jetzt die »Dame« Leni Pfeiffer, die bisher nur einen Mann und einen Liebhaber, den »Untermenschen« Boris, einen gefangenen Sowjetsoldaten und Ingenieur (die Zeit der Ostverträge!), hatte und die angesichts all der Unmenschlichkeit als eine *wahrhaft humane Frau* erscheint. Aber was heißt: wahrhaft human?

Ein institutionsloser Christ

Das exemplarisch Humane der Leni Pfeiffer ist so leicht nicht zu umschreiben. Denn offensichtlich bewußt wird das Bild der Mittelpunktfigur vom berichtenden »Verfasser« umrißhaft gehalten; der Leser soll es für sich selber assoziativ auffüllen und soll gerade so zur Stellungnahme zu Lenis Lebenseinstellung und Lebensführung herausgefordert werden. Das *Humane* der Dame, ihre überzeugend dargestellte »ganz selbstverständliche und schutzlose Menschlichkeit«, läßt sich zunächst mit Heinz Ludwig Arnold mehr negativ bestimmen: »Diese Menschlichkeit, so allgemein das auch klingen mag, ist das Thema dieses Romans; die Unmenschlichkeit und Technokratie, Terror kapitalistischer, faschistischer und klerikaler Borniertheit, wird nicht primär thematisch, sondern nur als Widerstand, Hindernis und Anfechtung erfaßt«; oder positiver formuliert: »Alles, was Leni tut, geschieht aus Neigung, und sie hat nun mal eine fast erotische Neigung zu helfen und sich in dieser Hilfe ganz zu geben« (S. 44). Am Ende verhindert ein »Helft-Leni-Komitee« – wieder eine neue Art Basisgemeinschaft, die auch Lenis türkische Untermieter ein-

schließt – den Vollzug der aus wirtschaftlichen Gründen ange-
ordneten Wohnungsräumung.

Ein idyllisches Wirklichkeitsbild? Der DDR-Kritiker Hans Joachim Bernhard, der in Bölls Hauptfigur »das Eintreten für ein un-
veräußerlich Menschliches« erkennt, drückt es so aus: »Der radikale Protest gegen die ›Profitgesellschaft‹, der im Roman artikuliert wird, geht aus von der Position des moralisch verantwortli-
chen einzelnen, der bestrebt ist, ein von Wille und Absichten der
herrschenden Klasse unterschiedenes, aber geschichtlich nicht
näher bestimmtes Allgemeininteresse zu vertreten. Das episch-
konzeptionelle Medium für diesen Vorgang ist die Provokation«
(S. 70). Auch bei Leni ginge es wie beim Clown oder den beiden
Gruhls in »Ende einer Dienstfahrt« um einen »personifizierten
Protest«, der aber im Fall Lenis, anders als bei ihren Vorgängern,
eine Identifikation des Lesers mit der Hauptfigur ermögliche.
Warum? Im »Gruppenbild« habe Böll »eine Konzeption vom
grundsätzlichen und notwendigen Anderssein entwickelt, die
trotz des Fehlens wesentlicher geschichtlicher Bestimmungen
sich als ästhetisch tragfähig« erweise; dies gelinge, »weil die
Hauptfigur weitgehend Modellcharakter hat«: »das Modell einer
humanistischen Gegenkraft, die eine Alternative zu den herrschenden sozialen Zuständen abgibt« (S. 71f.).

Wie immer es um die soziale Konkretisierung dieses *Modells einer humanistischen Gegenkraft* bestellt ist, so läßt sich jedenfalls
sagen: Angesichts aller Bedrohung und Verlockung einer die moralischen Normen zynisch ignorierenden Umgebung bewahrt
diese Frau ihre moralische Integrität, ja Reinheit. Wiewohl (anders als die beiden Gruhls) in hohem Maß *verletzbar*, bleibt sie
doch (anders als der Clown) innerlich *unzerstörbar*. Jesuanische
Impulse – Jesu kritische Einstellung zu den »Gerechten« und sein
gnädiges Verhalten gegenüber den »Sündern« – kommen hier
zum Tragen.

Nein, es geht hier nicht um eine naive, idealistische Reinheitsvor-
stellung: Leni, deren Mann drei Tage nach ihrer Heirat gefallen
war und deren einzige große Liebe ebendieser russische Kriegsgefangene Boris, Vater ihres Sohnes Lev, ist, und die nach dessen

tödlichem Unfall in der Kriegsgefangenschaft schließlich eine Lebensgemeinschaft mit dem verheirateten türkischen Gastarbeiter Mehmet eingeht, ist nicht eine Heilige im juristischen oder moralischen Sinn. Und doch ist diese Leni (Magdalena!) eine im Kern ihrer verletzlichen Person Unzerstörbare, Unschuldige, wiewohl sie vor ihrer Umgebung als Schuldige, Verworfene erscheint: »Das ist wahrscheinlich der Versuch von mir«, sagt dazu Heinrich Böll, »den alten Begriff der Heiligkeit fragwürdig zu machen, wo man immer eine Person bis zum Ende rein bleiben, rein werden läßt.« Dieser »Unterstellung« widerspreche auch die sogenannte Heilsgeschichte: »...denn die Heilsgeschichte, die jüdische und christliche – die Personen, die das Heil gebracht haben, die reinen, guten, haben hinter sich eine ganze Reihe von im Sinne der bürgerlichen Moral bösen Menschen, ohne die sie gar nicht rein hätten sein können« (Int. 131).

Was Kirchen und Gesellschaft sündhaft vorkommt, kann doch in einer letzten Unschuld durchgetragen worden sein. Mit dieser Einsicht in die Dialektik von Schuld und Unschuld, Heiligkeit und Sündigkeit, trifft sich Heinrich Böll mit Hermann Hesse: Ein Mensch – diese unangepaßte, widerständige, mit sozial Verfemten solidarische Frau hier, die sehr viel besser geeignet ist als Modell denn die Männer mit ihrem Heroismus und ihren Orden – vermag es, durch äußere Schuld hindurch die innere Unschuld zu bewahren, sie ist die *simul iusta et peccatrix*, zugleich Gerechte und Sünderin, besser: die Sündigende und doch Gerechtfertigte. Und dies offenkundig außerhalb der kirchlichen Institution und ohne sie. Leni, mit einer »eisernen Ration« von Gebeten versehen, »praktiziert« seit ihrer Erstkommunion nicht mehr: Sie ist der Typ einer *institutionslosen Christin*. Die institutionell erstarrten Sakramente – Manfred Nielen hat die Sakramente als zentrale religiöse Motivkette im Werke Bölls schön herausgearbeitet – werden hier wie schon im »Brot der frühen Jahre« (1955) menschlich-sinnlich aufgeweicht und im Banalen angesiedelt, so daß das Heilige im einfachsten Alltag, in der wunderbaren Verwandlung des Irdischen aufleuchtet.

Aufs ganze gesehen ist diese gesellschaftskritische Erzählung, so

294

umfänglich und umfassend sie ist, erstaunlich wenig kirchenkritisch. Woran liegt das? Es dürfte daran liegen, daß auch Heinrich Böll selber die *Kirche*, wie sie sich ihm in der Gestalt der Amtskirche der Bundesrepublik Deutschland zeigte, unterdessen innerlich weithin abgeschrieben hatte. »Meine Radikalität ist gemindert, weil es mich fast nicht mehr interessiert« (so Heinrich Böll im Gespräch mit H. L. Arnold, Int. 146). Kardinal Frings in den fünfziger und Paul VI. in den sechziger Jahren stellten noch eine Herausforderung dar. Kardinal Höffner in den siebziger und Papst Woityla in den achtziger nicht mehr: »Es gibt in Rom großartige Erscheinungen«, erklärt Böll. »Ich meine nicht den Vatikan. Schweigen wir über Herrn Woityla« (Merian 32, 1979, H. 12, S. 141). Die Einstellung des Papstes zur Frau und zur Sexualität, die Vermischung der deutschen Amtskirche mit der Politik; das Finanzwesen, die zunehmende Restauration und Unterdrückung der Freiheit in der Kirche waren diesem Autor unerträglich geworden: ein »*Gehorsamskatholizismus*«, defensiv-aggressiv, verrechtlicht, fiskalisiert, unmystisch, geistig repressiv, der die katholisch-offene Wochenzeitung »Publik« aus angeblichem Finanzmangel fallenließ, um sofort darauf mit Kirchensteuer-Geldern (Jahresetat heutzutage allein des Erzbistums Köln: 900 Millionen DM) den konservativen »Rheinischen Merkur« (samt dem protestantischen »Christ und Welt«) aufzukaufen und fortan ständig zu subventionieren.

Und der einzelne? Er ist machtlos gegen diesen kirchlichen Machtapparat, der, auf der Basis des ausgedeuteten Reichskonkordats stets das Recht, das Geld und die meisten »Staatskirchenrechtler« auf seiner Seite hat und der sich so mit Hilfe der »herrschenden« staatskirchenrechtlichen Lehre (und der ihr folgenden Judikatur) in der Nachkriegszeit geradezu als Staat im Staat etablieren konnte: vom Kindergarten über die Konfessionsschulen und theologischen Fakultäten bis zu den Krankenhäusern gesicherte rechtliche Freiräume, in denen nicht selten die verfassungsmäßigen Rechte der Bürger und Bürgerinnen (und sehr oft gerade die der »kleinen Leute«) verletzt werden. Ja, was soll der einzelne tun? Ab Herbst 1972 weigert sich Heinrich Böll, Kirchensteuer zu bezahlen, und nimmt Gerichtsvollzieher und Pfändung in Kauf. Als ihm dann aber, nur in Deutschland ist solches möglich, die staatlichen Organe auf kirchliche Weisung hin schließlich auch noch seine Bankkonten sperren, tut er das einzig Mögliche, womit er sich in diesem spezifisch deutschen Staats-Kirchen-System wehren kann: *Er tritt aus!* Nein, nicht (darauf hat er stets Wert gelegt) aus der Kirche als der biblisch begründeten Gemeinschaft der Glaubenden, als *Communio fidelium*, als *Corpus Christi mysticum*. Aber aus der Kirche der Bundesrepublik als Korporation, als der »Körperschaft des öffentlichen Rechts«, als fiskalischer Institution. Auch Heinrich Böll wird nun ein *institutionsloser Christ*, für den »Frömmigkeit« aber, wie der katholische Theologe Manfred Nielen ebenfalls aufzeigt, eingebunden bleibt »in eine lebendige Gottesbeziehung und in die Übernahme von Verantwortung in der Welt«, konkret in »Gebet« und »Nächstenliebe« (S. 127).

Ob man es in der »Amtskirche« und im »katholischen Milieu« überhaupt je realisiert hat, was dieser Kirche mit dem Austritt Heinrich Bölls verlorengegangen war? Nein, aus der Zeit des Nationalsozialismus schien diese Amtskirche wenig gelernt zu haben. Merkwürdige Koinzidenz der Ereignisse: Im Jahr seines Kirchenaustritts erhält der Katholik Heinrich Böll für »Gruppenbild mit Dame« den *Nobelpreis für Literatur*. In seiner Rede vom 10. Dezember 1972 in Stockholm dankt er »für viel Ermutigung durch deutsche Freunde und deutsche Kritiker«, aber »auch für viele Versuche der Entmutigung«; denn manches geschähe »ohne Krieg, nichts aber... ohne Widerstand« (E II,622). Und schließlich erinnert er an seine deutschen Vorgänger: »Nelly Sachs, von Selma Lagerlöf gerettet, nur knapp dem Tod entronnen. Thomas Mann, vertrieben und ausgebürgert. Hermann Hesse... schon lange kein deutscher Staatsbürger mehr, als er hier geehrt wurde. Fünf Jahre vor meiner Geburt, vor sechzig Jahren, stand hier der letzte deutsche Preisträger für Literatur, der in Deutschland starb, Gerhart Hauptmann« (E II,622f.).

Heinrich Böll, der einzige Katholik unter den deutschen Literatur-Nobelpreisträgern – aber von seiner eigenen bundesdeutschen katholischen Kirche, der von Staates wegen reichsten und höchstbürokratisierten der Welt, war er an den Rand gedrängt, ignoriert, diskriminiert und schließlich nicht ohne stille Genugtuung entlassen und allein gelassen worden. Dafür hat dann später dieselbe Amtskirche zu ihrer eigenen Rechtfertigung pompös die damals von dieser Amtskirche ebenfalls allein gelassene und so 1942 in Auschwitz vergaste jüdische Nonne Edith Stein – in Bölls »Gruppenbild mit Dame« als die von ihren Ordensschwestern in der Nazizeit zwar versteckte, aber vernachlässigte Schwester Rahel angesprochen – »selig gesprochen«. Nach über vierzig Jahren: um den »kirchlichen Widerstand« zu glorifizieren. Man sieht sich an Adenauers Brief aus dem Jahre 1946 erinnert. »Kirchlicher« Widerstand? Als ob diese damals von keiner kirchlichen Instanz geschützte bewunderungswürdige Frau als Klosterfrau und nicht vielmehr als *Judenfrau* vergast worden wäre!

So ändern sich die Zeiten. Aber keine Sorge: eine Seligsprechung hat der Katholik Heinrich Böll noch lange nicht zu erwarten. Zu ärgerlich noch sind viele seiner Texte... Und einer amtlichen Seligsprechung bedarf er ebensowenig wie »der arme Papst Johannes«, der schon längst, wie dies bei den alten Heiligen der Fall war, vom Volk – von unten – heiliggesprochen worden ist. Heinrich Böll aber, der institutionslose humane Christ, der unter der Kirche litt, war wider Willen so etwas wie eine *Ein-Mann-Institution für einen Katholizismus mit christlichem Antlitz* geworden.

Humanität auch in der Politik

Dieser Schriftsteller hatte, wie Marcel Reich-Ranicki in der Besprechung des »Gruppenbilds« treffend sagte, »das Kunststück vollbracht, ein Praeceptor Germaniae zu werden und ein rheinischer Schelm zu bleiben« (S. 56). Aber ist er, wie sein Kritiker damals meinen konnte, der Einzelgänger, der doch längst arriviert, der Rebell, der doch allseits sanktioniert, der Außenseiter der bundesdeutschen Gesellschaft, der längst in Bonn wie Ost-Berlin, in Rom wie Moskau akkreditierter Ankläger ist?

Böll selber hat sich nie so gefühlt. Nein, »mehr als ein Dichter« – so das scheinbar freundliche, in Wirklichkeit aber hintersinnig-doppeldeutige Etikett Reich-Ranickis für Böll – wollte er gerade nicht sein. Von herablassend freundlicher Kritik oft verletzt, sah er sich, als er sich in neue politische Wirren und die Diskussion um den *Terrorismus* hineinziehen ließ, je länger, desto mehr nicht nur mißverstanden, sondern öffentlich diffamiert, ja verfolgt. Was war geschehen?

Während die APO aufs ganze gesehen von der neuen sozialliberalen Koalition aufgesogen worden war, hatten sich einige, die die Mitarbeit in diesem Staat als sinnlos ansahen, radikalisiert und waren als Stadtguerilla in den Untergrund gegangen, um den Staat als angeblichen Polizeistaat zu entlarven und eine revolutionäre Atmosphäre vorzubereiten. Banküberfälle und Terrormorde der Baader-Meinhof-Bande verunsicherten die Bevölkerung mehr, als Heinrich Böll, ideal gesinnt, es wahrhaben wollte. Sie provozierten die Agitation der Springer-Presse und die Gegenwehr des Staates. Sollte man jetzt noch für *Menschlichkeit* plädieren dürfen? In einem »Spiegel«-Artikel (1972) bat Heinrich Böll, stets für die Schwächeren sich einsetzend und auf geschonte oder freigelassene Naziverbrecher hinweisend, um *»Gnade oder freies Geleit« für Ulrike Meinhof.* Ein Sturm der Entrüstung war die Folge. Heinrich Böll wollte damit keine Rechtfertigung des Terrorismus liefern, keine Apologie der Gewalt betreiben. Doch viele haben diesen Aufruf als öffentliche Parteinahme für den Terrorismus verstanden, auch verstehen wollen, wiewohl sich Heinrich Böll stets gegen Gewalt ausgesprochen hatte. Viele übersahen dabei, was Bölls eigentliches Anliegen war: Auch der staatliche Sicherheitsapparat, ja diese ganze aufgeheizte erbarmungslose Stimmungsmache, kann für ein Volk gefährlich werden.

Jedenfalls übertraf jetzt die Hetze – neben Illustrierten besonders die der Springerschen »Bild«-Zeitung – gegen Böll und andere sogenannte »Sympathisanten« alles bisher in der Bundesrepublik Gewohnte. Am Tag der Verhaftung des Terroristen Baader und zweier weiterer Genossen umstellten mehr als ein Dutzend mit Maschinenpistolen bewaffnete Polizisten Bölls Landhaus in der Eifel, machten Hausdurchsuchung, fanden aber als Bölls Besucher ausgerechnet den konservativen katholischen Philosophen Robert Spaemann und dessen Frau. In der darauf folgenden Bundestagsdebatte über die innere Sicherheit und in der Medienberichterstattung wurde Bölls Name ständig als der eines »geistigen Wegbereiters« und »Leithammels der Sympathisanten« mitgenannt. Er beklagte sich öffentlich heftig über die *Intellektuellen-Hetze* und wäre am liebsten ausgewandert. Aber er blieb, und anders als manche seiner Kollegen, die in dieser angespannten Situation über das politische Engagement des Schriftstellers nur theoretisierten oder lamentierten, machte Heinrich Böll diese Zeitproblematik kurz entschlossen zum Stoff einer neuen Erzählung: Sie wurde ein literarischer und publizistischer Volltreffer.

Warum hat eine bisher unbescholtene sechsundzwanzigjährige Frau, die sich im Februar 1974 freiwillig der Polizei gestellt hatte, einen Reporter der »Zeitung« erschossen? Diese Frage beantwortet die Erzählung »Die verlorene Ehre der Katharina Blum oder: Wie Gewalt entstehen und wohin sie führen kann« (1974). Eine sprachlich brillante Streitschrift, welche die Vorbemerkung trägt, daß die Ähnlichkeiten mit den journalistischen Praktiken der »Bild«-Zeitung »weder beabsichtigt noch zufällig, sondern unvermeidlich« seien (V,385). Es ist die von einem Berichterstatter distanziert erzählte Geschichte einer unschuldigen jungen Frau, die buchstäblich wie ein Lamm unter die Wölfe geraten war.

Katharina Blum, staatlich geprüfte Wirtschafterin, nach kurzer Ehe geschieden, völlig unpolitisch, hatte bei einer Fastnachtsparty – rein zufällig und ohne Wissen der Vorgeschichte – einen jungen Mann getroffen, der als Defraudant, Deserteur und des Terrorismus Verdächtiger (nicht Überführter!) gesucht wurde. Mit ihm hatte sie in romantisch-verliebter Stimmung eine Nacht verbracht, und plötzlich war sie völlig ahnungslos mitten hineingeraten in die Fahndungs- und Fängermaschinerie der Polizei – entwürdigt, mundtot gemacht, ehrlos geworden. Doch was sie am meisten empörte: das war die öffentliche, denunziatorische

Kampagne jenes skrupellosen Skandalblattes mit Millionenauflage, der »Zeitung«, welche die Geschichte der Katharina täglich neu auszuschlachten und zu vermarkten wußte. Höhepunkt dieser Erzählung: Sie, die Unschuldige, Sanfte und Gewaltlose, sie, die tagelang mit Unterstellungen, Fälschungen, Lügen, Gemeinheiten der »Zeitung« in der Öffentlichkeit und in ihrer näheren Umgebung eingedeckt worden war; sie, die als Räuberliebchen eines Banditen, ja Hure denunziert und deshalb mit Hunderten von Briefen, Anrufen und Beschimpfungen verunglimpft worden war: sie greift schließlich in ihrer Hilflosigkeit und Verzweiflung zur Pistole, um den Vertreter dieses schamlosen Boulevard-Journalismus, der anläßlich eines Interviews sogar noch hatte zudringlich werden wollen, niederzuschießen. Katharina Blums reueloses lakonisch-kurzes Geständnis: »...und ich dachte: ›Bumsen, meinetwegen‹, und ich hab die Pistole rausgenommen und sofort auf ihn geschossen« (V,471).

Damit hatte Bölls *Medienkritik* – man erinnere sich an Dr. Murke – eine ganz andere, öffentliche Qualität erreicht: Diese Erzählung war eine massive Anklage nicht nur gegen den »Bild«-Journalismus, sondern auch gegen Staat und Gesellschaft, die solches zuläßt: Katharina zog »die beiden Ausgaben der ›Zeitung‹ aus der Tasche und fragte, ob der Staat – so drückte sie es aus – nichts tun könne, um sie gegen diesen Schmutz zu schützen und ihre verlorene Ehre wiederherzustellen« (V,420). Der einzelne, die einzelne auch hier – wie schon in früheren Erzählungen – das Opfer der Verhältnisse, das Opfer der Massenblätter. Völlig schutzlos, wehrlos, hilflos, setzt sie *gegen die mörderische Gewalt der Presse* in Notwehr die *Gewalt des Revolvers!* Der doppeldeutige Untertitel wird von daher klar: »Wie Gewalt entstehen und wohin sie führen kann.« Von der Kirche ist schon gar nicht mehr die Rede, vom Staat nur negativ. Gewiß, Böll distanzierte sich hier nicht ausdrücklich vom Terrorismus (warum auch, er hatte sich nie mit ihm identifiziert), aber eine Apologie der Gewalt, eine Rechtfertigung des Terrors – das wollte er schon gar nicht. Er wollte statt dessen auf das Entscheidende aufmerksam machen: Gibt es neben der offenen, offenbaren Gewalt nicht auch eine heimliche, repressive? Wer wird hier zuerst gewalttätig, wer wird als erster vergewaltigt? Inwiefern kann auch Sprache gewalttätig, buchstäblich mörderisch sein? Welchen Preis zahlt eine Gesellschaft, die sich dem politischen Sensationsjournalismus und dessen bewußter Wahrheitsverdrehung und emotionalisierenden Hetze ausliefert?

Auf diesen Preis eines Verlustes an Demokratie, an Menschenwürde, an Toleranz muß Böll erneut hinweisen, als er drei Jahre später (1977) nach der Entführung und grausamen Ermordung des Präsidenten des Arbeitgeberverbandes Hanns-Martin Schleyer, dessen Fahrer und dreier begleitender Polizeibeamter wieder Gegenstand einer öffentlichen Hetzkampagne wird. Im Namen der Menschlichkeit hatte er an die Geiselnehmer appelliert, »das mörderische Tauschgeschäft von Menschenleben gegen Menschenleben« aufzugeben. Das verhinderte nicht, daß vierzig Polizisten auf eine anonyme telefonische Denunziation hin die Wohnung von Bölls Sohn René umstellten, die Fensterscheibe einschlugen, das Haus durchsuchten – natürlich ohne Resultat; die Familie wurde beschimpft und bedroht. Ob ähnliches wohl auch einem Sohn von Franz Josef Strauß in München geschehen würde, fragte Böll öffentlich: Doch die Ausstrahlung des Interviews wurde zehn Minuten vor Sendebeginn vom Programmdirektor des Bayerischen Rundfunks untersagt. Eine üble Zeit für Demokratie. Und doch – den Beschimpfungen folgten Ehrungen.

Eine anachronistische katholische Sonderwelt?

Nach der Ermordung von Schleyer im Oktober 1977 ebbten Angst und Hysterie ab. Und es bedeutete nach all den schlimmen Ereignissen für Böll eine nicht geringe Ermutigung, daß die Stadt Köln im Dezember seines 60. Geburtstags offiziell gedachte und ihm fünf Jahre später – trotz Opposition einiger christlich-demokratischer Stadträte – auch noch das Ehrenbürgerrecht verliehen, das vor ihm auch Konrad Adenauer erhalten hatte. An Würdigungen in der Presse und an Gratulanten aus dem In- und Ausland hat es weder bei seinem 60. noch bei seinem 65. Geburtstag gefehlt! Böll ist jetzt Träger vieler Literaturpreise, ist Ehrendoktor zweier englischer und einer irischen Universität und deutscher Professor ehrenhalber. Eine monumentale zehnbändige Ausgabe seines erzählerischen und essayistischen Œuvres liegt vor. Die Weltauflage seiner Werke beträgt am Ende seines Lebens gegen 25 Millionen mit Übersetzungen in gegen fünfzig Sprachen.

Dies alles macht überdeutlich: Im Werk dieses bundesdeutschen Nobelpreisträgers handelt es sich nicht, wie deutsche Kritiker argwöhnen, um »eine anachronistische katholische Sonderwelt«. Nein, es offenbart sich hier die allgemeine *Problematik des Menschen überhaupt!* Denn es ist – die Frage von Karl-Josef Kuschel kann man bejahen – Böll »gelungen, seiner eigenen Welt symbolische Signifikanz zu verleihen, so wie James Joyce in der Welt Dublins, Günter Grass in der Welt Danzigs, Thomas Mann in der Welt Lübecks, Isaac B. Singer in der jüdischen Welt New Yorks zeichenhaft, stellvertretend Grundsituationen von Menschen ausleuchten konnten, ohne je zu Milieuschriftstellern abzusinken... Große Literatur – und provinzieller Erfahrungsraum: dies muß kein Widerspruch sein« (S. 342). Und anders als Hesse und Thomas Mann war dieser Heinrich Böll ein Mann der ganz *konkreten* politischen Auseinandersetzung, mitten hineinverwickelt in die konkreten Prozesse bundesdeutscher Politik, detaillierter und empirischer als Hesse und Thomas Mann die tagespolitischen Probleme, die Politikmechanismen und die Physiognomie der politischen Elite in diesem Staat beschreibend. War Thomas Mann der große Realist der geschichtlich-historischen Tiefen, war Hesse der große Realist der psychisch-tiefenpsychologischen Tiefen, so war Heinrich Böll – auf seine Weise authentisch und jeden Vergleich aushaltend – der große Realist der konkreten politisch-gesellschaftlichen Tiefen.

Keine Frage: Mehr als unter Bedrohung und Belästigung litt Heinrich Böll in den letzten zehn Jahren seines Lebens zunehmend unter seinem *Namen*, dem Namen, den er sich *als Literat und Moralist* zugleich gemacht hatte. Schon lange war er eine internationale Figur, die allerdings, wie so oft, im Ausland vielfach mehr Kredit besaß als im Inland. Täglich nicht nur eine Vielzahl von Anfragen für alle möglichen Stellungnahmen, Rezensionen, Vor- und Nachworte, Geburtstagsreden und Nekrologe, täglich auch die Bitte um Unterstützung von Organisationen und einzelnen, von Friedensgruppen, Ausländern, Arbeitslosen, von Sozialdemokraten und Grünen, von in Not Geratenen und Unterdrückten. Auch von Verfolgten aus der Sowjetunion: Dort durften Bölls Bücher schon seit 1974, da er sich für Bürgerrechtskämpfer eingesetzt, Alexander Solschenizyn bei sich aufgenommen, Lew Kopelew unterstützt und Andrej Sacharow für den Friedensnobelpreis 1975 vorgeschlagen hatte, nicht mehr erscheinen. Nein, angepaßt hat sich er, der wie Thomas Mann und Hermann Hesse zu den Unbestechlichen gehörte, nie.

In den westlichen Ländern kam es jetzt gegen das Ende der siebziger Jahre zu einer *erneuten politischen Wende* – jetzt hin zum Konservativen: Die Wahl Woitylas zum Papst 1978, Reagans zum US-Präsidenten 1980, Kohls zum Bundeskanzler 1982, das waren die Signale. Restauration – kirchlich, politisch, intellektuell – bestimmte erneut das Klima. Schon 1978 hatte Heinrich Böll in einem offenen Brief an Dorothee Sölle von der Versuchung gesprochen, »an der deutschen Geschichte nicht mehr teilzunehmen«: Dagegen hielt er unverrückbar an seinem Standpunkt fest: »Ich möchte immer und immer wieder an ihr teilnehmen« (E III,503). Noch einmal wollte er sich einmischen und mit Literatur dieser Gesellschaft den Spiegel vorhalten. Das Thema Terrorismus und Angst, Politik und kollektiver Sicherheitswahn sollte noch einmal in großer Form aufgegriffen werden.

1979 legt Böll einen neuen Roman vor: »Fürsorgliche Belagerung«, in welcher das Geschehen in den verschiedenen Kapiteln aus der ständig wechselnden Erzählperspektive der verschiedenen Beteiligten geschildert wird. In der Tat: Die Bewachung des Zeitungsverlegers und Präsidenten des Unternehmerverbandes Tolm, der – auch Mitglieder seiner Familie sind unter die Terroristen gegangen – als extrem sicherheitsgefährdet gilt, führt zu einem Zustand »fürsorglicher Belagerung« von Familie, Freunden,

Nachbarn und Bekannten, im Klartext zur totalen Überwachung von Telefon, Post, Besuchern und Ausfahrten. In zum Teil grotesker Übertreibung und Verschlingung läßt der Roman deutlich werden, was es für die verschiedenen Gruppen der Bewachten und Überwachten bedeutet, in das riesige staatliche Sicherheitsnetz hineinzugeraten und so ihr ganzes Privatleben, alle Intimität und Spontaneität opfern zu müssen. »Langsam, unmerklich, Stück für Stück kann die Freiheit der Sicherheit geopfert werden, wenn die Angst nur immer wieder geschürt, auch genährt wird«, meint Böll. Die Angst der Gesellschaft lasse die Sicherheitsapparate wachsen, »die Schlimmes anrichten, wenn sie nicht kontrolliert werden und nicht mehr kontrollierbar sind« (zit. bei G. Hoffmann, S. 249 f.).

Die *traditionelle Religion* taucht hier nochmals auf – aber vor allem im Modus der Vergangenheit: im Rückblick der Hauptgestalt Fritz Tolm auf die peinlichen innerkirchlichen Probleme der Beichtpraxis und der Sexualität, was direkt zur Trennung Tolms von der Kirche geführt hatte, während seine Frau und Tochter traditionell katholisch blieben. Aber auch Tolm behält den Glauben an Gott, an Jesus Christus bei, auch wenn er »nicht genau weiß, wer er ist und wo« (S. 91). Die Kirche mit ihrem ewigen Zölibatsproblem erscheint in ihrer ganzen Ambivalenz in der Gestalt zweier Priester, von denen einer die heuchlerische Unmenschlichkeit des Systems repräsentiert, während der andere durch christliche Praxis überzeugt und den politisch Radikalisierten der jüngeren Generation ein Christentum mit menschlicherem Antlitz zu zeigen vermag, aber später mit einer Frau weggeht... So ist und bleibt Religion in diesem Roman zwar präsent und wirksam, zeigt aber deutlich repressiv-reaktionäre und eher am Rande zukunftsorientiert-befreiende Züge.

Das Ende dieses Buches freilich ist versöhnlich: Überwindung der Angst wird sichtbar, wiedergefaßtes Vertrauen, Verständigung und Gemeinsamkeit, neue Sicherheit, Menschlichkeit. Und die feuilletonistische *Kritik?* Sie verreißt dieses Buch – wegen verwirrender Überzahl der Figuren und Schwächen der Sprache, aber auch weil Böll bei aller Gesellschaftskritik doch betont von

304

Menschen in ihrer Ambivalenz, von »netten« Terroristen, Polizisten und auch Kapitalisten zu reden wagte.

Böll ist zutiefst getroffen. Und seine *Medienkritik* erreicht nun noch einmal eine andere, dritte Qualität, richtet sich nicht nur gegen »Rechts«, sondern auch gegen »Links«: Er habe es satt, meint Böll, immer wieder, wenn es brenzlig sei, an die Medienfront geholt zu werden und unbequeme Dinge zu sagen, um dann doch bei nächstbester Gelegenheit wieder – womöglich in der FAZ *und* im »Spiegel« gleichzeitig – abgeschossen zu werden. Beinahe zwei Jahre äußert er sich jetzt nicht mehr öffentlich. In einem Leserbrief an den »Spiegel« zur Verteidigung des ebenfalls unfair angegriffenen Günter Grass deckt er einige Jahre später die Strategie jener Medien auf, die zuerst mithelfen, Leute berühmt oder berüchtigt zu machen, dann aber diese »publicitysüchtigen Intellektuellen« abschießen, weil sie berühmt und berüchtigt sind, wenn sie nun einmal »den einzig wahren Gebrauch von Ruhm und Ruch machen: mit ihrem von Euch mit gemachten *Namen*, für oder gegen etwas einzutreten, notwendigerweise öffentlich, denn was nützt der *Name* im stillen Kämmerlein?« (in: Die Fähigkeit zu trauern. Schriften und Reden 1984–85, S. 20). Ja, wie konnte Böll, der Übersensible, das alles aushalten und durchhalten? Wohl nicht zuletzt dadurch, daß er diese seine *Sensibilität* höchst kunstvoll in *Literatur* umzusetzen verstand. Nein, nicht die politische oder moralische Gesinnung als solche macht den Schriftsteller aus, sondern die *formende Gestaltung.* Joachim Kaiser hat die künstlerische Gestaltwerdung dieser Sensibilität genauer als andere analysiert. Die Sensibilität eines Autors bliebe so lange nur »eine schöne, wahrscheinlich meist sogar mühselige Privatsache«, solange dieser Autor nicht imstande sei, »zugleich auch seine (erfahrungsbereiten, gutwilligen, nicht völlig abgestumpften und selbstsicheren) Leser zu sensibilisieren. Dieses Vermögen, zu sensibilisieren, aufzustacheln gegen Attitüden, die hart, mit sich zufrieden, eitel-absichtsvoll, ordentlich, stolz, sauber und vornehm-affig sind, besitzt Böll in höherem Maße als jeder andere deutsche Autor unserer Gegenwart« (S. 214). Kaiser unterscheidet dabei drei verschiedene Formen von Sensibilität bei Böll: die des frühen Böll gegenüber Slogans, jene »Kernsprüche der Gedankenlosigkeit à la ›Vertraue dich deinem Drogisten an‹, konsumierbarer Weihnachtskitsch usw.«; jene des mittleren Böll gegenüber »den Redensarten, der neu erschlichenen Würde des Neo-Feinsinns, des rheinischen Reichtums«, und schließlich die »menschenfreundliche Gelassenheit« des späten Böll, der »die naive Gutmütigkeit der von ihm so nachsichtig geliebten Sünder durch ein Gewirr aus Verhaltensmaßregeln, Einbildungen, phraseologischen Mustern und Verhärtungen schimmern läßt« (S. 218 f. 222). Ja, worin besteht Bölls Geheimnis? Ein nachdenkenswertes grundsätzliches Statement gerade von einem Literaturkritiker: »Es gibt Leute, die uns einreden wollen, das Moralische sei keine sinnvolle Kategorie mehr in der heutigen Literatur, und nur durch die Umkehrung der überlieferten (›bürgerlichen‹) Wertvorstellungen seien noch künstlerische Blumentöpfe zu gewinnen, nur auf der Linie Sade-Lautréamont-Genet könne es weitergehen. Heinrich Böll steht dafür ein, daß das Gegenteil immer noch sehr viel für sich hat« (S. 223 f.).

Noch im September 1979 wurde Böll, der Diabetiker, beim Besuch seines jüngsten Sohnes Vincent in Südamerika schwer krank, mußte an Brustkorb und Beinarterien operiert werden, zuerst in Quito/Equador, dann nach seiner Rückkehr nochmals in Köln. Nach vielen Wochen erst einigermaßen genesen, ist er jetzt gezwungen, an Krücken zu gehen; aber das Rauchen, das ihm gesundheitlich so viel geschadet hatte, wollte und konnte er nicht aufgeben. Zuviel der Sorgen: 1981 war sein kleiner Bauernhof in der Eifel von einem neunzehnjährigen Dreher aus der Nachbarschaft in Brand gesteckt worden, aus ungeklärten Motiven. 1982 zieht er mit seiner Frau von Köln weg, zu seinem Sohn René nach Merten; im selben Jahr erschüttert ihn zutiefst der Tod seines schon lange krebskranken erst fünfunddreißigjährigen ältesten Sohnes Raimund. Von diesem Schlag hat Böll sich nie mehr ganz erholt. Doch noch immer ist der »gute Mensch von Köln«, der er gar nicht sein wollte, in der Öffentlichkeit durch die Öffentlichkeit aufs höchste gefordert. Friedenskundgebung in Bonn, Sitzblokkade in Mutlangen. Je länger, desto mehr schreibt Böll jetzt auch gegen seine eigene Melancholie, Müdigkeit und das Alter an, das er fühlt. Nur sich nicht unterkriegen lassen...

Wir werden niemals seinesgleichen sehen

»Wer kann sich in dieser Welt und Umwelt schon ›ordentlich‹ fühlen?«, so schrieb Heinrich Böll zur Autobiographie der katholischen Publizistin Vilma Sturm: »Was kann man jemandem Besseres wünschen, als nicht fertig zu sein und nicht fertig zu werden mit dieser Welt und mit – es muß kommen! – mit dieser Kirche« (Schriften 1978–1981, S. 167). Nein, er hatte zu ihr eine zu *vielschichtige Beziehung*, als daß er sie trotz allem hätte völlig aufgeben können: »diese Kirche, die römisch-katholische, diese leidbringende, leidvolle, immer von einem Vater dominierte Mutter immerhin der Hälfte der bundesdeutschen Bevölkerung« (S. 167). Mit der »oberflächlichen Einteilung in Progressive und Konservative« sei es nicht getan: »Da gibt's ja Millionen, die dazwischen liegen, stehen, gehen – aufgerieben werden, hin und her gerissen – weder links noch rechts und schon gar nicht in der Mitte – ein Vorgang der folgenreicher sein könnte als die Reformation und wie diese noch lange nicht abgeschlossen« (S. 167). Es ist wahr: Mit Vilma Sturm und vielen anderen bleibt er, Böll (im Gegensatz etwa zu Rudolf Augstein), ein Katholik, der »immer noch nicht fertig ist und fertig wird mit dieser von einem Vater beherrschten Mutter Kirche, die so schnöde taktiert und traktiert wird«: »Es gibt längst die heimatlose Linke, die heimatlose Rechte – inzwischen vermehrt sich die Zahl der heimatlosen Katholiken« (S. 168). Besinnung täte not, bitter not.
Das Jahr 1985 bringt den *vierzigsten Jahrestag der deutschen Kapitulation* mit der peinlichen Versöhnungszeremonie auf dem Soldatenfriedhof von Bitburg zwischen Kohl und Reagan, die Böll als geschmacklosen Kitsch empfindet, aber auch mit der großen selbstkritischen Rede von Bundespräsident Richard von Weizsäcker am 8. Mai im Bundestag, die für Böll so etwas wie

eine offizielle Vergangenheitsbewältigung bedeutet. Empört von dem, was auf der politischen Bühne wieder möglich war, mischt er sich erneut ein – ein ehemaliger Chefredakteur ausgerechnet der »Bild-Zeitung« war Staatssekretär und Regierungssprecher geworden! So weit war es in diesem Staat gekommen. Böll war sich als Schriftsteller auch hier nicht zu schade, mit genauen Analysen und satirischer Polemik diesen politisch-gesellschaftlichen Vorgang als Symbol einer heruntergekommenen politischen Kultur genau zu beschreiben: »Bild – Bonn – Boenisch«, heißt diese Publikation, in der Böll scharfsinnig-scharfzüngig die Artikel jenes ehemaligen »Bild«-Chefredakteurs Peter Boenisch analysiert, dessen Karriere als Regierungssprecher bald darauf ruhmlos beendet werden sollte, dessen publizistische Tätigkeit jedoch für Böll exemplarisch dasteht für eine politische Demagogie, die sich womöglich auch noch vage auf »Abendland« und »christliche Grundwerte« – von Jesus selber ist in diesen Kreisen nie die Rede! – beruft.

Mitte Juni 1985 dann schloß der ungeduldig gewordene kranke Autor auch die Druckfahnenkorrekturen des (wie man hört und merkt: allzu rasch in Druck gegebenen) Romans »Frauen vor Flußlandschaft« ab: Zwölf Szenenfolgen mit CDU-Politikerfrauen (und ihren Männern) in ihren Bonner Villen mit Blick auf den Rhein – mehr eine Art von wortreichem und action-armem Fernsehspielskript als ein Roman, wie der Untertitel deutlich macht: »In Dialogen und Selbstgesprächen«, fiktiven natürlich, da werden die privaten Zweifel und Intrigen des politischen Bonn jenseits aller Tagespolitik (ohne Bundestag, SPD und Gewerkschaften) satirisch einseitig und parteiisch zur Darstellung gebracht. Gewiß, dieses Buch will kein politischer Enthüllungsroman sein. Und Vorgänge des konkreten politischen Ablaufs, der politischen Diskussion und Entscheidungsfindung zu beschreiben ist ebenfalls seine Sache nicht. Böll will auf etwas anderes hinaus, das »Eigentliche«. Und was ist es? Joachim Kaiser über dieses »kühne Glanzstück absurder Literatur« (S. 234): »Das Eigentliche liegt in der ressentimentgeladenen *Echtheit* aller unangepaßten Seelen und im immer wieder dargebotenen Unterschied zwischen modisch-schicker Beschönigungssprache und Wahrheit.

Für die ›Echtheit‹ fallen Böll wild-absurde Episoden und Gestalten ein. Die Beschönigungssprache hingegen wird ganz direkt, fast philologisch-interpretatorisch – Böll war da brillant unerschöpflich – vorgeführt und ad absurdum geführt« (S. 236). Aber vielleicht geht es noch um mehr als um Absurdität?

Dieser »Roman« ist die *Geschichte einer großen Verweigerung*, in diesem ganzen korrupten Politbetrieb weiterhin mitzumachen: »Du solltest deine Finger davon lassen, Hermann... Es ist genug, Hermann, genug«, sagt Erika Wubler ihrem Mann (S. 21) und weigert sich, als »Offizielle« am Staatsrequiem teilzunehmen. Und ihr Mann, von ihr wachgerüttelt, nach dem Hochamt: »Es hat mir Hirn und Herz und Magen umgedreht, und ich konnte es kaum aushalten, nicht abwarten, bis dieses schöne Amt vorüber war« (S. 166). Und warum? »Schließlich, und das fiel mir ein, als ich den Kardinal intensiv ansah, ihm zuhörte, ihn beobachtete – schließlich sind immer *sie* es gewesen, die bestimmt haben, was Christentum zu sein hat, immer und überall« (ebd.). Auch hier also – in all den wenig erfreulichen Geschichten von Nazivergangenheit und erkauften Politkarrieren, von Ehen und Liebschaften, von Terrorismus und Staatsgewalt – ist Religion präsent, marginal zwar, aber greifbar. Negativ vor allem: im veräußerlichten Konventions-, Dekorations- und Repräsentationschristentum, im liturgischen Show-Amt des Kardinals mit drei assistierenden Bischöfen für das Fernsehen live, in der Indienstnahme der Religion durch die Politik. Doch Religion auch positiv: sichtbar in der religiös verwurzelten Weigerung einer Erika Wubler, am Staatshochamt teilzunehmen, in Gebet und gelebter Frömmigkeit, in der Übernahme von Verantwortung für die Mitwelt. Das Wublersche Haus wird so zum Zentrum der Bewahrung von Menschlichkeit: Am Ende wird nach gemeinsamer Beratung das von der Partei angebotene Ministeramt vom befreundeten Graf Heinrich von Kreyl zurückgewiesen, zurückgewiesen aber auch, angesichts der reichlich verzweifelten Situation, die Idee des Selbstmords, und dies aus zwei Gründen: »Nein, die Gefahr eines Staatsbegräbnisses war mir zu groß. Aber das andere, das Entscheidende war: Ich dachte, leben ist besser als sterben, und vielleicht finde ich wieder, was ich verloren habe« (S. 195). Mehr jedoch erscheint nicht als positiver Gegenentwurf in einer Welt, wo die Menschen nicht mehr das »Bedürfnis« haben nach Gottesdienst. Die Kirche scheint ausgedient zu haben, aber das Bedürfnis nach echten Christen bleibt: »Einer, der für mich der Christ war: Mein alter Freund Heinrich Kreyl – sein Glaube war glaubwürdig, und er, er will nun keiner mehr sein. Wo finde ich einen neuen?« (ebd.)

Keine Frage: Böll, schon immer nicht weniger kritisch als Hermann Hesse gegenüber jeglicher Ausübung von »Herrschaft« in Kirche und Schule, Staat und Militär, war zwar ein bewußter und überzeugter Christ und Staatsbürger der Bundesrepublik Deutschland; in diesem Buch aber zeigte er besonders seine »anarchische« Komponente. »Von allen Büchern Heinrich Bölls scheint mir dies das traurigste, das bitterste«, schreibt Marcel Reich-Ranicki. »Es ist eine Elegie mit bizarren Zügen, ein Requiem mit satirischen Akzenten. Aus diesen Monologen und Dialogen sprechen die schmerzhaften Enttäuschungen eines Deutschen und eines Christen, der es sich immer schwergemacht hat. Wer weiß, ob sich der Lebensweg dieses erfolgreichen Schriftstellers nicht insgeheim einer Passionsgeschichte näherte. Wie auch immer: Wir werden niemals seinesgleichen sehen.« (S. 123)

Fürwahr, wir werden niemals seinesgleichen sehen: Bevor der Roman im Druck herauskam, einen Monat nach den letzten Korrekturen, war Heinrich Böll nach erneuter Operation, aber doch völlig unerwartet, am Morgen des 16. Juli 1985 gestorben. *De mortuis nil nisi bene*, dieser verlogene Spruch galt jetzt ihm. Die ihn zu seinen Lebzeiten lästerten, lobten ihn jetzt, den Toten. Köln flaggte auf halbmast, und die Kölner Amtskirche, die für Bölls negatives Kirchenbild und seinen Kirchenaustritt in erster Linie verantwortlich war, wagte nicht Einspruch zu erheben, als der formell aus der Institution Kirche Ausgetretene doch – nach einem Requiem mit Familie und Freunden in der katholischen Pfarrkirche St. Martin – von dem mit ihm befreundeten Pfarrer und Maler Herbert Falken, kirchlich, katholisch beerdigt wurde.

Er hätte »Zeichen der Umkehr« gegeben, ließ das bischöfliche Generalvikariat verbreiten. Kein Wort daran war wahr. Wahr und ganz in Bölls Geist ist es gewesen, was aus der Bergpredigt, aus einem Brief Vincent van Goghs vorgelesen und vor allem, was als Fürbitte am Ende der Predigt formuliert worden war: »Wir bitten im Namen des Toten um Frieden und Abrüstung, Dialogbereitschaft, gerechte Verteilung der Güter, Versöhnung der Völker untereinander und Nachlaß der Schuld, die vor allem uns Deutsche drückt.«

Der Humanist – ein heimatloser Katholik?

Auch Heinrich Bölls Arbeiten, große wie kleine, sind – vielleicht noch mehr als Thomas Manns und Hermann Hesses – Fragmente einer einzigen zusammenhängenden Konfession. Wie immer man zu der Frage der literarischen Qualität seiner Bücher stehen und wie immer man seine politischen Interventionen im einzelnen beurteilen mag – für mich als Theologe hat Heinrich Böll in einzigartiger Weise mit Intelligenz, Phantasie und Stil *Literatur, Ethos und öffentliches Engagement* in sich zu vereinigen versucht: alles im Zeichen einer religiös, ja wahrhaft *christlich fundierten Humanität*, die Ungezählte in Werk und Person Bölls repräsentiert sahen und sehen. »Als Schriftsteller«, schreibt der Amerikaner Theodore Ziolkowski im Rückblick auf Bölls Leben, »benutzte Böll ohne Hemmungen altmodische Worte wie Ehre, Liebe, Güte, Würde. Als Mensch verkörperte er sie« (S. 101). Ein Humanist war er in der Tat. Aber gerade deshalb frage ich: War Heinrich Böll als christlicher Humanist nicht doch ein heimatloser *Katholik*, wirklich ein *heimatloser* Katholik? Hier heißt es differenzieren: Gewiß, heimatlos *war* er, dieser unbequeme, so oft ironische und doch anteilnehmende Katholik,
wenn man *Katholizität auf jenen Katholizismus reduziert, der ein Ismus*, eine Ideologie ist:
wenn man katholische Heimat mit jener hierarchischen »Oberkirche« verwechselt, die für einen Christen wie Böll keinen Raum hatte;

wenn man katholische Kirche mit der Kirchenbürokratie, jenem Prälaten-, Finanz-, Verbands- und Funktionärskatholizismus identifiziert, gegen den Heinrich Böll erfolgreich und erfolglos angeschrieben hatte.

Aber zweifellos *nicht* heimatlos war er, dieser solidarische, so oft aggressive und doch friedliche Katholik,

wenn *Katholizität die umfassende, universale Weite im Raum und Zeit* besagt:

wenn katholische Heimat die Gemeinschaft der Glaubenden all der vielen kleinen Leute überall auf der Welt meint, die sich der Sache Jesu Christi verpflichtet wissen und die ihm, dem Schriftsteller, so oft schrieben und begegneten;

wenn katholische Kirche die historisch gewachsene Gestalt einer weltweiten kirchlichen Gemeinschaft meint, die aus einer zweitausend Jahre alten lebendigen Tradition und einer globalen Verantwortung heraus ihr Christsein zu realisieren versucht.

Nein, Böll hat nie das Katholische, sondern nur das Unkatholische an der katholischen Kirche in Frage gestellt. Ein Vertreter des verengt Römisch-Katholischen (ein Wort aus dem letzten Jahrhundert) war Heinrich Böll schon lange nicht mehr; römisch-katholisch, also beschränkt-universal war für ihn ein hölzernes Eisen. Aber katholisch war er im Sinne einer *katholischen Humanität*, wie er sie in seiner nächsten Umgebung und bei den Katholiken des Renouveau Catholique Frankreichs, Bernanos, Bloy, Mauriac, bei Katholiken Irlands wie Brendan Behan, bei Italienern wie Ignazio Silone und schließlich auch bei einem Papst wie Papa Giovanni wiedergefunden hatte. Unser Leitthema »Humanität« hat durch Heinrich Böll eine neue Färbung erhalten: *Humanität durch Katholizität.* Deshalb ein letzter Gedankengang:

Anwalt der Menschlichkeit

Weil Heinrich Böll statt jener »katholischen« Romanität, die ausgrenzt, eine katholische Humanität vertrat, die entgrenzt und verbindet, ist Heinrich Böll kein Besitz der Katholiken allein. Er ist eine wahrhaft *ökumenische Figur*. Er ist ein Schriftsteller, der im Individuellen immer das Allgemeine, im Extremen das Exemplarische, im Katholischen das Christliche und im Christlichen das Humane aufscheinen läßt. Die Grundtendenz ist immer deutlich:
Gegen Fremdheit und Selbstentfremdung: des Menschen Identität. Gegen gesellschaftliche Korruption: des Menschen Integrität. Gegen Unterdrückung und Vergewaltigung: des Menschen Befreiung.
In seinen Erzählungen und Romanen hat Heinrich Böll all dies in epischer Breite vor Augen geführt. In seinem essayistischen Werk hat er es ironisch-hintergründig, humorvoll-gelassen oder polemisch-aggressiv, aber immer konkret zupackend sprachlich zum Ausdruck gebracht. In seinem Leben hat er es – oft ungeduldig, zornig und schließlich müde – zu verkörpern gesucht. Er war – ganz anders als Thomas Mann und Hesse – der Schriftsteller der politischen Dreckarbeit, der gesellschaftlichen Abgründe in der Alltagsbanalität. Einer, der sich nicht zu schade war, seine Ästhetenhände politisch »schmutzig« zu machen und der trotz allem seine Vision der Humanität durchhielt. Eine umstrittene öffentliche Figur bis zum Ende – besonders für diejenigen, die nie ein Buch von ihm gelesen haben, aber ihn als »Nestbeschmutzer« abqualifizierten.
Eine Trennung von Ästhetik und Moral hat Heinrich Böll – so hatte er es schon in den sechziger Jahren in seinen »Frankfurter Vorlesungen« auch theoretisch dargelegt – immer abgelehnt. Und dies gleichgültig mit welchem Stil, in welcher Stimmung, aus welcher Optik er auch immer schrieb. Verworfen, entschieden verworfen hat er nur Auswege wie Snobismus, Zynismus und Nihilismus. Warum? Weil daraus »kein Land« entstehen könne, »in dem einer bleiben, wohnen möchte«, kein »Grund unter den Fü-

ßen«, kein »vertrautes Gelände, das das Wort Zukunft noch aussprechbar macht« (Frankfurter Vorlesungen, S. 70 f.).

Demgegenüber vertrat der Schriftsteller Heinrich Böll programmatisch eine »Ästhetik des Humanen« (E II,74) und eine »Theologie der Zärtlichkeit«. Und in der Tat: Ein zutiefst *religiös geprägter Humanismus* – dem mehr sozial ausgerichteten Humanismus des späteren Thomas Mann und dem mehr poetischen eines Hermann Hesse innerlich verwandt – ist Heinrich Bölls literarisch-ethische Konstante. So ist er der *Dichter der erlebten Religion*, der poetische Gestalter der ganz und gar alltäglichen Religiosität, der konkreten Kirche, der scheinbar selbstverständlichen Humanität, für die er immer wieder neu Stil und Form gesucht hat. Der Stoff ist ihm für das literarische Kunstwerk »eigentlich sekundär«: »Das, was zählt, ist eine durchgehende, ich möchte fast sagen, mythologisch-theologische Problematik, die immer präsent ist« (Int. 516). Grunderfahrung seiner Religiosität war: »Weil wir uns auf dieser Erde nicht ganz zu Hause fühlen« – ein Satz, den Karl-Josef Kuschel zum Titel für seine zwölf aufschlußreichen Schriftsteller-Interviews über Religion und Literatur gemacht hat. Wie Böll es in diesem Gespräch kurz vor seinem Tod ausgeführt hat: »Daß wir also noch woanders hingehören und von woanders herkommen«: die »uralte Erinnerung an etwas, das außerhalb unser selbst existiert« (S. 65). Gegenüber der inflationären, opportunistischen, mißbräuchlichen Verwendung des Gottesnamens freilich war er, der zutiefst Gottgläubige, ebenso allergisch wie gegenüber einer alle Menschenfragen mit fixfertigen Gottesantworten bedenkenden Theologie und ihrem Katechismusgott. Im Zentrum seiner Religiosität stand »der Menschgewordene«, der als Gottes Offenbarung »allen Menschen, die noch auf ihre Menschwerdung warten« (S. 71), helfen kann, zu Menschen zu werden und Anteil am Göttlichen zu erlangen.

Wie Thomas Mann und Hermann Hesse hat sich auch Heinrich Böll, unbekümmert um literarische Moden, Mätzchen und Marktstrategien und ohne sich in unverbindliche formale Experimente zu flüchten, darum bemüht, diese humane Verantwortung des Schriftstellers, fern allen plumpen Moralisierens, wahrzunehmen, wie dies auch im anderen Teile Deutschlands anerkannt wird: »Wir wagen die Feststellung, daß es dieses Bemühen, ja dieser Kampf Bölls um eine zum mindesten im Ansatz gegebene poetische Manifestierung einer humanen Existenz auch unter den nivellierenden Bedingungen des Lebens in der ›Profitgesellschaft‹ ist, die seiner Dichtung letztlich ihren weltliterarischen Rang sichert. Damit stimmen wir keineswegs in den Chor derjenigen ein, die Bölls Gesinnung loben, um ihn als Künstler desto mehr zu diffamieren, sondern heben in bewußtem Gegensatz dazu die Fähigkeit zur poetischen Realisierung einer epischen Perspektivenstellung als besondere Leistung hervor« (H.-J. Bernhard, in: R. Matthaei, S. 63).

Auch im binnenkatholischen Raum beginnt man vielleicht langsam zu begreifen, was man an Heinrich Böll hatte. Ein erfreuliches Zeichen, daß eine traditionell-katholische Zeitschrift wie »Christ in der Gegenwart« nicht umhinkann, wenige Tage vor Bölls drittem Todestag im Juli 1988 festzustellen: »Nichts bezeugt mehr die Provinzialität des gegenwärtigen kirchlichen Lebens in Westdeutschland, vor allem die Unfähigkeit, ›die Zeichen der Zeit‹ im Licht des christlichen Glaubens zu deuten, als daß das geistige Erbe dieses Schriftstellers heute völlig brach auf der Seite liegenbleibt. Wo sind die Zeiten des Konzils, als man sich tapfer in die Fluten der Gegenwart hineinbegab? Es ist ein Jammer, diesen Niedergang in die Mittelmäßigkeit miterleben zu müssen« (Manfred Plate).

Nein, wir werden niemals seinesgleichen sehen. *Zusammen* mit Hermann Hesse aus dem protestantisch-pietistischen und Thomas Mann aus dem modern-protestantischen Paradigma, ist und bleibt Heinrich Böll, dieser Schriftsteller *und* Christ aus dem katholischen Ambiente, in der deutschsprachigen Weltliteratur einer der unerschrockenen, unbestechlichen, wahrhaft *großen Anwälte der Menschlichkeit* – gegen alle Entmenschlichung des Menschen in unserem so wenig menschlichen Jahrhundert.

Literaturhinweise

Heinrich Böll: Werke, Romane und Erzählungen, Bd. I–V, hrsg. von Bernd Balzer. Köln o. J. (zitiert mit römischer Bandzahl + Seite).
ders.: Werke, Essayistische Schriften und Reden, Bd. I–III, hrsg. von Bernd Balzer. Köln o. J. (zitiert mit E + römischer Bandzahl + Seite).
ders.: Werke, Interviews I, hrsg. von Bernd Balzer. Köln o. J. (zitiert mit Int.).
ders.: Hörspiele, Theaterstücke, Drehbücher, Gedichte I, hrsg. von B. Balzer. Köln o. J.
ders.: Was soll aus dem Jungen bloß werden? Oder: Irgendwas mit Büchern. Bornheim-Merten 1981 (zitiert mit: Junge).
ders.: Fürsorgliche Belagerung. Roman. Köln 1979 (zitiert nach dtv, 1982).
ders.: Frauen vor Flußlandschaft. Köln 1985.

Heinz Ludwig Arnold: Heinrich Böll. Roman »Gruppenbild mit Dame«, in: Text und Kritik 33. München 1972, S. 42–49.
Hans-Joachim Bernhard: Die Romane Heinrich Bölls. Gesellschaftskritik und Gemeinschaftsutopie. Berlin (DDR) 1970, erw. Auflage, 1973.
ders.: Es gibt sie nicht, und es gibt sie. Zur Stellung der Hauptfigur in der epischen Konzeption des Romans »Gruppenbild mit Dame«, in: R. Matthaei, S. 58–81.
Georg Denzler: Widerstand oder Anpassung? Katholische Kirche und Drittes Reich. München 1984.
Heinrich Fries: Ärgernis und Widerspruch. Christentum und Kirche im Spiegel gegenwärtiger Kritik. Würzburg 1965.
Gabriele Hoffmann: Heinrich Böll. Eine Biographie. Bornheim – Merten 1986.
Joachim Kaiser: Erlebte Literatur, vom »Doktor Faustus« zum »Fettfleck«. München 1988, S. 211–238.
Karl-Josef Kuschel: Jesus in der deutschsprachigen Gegenwartsliteratur. Zürich–Gütersloh 1978.
ders. (Hrsg.): Weil wir uns auf dieser Erde nicht ganz zu Hause fühlen. 12 Schriftsteller über Religion und Literatur. München 1985, S. 64–76.
ders.: Was weißt Du von uns Katholiken? Über Christentum und Katholizität bei Heinrich Böll, in: H. Häring – K. J. Kuschel (Hrsg.), Gegenentwürfe. 24 Lebensläufe für eine andere Theologie. Festschrift zum 60. Geburtstag von Hans Küng, München 1988, S. 325–345.
Christian Linder: Böll. Reinbek bei Hamburg 1978.

Renate Matthaei (Hrsg.): Die subversive Madonna. Ein Schlüssel zum Werk Heinrich Bölls. Köln 1975.

Rainer Nägele: Heinrich Böll. Einführung in das Werk und in die Forschung. Frankfurt a. M. 1976.

Manfred Nielen: Frömmigkeit bei Heinrich Böll. Annweiler 1987.

Marcel Reich-Ranicki: Mehr als ein Dichter. Über Heinrich Böll. Köln 1986.

Klaus Schröter: Heinrich Böll mit Selbstzeugnissen und Bilddokumenten dargestellt. Reinbek bei Hamburg 1982.

Günter Wirth: Heinrich Böll. Religiöse und gesellschaftliche Motive im Prosawerk. Köln 1987.

Theodore Ziolkowski: Typologie und »Einfache Form« in »Gruppenbild mit Dame«. in: R. Matthaei, S. 123–140.

ders.: Heinrich Böll (1917–1985), in: American Philosophical Society Yearbook 1986, S. 95–101.

Theologie und Literatur

Zum Stand des Dialogs
Herausgegeben von Walter Jens, Hans Küng,
Karl-Josef Kuschel
272 Seiten. Gebunden.

Dieser Band enthält die Dokumente des bahnbrechenden Tübinger Theologie-Literatur-Symposiums, das im Mai 1984 von Walter Jens, Hans Küng und Karl-Josef Kuschel einberufen wurde und als Signal eines neuen Aufbruchs im Gespräch von Theologie und Literatur bewertet wurde.

Mit Beiträgen von Wilfried Barner, Günther de Bruyn, Ingeborg Drewitz, Gertrud Fussenegger, Hubertus Halbfas, Peter Härtling, Klaus Jeziorkowski, Walter Killy, Paul Konrad Kurz, Kurt Marti, Dietmar Mieth, Adolf Muschg, Jürgen Schröder, Heinz Zahrnt, Eva Zeller, Theodore Ziolkowski.